Eis

Schüler erwärmen sich fürs Schreiben

Das sechste Augsburger Lesebuch

Herausgegeben vom Schulreferat
der Stadt Augsburg

Projektleitung: Gertrud Hornung
Redaktion: Wolfgang Köhler
Umschlaggestaltung: Lisa Schwenk, Bernd Wißner

Bibliografische Information der Deutschen Nationalbibliothek
Die Deutsche Nationalbibliothek verzeichnet diese Publikation in der
Deutschen Nationalbibliografie; detaillierte bibliografische Daten sind
im Internet über http://dnb.d-nb.de abrufbar.

ISBN 978-3-89639-772-0
© Wißner-Verlag Augsburg 2010

Vorwort des Bildungs- und Schulreferenten der Stadt Augsburg

2009 wurde die Neue Stadtbücherei eröffnet. Deshalb haben wir darauf verzichtet, jedem Schüler, der sich am Wettbewerb beteiligt hatte, eine gedruckte Ausgabe von ausgewählten Beiträgen in Form eines Lesebuchs zur Verfügung zu stellen. Im Hinblick auf die Eröffnung der neuen Stadtbibliothek gab es vielmehr ein großformatiges Lesebuch in Form eines Unikats, das dort ausgestellt wurde und in dem alle eingereichten Beiträge abgedruckt waren. Dieses Einzelexemplar wurde zwischenzeitlich auf Bitten des Stadtarchivars dem städtischen Archiv zur Verwahrung übergeben. Heuer haben wieder alle Schüler, die am Wettbewerb und damit am Zustandekommen dieses Buches beteiligt waren, ein Exemplar erhalten.

Kinder und Jugendliche aller Schularten und Klassenstufen der öffentlichen und privaten Schulen Augsburgs waren eingeladen, ihre Gedanken zum Thema „Eis" kreativ in Form von Geschichten oder Erzählungen, Kurzkrimis, Gedichten, Tagebucheinträgen, Briefen, Bühnenszenen, Zeitungsartikeln, Songtexten oder Interviews zu Papier zu bringen. So entstanden aufschlussreiche Texte über die verschiedenen Formen von Eis, über Wärme und Kälte, aber auch darüber, wie das Eis in zwischenmenschlichen Beziehungen zum Schmelzen gebracht werden kann. Zweifellos hätten viel mehr Texte verdient, in diesem Buch zu erscheinen. Die kompetente Jury aus anerkannten Autoren, Lehrkräften verschiedener Schularten sowie Eltern- und Schülervertretern hatte erneut die besonders schwierige Aufgabe, zu entscheiden, welche Beiträge im „sechsten Augsburger Lesebuch" erscheinen sollten. Allen beteiligten Jurymitgliedern gilt daher mein besonderer Dank. Danke auch für das intensive fachliche und persönliche Engagement unserer Projektleiterin Frau Gertrud Hornung, die mit ungebrochener Begeisterung hinter diesem Projekt steht. Dank gilt aber auch dem Wißner-Verlag für die intensive Betreuung des Projekts. Ein besonderer Dank gilt dem Hauptsponsor dieses Projekts, der PSD-Bank, stellvertretend Herrn Vorstandssprecher Thomas Hausfeld.

Allen Lesern wünsche ich eine anregende Lektüre. Vielleicht ist der eine oder andere Beitrag dabei, den Sie sich wie Eis auf der Zunge zergehen lassen können.

Hermann Köhler, Bildungs- und Schulreferent der Stadt Augsburg

3

Wir danken unserem Hauptsponsor, der diese Buchveröffentlichung ermöglicht hat:

Hier ist günstig sicher.

Wir danken dem Theater Augsburg, das uns freundlicherweise die Freilichtbühne für die Buchvorstellung am 26. Juli 2010 zur Verfügung stellte:

Wir danken unseren Sponsoren für die Finanzierung der Reise einer Schülerdelegation nach Jinan, der chinesischen Partnerstadt von Augsburg, zum internationalen Kinderfestival (1. bis 8. Juli 2010). Die mitreisenden Schüler wurden unter den Teilnehmern des Schreibwettbewerbs per Auslosung ermittelt.

MAN Diesel & Turbo

Bayerische Staatskanzlei

Wir danken auch unserer Sponsorin Frau Helga Treml-Sieder.

Inhalt

11

EISZAUBER

Der besondere Eiszapfen

Der Eiszapfen und der Eisberg waren nicht immer nett zueinander. Heute sprach der Eisberg: „Ha, ich habe es gut! Ich kann im Wasser hängen und bin unten groß." Beleidigt sagte der Eiszapfen: „Ich bin immer so wie andere Eiszapfen und muss herumhängen. Ich möchte aber doch etwas Besonderes sein." „Ich bin ja schon etwas Besonderes", kommentierte der Eisberg. „Extra groß bin ich."

Da war der Eiszapfen unzufrieden. Aber was konnte er machen, um etwas Besonderes zu werden? Auf einmal fiel ihm ein, dass alle Eiszapfen – genauso wie die Eisberge – nach unten hängen. Er beschloss, ab jetzt nach oben in die Höhe zu wachsen. Aber wie sollte er das schaffen? Er zerbrach sich den Kopf, bis ihm einfiel, er könnte doch Gott bitten, ihm zu vergönnen, nach oben zu wachsen.

Sein Brief an Gott lautete:

„Herr Gott,

der Eisberg prahlt immer, Sie hätten ihn besonders geschaffen: Er hängt mit riesigen Eismassen in die Tiefe des Meeres, ohne dass man es sehen kann. Mit seinen überheblichen Kommentaren macht er mich nieder. Darum bitte ich von Herzen: Wenn ich schon nicht so groß wie er werden kann, dann lassen Sie mich doch einfach nach oben wachsen.

Vielen Dank für alle Hilfe,

Ihr Eiszapfen"

Er überreichte dem Schneehasen von der Eispost diesen Brief und wartete ungeduldig auf das kommende Geschehen.

Der nächste Tag war heiß und die Sonne stand schon hoch am Himmel, als der Eiszapfen aufwachte. Aber was sah er da? Er wuchs nach oben! Dann hatte der Brief doch tatsächlich etwas bewirkt! Sofort weckte er den Eisberg, der sich nur murrend aus seinem Schlummer rütteln ließ. „Was gibt's denn?", fragte der Eisberg genervt. „Mach mal deine Augen auf und schau mich an!", entgegnete der völlig zufriedene Eiszapfen. „Jetzt bin ich auch etwas Einzigartiges!"

Der Eisberg ließ sofort seine Augenlider aufklappen und konnte seinen Augen kaum trauen. Niedergeschlagen sprach er mit weit aufgerissenem Mund: „Donnerwetter! Du wächst ja nach oben. Aber da kann doch nur Magie dahinterstecken!" „Nein, ich bin einfach begabt, nach oben zu wachsen. So, und jetzt bin ich etwas genauso Besonderes wie du. Eigentlich bin noch einzigartiger als du. Mir wird gleich ganz warm dabei." Stolz präsentierte sich der Eiszapfen im Glanz des Sonnenlichts. „Hör auf mit deinen Angebereien", murrte der völlig entnervte Eisberg, „du wirst noch dein blaues Wunder erleben." Doch der Eiszapfen ließ sich nicht beirren: „Red' du nur! Jetzt bin ich sicher bald so berühmt wie eine schöne Eisprinzessin! Die stehen auch immer im Rampenlicht."

Während dieser Streiterei wurde es immer wärmer und die Sonne brannte stärker als sonst auf die beiden herab. Langsam begann der Eiszapfen zu schwitzen und sein neu gewachsenes Haupt schmolz langsam dahin. Da begann der Eiszapfen zu weinen: „O weh! So heiß war mir ja noch nie." Sofort grinste der Eisberg: „Hier in der Tiefe, in der ich hänge, ist es immer schön kühl. Dort oben aber, wo du dein Glück gesucht hast, ist die Kraft der Sonne viel stärker." Wie recht er doch hatte! Für den Eiszapfen kam jede Einsicht zu spät, er wurde kleiner und kleiner. Tropfen flossen an seinem Eiskörper hinab und er spürte, dass sein letztes Stündlein geschlagen hatte. Wie gerne wäre er jetzt, so wie alle anderen Eiszapfen, nach unten gehangen!

Und als die Sonne unterging, war der ganz besondere Eiszapfen schon nicht mehr zu sehen …

Clemens Ferber
Gymnasium bei St. Stephan, Klasse 5a

Eisblumen – Blick aus dem Fenster

Den Kopf auf die Hände gestützt, sah sie aus dem Fenster.

Lange schien es her zu sein, sehr lange, dass warme Strahlen auf den Erdboden, den Grund ihrer Seele, geschienen und ihn zum Leuchten gebracht hatten.

Nahezu geblendet war sie damals worden, von der Vielzahl der Farben und der filigranen Formen, die er hervorgebracht hatte und die für sie selbst und zum Anblick und zur Freude aller dort auf starken Stängeln der Zuversicht und zarten Trieben der Hoffnung gewachsen waren und die ihre Gesichter der Sonne zuwandten.

Bis in die unendliche Ewigkeit schien diese Blütezeit zu reichen.

Standhaft sah sie aus, unverwüstlich und unverwundbar für Tage, an denen Wolken die warmen Strahlen verhingen und sie unaufhörlich durch Regengüsse plagten. Nur die Trockenheit, die selbst den schönsten Strahlen jeden Tropfen und jeden Hauch Leben nahm, setzten ihr schwer zu, ihr konnten die zarten Triebe nur schwerlich trotzen.

Erst begannen sie zu welken, ließen die Köpfe voller Schwermut hängen, immer tiefer, machten Schatten, dort wo keiner sein sollte. Dann knickten sie ein. Selbst die stärksten Wurzeln waren machtlos, als die Pflänzchen schließlich am Boden zerstört lagen und in ihnen jegliches Leben nur noch schwach pulsierte.

Später im Jahr einsetzender Regen konnte nicht mehr helfen, ebenso wenig sanft über sie streichende Nebelschwaden. Die Farben waren schon verblasst und nahe daran, sich mit dem schwarz gewordenen Boden für immer zu vereinigen.

Es war letztlich nichts anderes übriggeblieben, als in Zeiten unbarmherzig einschneidender Kälte aus reinen weißen weichen Flocken eine Decke zu weben und die ehemalige Pracht und den wunden Boden dadurch behutsam zuzudecken, sie sachte zu schützen, bis sie gänzlich getrennt war von allem, was vorher war und von der Kälte jetzt. Dass sie nichts mehr spüren und eine heilsame Zeit lange auch nichts mehr sehen musste.

Und genau dort, wo die Flocken ausgeschlossen und die Farben eingeschlossen waren, auf der blanken glatten Fläche zwischen Leben und Tod oder Tod und Leben, dort war zur Nachtzeit etwas gewachsen.

Etwas, das die warmen Strahlen fürchtete und dem Weiß noch sehr nahe war, und auch der schneidenden Kälte, etwas, das sich aber auch davon abhob und filigrane zarte Formen gebildet hatte und sich, während es das Licht brach, in allen Farben spiegeln konnte und weiter wuchs, unermüdlich. Etwas, das das Vergangene mit dem Jetzt verband und ihr aber doch die Sicht auf so manches nahm. Auf Dinge, die die Augen hinter der blanken zerbrechlichen Haut nicht mehr sehen sollten. Eisblumen …

Lydia Schwab
Maria-Theresia-Gymnasium, Klasse K13

Die kleine Eisblume

Ist es wahr? Ist es wirklich wahr?

Warum antwortest du nicht? Hast du Angst? Du brauchst keine Angst zu haben, ich kann dir nichts tun! Es hat auch keinerlei Auswirkungen auf mich, egal was du tust, egal was du sagst. Mein Herz ist schon vor langer Zeit zu Eis erstarrt und keiner könnte mir je helfen, auch du nicht.

Wieso siehst du mich so an? Deine eisblauen Augen versuchen, in mein Herz zu blicken, aber das wirst du nicht schaffen. Ich bin erstarrt, schon vor langer Zeit. So frage ich dich nochmals: „Ist es wahr?"

Spann mich nicht länger auf die Folter, antworte mir. Du kannst mir nichts anhaben, so glaube mir und sprich endlich. Habe Vertrauen in dich selbst, habe Vertrauen in deine Familie und habe Vertrauen in den Schnee. Du bist sehr stark, selbst wenn du es nicht zu glauben vermagst.

Deine Familie ist größer als du denkst und wird immer hinter dir stehen. Und der Schnee? Er wird Jahr für Jahr wiederkehren und mich zu dir zurückbringen. So weine nicht und lass mich ziehen, nächstes Jahr werden wir uns wiedersehen.

Halt! Warte! Geh' noch nicht! Bleib bei mir!

Du sprichst? Nach so langem Schweigen lässt du mich deine Stimme hören. Beantwortest du mir jetzt meine Frage? Ich stelle sie ein letztes Mal: „Ist es wahr?"

Ja! Es ist die Wahrheit. Du siehst mich jeden Winter, wenn der Schnee an dein Fenster fällt. Ich werde da sein und du wirst mich betrachten können. Manchmal wirst du mich länger sehen und ein anderes Mal wird eine lange Zeit verstreichen, bis es der Fall sein wird. Ich gehöre dir – auf ewig. Ich werde jedes Jahr, wenn der Schnee fällt, nur für dich vom Himmel segeln und an deinem Fenster Platz nehmen.

Dein trauriger Blick verrät mir, was du denkst! Du wirst mich an meinem Funkeln erkennen, denn du hast ein Wunder vollbracht. Ich spüre es, tief in mir drin! Als du mich nicht gehen lassen wolltest, hat mein Herz einen Hüpfer gemacht. Ich hätte nie gedacht, dass es wirklich möglich ist. Ich, die kleine Eisblume an deinem Fenster habe dein Herz erobert und du hast mir aus meinen eisigen Gedanken geholfen und mir Freude geschenkt.

Nun wird es allerdings Zeit für mich zu gehen, gib Acht auf dich und habe Vertrauen. Auf bald, liebste Freundin mit den eisblauen Augen.

Leb wohl, meine kleine Eisblume, und hab' recht vielen Dank. Bis nächstes Jahr zum ersten Schnee.

Jessica Laminit
Berufsschule VI, Klasse GvM 10

Gletscher

Gletscher leuchten in eisigen Farben
Türkis in herrlich vielen Tönen
Ganz in der Tiefe die Wasser dröhnen
Er schickt aus der Tiefe Strahlengarben

Felix Karsten
Balthasar-Neumann Berufsbildungszentrum, Klasse BOS 11b

Schneeflocken

An einem Morgen im Januar bin ich aufgestanden. Es war kalt und ich musste in die Schule. Ich ging raus; überall tanzten die Schneeflocken. Sie erinnerten mich an Sterne. So viele und alle sind so verschieden.

Elif Özdogan
Goethe-Volksschule, Klasse 5c

Eisblume

Eisblume
Eisblume taut.
Der Eiszapfen schmilzt
überall tropft es leise –
märchenhaft.

David Sagrebelny
Kapellen-Volksschule, Klasse 5a

Eiskristalle

Eiskristalle
sind kalt,
hart und klein.
Leise fallen sie hinab.
Winter!

Gemeinschaftsarbeit
Volksschule Centerville-Süd, Klasse 1c

Schnee

Schnee
ist kalt,
weich und gut.
Sieht wie Puderzucker aus.
Super!

Jonas Seidou
Volksschule Centerville-Süd, Klasse 1c

Schneeflocke

Ich bin ein kleiner Regentropfen. Zusammen mit meinen Freunden wohne ich in einer Wolke. Langsam wird es ziemlich voll hier und einige von uns müssen ausziehen und sich auf den Weg zur Erde begeben. Auch ich gehöre dazu. Nun heißt es Abschied nehmen. Ich lasse einfach los und mache mich auf die Reise.

Ich rase auf die Erde zu, sie wird immer größer. Langsam wird mir kalt, sehr kalt. Ich fange an so fürchterlich zu frieren, dass ich erstarre. Als Schneeflocke öffne ich meine Augen und schwebe zur Erde.

Hier unten lege ich mich zu den Schneeflocken, die schon vor mir angekommen sind. Um mich herum sehe ich Kinder spielen. Eine Hand kommt auf mich zu und quetscht mich mit anderen Schneeflocken zu einem Ball zusammen. Wir werden durch die Luft geschleudert. Ein wunderschönes Gefühl! Da sehe ich ein Gesicht auf mich zu rasen, zu spät, das Kind kann nicht mehr ausweichen! Was für mich schön war, brachte dieses Kind zum Weinen.

Wer weiß, was ich in diesem Erdenwinter noch erlebe? Im Frühling werde ich wieder zum Wassertropfen schmelzen und zu meiner Familie in die Wolken zurückkehren.

Mevlüt Kuslu
Bebo-Wager-Berufsschule VII, Klasse 11e IT

Schneekristalle

Schneekristalle sind gleich und doch einzigartig.
Schneekristalle sind kalt, erwärmen allerdings die Herzen.
Schneekristalle sind klein, lassen Augen jedoch größer werden.
Schneekristalle haben Ecken und Kanten, aber sind eine Einheit.
Schneekristalle lassen hässliche kahle Bäume in neuem Glanz erstrahlen.
Schneekristalle machen die Nacht zum helllichten Tag.

Jessica Laminit
Berufsschule VI, Klasse GvM 10

Eisblumen

Eisblumen
Erwärmen beim
Anschauen auf angenehme
Art das Herz.
Wie schön!

Natalie Mattmer
Berufsschule VI, Klasse Mal 10a

Die traurige Geschichte von dem Eiszapfen, der überleben wollte

Es war einmal ein Eiszapfen. Es wurde langsam Frühling und ein bisschen wärmer. Der Eiszapfen war direkt am See und wollte weg, an eine kältere Stelle. Er hielt noch zwei Tage aus. Dann konnte er nicht mehr. Endlich, ein Boot! Er wollte auf das Boot springen, aber er hing noch zu fest an dem Ast. Das Boot fuhr vor seiner Nase weg. Unglückliche Zeiten hatte er und er schmolz sehr bald. Ende.

Felix Kreisberger
Montessori-Schule Augsburg, Klasse Feuer

Eiszapfen

Eiszapfen
wunderschön anzuschauen
Sonne kommt Tropfen
vergänglich wie der Tag
Eiszapfen

Larissa Sailer
Spicherer-Volksschule, Klasse 3a

Das Eisstück

Es war einmal ein kleines Eisstück. Eines Tages kam die Sonne hervor und schmolz alle anderen Eisstücke. Nun war das Eisstück ganz alleine. Da kam ein Kind. Es fand das Eisstück und nahm es mit nach Hause und tat es in die Gefriertruhe, wartete bis wieder Winter war und holte das Eisstück wieder aus der Gefriertruhe. Und dann waren alle Eisstücke wieder da. Und sie tanzten und tanzten bis ans Lebensende. Und wenn sie nicht gestorben sind, dann leben sie noch heute.

Rebekka Rothacher
Montessori-Schule Augsburg, Klasse Feuer

Der freche Eiszapfen

Es war einmal ein frecher Eiszapfen, der von einem Gasthaus wunderschön herunter wuchs. Bis jetzt hatte ihn noch keiner bemerkt, bis dann zwei Jungen kamen und ihn zu Boden ziehen wollten. Der Eiszapfen aber war nicht dumm. Er schüttelte sich so sehr er konnte, so dass der Schnee vom Dach auf Sie fiel. Die Jungen rannten so schnell sie konnten nach Hause. Zwei Tage später kamen die Buben ein zweites Mal und versuchten den Eiszapfen wieder zu Boden zu ziehen. Der Eiszapfen schüttelte sich noch einmal so sehr er konnte und der Schnee fiel wieder auf die beiden Jungen. Dann kam die Sonne und fragte: „Was hast du getan? Sie wollten doch nur spielen." Der Eiszapfen aber verteidigte sich und schrie: „Sie wollten mich zu Boden reißen, auf mir rumhüpfen und mich kaputt machen!" Die Sonne streichelte den Eiszapfen über sein Eiskleid und sagte: „Zur Strafe wirst du schmelzen und nie wieder auftauchen!" Tropf, tropf, tropf, schmolz er dahin und war verschwunden.

Christina Finkel
Volksschule Hammerschmiede, Klasse 3c

Eiskristall

Die Eiskristalle fliegen
durchs ganze Land,
sie bleiben überall liegen,
außer Rand und Band.

Sie glitzern im Sonnenschein
auf der ganzen Welt,
so weiß und rein
wie das Himmelszelt.

In ihren unterschiedlichen Formen
tanzen sie herab auf die Erde,
unterwerfen sich aber keinerlei Normen
und hoffen darauf, dass es nicht Frühling werde.

Sie funkeln wie ein Diamant
mit unbekannter Sicht.
Sie schmelzen charmant
im hellen Licht.

Kein Lüftchen weht,
nicht von Ost, Süd, West oder Nord.
Der Winter geht
ohne ein einziges Wort.

Christina Breinich
Gymnasium bei St. Stephan, Klasse 6d

Eiszapfen

Eiszapfen
die schmelzen
die schmelzen dahin
so schön und glänzend
Eiszapfen

Lara Rittel
Maria-Ward-Gymnasium, Klasse 5d

Der kleine Regentropfen

Ein kleiner Regentropfen hing kraftlos an einer dicken Regenwolke. Er rief zu einem der größeren Regentropfen hinauf: „Hilfe! Helft mir doch!" Ein großer Regentropfen antwortete: „Wieso sollten wir dir helfen? Wir müssen uns selber schützen und wärmen, dass wir nicht zu Eis werden!" Der kleine Regentropfen fragte mit vor Aufregung hoher Stimme: „Was ist denn Eis?" Der große Regentropfen lachte und wandte sich zu den anderen Tropfen: „Der Kleine weiß nicht, was Eis ist!" Die anderen Regentropfen fielen in sein Gelächter ein, nur einer nicht. Er rief mit lauter Stimme, die das Gelächter sofort verstummen ließ: „Woher soll der Kleine wissen, was Eis ist? Er ist jung und hat noch keine Erfahrungen gemacht!"

Jetzt begann er mit ruhiger Stimme zu erzählen: „Also, ein Regentropfen wird zu Eis, wenn es im Winter zu kalt wird. Es erstarren einige Regentropfen zu Eis und fallen mit Schneeflocken auf die Erde. Erstarrt zu sein, ist eisig kalt."

„Ach, Schneeflocken sind auch Regentropfen, aber sie sind nicht ganze Eiskörner!" Ein anderer Regentropfen unterbrach den erzählenden Tropfen. „Manchmal ist man als Eis-Regentropfen durchsichtig und wenn die Sonne auf einen fällt, glitzert man im Licht und wirft alle Farben des Regenbogens auf die Erde." Der kleine Regentropfen rief: „Es muss schön sein, ein Regentropfen zu sein!"

Die anderen Regentropfen brachen in ein lautes Protestgeschrei aus und riefen durcheinander:

„Nein! Es ist nicht schön!"

„Wir hätten ihm nichts sagen sollen!"

„Ich habe nichts gesagt"

„Doch! Hast Du!"

„Hab ich nicht!"

„Doch!!!!"

Auf einmal wurde es dem kleinen Regentropfen zu bunt. Er ließ los und wurde zu Eis. Er genoss das glitzernde Funkeln, das von ihm aus ging. Er wurde immer schneller und raste auf einen Weg zu. Es gab ein leises Klirren und der kleine Regentropfen zerschellte zu tausenden Scherben.

Keiner der großen Regentropfen bemerkte, dass der kleine Regentropfen nicht mehr da war.

Emma-Maria Pilz
Gymnasium bei St. Stephan, Klasse 5c

Winterflockenwolkenstreit

An einem fast sehr kalten Wintertag stritten sich zwei Schneeflocken in einer Wolke. Da sagte die eine schnippisch:
„Ich kann viel besser durch die Lüfte schweben.
Dich muss ja der Wind mit aller Kraft nach oben heben."
Da sagte die andere empört:
„Du, du bist von Schmutz umgeben.
Du kannst nicht mal dir ein Jäckchen weben.
Doch ich, ich bin wunderbar,
mein Weiß, das ist so spiegelklar."
Da rüttelte und schüttelte sich die Wolke und die zwei Flocken schwebten zur Erde.
Doch sie glitten nicht so schön wie die großen, schweren Flocken, sondern wackelten in der Luft wie Seiltänzer, die noch nie auf einem Seil gewesen sind.
Die eine Flocke klammerte sich vor Angst an die andere.
Doch dann schwebten sie genauso wie die großen, schweren Schneeflocken und an diesem Tag wussten sie: Zusammen ist es besser als allein.

Elisa Morgenroth
Gymnasium bei St. Stephan, Klasse 5c

Eiszapfen

Sie hängen überall,
An Dächern und an Nasen.
Nur nicht im Welteall,
Dort nur Raketen rasen.

Annika Scholz
Jakob-Fugger-Gymnasium, Klasse 6a

Eiskristall

EIS
IGLU
SCHNEEGLÖCKCHEN
KALTLUFT
REGENWETTER
IGLU
SCHNEEFLOCKE
TIEFKÜHLFACH
ANTARKTIS
LUFTKÜHLUNG
LOIPE

Zehra Emir
Schiller-Volksschule, Klasse 2b

Lunara Penka 2

Weiß, spitz ist der schöne Eiszapfen.
er tropft und schmilzt dahin, wenn es wärmer wird. Wenn es Frühling ist,
ist er nicht mehr da. Das ist wirklich schade, denn er ist wunderschön.

Lunara Penka
Agnes-Bernauer-Realschule, Klasse 5b

Der Tanz der Kristalle

Es schneit
Wunderschön tanzen die Eiskristalle
Eiskristallfunkelglitzertanz
Atemberaubend
Warum schmelzen sie?

Rebekka Edtbauer
Mädchenrealschule St. Ursula, Klasse 8c

Ein Eiszapfenunfall

Am 12. Dezember 2010 ereignete sich in Eiszapfenhausen ein Eisunfall,
in dem sich ein Eiszapfen ein Eisbein brach und ein Eiskristall hinweg-
schmolz.
An einem besonders eisigen Tag befand sich Herr Eisig, ein junger Eiszapfen, auf dem Weg zum Eiszapfenkongress. Er wollte gerade die Eis-

straße überqueren, als zeitgleich Herr Eisschrank, ein schon älterer Eiszapfen, in seinem weißen Eiskristallmobil auf der Eisstraße fuhr. Da er sehr in Eile war, übersah er den die Straße überquerenden Herrn Eisig. Im letzten Moment versuchte Herr Eisschrank sein Eiskristallmobil zum Stoppen zu bringen. Da es nicht mehr rechtzeitig war, riss er das Eisrad herum. (Es handelte sich um eine sehr schmale und vereiste Straße.) Herr Eisschrank versuchte vergeblich, sein Eiskristallmobil zu bremsen, doch er schlitterte noch weiter, geradewegs gegen eine Eislaterne. Herr Eisig sprang entsetzt zurück. Der Aufprall war so hart, dass Herr Eisschrank aus seinem Eisflitzer heraus geschleudert wurde und knacksend auf der Straße landete. „Ich kann mein rechtes Eisbein nicht mehr bewegen", jammerte dieser. Zitternd alarmierte Herr Eisig, mit seinem Eishandy, die Eisrettungsstation. Schon nach fünf eisigen Minuten trafen diese ein, legten die Verletzten auf die Eistragen und brachten die beiden Eiszapfen ins Eiskrankenhaus.

Während Herr Eisig nur einen eisigen Schock erlitten hat, verarzteten die Eisärzte Herrn Eisschranks Eisbeinbruch. Die Eislaterne kam mit einer kräftigen Delle davon. Herr Eisschranks Eiskristallmobil zersprang beim Unfall in 1000 kleine Eisscherben, die langsam wegschmolzen.

Ramona Crucitti
Maria-Ward-Realschule, Klasse 6

Eiszapfen

Es ist Januar
Im Wasser ist Eis
Schnee bedeckt die Dächer der Häuser
Zapfen sind aus Wasser
Alaska ist kalt
Prinzessin aus Eis
Flauschiger Eisbär
Eis macht die Hände kalt
Nebel bedeckt die Häuser

Deniz Kizilöz
Elias-Holl-Volksschule, Klasse 2a

Der Fall

Ich falle mit meinen Freunden.
Wir freuen uns schon auf die Landung.
Endlich, nach so langer Zeit, wieder fliegen dürfen!

Das machen wir gerne.
Wenn wir landen, werden sich viele Menschen über uns freuen.
Wenn wir landen, werden wir lange gebraucht.
Wenn wir landen, werden wir so lange zusammen halten,
bis uns die Sonne schmelzen lässt.
Dann steigen wir auf in die Höhe.
Warten auf die Landung.
Wieder falle ich mit meinen Freunden.

Tomislav Dujmic
Maria-Theresia-Gymnasium, Klasse 7a

Das Eiszapfenleben

Es ist kalt, es schneit.
Der Herbst ist vorbei,
da beginnt die Eiszapfenlebenszeit!
Tagsüber die Sonne,
mit ihrer kleinen Kraft.
Wärmt die Luft,
in der Nacht ist es kalt.
Das ist die Eiszapfenzeit.
Die Kinder bestaunen die schöne Pracht,
von den Dächern herunter,
kleine und große Eiszapfen,
das macht uns munter.
Die klirrende Kälte,
tut ihnen gut.
Das freut das Herz
und macht ihnen Mut.
Die Sonne ist stärker,
erwärmt die Luft
der Winter muss weg,
die Eiszapfen auch,
sie schmelzen vor sich hin.
Schade das war's wohl dieses Jahr,
aber wir kommen wieder,
Gar keine Frage,
im nächsten Jahr.

Alexandra Seiler
Berufsschule III, Klasse 10b

Des Eiskristalls Seele

Die Seele ist wie ein Eiskristall, so wunderschön und doch so vergänglich.

Sie ist bei jedem verschieden, sowohl in Form als auch in der Größe.

Die Kristalle schmelzen in der Sonne hin, wie die Seele in der Hand der Liebenden.

Das Eis wächst und es bildeten sich viele Muster und Formen. Kleine Äste und große Äste.

Die Formvielfalt ist bei beiden ausgeprägt, so wie die Symmetrie doch auch die Selbstähnlichkeit.

Die Seele, sowie die Eiskristalle, brauchen Zeit zum Wachsen und werden so verschieden und vielfältig, dass jeder seine eigene Persönlichkeit entwickelt.

Als ich verliebt war, strahlte mein Kristall hell und wunderschön.

Das Eis fühlte sich trotz der Kälte sehr warm und angenehm an.

Doch dann zerbrach meine Liebe, es war wie ein Wetterumschwung oder eine Wut, die wie Feuer war, und das Eis schmolz.

Das Eis wurde zu Wasser, das die guten Stimmungen, die Liebe und die schönen Kristalle wegspülte.

Ich träumte, Eiskristalle entführten mich in eine andere Welt.

In eine Welt voller Sehnsüchte und Träume.

Eis ist vergänglich wie die Liebe … Eis ist so verletzlich wie die Liebe selbst.

Eis gibt es überall auf der Welt. Es gibt auch keine Menschen, die keine Liebe in sich tragen. Sie wären dann so kalt wie das Eis selbst.

Eis ist einfach wunderschön.

Eva-Maria Burgthaler
Berufsschule VI, Klasse MAL 10a

Der Eiszapfen

Der Winter kehrt ein, das Wasser erstarrt.
Am Tage geschmolzen, doch nachts es verharrt.
Es gleitet hinab, das Wasser am Zapfen,
und schmiegt sich an, um weiter zu wachsen.
So prächtig er scheint, so vergänglich er ist.
Nichts währt ewig, so auch beim Zapfen es ist.

Mathias Peter
Balthasar-Neumann Berufsbildungszentrum, Klasse BOS 11b

EISPHYSIK

Eis – Was ist Eis?

„Eis ist lecker, kalt und hat viele verschiedene Farben.
Das ist Eis!", sagt die Zunge.

„Es ist hart und es gibt ein Geräusch von sich,
wenn man mit Schlittschuhen darüber gleitet.
Das ist Eis!", sagen die Füße.

„Es liegt als Gletscher in den Bergen.
Das ist Eis!", sagen die Augen.

Doch das Herz sagt:
„Eis ist einfach schön in jeder Form."

Smilla Haendel
Maria-Theresia-Gymnasium, Klasse 5a
Schreibwerkstatt

Eis-Wörter – Kannst du sie erraten?

Es ist groß und rutschig und auf der Tribüne können viele Leute sitzen.
(Eisstadion)

Dominik Bühler

Mein Eis-Wort ist ein Ding. Es ist eckig und kommt in Getränken vor.
(Eiswürfel)

Hannes Huber

Mein Eis-Wort ist ein Muster. Es ist weiß und im Winter am Fenster. (Eisblumen)

Amelie Standke

Mein Eis-Wort ist eine Sportart mit Schlittschuhen. Man macht es zu zweit mit Musik. (Eistanz)

Manuela Welser
Volksschule Hammerschmiede, Klasse 2b

Eis in verschiedenen Sprachen

Eis (Deutsch)
Ice (Englisch)

Buus (Aramäisch)
Buz (Türkisch)
Glace (Französisch)
Ghiaccio (Italienisch)
Is (Schwedisch)
Gelo (Portugiesisch)
Hielo (Spanisch)
Ijs (Niederländisch)
Jeg (Ungarisch)
Led (Tschechisch)
Lod (Polnisch)
Is (Dänisch)

Sonja Isler
Kapellen-Volksschule, Klasse 8 dM

Eiszeiten

Im Winter an die Gravitation gebunden,
wachsen die Eiszapfen nur nach unten.

Das Gemüt der Menschen ist getrübt in dieser Zeit,
ihnen fehlen Glück und Heiterkeit.

Im Licht der Sonne sind die Zapfen kristallklar,
von weiß bis hellblau glänzen sie einfach wunderbar.

So soll man sich auch an diesen eisigen Tagen
zum süßen Speiseeis an den Kühlschrank wagen,

um ein Stück Sommer zu genießen,
bis im Frühling neue Kraft und Liebe sprießen.

Robert Moor
Balthasar-Neumann Berufsbildungszentrum, Klasse BOS 11b

Eis und Eis

Eis im Winter.
Eis zum Schlittern.
Eis zum Schlittschuhlaufen.
Eis, wir lieben dich.

Eis im Sommer.
Eis zum Schlecken.
Eis zum Löffeln.
Eis, wir lieben dich.

Tobias Wolf
Goethe-Volksschule, Klasse 5c

Eis und Salz

An einem Winternachmittag habe ich mit meinem Bruder Silas vor der Haustür gespielt. Auf dem Gehweg entdeckten wir plötzlich ganz viele durchsichtige, weißliche Steine. Ich dachte zuerst, es wären Edelsteine und rief: „Papa, ich habe Diamanten gefunden." Mein Papa schaute sich die Steine an und sagte: „Toll, die sehen ja wirklich wie Edelsteine aus." Dann kam Mama dazu und erklärte uns, dass es Streusalzkristalle sind. Ich wunderte mich und fragte „Warum liegen die hier?" Papa und Mama haben dann erzählt, dass das Salz das Eis schneller zum Schmelzen bringt. Das Salz wird gegen Glatteis gestreut, damit wir Menschen nicht ausrutschen. Ich habe ein paar Salzsteine aufgehoben und in meine Jackentasche gesteckt. Dann sind wir mit der ganzen Familie spazieren gegangen. Unterwegs habe ich aus einer zugefrorenen Pfütze ein großes Stück Eis herausgebrochen. Das Eisstück war sehr dick und trotzdem fast durchsichtig. Als Papa den großen Eisbrocken sah, meinte er: „Damit könnten wir ein Experiment machen. Wir lassen das Eis vor der Haustür liegen und streuen deine Salzkristalle darauf. Nach dem Mittagessen gehen wir raus und schauen, was passiert ist." Das haben wir dann auch so gemacht und dann sind wir rein gegangen zum Mittagessen. Als wir fertig waren, habe ich nach meinem Eisexperiment gesehen. Wo vorher die Salzkristalle lagen, waren jetzt Löcher im Eis. Ich freute mich sehr, dass das Experiment geklappt hatte. Die Salzkristalle waren weg. Sie hatten das Eis weg geschmolzen und sich in Wasser aufgelöst. Jetzt weiß ich, wie das mit dem Streusalz funktioniert.

Yannick Grenz
Werner-von-Siemens Grundschule, Klasse 2c

Eis in den vier Jahreszeiten

Im Frühling schmilzt das Eis,
dann wird es langsam wieder heiß.
Die Sonne gewinnt gegen die Kälte die Schlacht
und lässt das Eis auf den Straßen erst nächstes Jahr wieder an die Macht.

Im Sommer wird das Eis als Mahlzeit verwendet,
es essen die Kinder, wenn die Sonne sie blendet.
In der Tiefkühltruhe warten die Eiswürfel darauf,
dass man sie für kalte Getränke gebraucht.

Die Kinder freuen sich schon drauf,
im Herbst, auf ihren ersten Schlittschuhlauf.
Der Raureif glitzert an Büschen und Bäumen,
lässt die Kinder von Winterfreuden träumen.

Das Eis ist kalt, das Eis ist blau,
das weiß jeder, egal wie schlau.
Wenn im Winter die Eiszapfen funkeln und blitzen,
können die Kinder auf ihren Schlittschuhen flitzen.

Carlotta Lamey, Laura Meitinger
Peutinger-Gymnasium, Klasse 7e

Schnee & Eis

Kalt und nass,
flockig fest,
bedeckt den Boden
ohne Rest.

Glieder steif,
Nase taub,
zittrig kalt,
Wärmeraub.

Funkelt hell,
bei Tag und Nacht,
verleiht dem Winter
seine Pracht.

Jessica Zimmer
Peutinger-Gymnasium, Klasse 8e

Hallo, lieber Brieffreund!

Meine Eltern haben mir erzählt, wie schön der Winter bei euch ist.
Wie ist eigentlich so ein richtiger Winter mit Schnee und Schneemann?
Wie sieht denn Schnee aus und wie fühlt er sich an?

Ich habe noch nie Schnee gesehen. Kannst du mir bitte eine Schneeflocke schicken?
Ich freue mich sehr auf deine Antwort aus Deutschland.
Kiano aus Afrika

Liebe Kiano!
Ich habe einmal mit meinen Eltern einen Schneemann gebaut. Es war ein bisschen schwierig.
Seine Nase haben wir aus einer Karotte gemacht und Mund und Augen waren aus Kastanien.
Meine Hände sind kalt geworden. Sogar die Handschuhe sind kalt geworden.
Schnee ist ganz weiß und kalt.
Wenn die Sonne kommt, wird der Schnee zu Wasser.
Liebe Grüße
Zehra

Zehra Süzer
Elias-Holl-Volksschule, Klasse 2a

KaLT wi3 Ei§

Spaß im Winter
Passend im Sommer
Erfrischend am Körper
Intensiv im Geschmack
Schmilzt sehr schnell
Essen wenn's frisch fällt
Erschreckend hell
In der Waffel
Schreckhaft grell

Nesrin Karatas, Zekiye Gürsoy
Berufsfachschule für Hauswirtschaft, Klasse HW 10b

Du machst mich (h)EIS

In der Sonne trag ich meine Pracht,
aber nur im Winter, im Sommer werd ich schwach,
denn die Sonne macht mich heiß.
Und die Welt wieder farbig, nicht mehr weiß.

Meine Strahlen sind ja so schön warm,

keiner kann mir widerstehen, mir und meinem Charme.
Ich schmelze weg das ganze kalte Eis,
lass mich strahlen, dann wird euch allen heiß.

Ich bin das Eis,
ich mach dich heiß.
Ich bring dich zum Schmelzen.

Hey Eis,
ich mach dich heiß.
Ich bring dich zum Schmelzen.

Bin so eiskalt und glamourös,
strahle weiß und funkel' ganz famös.
Bin für soviel Spaß zu haben,
wie zum Beispiel Schlittschuhfahren.

Ich strahl am liebsten zu den Sommerzeiten,
lass mich aber auch zum Nordpol leiten.
Bin so gelb, so groß und schön anzusehn,
legst du dich vor mich hin, wird deine Blässe gehn.

Ich bin das Eis,
du machst mich heiß.
Sie bringt mich zum Schmelzen.

Hey Eis,
ich mach dich heiß.
Ich bring dich zum Schmelzen.

Bin gefährlich, hart und glatt,
passt du nicht auf, räum ich dich ab.
Hey Sonne, willst du mich wirklich loswerden?
Meine Schönheit treibt dich ins Verderben.

Welche Schönheit? Dich kann keiner mehr sehen,
alle wollen Hitze und zum Baden gehen.
Ich regier die ganze Welt,
egal ob's dir gefällt.

Ich bin das Eis,

du machst mich heiß.
Sie bringt mich zum Schmelzen.

Hey Eis,
ich mach dich heiß.
Ich bring dich zum Schmelzen.

Ich bin das Eis,
du machst mich heiß.
Sie bringt mich zum Schmelzen.

Hey Eis,
ich mach dich heiß.
Ich bring dich zum Schmelzen.

Eis … Eis … Eis … Eis … Eis …

Ramona Hackel, Carmen Ludwig
Berufsschule VI, Klasse GvM 11

Haiku

Eis liegt mal auf dem Boden
Und auch mal im
Gefrierfach!

Igor Dan
Berufsschule VI, Klasse FZL12

Eisporträt

Eis, dich gibt es überall: am Nordpol, am Südpol, auf dem Kuhsee, einfach überall.
Du bist kalt, aber wärst du warm, wärst du Wasser.
Dich gibt es künstlich in der Eishalle oder auch von Natur aus.
Dein Freund ist das Wasser, aber es ist auch dein größter Feind.
Aber am schönsten bist du von Natur aus. Dich gibt es in Bergen, also Eisberge oder auch in kleinen Klötzen, also Eiswürfel. Im Polargebiet bist du der Herrscher!

Gabriel Schwald
Franz-von-Assisi-Schule, Klasse 4 grün

Eis, Eis und Eis

Tom steht am Nordpol und sieht nur Eis Eis und Eis.
Toms Schwester steht am Südpol und sieht Eis Eis und Eis.
Toms Mutter steht in Grönland und sieht Eis Eis und Eis.
Toms Papa steht in Sibirien und sieht nur Eis Eis und Eis.
Wir stehen hier und sehen nicht nur Eis Eis und Eis.
Unser Land ist bunt und andere Länder sind nur weiß durch Eis.

Im Winter regierst du, im Frühling wird noch gewählt, dann herrscht drunter und drüber, im Sommer regiert die Sonne und im Herbst wird wieder gewählt. Dann gewinnst du. Jetzt beginnt der Kreislauf von vorne.

Gabriel Schwald
Franz-von-Assisi-Schule, Klasse 4 grün

Rätsel

Sie sind weiß
und eisig kalt.
Sie sind spitz wie eine Nadel
und hängen von den Dächern.
Sie sind sehr gefährlich, wenn man mit ihnen spielt.
Man kann sie lecken, doch keinem wird es richtig schmecken.
Ein schöner Ton entsteht, wenn man sie aneinander schlägt.
Sie glitzern wie Edelsteine, wenn man sie in die Strahlen der Mittagssonne hält.
Wenn du eine Wunde hast, dann halt es hin, es gibt dir Kraft.
Sie sehen aus wie eine Nase, aber das weiß selbst der Hase.
Sie sind durchsichtig wie Glas, doch nur ohne Autoabgas.
Wenn du weißt, was es wohl ist, du ein schlaues Kerlchen bist.

Miriam Weißbrod
Franz-von-Assisi-Schule, Klasse 4 grün

Weiß und glatt

Es ist weiß.
Es ist das Eis.
Es ist glatt.
Es ist rutschig.
Man rutscht manchmal

aus und lacht dann.
Es glitzert in der
Sonne wunderschön.
Man kann Schlittschuhfahren
drauf,
Es ist schöner denn je!
Das Eis.

Hannah Regler
Hort an der Eichendorff-Volksschule, Klasse 3a

Eis ist toll

Eis zum Essen,
Eis zum Spielen,
Eis zum Leben,
Eis ist toll!

Eis im Sommer,
Eis im Winter,
Eis für Kinder,
Eis ist toll!

Eis schimmert schön,
Eis glitzert magisch,
Eis schmeckt lecker,
Eis ist toll!

Leonie Gaugigl
Spicherer-Volksschule, Klasse 4c

Ein Eis-Gedicht

Eis
ob grün, blau oder weiß
lecker schmeckt Eis.

Eis
am Südpol oder am Nordpol
Arktis oder Antarktis
hier ist Eis weiß.

Eis
ob als Zapfen
oder in der Regentonne
hier ist Eis nicht weiß.

Florian Hölz
Volksschule Kriegshaber, Klasse 4a

Eis ist kalt

Eis ist kalt.
Eis ist fest.
Eis ist schön.
Eis ist glatt.

Wenn Eis schmilzt,
dann wird es nass.

Eis ist lebensnotwendig.
Eis ist wichtig.
Eis ist unvorstellbar.
Aus Eis kann man kunstvolle Dinge machen.

Nathalie Richter
Volksschule Stadtbergen, Klasse 4

Der Wandel des Wassers

Siehst du, wie die Tröpfchen frieren?
Siehst du, wie das Wasser sich verhärtet?
Spürst du, wie es kälter wird?
Hörst du, wie es leise tröpfelt?
Siehst du, wie es verhärtet ist?
Siehst du, wie es sich verschließt?
Spürst du, wie es eisig ist?
Hörst du, wie es nicht mehr spricht?
Siehst du, wie die Tröpfchen weichen?
Siehst du, wie es sich verläuft?
Spürst du, wie die Sonne wärmt?
Hörst du, wie es wieder spricht?

Florian Olsowski
Freie Waldorfschule Augsburg, Klasse 7

Das Eis und das Feuer

Einst stritten sich das Eis und das Feuer, wer von ihnen der Bessere sei. Das Feuer sprach: „Was bist du doch für ein nutzloses Ding, bringst den Menschen Kälte und Krankheit, lässt ihnen das Blut in den Adern gefrieren! Aber sieh mich an, ich schenke ihnen Wärme und Licht, auf mir kochen und braten sie, ich sichere ihnen das Überleben!"

Da sagte das Eis: „Du irrst, wenn du sagst, ich sei von keinem Nutzen. Ich bringe den Leuten Freude beim Schlittenfahren und Schlittschuhlaufen, bei Schneeballschlacht und Wintersport. Aber du, du fügst ihnen große Schmerzen zu mit deiner gnadenlosen Hitze, etliche Kinder verbrannten sich ihre Fingerlein an Herd oder Feuer. Du bist ein herzloser Bösewicht!"

Plötzlich landete eine Eule neben ihnen und meinte: „Warum streitet ihr euch? Eis, stelle dir einmal vor, du wärst das Feuer. Feuer, stelle dir einmal vor, du wärst das Eis. Ihr werdet etwas entdecken, was ihr bisher übersehen habt."

Michael Rolle
Gymnasium bei St. Anna, Klasse 6d

Interview mit einer Eisscholle

Interviewer: Guten Tag. Wie ist Ihr Name?

Eisscholle: Ich heiße 728,3m². Wir Eisschollen werden nach Größe benannt. Sie dürfen mich übrigens gerne duzen. Bei uns wird man erst ab einem Durchmesser von mindestens zwei Kilometern gesiezt.

I: Okay. Wie alt bist du? Wächst du noch?

E: Ich bin 502 Jahre, 3 Monate, 1 Woche, 5 Tage, 2 Stunden und 58 Minuten alt. Ob ich noch wachse? Was ist das denn für eine dumme Frage? Sie wissen sehr schlecht über uns Eisschollen Bescheid! Wir wachsen heute nicht mehr, in Zeiten der Klimaerwärmung schrumpfen wir höchstens.

I: Merkt Ihr es denn, wenn jemand auf euch steht – so wie ich gerade?

E: Natürlich, das empfinden wir Eisschollen aber als sehr angenehm. Vor allem wenn es schwere Tiere sind, so wie Eisbären.

I: Gibt es bei euch auch Politik? Wie funktioniert das?

E: Natürlich! Bei uns regiert immer die älteste Eisscholle, sofern sie nicht kleiner als 100 m² ist. So etwas wie Demokratie kennen wir aber nicht. Im Moment herrscht 172,11 m², sie ist schon ca. zwei Millionen Jahre alt. So genau weiß sie das aber selbst nicht mehr.

I: Vielen Dank für die interessanten Auskünfte. Einen schönen Tag noch.

E: Können Sie mir sagen, wie viel Uhr es ist? Aber bitte auf die Sekunde genau!

I: Es ist jetzt 14:21 und 12,3 Sekunden.

E: 14:21 und 13, 14, 15, 16, 17 …

I: Entschuldigung, was machst du da?

E: Ich bestimme die Uhrzeit, damit ich immer genau weiß, wie alt ich bin. Wieviel Uhr ist es nun?

I: 14:23 und 59 Sekunden.

E: 14:24 und 01, 02, 03, 04, 05, 06, 07, 08, 09, 10, 11, 12 …

Clara Rumstadt
Maria-Ward-Gymnasium, Klasse 6b

Wer bin ich?

Mich kann man im Sommer essen und ich schmecke lecker. Ich bin in vielen Farben zu genießen. Ich bin kalt und ihr könnt mich in der Waffel oder im Becher haben. Des Öfteren esst ihr mich als Nachspeise. Es gibt auch ein Getränk mit meinem Namen: es ist der ---tee.

Ach ja, noch ein Tipp: macht schnell, ich schmelze gleich!

Esranur Bayazit
Goethe-Volksschule, Klasse 5c

Kaltes Rätsel

Es ist was, das hat jeder gern.
Tolle Landschaften, nah und fern.
Glitzert, funkelt, wie Kristall,
lange Zapfen überall.
Wenn ich darin liege, friere ich,
wenn ich's warm mach, verwandelt's sich.
Dann wird es wieder zu Wasser,
und der Tisch wird nass und nasser.
Ja, man kann es sogar essen,
mancher hat schon drauf gesessen.
Doch wie's mit guten Sachen so ist,
schon bald ist es weg, so ein Mist.
Doch manche stört es sogar sehr,
es behindert den Verkehr.
Was ist es?

Kevin Jacob
Kapellen-Volksschule, Klasse 8Dm

ice is like life

Ice is water,
ice is cold,
but sometimes if you wanna hold,
it's gone too fast like life is, too.
And whenever you're getting upset about,
you're just trying to get through.
Ice is the sign for something cold,
is it the winter or just the cooled water,
that runs down your throats.
And in cold times don't think about annoyance,
just live your life and let everything go.

Latisha Kurt
Agnes-Bernauer-Realschule, Klasse 7d

Eis überall?

Eis gibt es zum Essen
Eis gibt es als Zapfen
Eis gibt es zum Schlittschuhfahren
Eis gibt es in der Kühltruhe
Eis gibt es im Winter
Eis ist fast überall
nur nicht in unserem Herzen
das wünsch ich mir.

Melanie Striedl
Maria-Ward-Realschule, Klasse 6b

Eis im Winter ist prima

Lisa denkt, im Winter gibt es doch kein Eis.
Da esse ich doch gleich einen Eiszapfen.
Ende

Charlotte Werr
Lichtenstein-Rother-Volksschule, Klasse 1

Ein Herz aus Eis

```
              Eis                 Eis
          Eis   Eis          Eis   Eis
        Eis        Eis   Eis        Eis
      Eis            Eis            Eis
    Eis    glatt          gefährlich   Eis
  Eis              hart                Eis
  Eis      glatt       kalt           Eis
  Eis         Eiszapfen               Eis
  Eis              Hagel              Eis
    Eis                            Eis
      Eis    Schnee              Eis
        Eis                    Eis
          Eis    glitschig   Eis
            Eis   rutschig   Eis
              Eis          Eis
                Eis     Eis
                  Eis  Eis
                    Eis
```

Dilay Gündüz, Lisa Hackl
Maria-Ward-Realschule, Klasse 6a

Eiswürfel-Smalltalk

E1: Igitt – jetzt werde ich aus meiner Verpackung gedrückt. macht nix, meinen Nachbarn hat es auch erwischt. Hallo – wo glaubst du geht die Reise hin?

E2: Lass mich in Ruhe!

PATSCH KLIRR SCHWAPP

E1: He, wir sind in einem Cocktail gelandet.

E2: Toll, soll ich mich deshalb freuen?

E1: Wollte immer mal auf ne Party und im Alkohol abtauchen.

E2: Das hast du ja nun. Täuscht es mich oder beginnst du zu schmelzen?

E1: Oje, so habe ich mir die Party nicht vorgestellt!

E2: Ach ja, jetzt plötzlich jammern. Schau mal, der dicke Strohhalm da.

E1: Mann, der rührt mich ganz dünn.

E2: Falsch, der bringt dich zum Schmelzen.

E1: Ich glaube, ich sag nun lieber tschüss.

E2: Endlich hast du es begriffen. Reisen ins Glas sind für Eiswürfel meist tödlich – tschüss – tropf.

Vincent Kleiner
Justus-von-Liebig-Gymnasium Neusäß, Klasse 5b

Eiskalt

Eiskalt ist der morgen im Winter
Eiskalt ist der Spaziergang
Eiskalt ist das Eis im Gefrierschrank
Eiskalt sind die Eiswürfel in der Cola
Eiskalt ist eine schöne kalte Dusche im Sommer
Eiskalt ist der Gefrierbeutel gegen Kopfschmerzen
Eiskalt wie die Eisbären am Nordpol
Eiskalt wie Pinguine am Südpol
Eiskalt wie die Duschen in der Sauna
Eiskalt, das Eis, das in der Sonne schmilzt
Eiskalt wie die Eisschollen am Nordpol und Südpol
Warm wie mein Herz

Julia Beranek
Berufsschule VI, Klasse GvM 11

Eiswürfel

Eiswürfel kühlen
ihre Umgebung,
indem sie
Wärme
aus
der Umgebung
absorbieren.

Strahlende Sonne
Eiswürfel glitzern wie Edelstein
Schenkt man roten Whisky ein
Funkelt das Herz, es fühlt Wonne
Welch ein Genuss
Mund gespitzt zum Dankeskuss.

Nurten Simsek
Balthasar-Neumann Berufsbildungszentrum, Klasse BOS 11b

Eistod

Beim Gefrieren
bilden sich in
den Zellen wachsende Eiskristalle,
die die dünnen Wände der Zellen
durchlöchern.

Ruhe sich um den erschöpften Körper legt,
Der letzte Atem sich ergießt.
Das Blut kaum noch durch die Venen fließt,
In der Kälte sich nie wieder regt.

Alexander Nickel
Balthasar-Neumann Berufsbildungszentrum, Klasse BOS 11b

Arkti – Cool

Eis. Brrr kalte Lieblingsspeise …
Tag für Tag und Stunde für Stunde,
fast täglich bin Ich in aller Munde.
Man braucht Mich oft, manchmal auch nicht,
wenn man Mich öffnet, sieht man Licht.
Eiskalt und klirrend die Luft,
neutralisiert ist jeder Duft.
Zu essen krieg Ich allerlei, von Eis bis Mais ist alles in Mir drin,
gar der eine oder andere Zwiebelring.
Mein Grundgerippe ist aus Eisen,
die Nähte musste man alle schweißen.
Mein Innerstes ist schon ganz weiß,
bin heutzutage fast ein Greis.
Lang werd' Ich's wohl nicht mehr machen,
trotz der vielen leckeren Sachen.
Über den Eismann freu Ich Mich wie in jungen Tagen,
Ich möcht' im Alter nicht verzagen.
Doch jetzt muss Ich hier weiter kühlen,
damit die Speisen Kälte spüren.
Wer bin Ich?

Tobias Rager, Simon Tanner
Bebo-Wager Berufsschule VII, Klasse 11e IT

Das Drama im ewigen Eis

Im ewigen Eis lebte ein Eskimo namens Eison. Er war nicht groß, aber er hatte die Schuhgröße 52. Eison lebte im Iglu am Wasser. Er wusste nicht genau, wo er wohnte. Er hatte sechs Hunde, sie hießen alle Nosie. Als Eison mit seinen Hunden spazieren fuhr, sah er den gefährlichsten Eisbär des ganzen Polarkreises. Die Hunde von Eison rannten vor Panik davon. Eison versuchte auch vor dem Eisbären davon zu laufen. Er rannte aus Versehen in eine Bärenhöhle. In der Höhle wartete die ganze Familie des gefährlichsten Bären auf ihn.

Eison schwitzte und bekam große Angst. Die Eisbären kamen auf ihn zu. Immer näher. Wenn ihm nichts einfällt, dann ist er verloren! Plötzlich fiel ihm ein, dass er ein Stück Robbenfleisch in der Hosentasche hatte. Er schnitt das Fleisch in 4 Stücke und gab jedem Bären eines. Jetzt musste er schnell davonlaufen. „Wenn ich nicht schnell genug bin, dann erwischen sie mich noch", dachte er. Aber er war schnell und die Eisbären überholten ihn nicht mehr. Seitdem zog er nur noch mit seinen Hunden in friedlichen Gegenden herum.

Maxi Bayer, Dominik Wolf
Förderzentrum Augsburg – Förderschwerpunkt Hören, Klasse 6s

Expedition ins ewige Eis

„Knacks, knarz, knacks!" Ich stieg vorsichtig die morschen Stufen der Wendeltreppe hinauf, die zu unserem Dachboden führte.

Meine Familie und ich waren erst vor kurzem eingezogen und ich hatte beinahe schon das ganze Haus erkundet, nur der Dachboden fehlte noch.

Also stieg ich jetzt die Stufen zum Dach hinauf. Mir war etwas mulmig zumute. Oben angekommen, öffnete ich die Tür mit einem beherzten Stoß. Staubwolken rieselten vom Türrahmen und ich musste husten. Vorsichtig trat ich ein. Mein Blick schweifte durch den Raum: ein Schrank, ein Bett und eine Kommode. „Hat der Besitzer wohl vergessen oder er hat sich nicht mehr hier hoch getraut!" Ich durchstöberte das Zimmer und entdeckte in der Kommode ein altes verstaubtes Buch. Erst wollte ich es zurücklegen, aber meine Neugier war größer. Ich klappte den Deckel auf und fing an zu lesen:

„15. Mai anno 1879

Ich stieg aus meinem Blockhaus ins Freie, eiskalte Luft kam mir entgegen und meine Füße stecken bis zu den Knöcheln im Schnee. Eine Expedition war zu meiner Zeit ziemlich hart. Ich bin Hedwig Carlsen und bin Forscherin …" „Ein Tagebuch ist das also", dachte ich und las weiter: „… nun erzähle ich von meiner Expedition in die Antarktis. Es waren schon einige Forscher wach, die den Pinguinen beim Fischefangen zusahen. Der Expeditionsleiter sagte gerade, dass wir heute die See-Elefanten genauer beobachten wollen.

Da ich mich aber nicht immer den Forschern anschließen wollte, zog ich ab und zu auf eigene Faust los. Heute wollte ich zur Eisbahn der Pinguine wandern. Nachdem die anderen gegangen waren, machte ich mich auf den Weg. Mit meinen Schuhen rutschte ich gerne auf dem Eis. Kurz darauf erreichte ich die Bahn. Eine Weile saß ich nur da und schaute den Pinguinen beim Rutschen zu. Dann konnte ich mich einfach nicht mehr beherrschen und schwang mich mit einem lauten „Jiiihaaa" auf die Rutschbahn. Ich sauste links und rechts herum, schlug dabei einige Eiszapfen von der Bahn, was ehrlich gesagt ziemlich weh tat, und flog am Ende mit einem hohen Bogen ins eiskalte Antarktismeer. Mir verschlug es den Atem, ich war mitten in einer Herde See-Elefanten gelandet. Ausgerechnet diese Herde hatten sich meine Kollegen für ihre Beobachtungen herausgesucht. Doch das war nicht das Schlimmste: Die See-Elefanten schienen mit mir Ping-Pong zu spielen. Ich schluckte Wasser, ich schlug wild um mich, ich versuchte zu entkommen – ohne Erfolg. Ich wollte schon entkräftet aufgeben, als die Herde das Interesse an mir verlor und davonschwamm. Die anderen Forscher hatten sich von dem Schrecken erholt und zogen mich aus dem Wasser. Ich bekam zwar etwas Ärger, aber war trotzdem ziemlich froh, dass sie mich gerettet hatten, und so ging ein Forschertag zu Ende.

16. Mai anno 1879 …"

„Tea, komm! Wir wollen noch in ein Restaurant gehen!", rief Mama ungeduldig aus Richtung Tür. Ich schreckte hoch. „Wie viel Zeit war vergangen? Wo bin ich?", dachte ich und schaute mich um. Meine Mutter streckte ärgerlich den Kopf durch die Tür. „Ja, ja!", murmelte ich, stand auf und flitzte aus dem Raum.

Ann-Sophie Rall
Maria-Ward-Gymnasium, Klasse 6b

Der kleine Eisbär

Es war ein Junge am Nordpol mit seinem Vater und mit einem Wissenschaftler-Team. Sie machten da eine Forschung. Dem Jungen war es eigentlich egal, was sie mit dem Eis machten. Er kam nur zum Spielen mit. Der Junge hatte sich mal ein bisschen entfernt. Da sah er eine weiße Kugel im Boden. Er ging immer näher hin und sah einen Eisbär. Es war ein Babyeisbär, der aber verletzt war. Der Junge dachte, wenn er zum Vater geht, könnte er das Baby retten. Der Junge ging zu seinem Vater und sagte: „Da ist ein verletztes Bärenbaby, es liegt am Boden." Der Vater sagte: „Lass es uns holen. Los, komm!" Die beiden gingen das Kleine holen und pflegten es, bis es wieder gesund wurde. Der Eisbär gewöhnte sich daran, mit Menschen zu leben. Aber eines Tages musste die Mannschaft wieder weg fahren. Der Junge war traurig. Er wollte den Bären mitnehmen. Aber der Vater sagte ihm, dass hier sein Zuhause sei. Dann verabschiedete sich der Junge vom Eisbären und sie sahen sich nie wieder.

Antonino Lazzara
Kerschensteiner-Volksschule, Klasse 6b

Der Krieg im Winter

Es ist jetzt schon drei Monate her, seitdem Napoleon und seine Truppen aus Frankreich aufgebrochen sind, um Russland zu erobern und den Zaren zu demütigen. Doch seit dem Brand von Moskau muss sich Napoleons Armee durch den harten Russischen Winter zurückziehen. Der Junge Soldat Charles Levebre und seine Kameraden frieren Tag für Tag, bekommen wenig zu Essen und erleben die grauenhaftesten Momente ihres Lebens.

Es ist nun Vormittag, die Franzosen haben sich halb erfroren in den Schnee gesetzt, um ihre magere, kleine Brotration zu essen und ihre Suppe zu schlürfen. Charles und seine Kameraden unterhalten sich gerade, als sie erkennen, dass aus dem Schneesturm, der um sie tobt, jemand auf sie zukommt.

Sie erkennen, dass es russische Kosaken sind, die nur darauf warten, dass sich die Franzosen von der Hauptstreitmacht entfernen. Charles und seine Kameraden erkennen entsetzt, dass ihre Musketen eingefroren sind und nicht mehr funktionieren. Sie versuchen, die Kanone bereit zu machen, die sie auf einem alten Heuwagen befestigt haben, um sie leichter zu transportieren. Doch als sie versuchen, die Kanone abzufeuern, merken sie, dass sich das Kanonenrohr aufgrund der extremen Kälte verformt hatte und an der Unterseite gebrochen war. Die Kosaken bemerken, dass die Franzosen ihre Waffen nicht benutzen können, und greifen an. Nur Charles überlebt, da er sich tot gestellt hatte. Als sich die Kosaken zurückziehen, versucht Charles wieder Anschluss an die Hauptkolonne zu bekommen.

Unterwegs sieht er die Polnischen Ulanen, die aus Verzweiflung bereits ihre Pferde geschlachtet hatten. Dass bei manchen von ihnen bereits die Zehen abgefroren sind, merken sie nicht, dass die eisige Kälte sie nahezu betäubt. Sie marschieren einfach weiter. Es geht für sie nicht mehr um Pflichterfüllung, sondern nur noch ums nackte Überleben. Charles aber nimmt sich fest vor, dass er seine Familie wiedersehen will. Das alleine hält ihn am Leben.

Tage später hat Charles es geschafft, wieder Anschluss an die Hauptkolonne zu finden. Er sieht, dass die Armee in einem erbärmlichen Zustand ist, genau wie er selbst. Doch dann sieht er etwas, das für ihn bis dahin undenkbar war, er sieht, wie Napoleon auf einem Schlitten zusammen mit seiner Leibgarde flieht. Doch Charles marschiert unablässig durch den harten Winter weiter.

Wochen später hat er es geschafft, er hat den mörderischen Rückzug durch den russischen Winter überlebt, ist zu seiner Familie zurückgekehrt und wurde zu einem der schärfsten Gegner Napoleons.

Seine Erlebnisse, die er im Winterkrieg gemacht hat, wird er nie vergessen.

Tobias Bitzl
Berufsfachschule für Hauswirtschaft, Klasse HW10b

Der Eishöhlenforscher

Hallo, ich bin ein Eishöhlenforscher. Ich machte meinen Job eigentlich gerne und freute mich immer, wenn ich einen neuen Auftrag bekam. Bis ich eines Tages eine Entdeckung machte. Mein Chef gab mir den Auftrag, in den Berchtesgadener Alpen eine Eishöhle zu durchforschen. Als ich dort ankam, wunderte ich mich, dass das Eis wärmer zu sein schien als sonst. Aber ich dachte, es würde bestimmt noch kälter werden, und ging hinein. Ich hatte Recht. Es wurde kalt. Ich tastete mich an Wänden entlang, maß Eiszapfen ab und fiel plötzlich hin. Ich suchte nach etwas, das mir half, aufzustehen. Mein Kopf stieß gegen etwas Hartes. Zu allem Unglück war meine Taschenlampe ausgegangen. Ich schaltete sie an und erblickte den breitesten und größten Eiszapfen, den ich je gesehen hatte. Er füllte den ganzen Gang aus, ich konnte nicht mehr weiter. Weil ich es schade fand, den schönsten Eiszapfen der Saison zu zerstören, nur damit ich weiter gehen konnte, stand ich auf, ich war nämlich sitzen geblieben und lehnte mich gegen die Wand. Ich erschrak furchtbar, als ein Teil der Wand herausbrach, ich zum zweiten Mal auf dem Boden landete und auf etwas Weiches fiel. „Na toll!", murmelte ich und versuchte über dieses „Etwas" zu steigen. Dieses „Etwas" biss mir ins Bein, zum Glück nicht fest, und ich erkannte ziemlich spät, dass ich einem Eisbär gegenüber stand. Ich raste wie von Sinnen hinaus, ohne ein drittes Mal hinzufallen. Als nach meinem Notruf ein Zoodirektor, die Polizei und mein Chef eintrafen, stellte sich heraus, dass der Eisbär aus dem Zoo ausgebrochen war und in der kalten Höhle Schutz gesucht hatte. Man hatte ihn vom Nordpol geholt, da es ihm zu warm geworden war, aber im Zoo ebenfalls, nur die Höhle war richtig für ihn. Wir ließen ihn in seiner Höhle, allerdings mit einem Gitter. Und ich habe von Eis und Eisbären eine Weile genug.

Anne-Sophie Liehr
Grundschule Göggingen-West, Klasse 4d

In der eisigen Partnachklamm

Hallo, ich bin Rebekka, ich habe eine jüngere Schwester, die heißt Sarah! Zusammen machten wir uns auf Richtung Berge. Wir sangen dauernd: „Wir fahren im Winter mit dem Zug, in die Berge."
Als wir im Tal ankamen, informierten wir uns, was man machen kann. In einem Katalog mit Freizeittipps las ich, dass ganz in der Nähe eine Klamm ist, sie heißt: Partnachklamm. Wir nahmen uns vor, morgen in die Klamm zu gehen. Am nächsten Tag wanderten wir bei minus fünf Grad, Nebel und leicht bewölktem Himmel in aller Frühe los. Leider mussten wir Eintritt bezahlen, weil wir so früh waren.
Wir gingen ganz ahnungslos hinein, ohne zu wissen, was uns hinter der nächsten Ecke erwartete. Als wir um die Ecke bogen, bekamen wir den Mund vor Staunen nicht mehr zu. Vor uns standen riesige Säulen aus EIS. Manche schillerten bläulich, einige grünlich, manche gelblich und andere in sanftem Orange. Wir gingen weiter.
Vor uns fing ein kleiner Tunnel an. Wir gingen hinein und plötzlich merkte ich, dass es gar kein Tunnel war, sondern ein richtiger fester Vorhang aus EIS. Das Einzige, was ich sagen konnte, war: „OHA!" Wir gingen an den EISvorhängen vorbei und unser Blick fiel auf einen 35 Meter hohen zugefrorenen Wasserfall. Gigantisch! Wir gingen weiter und vor uns standen riesige Säulen aus EIS. Sie schillerten in leichten Pastellfarben. Als ich nach oben schaute, hingen über uns riesige Eiszapfen. Als wir um eine Ecke bogen, war dort ein kleiner Tunnel. Ich lief ganz nah an der

Wand entlang, weil Gegenverkehr kam. Plötzlich schrie ich: „Aah!" Etwas hatte mich berührt. Ich drehte mich um und es sah aus, als ob eine Schlange an dem Fels klebte. Die Schlange war aus EIS. Wir zogen unsere Handschuhe aus und betasteten die Schlange. Sie fühlte sich sehr glatt, trocken und warm an. Wir gingen weiter und sahen noch viele andere Formen aus EIS. Als wir durch die Klamm durch waren, machten wir noch eine kleine Wanderung und fuhren mit einer Seilbahn hinab in das Tal. Auf der Fahrt konnten wir nochmal die gigantischen EISwelten von oben sehen. Im Tal angekommen, gingen wir in ein Hotel und warfen uns todmüde auf die Betten.

Rebekka Schlosser
Lichtenstein-Rother-Volksschule, Klasse 3

Tod im Eis

Es war ein sehr schöner Tag, ich watschelte mit meinen Freunden über das Eis. Dass dieser Tag der Beginn einer sehr schweren Zeit sein würde, wusste ich noch nicht. Die Sonne stand genau über uns und ich bemerkte, dass unsere Kolonie sehr unruhig wurde. Ich nahm Anlauf und warf mich auf den Bauch. Geschickt rutschte ich zwischen den anderen hindurch zu dem Platz, wo meine Eltern sonst immer waren. Aber sie waren weit und breit nirgends zu sehen. Nur wir Jungen waren noch da. Kalt lief es mir über den Rücken runter, als ich erkennen musste, dass uns unsere Eltern verlassen hatten. Vor Erschöpfung und Angst schlief ich ein. Als ich erwachte, war es stürmisch und kalt. Der Nordwind peitschte uns. Der Lärm von berstenden Eisschollen und das Heulen des Schneesturms bereitete uns schlaflose Nächte. Eng zusammengedrängt nahmen wir jede Bewegung der anderen wahr. Wir bewegten uns kaum. Wir hatten Zeit nachzudenken.

Zwei Wochen waren vergangen, der Hunger zehrte an unseren Kräften, doch man hörte kein Jammern, nichts. Eisige Stille, verängstigte Gesichter. Ich konnte bald nicht mehr sagen, ob mein Freund Jeti noch lebte, er war eiskalt. In den darauf folgenden Tagen konnte auch ich nicht mehr sagen, ob ich noch leben wollte.

Nach weiteren grausamen Tagen, ich war vielleicht doch eingeschlafen, weckte mich ein Sonnenstrahl. Er fiel mir direkt in mein geöffnetes Auge. Bewegung kam in die Gruppe. Weit hinten am Horizont bemerkten wir aufgeregte Aktivitäten. Mir wurde schon warm ums Herz. Wir rannten alle zum Rand der Eisscholle, voller Erwartung. Stunden vergingen, doch die Bewegung dort drüben kam einfach nicht näher und als sie nach einer Weile ganz verschwunden war, glaubte ich, mein Herz brechen zu hören.

Die nächsten Tage wurden immer schlechter und bald war es die Hölle auf Erden. Eissturm schlug auf unsere Felle wie spitze Geschosse, Die Kälte griff uns auch von innen an, es war nicht mehr zu ertragen. Ich kuschelte mich an meinen Nachbarn, so gut ich noch konnte, um mich zu wärmen, und schloss dann langsam mit einem tiefen eiskalten Atemzug meine Augen.

Patrick Lutz
Bebo-Wager-Berufsschule VII, Klasse 11e IT

Das Gletscherdrama

„Maja, wo bist du?" Mutters Stimme klang ärgerlich. Schon seit drei Tagen irrte Majas Familie hier oben im Gletschergebiet herum. Es begann damit, dass Familie Schmid einen Ausflug ins Gletschergebiet machen wollte. Doch dann war der Lift außer Betrieb und die Familie beschloss hinabzuwandern. Naja, und jetzt hatten sie sich da oben auch noch verirrt. Maja kam aus dem Schnee heraus: „Ich habe Hunger!", sagte sie und hielt sich den Bauch. „Wir haben nicht mehr viel Proviant, Maja", sagte der Vater, wir müssen unbedingt den richtigen Weg finden. Maja sah ganz betrübt aus. „Ich weiß gar nicht, was ihr habt", sagte Majas sechzehnjähriger Bruder. „Halt ja den Mund!", fauchte sie ihn an. „Du musstest ja auch dieses Referat übers Gletschereis schreiben. Deinetwegen sitzen wir hier oben fest!" „Ach, ja!", sagte Oliver, „dann wandere doch einfach weiter, wenn du Heimweh hast." „Jetzt reicht's mir aber!", schrie Maja und riß einen Eisklumpen aus dem Eis heraus. Gerade wollte sie ihn auf Oliver werfen, als plötzlich der Boden unter ihnen bebte. Es fielen heftige Schneehaufen auf die Familie und das Letzte, was Maja hörte, war ein Schrei. Dann war alles totenstill. Es dauerte ungefähr 24 Stunden, als ein warmer Luftzug Maja erreichte. Sie öffnete die Augen und lag in einem weißen Bett. Überall hingen Schläuche und dann ging die Tür auf und eine weiß gekleidete Frau kam herein. Sie erklärte Maja, dass es allen anderen aus der Familie gut geht. Da musste Maja weinen. Sie weinte die ganze Zeit, bis die Frau ihr erklärte, dass die Familie bereits vor der Türe stehe und nur darauf wartete, sie zu besuchen. Maja war überglücklich und ein zaghaftes Lächeln huschte über ihr Gesicht.

Lara Heller
Volksschule Inningen, Klasse 4a

Meine Eisgeschichte

Es war einmal ein Mädchen, das hieß Susi. Eines Tages ging sie spazieren. Als Schneeflocken herunter fielen, hatte sie eine Idee. Sie rannte sofort nach Hause und rief dabei: „Mama, Mama!" Die Mama fragte: „Was ist los, Schätzchen?" Susi sagte: „Mama, können wir zum Nordpol fahren?" Die Mama sagte: „Nein, es tut mir Leid, da können wir nicht hinfahren." Susi fragte: „Warum sind wir überall herum gereist, nur zum Nordpol nicht?" – „Ich weiß ja, Schätzchen, dort können wir nicht hin, weil es dort viel zu kalt ist und dort gibt es gefährliche Dinge, zum Beispiel Klippen, Lawinen und vieles mehr."

Susi rannte nach oben und blieb in ihrem Zimmer. Sie ging ins Bett und schlief ein. Sie träumte, dass sie zum Nordpol gehe. Als sie da war, traf sie einen weißen Eisbären. Er konnte reden. Susi fragte ihn, ob er ihr den Nordpol zeigen könne. Der Eisbär sagte: „Na klaro! Mach ich doch gern." Als sie los gelaufen waren, sah Susi auf dem Boden eine Münze, aber nicht irgendeine Münze, sondern eine Eismünze. Der Eisbär fragte: „Warum guckst du denn so komisch? Hast du noch nie eine Eismünze gesehen?" – „Nein", sagte Susi. „Das ist ja egal, jetzt kenne ich sie ja. Los, lass uns weiter gehen!" Sie liefen geradeaus. Susi sah Eishäuser, Eispinguine, Eisbären und sogar den Energydrink Eistee. Der Eisbär sagte dazu gar nichts. „Los, komm, gehen wir zum Eisrestaurant!" Als sie dort waren, fragte der Eisbär: „Wollen wir was bestellen?" Susi sagte: „Ja, ich hätte gerne eine Pizza und einen Becher Limonade." – „Eispinguin, kommen Sie mal!", schrie er. Der Eisbär gab die Bestellung auf und in fünf Minuten kam das Essen. „Was ist das, bitte?", fragte Susi. Der Eisbär sagte: „Na, deine Bestellung: Eispizza und Eislimonade." – „Aber das ist nur Eis!"

Susi wachte auf und sagte: „Ich gehe *nicht* zum Nordpol." Sie ging runter zum Abendessen. Die Mama fragte: „Was hast du gemacht?" Susi sagte: „Ach nichts, ich war kurz am Nordpol."

Tugce Acar
Kerschensteiner-Volksschule, Klasse 5c

Die Eishöhle

Es ist tiefster Winter und ich habe mich mit meiner kleinen Schwester verlaufen. Es hat schon den ganzen Tag gestürmt, und mit dem eiskalten Schnee dazu ist es echt kein Zuckerschlecken voranzukommen, vor allem wenn man keine Ahnung hat, wohin man eigentlich gehen soll. Wir irren schon, seit der Schneesturm begonnen hat, herum.

Moment mal. Waren wir nicht gerade schon an diesem Baum? Wir scheinen im Kreis zu laufen. In dieser Winterlandschaft sieht eh alles gleich aus. Ein Baum hier, ein Busch dort. Doch niemals eine Straße oder ein Weg. Bei diesem Schneefall würden wir sie sowieso nicht erkennen.

Es ist wirklich eiskalt. Ich frage mich, was Susi, meine Schwester, gerade denkt. Sie lächelt mich nur an, wenn ich sie ansehe. Ich lächele zurück. Macht sie sich auch Sorgen? Ich habe ihre Hand fest im Griff. Ich könnte es nicht ertragen, sie zu verlieren. Ich hoffe, sie friert nicht. Wir haben dicke Daunenjacken an und darunter mindestens drei Pullis, doch ich friere trotzdem. Vor allem an den Füßen und am Gesicht.

So langsam zieht sich die Sonne zurück und die ersten Sternchen müssten schon zu sehen sein, aber bei diesem Wetter sieht man sowieso nichts. Ich könnte anhand der Sterne bestimmt erfahren, in welche Himmelsrichtung wir gehen, trotzdem wüsste ich immer noch nicht, in welche Richtung wir gehen sollten.

Wir wandern durch die Gegend, bis wir völlig ausgefroren sind. Wir rasten schließlich nahe eines großen Baumes, der, weil er so groß ist, kein Schnee um seinen Stamm hat.

Das Wetter hat sich immer noch nicht verbessert. Es ist fast unmöglich voranzukommen. Wir können aber auch nicht hier sitzen bleiben, da wir sonst erfrieren würden. Wir entscheiden uns weiter zu gehen, obwohl wir nicht wissen, wohin.

Es ist jetzt tiefste Nacht. Der Sturm hat immer noch nicht nachgelassen. Ich frage mich, wo wir jetzt sind. Meine Schwester lächelt immer noch. Was sie wohl denkt?

Was ist das dort hinten? Es ist schwarz und kreisrund. Drumherum ist nur Weiß. Ich bleibe stehen. Es rührt sich nicht. Susi blickt mich fragend an. Ich brülle in die Richtung dieses Dinges. Es gibt keine Reaktion. Ich gehe ein paar Schritte. Je näher ich komme, desto klarer sehe ich es, doch desto seltsamer wirkt es. Der Wind weht mir den Schnee ins Gesicht. Ich muss die Augen zusammenkneifen. Gleich bin ich dort. Der schwarze Kreis wird immer größer. Jetzt kann ich es erkennen.

Ich stehe vor einer vollgeschneiten steilen Felswand. Der schwarze Kreis ist ein Höhleneingang.

Es kommt eine wohltuende Wärme aus der Höhle, obwohl von der Decke riesige Eiszapfen herunter hängen. Es ist fast schon magisch, dem Geglitzer und Geflimmer in den Eiszapfen zuzusehen.

Wir treten ein, um uns ein wenig aufzuwärmen. Susi und ich schauen noch eine ganze Weile dem Gefunkel an der Decke zu, bis wir dann beide einschlafen. Erst Susi, dann ich.

Nach dem ganzen Tag in der klirrenden Kälte ist es wirklich eine Wohltat, in einer etwas wärmeren Umgebung zu sein. Doch es ist schon seltsam, woher nur diese angenehme Wärme kommt. Wir ruhen uns kräftig aus.

Als wir schließlich aufwachen, ist der Schneesturm vorüber. Nur noch ein mittelstarker Wind weht.

Dieses magische Lichtspiel begeistert mich immer noch. Susi anscheinend auch. Und diese seltsame Wärme ist fantastisch. Ich habe schon gar keine Lust, noch mal durch den Schnee zu waten.

Der Tunnel geht ja noch weiter! Vielleicht sollten wir ihn erkunden und herausfinden, woher diese fragwürdige Wärme herkommt. Wenn ich aber so nachdenke, will ich es eigentlich gar nicht wissen. Aber die Neugier übermannt mich dann doch. Wir laufen ein Stück in den Tunnel hinein.

Die Lichtreflexionen des Eises an der Decke reichen bis tief in die Höhle hinein. So ist es weit hinten in ihr noch hell. Doch außer Felsen und Geröll finden wir hier nichts. Es wird immer wärmer, je weiter wir vordringen. Ich glaube, ich muss ein oder zwei Pullis ausziehen. Susi schwitzt auch schon sichtlich.

Die Neugier zieht mich immer weiter hinein. Susi folgt mir stumm. Es gibt scheinbar nichts zu sehen. Je weiter wir kommen, desto mehr scheint mich meine Neugierde zu führen. Es gibt doch nichts. Was finde ich nur so interessant?

Immer schneller, fast schon rennend, gehe ich tiefer in diese Höhle. Susi bleibt die ganze Zeit an meiner Hand. Hin und wieder ziehe ich vor lauter Hitze eines meiner Pullis aus.

Dort hinten! Da ist ein Licht! Ist das ein Ausgang? Ich renne noch schneller. Immer intensiver scheint es mich zu locken. Bald bin ich da! Susi fällt es langsam schwer mitzuhalten. Immer heller strahlt das Licht uns entgegen.

Nur noch ein paar Schritte, dann weiß ich, was dort ist. Gleich ist es so weit. Dann wird meine Neugier gestillt sein. Das Licht scheint uns entgegen.

Endlich kann ich es erkennen. Es ist wunderschön. Ein kompletter Raum, völlig in Eis gehüllt. Das Licht scheint von allen Seiten zu strahlen. Ein großer Eisbrocken in der Mitte des Eissaales schimmert in allen Farben.

Es ist einfach so prächtig! Einfach atemberaubend! Wir stehen beide inmitten eines Licht- und Regenbogenmeeres. Ich blicke um mich. Überall die herrlichsten Farben.

Eine wahre Hitzewelle ergreift uns und wir kommen regelrecht ins Schwitzen. Dafür, dass dies eine Eishöhle ist, ist es ungewöhnlich warm.

Warum schmilzt denn nichts? Das Eis ist doch kalt und feucht, wenn ich es anfasse. Alles ist so seltsam und unnatürlich.

Plötzlich wache ich auf. Ich befinde mich am Höhleneingang. All die schöne Wärme ist mit einem Schlag verschwunden. Es scheint sogar um einiges kälter geworden zu sein. Der Sturm ist noch nicht vorüber.

Ich blicke zu meiner Schwester und erschrecke. Ihre Lippen sind ganz blau. Sie rührt sich nicht. Ich kann sie nicht mal atmen sehen.

Es ist so bitterkalt. Ich versuche sie zu erreichen, doch ich bin plötzlich so schwach.

Ich komme nicht an sie ran.

So kalt …

Immer wieder fallen mir die Lider zu.

Ich bin zu schwach.

Eine schreckliche Müdigkeit überkommt mich.

Meine Augenlider fallen nun endgültig zu und ich träume noch ein letztes Mal von dieser prächtigen Eishöhle.

Daniel Grünwald
Schiller-Volksschule, Klasse 9cM

Ein unvergesslicher Tauchgang

Ein berühmter Taucher namens Gustav reiste mit seinem besten Freund Simon, der auch ein leidenschaftlicher Taucher war, zur kältesten Zeit des Winters in die Antarktis. Der Grund, warum die beiden jedes Jahr dort hinreisten, war kein geringerer, als die prachtvollen Lebewesen unter Wasser durch Eistauchen zu bewundern.

Als er und sein Freund nach der langen Schiffsreise endlich ankamen, erblickten sie die wundervolle Aussicht auf die Eisberge der Antarktis, die in den Himmel ragten. Der aufgeregte Gustav sprach zu Simon: „Wir wollen keine Zeit verlieren, also sollten wir uns beeilen." Sein Freund nickte. Auch ihm war die Nervosität anzumerken. Beide kontrollierten ihre schwere Ausrüstung, die sie speziell für diesen Anlass besorgt hatten. Als sie an dem ausgewählten Platz ankamen, wurde ihre bisherige Stimmung durch die hochragende Sonne noch angehoben. Gustav dachte sich, dass es langsam an der Zeit wäre loszulegen. Als sie eine große Eisplatte mit ihrem Werkzeug herausgehoben und die warmen Taucheranzüge angezogen hatten, ging es los. Beide machten sich gegenseitig Mut und tauchten unter Wasser. Gustav zuerst, dann kam sein bester Freund Simon hinterher. Beide bewunderten noch die glitzernde Eisdecke, aber auch die schönen Fische, die direkt vor ihnen schwammen. Durch ihre Sprechfunkanlagen unterhielten sich die beiden. Gustav begann sofort: „Eine wirklich tolle Aussicht!" Simon antwortete: „Wie recht du hast, bester Freund!" Die Stimmung sank, als sie merkwürdige Geräusche hörten. Die beiden wurden nervös. Als sie die Umrisse eines Hais erkannten, der schon von Weitem viel Furcht verbreitete und die kleinen Fische vertrieb, klopfte ihr Herz so schnell wie nie zuvor. Gustav bekam es langsam mit der Angst zu tun. Zwar hatte er viele Haie zuvor gesehen, doch dieser war unheimlich groß. Die gleiche Stimmung war auch bei seinem Freund zu bemerken. Über Funk stammelte Simon zitternd: „Hauen wir schnell ab nach oben, sonst sind wir bald Fischfutter!" Gustav machte sich selber Gedanken, ob sie überhaupt davonkommen würden. Trotzdem versuchten beide, der Gefahr zu entkommen. Zum Glück waren sie nicht so tief hinabgetaucht. Beide schwammen zur Oberfläche, doch der Hai war keine Fußlänge hinter ihnen. Es ging um Leben oder Tod. Das Einstiegsloch war schon in Sicht, aber sie hatten auch den Hai dicht im Nacken. Das Ungetüm war fast bereit zum Angriff. Die beiden schafften gerade noch den Sprung auf das Eis. Das messerscharfe Gebiss schnappte ins Leere und konnte die beiden nicht mehr erreichen. Ausgepumpt und zitternd dachte Gustav, dass er gefressen werde. Doch als sein bester Freund mit letzter Kraft zu ihm hechelte „Wir haben es geschafft!", da wusste er, dass sie gerettet waren. Trotzdem war den beiden auch in den nächsten Tagen nicht nach Lachen zumute. Beide lernten daraus, dass man die Gefahren des Meeres nicht unterschätzen darf.

Daniel Baumann
Bertolt-Brecht-Realschule, Klasse 8b

Das Leben der Eisbären

Klirrende Kälte, rundum nur Eis und Schnee. Ein leises Brummen war hinter mir vernehmbar. Ich drehte mich langsam um und sah vor mir einen riesigen, weißen Eisbär. Seine schwarzen Kulleraugen blickten tief in meine. Endlich habe ich gefunden, wonach ich seit Jahren gesucht habe. Meine Aufgabe hier war es, das Leben der Eisbären zu erforschen und herauszufinden, wie man es verhindern kann, dass sie in einigen Jahren aussterben werden.
Ich spürte seinen Atem. Mein Bauch fing an zu kribbeln und ich war kurz davor, schreiend wegzurennen. Mir ging ein schrecklicher Gedanke durch den Kopf. Doch ich bemühte mich, nicht weiter daran zu denken. Plötzlich kamen hinter dem großen Bären zwei kleine Jungen hervor. Nun wusste ich, dass er nur seine Kleinen beschützen wollte und es kein Männchen, sondern ein Weibchen war. Ich streckte langsam meinen Arm

aus und ging auf die Bären zu. Die Mutter senkte den Kopf und tapste einen Schritt zurück. Da kamen die Jungen neugierig auf mich zu und kuschelten sich an meine Beine. Ich spürte ihre Wärme und achtete darauf, dass ich keine hastigen Bewegungen machte. Ich ging langsam zurück, da die Forschungsarbeiten beginnen mussten. Plötzlich merkte ich, dass sich die kleine Familie auf den Weg machte, nach Hause zu gehen. Unbemerkt folgte ich ihnen. Es dauerte eine Weile, bis sie bei ihrer Schneehöhle angekommen waren.

Auf einmal verschwanden sie in der Höhle und ich konnte sie nicht mehr sehen. „Es wird noch einige Jahre dauern, bis ich alles erforscht habe, was wichtig sein wird", dachte ich mir im Stillen und zog mich langsam zurück.

Anja Leinfelder, Katharina Schuster
Maria-Ward-Realschule, Klasse 6b

Endstation – Mauer

Man schrieb das Jahr 1962, es war sieben Jahre nach Kriegsende, die Schneeflocken wirbelten nur so umher und ein eisiger Dezemberwind lässt die fünfjährige Lotte Ziegler trotz ihres dicken Mantels frieren. Den lila Stoffhasen fest an sich gedrückt, stand sie Hand in Hand mit ihrer kleinen Schwester Silvia und ihren Eltern Mathilde und Robert an irgendeinem Bahnhof in Russland und wartete auf den Zug, der sie zurück in ihre Heimatstadt Augsburg bringen sollte. Zurück in ihr kleines gelbes Häuschen mit den gründen Fensterläden. Zurück zu ihren Freunden, die sie seit ihrer Deportation aus Deutschland hinüber nach Russland nicht mehr gesehen hatte. Doch bevor Lotte sich weitere Gedanken darüber machen konnte, was sie zu Hause erwartete, kam schon der Zug.

Ein Mann in Uniform mit einer Trillerpfeife um den Hals trat aus dem Zug und schrie: „Passagiere nach Tschechien, Gleis drei, bitte einsteigen!" Gleis drei? „Papa, Papa, das ist nicht der Weg nach Haus", stellte die kleine Lotte angstvoll fest und zerrte am Ärmel ihres Vaters. „Entschuldigung, wo fährt den der Zug nach Deutschland ab?", fragte Robert Ziegler auch sogleich. „Können Sie nicht lesen?! Sie stehen hier auf Gleis drei nach Tschechien. Nach Deutschland gehen Sie auf Bahnsteig fünf. Das steht aber alles auf ihrem Handzettel", herrschte der Beamte Robert an. „Danke", stammelte dieser, dem die ganze Situation sichtlich peinlich war, doch da zog die Mutter ihn schon weg und meinte: „Nun mach schon, Robert, der Zug wartet nicht auf uns. Sonst kommen wir hier nie weg!" Und los ging die wilde Jagd. Eine Minute vor der Abfahrt kam die Familie Ziegler an Bahnsteig fünf an und erreichte gerade noch den Zug.

„Tschüss, eisiges Russland!", dachte Lotte, als sich die Türen der Bahn schlossen und diese aus dem Bahnhof ratterte. Stunden später war es soweit, endlich in Deutschland, endlich in Augsburg, endlich wieder daheim, doch dann die böse Überraschung. Sie waren zwar in Deutschland, aber in Berlin gelandet. Als Lotte das hörte, fing sie an zu weinen: „Jetzt kommen wir nie nach Hause", jammerte sie und krallte ihre Finger in den Bauch des Stoffhasen. Woraufhin auch Silvia erbärmlich zu weinen begann. „Was sollen wir jetzt machen?", meinte die Mutter zum Vater. Doch der wusste auch keinen Rat, und so beschlossen sie erstmal, die Beamten nach einer Zugverbindung nach Augsburg zu fragen. Doch ein Unglück kommt selten allein. „Diese Bahn fährt nicht, wegen zu heftigen Schneefalls", erklärte der Mann am Schalter mit Berliner Akzent. Niedergeschlagen machte sich die Familie daraufhin mit ihren zwei Koffern auf die Suche nach einer Unterkunft. Zu Essen hatten sie nichts, Geld auch keines, und überhaupt kannten sie sich in dieser riesigen Stadt gar nicht aus. Überall lagen Eis und Schneehaufen und es blies ein kalter Wind, der Silvia und Lotte trotz der warmen Sachen frösteln ließ. Die Nacht brach herein und an ein Bett zum Schlafen war auch gar nicht zu denken. Doch sie hatten Glück im Unglück. Etwas außerhalb der Stadt hatte sie ein alter Bauer aufgabelt und gab ihnen Asyl. Als Gegenleistung jedoch erwartete dieser, dass die Eltern auf dem Hof mitarbeiteten. Zu allem Übel kam noch eine schreckliche Nachricht hinzu. Es sollte eine Mauer zwischen Ost und Westdeutschland gebaut werden. Man durfte weder her- noch hinüber. Und der Sohn des Bauers war ein Arbeiter, der beim Aufbau der Grenze mithelfen musste und Robert dafür benötigte. So baute dieser sich sein eigenes Gefängnis. Die Jahre vergingen. Sie waren im Osten Deutschlands gefangen wie in einem goldenen Käfig. Klar, sie hatten ein Haus, Geld und etwas zum Essen, aber Lotte vermisste die Geräusche ihrer Heimatstadt Augsburg. Ob sie wohl jemals wieder hören würde, wie ihr Vater auf dem Fahrrad klingelte, wenn er am Samstag Brötchen holte und die alte Tür zum Schuppen knarren hören würde, wie die rotbackigen Äpfel im Garten jetzt im Winter verfaulten, weil sie keiner aufglaubte, wenn sie saftig und reif vom Baum hinunterflogen, was sonst immer sie und Silvia zusammen gemacht hatten? Oder wie sie im Winter immer den Hügel hinter dem Haus mit lautem Jubel hinuntergerodelt ist und lustige Schneemänner mit Kohleaugen gebaut hatte? All die Erinnerungen, die sie an ihr altes Leben vor dem Krieg hatte, verblassten mit jedem Tag mehr und mehr, den sie hier verbrachte. Mutter und Vater Ziegler waren längst alt und grau geworden. Lotte und Silvia waren auch keine Kinder mehr, sondern zu jungen Frauen herangewachsen. Sie selbst hatten inzwischen Mann und Kinder. Doch eines

Tages, nach etwa 20 Jahren, sollten alle Einwohner der Stadt zum Mittelpunkts Ost-Berlins zum Rathaus kommen. Als Lotte und ihre gesamte Familie dort eintrafen, trat als erster Herr Honecker auf den Balkon des Hauses und verkündete die Nachricht, die sie alle so sehr ersehnt hatten: „Nach 28 Jahren Mauer ist es Zeit, eine neue Seite im Geschichtsbuch aufzuschlagen. Wir wollen das Alte hinter uns lassen und etwas Neues beginnen. Die Mauer fällt!!" Das Jubelgeschrei, man konnte es nicht in Worte fassen! Hüte flogen durch die Luft, es wurde gelacht, geweint und geschrien. Lotte und Silvia lagen sich in den Armen. Ihre Kinder tanzten Ringelreihen um Mathilde und Robert. Jetzt konnten sie endlich wieder zurück nach Augsburg, zurück nach Kriegshaber, zurück in ihr kleines gelbes Häuschen mit den grünen Fensterläden. Sie wussten von ihren Verwandten, dass es noch stand und es nun ausgebaut werden sollte, damit die ganze Familie darin Platz fand. Und was ist eigentlich aus dem lila Stoffhasen geworden?

Lotte, deren Haare jetzt auch weiß und grau geworden sind und ihr Gesicht von Falten durchzogen, schlug im Jahre 2009 die Augsburger Allgemeine auf, setzte sich ihre Leserbrille auf die Nase und las darin 20 Jahre Mauerfall. Wie damals alles so schnell ging. Lotte lehnte den Kopf zurück, schloss die Augen und erinnerte sich glücklich, wie sie damals in aller Eile die Koffer gepackt hatten und sich dann in fliegender Hast auf den Weg zum Bahnhof gemacht hatten, um noch den Zug nach Augsburg zu erreichen. Und was war das für eine Freude, als sie das immer noch verschneite Berlin hinter sich lassen konnten und endlich in der Ulmerstraße bei ihrem kleinen Häuschen mit dem kleinen Garten, wo der Apfelbaum immer noch stand und um ihn herum bereits die ersten Krokosee und Schneeglöckchen blühten, ankamen. Als die alte Dame die Augen wieder aufmachte und weiterlas, lugte sie lächelnd über den Rand ihrer Zeitung und sah ihren Enkeln glücklich beim Spielen mit einem kleinen lila Stoffhasen zu.

Anja Bockisch
Mädchenrealschule Maria Stern, Klasse 8a
Kreatives Schreiben

Eistauchen

Komplette Einsamkeit, absolute Stille, totale Abgeschiedenheit. Das ist Eistauchen! Eine Herausforderung, die nur mit erfahrenen Tauchern unter größten Sicherheitsvorkehrungen zu bewältigen ist.
Wenn die klirrende Kälte zuschlägt, beginnt die Zeit der Eistaucher.

Wenn jeder Mensch hinterm Ofen sitzt, packt den Eistaucher die Sinnlichkeit. Sein Ziel: der eisige Berg mit den kristallklaren Seen.

Die faszinierende Reise in eiskalte Tiefen.

In die geschlossene zentimeterdicke Eisdecke wird ein Loch gesägt – und ab geht's am Tauchseil entlang in die Unterwasserwelt. Was – sie ist fischlos? Der See – ausgestorben?

Nein, sie halten sich alle in Grundnähe, wo der See am wärmsten ist.

Aber für den Eistaucher ist der Blick nach oben der Blick, der zählt.

Wenn die Sonne ihre Strahlen durch das Eis schickt, ist der Eistaucher in der Faszination gefangen.

Die geheimnisvollen Eisskulpturen werden durch bizarre Lichtspiele in blauen Tönen gekonnt in Szene gesetzt.

Was sonst will der Mensch?

Martin Nowak
Maria-Theresia-Gymnasium, Klasse 7a

Irgendwo in Sibirien

„Mir ist saukalt!", rief der hochgewachsene der beiden Männer, die durch die eisigen Schneewüsten Sibiriens wanderten. „Beschwer dich beim Wind!", erwiderte der kleinere Mann, der im Windschatten des größeren lief, worüber er sehr froh war. „In meinen Stiefeln ist mehr Schnee als Fuß", setzte der erste seine Klage fort. „Das könnte daran liegen, dass dir der Schnee bis über die Knie reicht. Dabei solltest du froh sein. Ich bin kleiner als du. Mir reicht der Schnee hier bis zu den ... äh ... ein ganzes Stück höher."

Einige hundert Meter hinter den Männern traf ein Elch auf deren Spuren. Er begutachtete die Fährte interessiert, um sich dann dafür zu entscheiden, diesen nicht hinterher zu laufen, sondern sie bis zu deren Anfang zurückzuverfolgen. Der Anfang bestand aus einer Cessna, besser gesagt aus den Resten einer Cessna und den bedauernswerten Überbleibseln des einzigen Baums in der Tundra. Es war eine Kiefer. Der Elch inspizierte den Tatort. Diesen Ort grausamsten Baummordes. Traurig schüttelte er den massigen Kopf, um sich dann über die Leiche der Kiefer zu beugen und die frischen Triebe abzuknabbern.

Zwei Kilometer weiter in Richtung der Spuren (die Orientierung gestaltet sich in einem durchweg weißen Gebiet etwas schwierig) stritten sich zwei Männer. Kurz gesagt ging der Streit darum, dass der größere Mann von dem andauernden Wind die Schnauze voll hatte und nun im Windschatten des kleineren laufen wollte. Die Sinnlosigkeit dieses Wunsches erkannte der große Mann aufgrund von Gehirnvereisung nicht. Dem Denkapparat des kleineren schien es nicht besser ergangen zu sein. Er wollte nicht auf den Wunsch des größeren eingehen, da er meinte, von hinten den besseren Blick zu haben.

Ein Schneetiger trottete an den beiden vorbei. Beim Anblick der Streithähne hegte er bereits Aussichten auf ein Festmahl. Als er jedoch einen Teil ihrer Konversation aufschnappte, änderte er seinen Plan und verschwand in den Weiten Sibiriens. Er hatte Angst, die Dummheit der beiden würde freigesetzt werden, wenn er sie fraß, und sich schließlich in seinem Geist einnisten, weil es ihr draußen zu kalt war. Der Tiger erfreute sich eines überdurchschnittlich hohen Intelligenzquotienten, da die einzigen Menschen, die er bis jetzt gefressen hatte, verirrte Professoren und Wissenschaftler waren. Die Intelligenz unterscheidet sich nur unmerklich von der Dummheit. Auch ihr wird schnell kalt.

Die beiden Männer hatten sich indessen dazu entschieden, nebeneinander zu laufen. Beide grinsten ob der erfolgreich ausgegangenen Diskussion. Sadistischerweise schlug nach kurzer Zeit der Wind um, worauf der Kleinere wieder im Windschatten des Größeren lief. Dem Größeren schmolz trotz der Kälte das Grinsen aus dem Gesicht. Er wanderte hinüber zum Kleineren, der nur noch breiter grinste. Trotz ihrer absoluten Unfähigkeit sich zu orientieren, hatten es die beiden unglaublicherweise geschafft, seit ihrem Aufbruch in die richtige Richtung zu laufen. Sie hielten geradewegs auf die Gegend zu, durch die die Transsibirische Eisenbahn fuhr. Das erkannten die beiden jedoch erst, als sie mit den Füßen an den Schienen hängen blieben, stürzten und dem Schnee damit noch näher kamen, als sie wollten. Nach einiger Zeit kam auch wirklich ein Zug vorbei, auf den die beiden wider aller Erwartungen aufspringen konnten. Aufgrund der Tatsache, dass es sich dabei jedoch um einen Güterzug handelte, mussten die beiden auf dem Dach Platz nehmen. Sofort entbrannte ein Streit mit dem Thema, wer im sehr, sehr kalten Fahrtwind und wer im Windschatten des anderen saß.

Viele Kilometer entfernt saß ein Tiger unter einem sehr unnatürlichen Dach, welches in der Tundra eigentlich nicht vor kam. Es bestand aus dem Flügel einer Cessna und den Resten einer Kiefer. An diesem vor Wind und Wetter geschützten Ort ließ er sich einen Elch schmecken.

Daniel Suck
Staatliche Fachoberschule Augsburg, Klasse 12 SE

Polarstern

„Mann über Bord!" Der Ruf hallt von Achtern her bis zur Kommandobrücke der „Polarstern". Der wachhabende Offizier eilt sofort in die Messe, um den Expeditionsleiter der Forschungsreise nach Neufundland zu informieren. Dieser veranlasst sofort das Stoppen der Maschinen und rennt zum Heck des Schiffes, das sich inzwischen langsamer durch das Polarmeer bewegt. Kapitän Kastell ist schon dort und hat bereits ein Beiboot klarmachen lassen. Über Sprechfunk gibt er Anweisung, hart backbord zu fahren. „Wer ist es?", fragt der Leiter Roßner den Kapitän. „Es ist Jansson, eigentlich einer der besten und sichersten Männer an Bord." „Aber man fliegt doch nicht einfach so über eine 1,5 Meter hohe Rehling." Aufmerksam sucht er den Boden nach Eisplatten ab, auf denen Jansson ausgerutscht sein könnte. Die „Polarstern", inzwischen an der Unglücksstelle angekommen, stoppt und lässt das Beiboot zu Wasser. Es gibt Gas und nimmt Jansson an Bord. Sofort fallen zwei Mediziner über ihn her. „Starke Unterkühlung! Bereite alles vor!", schreit einer der beiden einem dritten Arzt an Bord des Mutterschiffes zu. Dieser rennt los. Roßner fragt inzwischen die Umstehenden, ob sie was gesehen hätten. Alle verneinen, bis auf einen, einem Bär von einem Mann, kantiges Gesicht, eng zusammenstehende Augenbrauen, schwarze Haare und Hände wie Schaufeln. Er knurrt: „Wir wollten Wasserproben nehmen. Jansson beugte sich über die Rehling, rutschte auf einmal aus und fiel." „Einfach so?" „Ja, was denn sonst?" „Wie heißen Sie?" „Alek Masnov!", antwortete der Bär. Roßner läuft unter Deck zu dem inzwischen versorgten Jansson und läßt Masnov alleine zurück. Bei Jansson angekommen, fragt er: „Was ist passiert?" Bibbernd antwortet der: „Masnov … er schmuggelt Drogen … von Holland nach Grönland! Schnell!!" Er will aufspringen, fällt aber zurück und bleibt schwer atmend liegen. „Sie und Sie! Mitkommen!", weist Roßner zwei Offiziere an. Sie rennen an Deck und sehen, wie Masnov in das immer noch zu Wasser liegende Schlauchboot klettert und fliehen will. Da greift einer der Offiziere zu einer Notfallharpune und schießt damit in die Außenhülle des Schlauchbootes. Dann geht alles sehr schnell. Nachdem sie Masnov an Bord gehievt haben, sagt Roßner: „Masnov, ich werde Sie im nächsten Hafen der grönländischen Polizei übergeben. Was für eine Scheiße! Warum?" „Sie haben die Kohle! Expeditionsleiter … pfff! Und wir? Was ist mit …" Doch bevor er weitersprechen kann, fliegt ihm eine Faust ins Gesicht. Er kippt wie ein Baumstamm und bleibt zu Füßen Janssons liegen, der sich grinsend die Hand reibt.

Bernhard Hörwick
Gymnasium bei St. Anna, Klasse 12

WINTER-EISE

Brief an das Eis

Liebes Eis,
ich finde es sehr schade, dass Du schon wieder weg musst. Ich werde
Dich vermissen. Überall warst Du bei mir: Im Eisstadion, an der Regen-
rinne, als Eiszapfen und auf dem kleinen Teich im Park. Ich konnte auf Dir
Schlittschuh laufen und auf Dir ausrutschen oder hinfallen. Doch ich war
Dir nie richtig böse, im Gegenteil, ich war immer froh, wenn ich Dich
gesehen habe.
Also dann, ich mach mal Schluss, meine Patrone ist gleich leer. Bis im
Sommer, am Eisstand, wir sehen uns am liebsten im Erdbeereis! Mhhhh!
Ein Verehrer

David Höfer
Franz-von-Assisi-Schule, Klasse 4 grün

Eisgedanke

Im Winter, wenn die Blumen friern
und sich in ihren Knospen ziern,
dann steht nicht nur der Sommer still,
nein, man denkt, dass keiner will.
Der Mensch im Eis wie zugefrorn
und ich allein fühl mich verlorn.

Doch bald, wenn erste Sonnenstrahlen
und Wiesen bunte Blüten malen,
dann tauen die Gedanken auf,
das Leben nimmt gewohnten Lauf.

Doch war's nicht spannend zuzusehn,
wie die Gedanken kriechend gehn?

Anna Tewfik
Berufsschule VI, Klasse GvM 12

Eis-Rap

Eis, Eis – glitzert weiß
Es ist cool, wie jeder weiß

Eis im Sommer – Eis im Winter
Alle lieben es, besonders die Kinder!

1. Der Winter ist kalt,
   ich rodle im Wald,
   ich fahre geschwind,
   so schnell wie der Wind.
   Rot wird die Nase,
   weil ich so rase.

Eis, Eis – glitzert weiß
Es ist cool, wie jeder weiß
Eis im Sommer – Eis im Winter
Alle lieben es, besonders die Kinder!

2. Schneeballschlacht,
   die Sonne lacht.
   Ich werde ganz nass,
   doch trotzdem hab ich Spaß.
   Komm doch mit!
   Das ist der Hit!

Eis, Eis – glitzert weiß
Es ist cool, wie jeder weiß
Eis im Sommer – Eis im Winter
Alle lieben es, besonders die Kinder!

3. Eis, weiß, weiß
   - ich liebe das Eis!
   Ich rutsche und gleite
   und messe die Weite.
   Auf dem See ganz aus Eis
   gewinn ich den Preis!

Eis, Eis – glitzert weiß
Es ist cool, wie jeder weiß
Eis im Sommer – Eis im Winter
Alle lieben es, besonders die Kinder!

4. Es ist so heiß!
   Die Tropfen war'n mal Eis.

Der Schnee schmilzt ganz nass,
man sieht grünes Gras.
Aus der Erde kommen Blüten,
man sieht Vögel brüten.

Eis, Eis – glitzert weiß
Es ist cool, wie jeder weiß
Eis im Sommer – Eis im Winter
Alle lieben es, besonders die Kinder!

5. Heute ist es heiß,
   da brauchen wir ein Eis!
   Ganz egal welche Sorte,
   wir wollen Eis, nur nicht Torte!
   Erdbeer, Vanille und Schokolade!
   Was? Nur zwei Kugeln? – Das ist schade!

Eis, Eis – glitzert weiß
Es ist cool, wie jeder weiß
Eis im Sommer – Eis im Winter
Alle lieben es, besonders die Kinder!

Gemeinschaftsarbeit
Volksschule Centerville-Süd, Klasse 3c

Eiszeit

Die graue Eiszeit wirkt entgegen
jeder Kraft und Lust zu leben.
Der verlassene Stadtpark flüstert leise
auf seine stille Art und Weise.
Die gelben Taxis rollen müde
und wenn ich meine Augen schließe,
sind Stadt und Wald und See und Berg
in weißen, tiefen Schnee gefärbt.
Doch ich weiß es ganz genau,
nach der Eiszeit kommt der Tau.

Anna-Lena Jäger
Berufsschule VI, Klasse GvM 12

Schlittenfahren

Schlittenfahren
im Winter
in den Bergen
macht uns großen Spaß.
Hui!!!

Stas Weber
Kapellen-Volksschule, Klasse 5a

Eiszeit im Winter

Eiszeit im Winter
Kann wunderbar sein.
Blickst du dahinter,
Wirst du wieder klein.

Drum lass die Eiszeit
Genau wie sie ist
Damit du im Leben
Das Eis nicht vermisst.

Eiszeit gibt's gratis,
komm, schau nur mal raus,
damit mach ich Schluss,
denn jetzt tanzt die Maus

Marco Hornung
Goethe-Volksschule, Klasse 5c

Tauwetter

Sonne
Glitzerndes Eis
Wasser läuft herunter
Plitsch, platsch, plitsch, platsch
Frühling!
Michelle Bühlmayr, Nicole Hartmann
Volksschule Centerville-Süd, Klasse 1c

Eis, du herrlichstes Werk der Wolken

Eis, du herrlichstes Werk der Wolken
Mit dir können wir viele Sachen machen
Mit dir können wir Schlittschuh fahren
Eis, du herrlichstes Werk der Wolken
Mit dir machen wir Schneebälle
Dir verdanken wir viele Sachen
Eis, du herrlichstes Werk der Wolken
Mit dir können wir viele Sachen machen

Kevin
Martinschule, Klasse 4a

Eisschollen

Eisschollen
Lieblingssorte
Sonne

Eskimo
Spaß
Schmelzen
Gletscher
Sonnenschein

Yasmin Felkel, Samira El Amrati, Luisa Hummel, Vanessa Hermansa
Maria-Ward-Realschule, Klasse 6c

Das dünne Eis

Eisige Kälte.
Die Sonne scheint,
doch es ist nicht warm.
Die Bäume sind voll mit Schnee.
Die Äste lassen sich brechen.
Ich wollte, ich könnte helfen.
Auf dem dünnen Eis stehe ich
und habe Angst mich zu bewegen.
Was ist, wenn es bricht?

Marco
Volksschule Centerville-Süd, Klasse 3c

Eindrücke zur Winterzeit

Winterzeit und sehr kalt
Eiszapfen von den Dächern
Schneeballschlacht auf der Wiese
Schneemänner vor den Häusern
Schneehaufen auf der Straße
Weiße Dächer überall

Chiara Namislog
Goethe-Volksschule, Klasse 5c

Eisblumen

Der Tag neigte sich dem Ende zu.
Es wurde dunkel in den Straßen.
Dunkel und leer.
Sie saß in ihrem Zimmer am Fenster und blickte hinaus. Im Nebeldunst waren nur noch Silhouetten zu erkennen.
Sie betrachtete die Bäume im gegenüberliegenden Park, ein paar Jugendliche, die wohl auf dem Weg in den nächsten Club waren, den zugefrorenen See, einen alten, zerbrechlich wirkenden Mann, der seinen Hund an der Leine führte, und die Eisblumen an ihrem Fenster.
Die Kirchturmglocken schlugen. Einmal, zwei Mal, drei Mal.
Der Mann zog seinen Hund weiter.
Sechs Mal, sieben Mal.
Im gegenüberliegenden Haus brannte Licht auf.
Neun Mal.
Die Fensterscheibe fror zu.

Lena Neuman
Berufsschule VI, Klasse GvM 11

Lieber Winter,

die Faszination deiner eisigen Kälte hat nun auch mich eingeholt. Und ich habe wie noch nie zuvor die Natur in deiner Schönheit mit anderen Augen betrachtet! Die glitzernden Eiszapfen, die von den Bäumen hängen, und der Schnee, der sich wie Puderzucker auf den Boden legt. Habe ich immer verabscheut! Doch jetzt habe ich gemerkt, dass du wunderschön bist. Es ist schön, wenn ich einen Spaziergang durch den Wald mache und sehe, wie deine eisigen Farben mit den Bäumen und Ästen harmonieren! Danke, Winter, du hast mir gelehrt, deine eisige Jahreszeit zu schätzen und zu respektieren.

Julia Römer
Bebo-Wager-Berufsschule II, Klasse BEJ/k

Eiskalt

Heute ist ein sehr kalter Tag, der Wind weht sehr stark, der Himmel ist mit dichtem Nebel bedeckt und der Boden glitzert eisig. Die Regenrinnen sind mit wunderschönen Eiszapfen geschmückt. Die kleinen Kinder bauen Schneemänner, machen eine Schneeballschlacht, fahren Schlitten und freuen sich. Die Schneeglöckchen schauen schon leicht aus der Schneedecke hervor. Ja, kalendarisch ist zwar schon Frühling, aber der Winter kann nicht lang genug sein …

Ramona Kittinger
Berufsfachschule für Hauswirtschaft, Klasse HW 10a

Monatsrätsel

Wenn der Winter grad verschwindet
und die Eiszapfen schmelzen,
dann komm ich geeilt.
Und wenn der Schnee schmilzt
und die Flocken langsam werden …

Jetzt weißt du bestimmt, wer ich bin.

Mila Calisir
Elias-Holl-Volksschule, Klasse 2a

Schneefrei

Ich stehe auf, mir ist kalt. Ich schau aus dem Fenster, ich sehe nur Weiß. Ein schwarzer Rabe sitzt auf dem weißen Baum. Ich schaue auf die Uhr: 9.35 Uhr. Ich erschrecke: Was ist mit der Schule? Da fällt mir ein, heute ist ja schneefrei. Ich ziehe meinen Schneeanzug an, hole meine Schlittschuhe und düse los. Erst am Abend komme ich zurück und mache mir einen heißen Kakao. Dann klingelt der Wecker! Schade! Es war nur ein Traum und ich muss doch in die Schule.

Zehra Senol
Goethe-Volksschule, Klasse 5c

Schöne Seiten

Ein Land, in ein Kleid aus Eis und Schnee gehüllt.
Das Morgenrot wie ein Schleier
und das Glitzern des Eises wie Perlen es ziert.

Ein Ritt durch den Wald.
Man spürt die Kälte und sieht den Atem,
wie tanzende Nebel sich legen.
Ruhe, Still wie ein tiefer Schlaf der Natur.

Ein Gefühl von Freiheit, die klare Luft.
Man lässt los und gibt sich hin.
Sieh die Natur von den schönsten Seiten.
Dann fühlst du nicht nur die Kälte, sondern auch die Wärme.

Maria Götze
Bebo-Wager-Berufsschule II, Klasse NBA 12a

Der Maler

Eisscholle treibt in wässrigem Weiß.
Einsam ruht im Lärm der Welt das Licht.
Vernebelt steht ein Mann im Schnee,
malt die Tage der Stille.

Ein Reh stapft ins Weiß.
Die Winterstraße schmilzt,
klar die Oberfläche.
Mensch und Rabe,
gemeinsam schwarz auf weiß im Bild.

Sandra Wolf
Berufsschule VI, Klasse B12Sn

Winterkristalle

Kinder naschen lachend
– Zapfen aus Eis.
Hauchen spielend rauchend
– Atemrauch.
Fröhliches Gelächter lässt Eiskristalle klirren.

Neckisch tanzend auf gefror'nem Wasser,
wirbeln tausend kleine Diamanten auf –
die Nebelgeister, den Morgen begrüßend.
Eisblumen am Rande des Sees,
glitzern und funkeln
von der Sonne berührt.

Winterkristalle-
die Freuden des Winters

Michaela Bauer
Berufsschule IV, Klasse SPL 10 BWB

Winter

Gierig rannten die Kinder ins Schneeparadies
Eltern erfreuten sich an den strahlenden Gesichtern
Funkelnde Augen aus Freude an der weißen Welt
Rodeln, auf und ab den Berg
Oben angekommen, geht's gleich wieder bergab
Hunderte treffen sich für den Spaß im Schnee
Riesen-Schneeskulpturen, gebaut von kleinen Künstlern
Niemand ist traurig über diesen Winter

Gessica Ruggeri
Berufsschule VI, Klasse GvM 10

Zwei Elfchen

Schnee
es schneit
der Schnee gefriert
es wird zu Eis
kalt

Eis
der See
ist schon gefroren
aber er trägt nicht
schade

Melanie Tichi
Hort an der Eichendorff-Volksschule, Klasse 4a

Winter

Es liegt Schnee und Eis, die Welt ist weiß. Alles sieht so anders aus, wie mit Puderzucker beschneit liegt die Stadt still. Die Seen sind zugefroren, die Menschen gehen nur noch selten aus dem Haus und die Tiere halten Winterschlaf. Die ganze Stadt ruht, bis der Frühling sie wieder weckt.

Noa Koerl
Kerschensteiner-Volksschule, Klasse 3c

Eissport

Wohin du auch schaust, siehst du viele schneebedeckte Häuser.
Die Tannenbäume tragen einen weißen Zaubermantel,
die Kinder Overalls und Schals.
Der Himmel ist so weiß wie der Boden.

Hinter dem Haus drehen die Kinder auf dem Eis ihre Runden.
Sie sind recht laut und finden alles toll!
Und die Natur?
Sie schweigt und lächelt nur.

Aleyna Akkurt
St.-Georg-Volksschule, Klasse 5b

Eis-Elfchen

Winter
Schneeflocken fallen
Kinder fahren Schlittschuh
am Boden liegt Eis
Kälte

Lea Rößle
Volksschule Täfertingen, Klasse 2

WINTERSCHNEE

Im Winter liegt Schnee.
Nie sieht man Grünes.
Teilweise liegt Schnee.
Es ist eisig.
Rutsch – ein Schlitten fährt vorbei.

Schlittenfahren macht Spaß.
Chemie im Winter.
Heiß ist es nur im Ofen.
Nasen sind kalt.
Eiszapfen hängen.
Eisigkalt ist es.

Pia Beschorner
Montessori-Schule Augsburg, Klasse 3

Weiße Welt

Auf der weißen Winterstraße schmilzt Schnee.
Joachim, der Maler, liegt im Bett und denkt:
Die Menschen streuen Stille, wie Rehe.
Der Lärm jagt durch die Tage, wie Robbenleiber über Eisschollen.

Und ich bin ein ruhiger Fisch, der ins klare weite Wasser sinkt.

Pauline Pudil
Werner-von-Siemens Grundschule, Klasse 3a
Nina Held, Luisa Wagner
Blériot-Volksschule, Klasse 4a

Das Eis

Winterblüten – Eiskristall
klirrende Kälte überall.
Hier und da
ein milchiger Sonnenstrahl,
am Ufer die Zweige
sind getaucht in Eis,
sie strahlen gegen den Himmel,
glänzend-weiß,
sie spiegeln sich wieder im Fluss.
Ein kurzes, schönes Schauspiel
des Winters
Eisiger Kuss

Juliane Oberst
Kapellen-Volksschule, Klasse 8dM

Der Winter

Eiszapfen hängen an den Dächern,
Die Sonne versucht, sich am Winter zu rächen,
Die Kinder fahren mit dem Schlitten,
sie zittern sehr, bei ihren Ritten.

Die Kälte lässt nun nicht mehr nach,
alle rennen unters Dach.
Der Winter übernimmt die Macht,
dann denken alle über ihn nach.

Doch kaum sind sie unterm Dach,
lässt die Kälte nicht mehr nach.

Vergissmeinnicht beginnt zu sprießen,
und den Winter aufzuspießen,
um ihn ja nicht zu vergessen,
und den Schnee dann aufzuessen.
Jetzt muss die Kälte dann vergehen,
es war sehr schön, auf Wiedersehen.

Clara Clemens
Gymnasium bei St. Anna, Klasse 5e

Ein Landschaftsbild

Kleine, weiß glitzernde Schneeflocken. Sanft fallen sie von den unendlichen Weiten des Himmels auf die Erde herab. Sie fallen, oder eher gleiten. Anmutig und schön. Ein Hauch von Eleganz. Und dann setzen sie sich vorsichtig auf den kahlen Busch zu ihren Begleitern und zusammen mengen sie sich zu weißem, weichscheinendem Schnee.
Der See, an dem der Busch steht, glitzert auch. Alle erdenklichen Farben werden reflektiert und führen ein buntes Lichtspiel auf. Der See – ist eingefroren.
Trotz der Farbenvielfalt ist die Welt vor allem weiß. Weiß und blau. Wie Bayern. Ein komischer Gedanke. Doch hier am See mit den vollgeschneiten Pflanzen, hier denkt man nicht daran.
Wenn man ausatmet, mit leicht geöffneten Mund und vor Kälte zitternd, kommt eine kleine, warme Wolke – der Atem verdampft.

Der Blick auf diese Szenerie. Die Ruhe, die von hier ausgeht. Sie ist reine Magie. Ein Zauber aus einer anderen Welt. Hier kann man träumen. Ich bin gerne hier. Es ist himmlisch, es ist mein Paradies.

Berit Cram
Gymnasium bei St. Anna, Klasse Q11

Eis, Schnee – endlich Winter

„Es herrscht eisige Kälte heute Nacht von bis zu -16°C … Morgen in ganz Deutschland Schneefall … In den Alpen kann der Schnee bis 50 cm hoch werden", lautete der Wetterbericht im Fernsehen gestern. Endlich kann ich wieder Schneeballschlachten machen, Schneemänner bauen oder Schlitten fahren. Ich jubelte auf und verkündete allen die Nachricht. Manche freuten sich, manche aber auch nicht. Es war mir aber ziemlich egal! Am nächsten Morgen fuhr ich ganz normal in die Schule und hoffte insgeheim auf den Schnee. Ich hoffte und hoffte, aber der Schnee kam einfach nicht. Hat sich etwa der Meteorologe geirrt? Gewöhnlich lieferte er doch immer zuverlässige Informationen. Habe ich mich jetzt zu früh gefreut? Der Meteorologe hat doch ganz klar für heute den Schnee angesagt, oder etwa nicht? Na gut, dann bleibt noch das Internet. Ich fuhr den Computer hoch und wollte das Wetter für heute „googeln". Endlich! Nach einer ganzen Ewigkeit sah ich die Leiste sich bewegen. Fehlanzeige! Statt dem Wetter kam die Meldung : „Fehler! Die Seite konnte nicht abgerufen werden (Fehler Nr. 500) … Und so weiter. Ich kochte innerlich vor Wut, doch da traf mich ein Gedanke wie ein Blitz. Heute fand doch diese blöde Wartungsarbeit statt. Um den Wetterbericht im Radio zu hören, knipste ich das Radio an: „Und jetzt geht es mit dem Verkehr weiter: A8 Stuttgart Richtung München in Höhe Augsburg stockender Verkehr …" Mist, auch das noch, ich habe den Wetterbericht im Radio auch noch verpasst! Jetzt sollte ich besser mit meinen Hausaufgaben anfangen. So vertieft war ich in meine Hausaufgaben, das ich gar nicht gemerkt hatte, dass es die ganze Zeit draußen geschneit hat. Als ich mit meinen Hausaufgaben fertig war, klingelte es an meiner Haustür. Mein Freund lud mich ein zur ersten offiziellen Schneeballschlacht in diesem Winter. Ich wunderte mich und guckte aus dem Fenster. Überall die weiße Pracht.

Dat Le Thanh
Gymnasium bei St. Anna, Klasse 6b

FRÜHLING KOMM AN!

Frost hält die Zeit an,
erstarrt sind Wasser und Wiesen.
Die kahlen Äste ragen in den
blaugrauen Himmel.

Tiere ziehen sich zurück.
In Familien gibt es Krisen.
Vögel sind entschwunden
in den Süden.

Blätter gibt es jetzt nicht.
Die Sonne zeigt auch kein Gesicht.
Wiesenblumen wachsen nicht,
Samenkörner sagen: Wenn es nur Frühling wäre.

Eis und Schnee sind jetzt aufgetaut.
Die Vögel zwitschern wieder laut.
Die Zeit jetzt nicht mehr angeschlagen.
Probleme mich nicht mehr vorwärts tragen.

Die Sonne steigt jetzt wieder auf.
Das Gewohnte nimmt jetzt seinen Lauf.
Die Fische wieder lachen.
Die Äste wieder krachen.
Die kalte Zeit gibt es jetzt nicht mehr.

Alles schreit: Frühling her!

Enrico Bleymeier
Löweneck-Volksschule, Klasse 6c

Eisspaziergang

Eis – das Wunder der Natur –
erlebte ich im Siebentischwald pur.
Am Eiskanal entlang –
fing das Wunder auch schon an.

Eiszapfen hingen an den Bäumen,
Eiskristalle an den Zäunen.

Einige Meter weiter kommt das Wehr,
dies bietet an Eisschönheit noch viel mehr.

Eisblumen spiegelten sich in der Sonne,
diese zu sehen war eine Wonne.
Ein Eisvogel trieb auf einer Eisscholle munter,
tauchte gelegentlich an der Eisschicht unter.

Sonne, Eis und Schnee
trieb die Menschen auf den zugefrorenen See.
Eisstockschießen und Eishockey waren sehr begehrt,
die Eisläufer haben ihnen den Platz nicht verwehrt.

Ein Eisfischer versuchte sein Glück,
schlug mit dem Eispickel ein Loch in ein Eisstück.
Wo die Eisschicht war sehr dünn,
zog es einen Eisschwimmer hin.

Mir lief es eiskalt den Rücken hinunter,
der Verrückte kam aus dem Eiswasser und war munter!
Zwischen Waldrand und See war eine Eisskulptur zu seh´n.
Diese stellte das Augsburger Rathaus dar.
Diese Eiskunst war wunderbar.

Stephanie Lehmer
Volksschule Firnhaberau, Klasse 7b

Eiselfchen

Eis
Eislaufen gehen
Es ist kalt
Ich möchte Schneemänner bauen
weiß

Alena Derinalp
Agnes-Bernauer-Realschule, Klasse 5b

Wenn der Schnee ...

Wenn der Schnee auf die Erde fällt,
wenn draußen der Husky bellt,
dann ist Winterzeit.

Wenn es zu kalt für Erdbeereis ist
und der Eismann die Kurve nicht kriegt,
dann ist Winterzeit.
Wenn die Schlittschuhe zum Eislaufen passen,
wenn der Weihnachtsmann und seine Elfchen die Bude verlassen,
dann ist Winterzeit.
Wenn die Eishockeyspieler den Puk ins Tor schlagen
und Eis und Kälte die Vögel in den Süden verjagen,
dann ist Winterzeit.
Wenn man zur Abkühlung Eistee trinkt
und der Kälte hinterherwinkt,
dann ist Sommerzeit.

Denis Ahmed
Schiller-Volksschule, Klasse 9a

Haiku

Glitzernder Raureif
Umhüllt Bäume und Büsche
Ein Wintertraum

Pauline Rager
Mädchenrealschule St. Ursula, Klasse 8c

Es ist kalt

Es ist draußen sehr kalt.
Wenn du nach draußen gehst, kannst du es kaum aushalten.
Die Kinder fahren Schlitten.
Es ist draußen sehr kalt.
Meine Füße schmerzen.
Der Wind bläst in mein Gesicht.
Es ist draußen sehr kalt.
Wenn du nach draußen gehst, kannst du es kaum aushalten.

Michael
Martinschule, Klasse 4a

Eis und Wasser: Der See in den Jahreszeiten

Der See im Sommer
im Wasser schimmert die Sonne golden,
die Kinder gehen raus und toben.

Der See im Frühling
voll mit bunter Blumenpracht,
wie aus dem Winterschlaf erwacht.

Der See im Herbst
bedeckt mit Blättern
und auf den Bäumen sieht man Kinder klettern.

Der See im Winter
zugefroren, kalt und glatt,
die Bäume kahl und matt.

Luisa Hummel
Maria-Ward-Realschule, Klasse 6c

Herz aus Eis

Als ich einst noch ein kleiner Junge war,
Wirkte der Winter ganz normal für mich.
Die Kälte war kalt,
Die Flocken waren weiß
Und gefroren waren nur Seen und Bäche.
Doch je kälter und wärmer es wurde,
Umso mehr wurde es in mir kalt und kälter.
Die jetzige Kälte fror nicht mehr,
Brannte nicht auf zarter, bleicher Haut.
Sie berührte mein Herz und erfror die Rosen,
Die Dornen, die Blätter,
Alles erstarrte und zerbrach,
Was die Wärme in mir tat.
Die kleinen Prinzen, die von der Göttin der Wolken,
Gesandt auf den Boden, der Erde, die Bäume und Seen,
Um sie zu bedecken,
Mit seichtem Weiß, Perfektion der Farben.
Die Erde der Zeit, nun kein Gefühl mehr,
So wie ein Kind, das keine Obhut mehr hatte.
Doch kämpfte, gegen Hunger und Not,
Aber jedes Leben wich fort,
Jedes Grün der Fläche erblasste
Und Trauer und Einsamkeit hielten Einzug.
Sie, wie eine Pflanze sich empor kroch,
So klar, so groß und gar so majestätisch.

Der Künstler der Fenster, die Blume, die niemals starb,
So lange die Kälte herrschte.
Die Blume aus Eis, so wunderschön
Und jeder schwieg, jeder vergaß, dass der Tag auch Opfer erbrachte.
Jede Seele und jedes Herz wird älter und stärker,
Nein, nicht meins,
Es erstarrte zu Eis und starb.
Ein Land der Wunder, wie es sich jeder wünschte,
Doch spür jetzt, wie viele Herzen sich häuften,
Unter gefrorenem Schnee, dessen Kälte sich starr verbreitet
Und die Wärme verlöscht.
Mach die Augen zu und hör hinein,
Schreie der Kinder, das Knistern der Tränen aus Eis.
Hör wie das Herz schlägt, ein Pochen, noch ein Pochen, noch ein Pochen …
Doch dann verstarb das Pochen und die Tränen aus Eis
Schmeichelten deine Wangen.
Tränen verschmolzen mit mehr Tränen
Und ein neuer Bach der Herzen
Erreicht den kalten Boden und versickert im Schnee,
Dessen Schutz es fest umklammert.
Nichts ist unsterblich, alles Vergänglich,
Alles vom Schnee bedeckt.
Sogar Seelen und Herzen, dessen Wärme,
Liebe und Leidenschaft entzogen wird.
Engeln aus Eis gesandt, um zu holen,
Die verloren gegangenen.
Alle Lebenden verweilen, mit immer wieder kehrenden Gefühlen,
Trauer, Leid, Fröhlichkeit und Zorn.
Doch wie kann ich nach alledem noch fühlen.
Mein Körper kalt, meine Hülle, der Schutz vor dem Verfallen,
Da ich hab ein Herz aus Eis.

Daniel Stürz
Leonhard-Wagner-Realschule Schwabmünchen, Klasse 9e

Winter

Wie leere Hüllen gehn sie umher,
Gefühle zeigen scheint sehr schwer,
in einer Zeit, gefüllt mit Eis
und Schnee, so gänzlich weiß.
Auch schöne Seiten hat diese Zeit,

an der sich jedes Kind erfreut.
Am Weihnachtsmarkt trinkt es 'nen Punsch,
der Weihnachtsmann erfüllt jeden Wunsch.

Der Winter hat so viele Gesichter,
Schmerz, Trauer, Freude und Gelächter
kann man erleben, wenn man Acht gibt,
und diese Jahreszeit liebt.

Doch wenn das Eis sein Ende nimmt
und der Frühling seinen Thron erklimmt,
die Menschen sich vor nichts mehr scheuen,
und sich am Vanilleeis erfreuen.

Richard Richter
Bebo-Wager-Berufsschule VII, Klasse 10a Fit

Gefroren

Eis
Regen gefriert
blaue eiskalte Eiszapfen
Sonnenschein auf verschneiten Bergen
Eisblume

Verena Riedl
Gymnasium bei St. Anna, Klasse 6d

Der Frühling

Der Schnee schmilzt. Ich freue mich!
Endlich wieder in die Sonne legen!
Eis essen!
Inline-Skating!
(Aber dazu muss man die Gehwege und Straßen kehren.)
Schneeglöckchen und Tulpen!
Man hört mal wieder den Rasenmäher aus dem Nachbargarten.

Der Frühling ist wunderbar
Rückschau auf den langen Winter

Es wird wärmer.
Man sieht ältere Leute wieder, die sich im Winter zurückgezogen hatten.

Die Vögel zwitschern.
Alles ist fröhlicher, farbiger!
Eis weicht.

Nur leider werden die Lehrer auch munter
und schreiben bunte Exen,
auf die man dann eisige Noten bekommt.

Ist das der Frühling?

Oliver Goral
Maria-Theresia-Gymnasium, Klasse 7a

Kalte Zeit

In der Früh bläst er einem ins Gesicht,
kündigt den kommenden, eisigen Tag an.
Die Landschaft erstrahlt in weißem Glanz,
glitzert und funkelt im dämmrigen Sonnenlicht.
Die Äste der Tannen unterwerfen sich den schweren Massen,
die Straßen verweht mit einer Schicht wie Puderzucker so dünn.
Der Atem steigt sichtbar vor dem Gesicht empor,
die Nase, die Finger, die Zehen sind kaum noch zu spüren.
Eine Brise von kalten Splittern lässt den Körper erzittern
und zeigt das Gesicht des Winters.
Seine Kälte, die gedämmten Geräusche, das Erstarren aller Leben.
Die Leere fegt über die Landschaft, die Schneehügel ertürmen sich,
wie die Wellen der Ozeane.
Die Totenstille verbreitet das Gefühl von Einsamkeit,
jedoch erfüllt sich der Körper auch mit Ruhe und Gelassenheit.
Die Zeit scheint stehen geblieben zu sein, der Frühling wird erwartet.

Rebecca Stocker
Mädchenrealschule St. Ursula, Klasse 10b

EISGEFAHREN

Eisträume

Ging schon oft über zartes Eis.
Schlieren, die andere hinterließen,
sorgten mich nicht.
Unser Bild ließ meine Augen erblinden
und je weiter ich ging:
Tiefer und breiter klafften die Risse
einer so zarten Schicht.

Eisige Dornen umgarnten meine Füße, die Beine …
Ja!
Für die schönsten Rosen hielt ich das Eis,
das mich in Träumen umgab.

Doch Wirklichkeit grub mir das Eis unter die Haut …
Ich begreife.

Lisa Töpfel
Staatliche Fachoberschule Augsburg, Klasse 11 GD

Ziemlich heiß

Die Sache ist ziemlich heiß.
Aber ich bin kaltblütig.
Ich weiß, dass ich mich auf dünnem Eis bewege.
Aber einbrechen ist mein Job.

Rebecca Thom
Maria-Theresia-Gymnasium, Klasse 10b
Schreibwerkstatt

Auf sehr dünnem Eis

Eine jugendliche Person streift am späten Nachmittag geistesabwesend durch eine bläulich schimmernde Winterlandschaft. Man weiß nicht, woher sie kommt, aber sie scheint nach Hause zu gehen. Sie hat sich, um sich vor der bissigen Kälte, die sie umgibt, zu schützen, eng in einen dicken schwarzen Mantel gehüllt und sich in einen dunkelblauen Schal geschmiegt. Auf die Distanz erscheint sie einem Betrachter nur als kleiner, schwarzer Punkt auf einer ansonst vollkommen weißen Leinwand.

Die Gedanken in seinem Kopf, es ist ein junger Mann, kreisen um die kommende Woche und die anstehenden Prüfungen. Der Blick ist nichtssagend, ernst, auf den Boden gerichtet – vermutlich weil der immer kräftiger peitschende Wind ihm frontal ins Gesicht schlägt und er sich schützen will.

Sein Nachdenken über Nichtigkeiten wird aber allmählich durch die verachtende Kälte, die aufgrund des Sonnenuntergangs störender wird, sabotiert. Er denkt angesichts der Wetterlage nur noch daran, zu Hause in der gemütlichen Küche zu sitzen und dabei vielleicht wieder einen warmen Tee zu trinken, wie früher.

Der dicke Mantel vermag es nicht mehr, die eindringende Kälte abzuwehren. Er friert bitter am gesamten schmächtigen Leib. Der Körper vibriert. Nun verlangsamt sich auch die Atmung aufgrund der kalten Luft, die ihn umgibt und in seine Lunge strömt. Das Streifen, das Tappen durch den hohen Schnee wird mühsamer – er bleibt gezwungenermaßen stehen. Die Sonnenstrahlen treffen direkt vor ihm besonders leuchtend auf dem Boden auf. Der Schatten, welcher ein Berg, der in der sonst ebenen Gegend thront, am rechten Rand des Weges wirft, hört auf. Im Sonnenlicht erkennt man die eisigen, weißen Ströme, die bei diesem Wind über den Boden gleiten, besonders gut. Sein sonderbar faszinierter Blick folgt ihnen in die weite Ferne der Winterlandschaft.

Er schaut nun nicht mehr auf den Boden, sondern mustert die Umgebung um ihn herum, auch weil der kräftige Wind sich eine Pause gönnt und seine Stärke daher abnimmt.

Endlich bemerkt der Junge die kristallene Schönheit der Natur auch. Vereiste, blattlose Laubbäume stehen auf beiden Seiten des Wegesrands. Sie haben trotz ihrer nackten Kargheit eine gewisse Ästhetik und Pracht. Zu seiner Linken erblickt er eine schneebedeckte, majestätisch funkelnde Fläche, die durch braune Flecken als bloßer Acker enttarnt wird. Leicht angewidert von dem braunen Dreck wendet sich die Aufmerksamkeit der Person vom Acker ab. Jetzt interessiert er sich für den vereisten Weiher, der, umrahmt von Bäumen, nicht weit entfernt hinter dem Feld liegt.

Die Existenz des ruhenden Wasserbeckens kann man aus der Ferne nur erahnen, da um ihn herum Bäume sehr dicht stehen. Doch er kennt die Landschaft noch gut von früher, auch in ihren anderen, zahlreichen Jahreszeitgewändern. Wenn im Frühling oder Sommer die Bäume voll an grünen Blättern sind, verdecken sie das Innere des Weihers sogar gänzlich.

So beschließt er seinen ursprünglichen Weg zu verlassen, um in Richtung Weiher zu schreiten. Angekommen, betrachtet er die dicke Eisplatte, die ein wenig durch einzelne Schneeflocken verunreinigt worden ist. Eine kindliche Freude steigt plötzlich in ihm auf und er würde lächeln, wenn es die Kälte erlauben würde. Mit infantiler Lust beschließt er, zum gegenüberliegenden Weiherufer, welches ihm relativ nah erscheint, hin zu schlittern, genau wie früher als Bub.

Da das Eis leise, doch hörbar knarrt und das Schlittern nach der Hälfte des Weges keinen Spaß mehr macht – die Rutschpartie zeigt sich als ständiges Aufstehen und Hinfallen –, bereut er seinen dummen Entschluss, den er nur aus seltsamer Nostalgie traf. Er beschließt das Rutschen in der Kindheit zu lassen und zurück an Land zu gehen – doch es kommt anders.

Nachdem er zum wiederholten Male aufgestanden ist, rutscht er erneut aus, fällt nochmal heftig auf das Eis und dieses kracht daraufhin. Er bricht ein. Es war wohl doch zu dünn. Ein Kleinkind hätte die täuschende Decke wahrscheinlich noch getragen.

Im Fall stößt er instinktiv einen Schrei des Entsetzens aus. Sobald er mit dem kalten Wasser in Berührung kommt, beginnt sein Körper lahm zu werden. Kurzzeitig kann er noch nervös strampeln, doch im nächsten Augenblick ist er stocksteif. Das rettende Ufer hat er vor Augen, doch sein Körper scheint nicht mehr in der Lage, es zu erreichen. Ihn überkommt eine Panik, er schreit. Schreien kann er noch! Die einzige Hoffnung, die er hat, ist, dass jemand seine verzweifelten Rufe hört.

In seinem kleinen Heimatort gibt es so viele fleißige, herzensgute Hobbywanderer, die abends durch die Felder latschen, jahreszeitenunabhängig, begleitet oder alleine.

Will er von solchen Personen wirklich gerettet werden? Will er überhaupt gerettet werden, falls es die Möglichkeit dazu noch gibt?

Diese unpassenden und mit dem animalischen Überlebenstrieb, der instinktiv in allen Lebewesen steckt, unvereinbaren Fragen gehen schlagartig durch den bläulich angelaufenen Kopf. Er hat jetzt die Chance, Opfer natürlicher Mächte zu werden – die Natur hat die lebensbedrohende Situation verursacht, daher wäre es kein Mord, sondern ein Unfall. Damit kann man leben. Das Eis ist gebrochen, nicht die Person. Während er so nachdenkt, wird es immer dunkler und damit auch kälter, die Situation bedrohlicher.

Endlich hört er langsame Schritte ganz in der Nähe über den vereisten Boden des Ackers knarren. Sie scheinen auf den Weiher zuzukommen. Ein Hund bellt laut und verspielt. Dann pfeift ein Herrchen energisch. Der Eingebrochene setzt zum Schrei an, doch verstummt, ehe auch nur ein Ton die Kehle verlässt. Er vermag es einfach nicht mehr. Niemand ahnt, was hinter den Bäumen, die den Weiher umgeben, geschieht. Die beiden entfernen sich wieder, in ihr warmes Heim. Er ist sich bewusst, dass dies eine einmalige Chance auf Rettung war, doch der junge Mann hat längst beschlossen, nicht Richter über Leben und Tod sein zu wollen. Falls Rettung für ihn vom Schicksal vorgesehen sei, würde sie rechtzeitig erscheinen, und wenn nicht, dann wäre es nicht so schlimm.

Er ist bald nicht mehr fähig, klare Gedanken zu fassen, und sieht nur noch Bilder seines Lebens vor Augen – und dicke Schneeflocken fallen ungeordnet auf die Erde herab. All die Lasten und schlechten Augenblicke, natürlich unterbrochen von Lichtblicken, ziehen an seinem inneren Auge vorbei. Wenn er die schönen Momente sieht, vermag er sogar noch zu lächeln, und das trotz der körperlichen Lähmung und des unerträglichen, unnachgiebigen Schmerzes, verursacht durch das eisige Wasser.

Sein Leben war recht durchschnittlich, keine besonderen Vorkommnisse, weder gut noch schlecht. Wie sollte dieses Dasein überhaupt weitergehen? Vielleicht würde er es sich nie verzeihen, überlebt zu haben und sich zu überleben? Das sind seine letzten Gedanken im Angesicht des Todes.

Seine letzte Wahrnehmung von der äußeren Welt ist der Mond, der sich hinter einer dicken Schneewolke versteckt. Der Vollmond erscheint wie ein goldener Pfannkuchen am schwarzen Himmel.

Die Natur vollstreckt das Urteil einer eisigen Nacht.

Hans Stephan
Gymnasium bei St. Anna, Klasse 12

Knackende Kälte

Ich laufe auf Eis
Knackender Lärm unter meinen Füßen
Tödliches Wasser unter mir
Ich laufe auf Eis
Angst dass mein Körper zu schwer ist
Der Weg zurück zerbrochen
Ich laufe auf Eis
Knackender Lärm unter meinen Füßen

Tobias Odenthal
Berufsschule VI, Klasse FZL10

Die fehlende Antwort

Es war im Sommer vor einigen Jahren. Ich war damals fast noch ein Kind. Und da war dieser Mann, dieser junge Mann, der mich vom ersten Moment an faszinierte. Er hatte einen wundervollen Körper. Er war groß, er hatte schwarze Haare und diese grünen Augen, die mich hoffen ließen. Er war perfekt – äußerlich, doch innerlich war er zerstört. Wenn man ihn nicht kannte, bemerkte man es nicht. Doch ich kannte ihn, und manchmal sah ich puren Hass in seinen Augen. Er hatte seinen Vater und seinen Onkel sterben sehen. Es war ein Autounfall und er hätte den Notarzt rufen können, hatte es aber nicht getan. Damals war er elf Jahre alt gewesen. Er gab sich die Schuld für den Tod der beiden und verweigerte jegliche psychologische Hilfe. Er hatte eine Selbstbeherrschung, die mich staunen ließ. Am Morgen schon machte er sich einen Plan, was er alles tun musste und hatte er es bis zum Abend nicht getan, machte er es, bis er fertig war. Und immer machte er es ohne Kommentar. Er stand jeden Morgen um fünf Uhr auf und ging zwei Stunden joggen oder Rad fahren. Danach legte er sich in eine mit Eiswürfeln gefüllte Badewanne und trank Himbeergeist. Er las drei Bücher in einer Woche. Er kochte. Er kochte leidenschaftlich. Und er kochte immer nur für mich. Immer lächelte er. Lachen konnte er nicht, doch sein Lächeln erwärmte mein Herz immer wieder aufs Neue. Und immer sagte er, dass er mich liebe und dass er glücklich sei. Ja, manchmal blickte Hass aus seinen Augen, dass es mich zittern ließ, doch ich sagte es ihm nicht. Ich sagte ihm nicht, dass es mich ängstigte.

Ein Bild habe ich jeden Tag vor Augen. Und immer lässt es mich erschauern. Immer wieder. Und immer noch grolle ich ihm, dass er mir dieses Bild von ihm hinterlassen hat. Nur dieses eine.

Es war im Sommer vor einigen Jahren, als ich ihn das erste Mal gesehen hatte. Ich bin Obst pflücken gegangen. Er hatte einen riesigen Korb dabei und dieser war gefüllt mit Himbeeren. Ich sah ihm beim Pflücken zu. Er machte alles besonnen und nahm nur die, die schön waren. Er lächelte und das Glas seiner Sonnenbrille glänzte im Sonnenlicht. Er hatte eine gelbe Jeans, schwarze, schicke Lederschuhe und ein schwarzes Hemd an. Er hatte eine Kette mit einem goldenen Stern um seinen Hals und um seinen Arm war ein Lederband. Und ein goldener Ring mit einem Diamanten glänzte an seiner Hand. Sein Haar war verwuschelt, seine Ärmel zurückgekrempelt. Die obersten drei Knöpfe seines Hemdes waren offen und seine weiße, rasierte, weiche Haut kam zum Vorschein. Er trug einen bräunlichen Gürtel, der ihm aber ein wenig zu groß war. Ich schaute ihm zu, weil er das Pflücken mit solch einer Andacht machte, sich so viel Zeit nahm und sich nicht aus der Ruhe bringen ließ. Und weil von ihm diese Aura ausging, die mich, wie viele andere, ihn anschauen ließ. Oft brachte er Menschen in Verlegenheit durch sein bloßes Auftreten. Er sagte, dass es hier schön sei. Und ich wusste nicht, was ich sagen sollte. Ich war damals 14 Jahre alt und war ziemlich schüchtern. Er nahm seine Brille ab, lächelte mich an und sagte, dass er hier jeden Sommer herkomme. Er sagte, dass es ihn freuen würde, mich wieder zu sehen. Und dann ging er, lächelte noch einmal und verschwand. Nicht ein Wort hatte ich gesagt. Und er hatte mich gebeten, nächstes Jahr wieder zu kommen. Doch die Chance, dass sich zwei Menschen, die sich nicht kannten, am gleichen Tag, zur gleichen Stunde ein Jahr später treffen würden, war sehr gering.

Sechs Jahre später (wir hatten uns natürlich damals wieder getroffen) war er verschwunden. Es war im Winter, vor einer langen Zeit. Es lag sehr hoher Schnee. Es war neblig. Es war dunkel. Sehr dunkel. Kein Licht erhellte die schwarze Nacht, kein Stern, kein Mond. Dunkel war es. Und er kam nicht zurück. Er wollte joggen gehen. Niemals bin ich mitgegangen, denn er wollte seine Ruhe. Und ich akzeptierte dies. Immer kam er innerhalb von zwei Stunden zurück. An diesem Tag kam er nicht zurück.

Ich wurde nervös. Ich hatte mir einen Film angeschaut und hatte währenddessen im Bett gelegen. Ich hatte die Zeit vergessen. Ich wurde nervös, ziemlich nervös. Er hatte sein Handy nicht dabei, also wartete ich. Und ich wurde unruhig. Ziemlich unruhig. Ich ging hinaus und suchte ihn. Ich rief Freundinnen und Freunde an, Verwandte und Bekannte. Doch er war nicht zu finden. Ich rief die Polizei an und meldete ihn als vermisst. Ich suchte in der Stadt. Die Stadt mit ihren Straßen, mit ihren versteckten Winkeln. Er war immer pünktlich und hatte mich immer wissen lassen, wohin er ging.

Und ich suchte im Wald. Ich weiß nicht, nach wem ich gesucht habe: Nach einem toten oder lebendigen Mann, ich weiß es nicht. Ich hatte das ungute Gefühl, das man hat, wenn man eine dunkle Vorahnung hat. An dem See, an dem ich manchmal mit ihm gewesen war, suchte ich zuerst. Und so suchte ich und fand ihn.

Es war Winter. Der See war mit einer dicken Eis- und Schneehülle bedeckt. Etwas lag auf ihr. Langsam ging ich darauf zu. Je näher ich an „Das" herankam, desto mehr schloss ich meine Augen. Weil ich nicht sehen wollte. Und als ich vor ihm stand, schrie ich und fiel nieder. Ich hatte solch eine Angst. Sein Körper war ganz entstellt. Ich schrie und schrie aus voller Seele. Ich weinte und weinte. Das Blut, welches aus seinem Kopf gequollen war, war getrocknet. Er hatte Selbstmord begangen, kein Zweifel. Eine Pistole lag neben ihm. Eine tiefe Wunde missgestaltete sein Haupt. Sein Körper war eiskalt. Seine schönen, kalten Hände umfasste ich. Ich nahm ihn in den Arm, als ob er ein kleines Kind wäre. Seine Augen waren erloschen, nur Traurigkeit blickte aus ihnen. Sie durchlöcherten mich und ich weinte vor Schmerz und Leid. Warum? Warum!!! Warum!!! Seltsam waren seine Lippen. Sie waren so rot, so kräftig rot. Himbeerfarben. Und ich küsste ihn, das letzte Mal.

Wir hatten oft von unserer Zukunft gesprochen. Von gemeinsamen Kindern. Von Reisen. Sobald ich mit meinem Studium fertig war. Er stammte aus einer sehr wohlhabenden Familie, darum spielte Geld keine Rolle. Er hatte viele Frauen gehabt, doch ich bin fest überzeugt, dass er mir treu geblieben war.

Und ich küsste ihn, das letzte Mal. Mein Leben war zerstört. Die Vorstellung, er könne wieder auferstehen, war eine Illusion. Das „Warum" kenne ich nicht. Jahre sind vergangen. Ich lebe mit einem anderen Mann zusammen. Ich liebe ihn nicht. Und er weiß das. Doch er liebt mich. Wir haben eine Tochter, sie bedeutet mir nichts. Ich habe das Gleichgewicht verloren. Und für ein neues, erfülltes Leben bin ich nicht bereit.

Seit neun Jahren gehe ich von fünf Uhr bis sieben Uhr in der Früh joggen. Danach bade ich in einer mit Eiswürfeln gefüllten Badewanne und trinke Himbeergeist. Oder ich esse Himbeeren. Ich erinnere mich an das Bild, das die Polizei gemacht hat, und das ich zufällig bekommen habe. Es ist ein Bild von ihm. Er liegt auf dem Eis, sein Haupt von Blut überströmt, die Lippen mit diesem Blick, diese Augen, die mich mit Traurigkeit erfüllen. Manchmal weine ich. Er hatte mich im Stich gelassen. Er war feige. Er hatte nie gesprochen. Er hatte nie von seinen Problemen erzählt. Nie. Und immer ist es „Er". Und es wird immer „Er" sein. Er, der mich liebte, er, der so feige starb. Er, den ich liebte. Er, der Himbeeren aß. Er, dem ich mit 14 Jahren begegnete. Er, und immer „Er".

Ich habe mein Studium beendet. Geld habe ich genug, auch an Versicherungen und Verehrern fehlt es nicht. Ich lebe, um nicht feige zu sein. Ich lebe, um ihm zu zeigen, dass ich nicht das kleine Ding bin, das er liebte und mit dem er spielte. Ich lebe, um zu leiden, doch wenigstens leide ich. Meine Tochter ist vier Jahre alt. Sie heißt Can-Vita. Und es bedeutet „Leben".

Noa Niemann
Gymnasium bei St. Stephan, Klasse 8d

Der mordende Yeti

Hoch in der Bergspitzen Schnee,
über Waldgipfeln und einem eisigen See

lebt eine grausame Kreatur,
wild, böse und unfassbar stur,
mit zerfetzten, blutigen Tatzen geboren,
zum Schneekönig auserkoren.
Das ist sie, die Bestie aus dem Eis,
Rasiermesserzähne, Fell ganz weiß,
glühende Augen, die dich durchbohren,
so mancher ist bei seinem Anblick schon erfroren.
Das ist der mordende Yeti, von dem ich red,
lauf um dein Leben, sonst ist es zu spät.

Stefan Dieminger, Markus Hörmann
Bebo-Wager-Berufsschule VII, Klasse 10a Fit

Die Leiche im Kuhsee

„Pauline, Paulineee...", rief ich. „Ja, hier bin ..." – sie verstummte. Ich rannte zu ihr durch das Gestrüpp von Büschen, die mit Schnee bedeckt waren. „Also, jetzt komm, wir müssen langsam wieder nach Hause. Mir wird es sowieso schon kalt. Jetzt komm ..." Plötzlich wurde ich still, sah zu Pauline und schaute dorthin, wo sie die ganze Zeit hingestarrt hatte. Ich hielt die Luft an und lief langsam und behutsam auf das Eis, auf dem Pauline stand, um die Figur, die von unten ans Eis gepresst war, näher zu betrachten. Im ersten Moment dachte ich, dass das eine Puppe unter dem Eis sei – aber als ich näher kam, wurde mir bewusst, dass dies ein Mensch war, dessen Gesicht ich kaum erkennen konnte, da er schon fast so blass wie das Eis aussah – jetzt jedoch eine Leiche zu sein schien.
Als ich dann nach ewig langer Zeit wieder weiteratmen konnte, flüsterte ich entsetzt: „Lebt der noch?" – obwohl mir diese Frage kurze Zeit später total absurd vorkam. Meine Schwester reagierte nicht darauf, sondern konnte nur mit zitternder Stimme ein „Wwwer mmmacht so etwas?" stammeln. Nach langer Zeit des Nichtstuns und des Gebannt-aufs-Eis-Starrens, unter dem sich die Leiche, die scheinbar einen schwarzen Um-hang anhatte, befand, sammelte ich mich wieder, ging genau so vorsich-tig wie ich gekommen war zurück und zog meine noch immer ganz außer sich geratene Schwester mit. Als sie endlich auf einer nahe gele-genen Bank platziert war, kramte ich mein Handy aus der Hosentasche hervor und rief die Polizei und den Notarzt an – wobei der, wie ich fand, eigentlich nicht mehr viel machen konnte – außer meine Schwester und mich zu beruhigen.
Ungefähr eine viertel Stunde später hörte ich schon das wohlbekannte Signal des Polizeiautos und des Rettungswagens. Während meine

Schwester im schönen, warmen Notarztwagen zu Bewusstsein gebracht wurde, musste ich der Polizei sämtliche Fragen beantworten und mich nochmal – diesmal natürlich mit Sicherung und Polizei – aufs Eis trauen und genau die Stelle, an der die Leiche gewesen war, zeigen. Dort angekommen, befand sich aber nichts anderes mehr als reines, klares Eis und der Polizist blickte mich mit gerunzelter Stirn und fragendem Blick an. Bis ich letztendlich mit verwirrten Gedanken herausgebracht hatte: „Also, ja ähm … da hätte sie jetzt eigentlich schwimmen müssen … also unter dem Eis!" Er schaute zu mir und dann zu dem Platz, auf den ich gezeigt hatte. Ein paar Sekunden lang sagte er nichts, bis er plötzlich in ein lautes, tosendes Gelächter ausbrach: „Oh Mann, oh Mann, ihr Jugendlichen lasst euch aber immer und immer wieder verrückte Sachen einfallen, was? Also ich hab ja schon viel erlebt, aber so etwas … und dann noch so gut geschauspielert! Das muss man erstmal hinkriegen! Der Witz war echt gut, aber bei …" „Nein, da lag sie wirklich, ich hab sie doch mit eigenen Augen gesehen! Sie müssen mir glauben, wirklich!" „Ja, ja und ich bin der Kaiser von China. Du musst dich jetzt nicht rausreden, Schätzchen! Also pass auf, was ich sagen wollte, war, dass eure Eltern für diesen Fehlalarm nichts bezahlen müssen, aber ich bitte euch, so etwas nicht noch einmal zu machen. Dieses Mal …" Der Polizist redete weiter und weiter, so dass ich irgendwann gar nicht mehr zuhörte – bis ich gemerkt hatte, dass wir wieder an Land waren und er mich fragte: „Soll ich dich mit deiner Schwester im Auto mitnehmen?" „Ja, danke, meine Schwester schon, aber ich bleib noch eine Weile hier. Sie müssen nicht auf mich warten."

Ich starrte raus auf das weiße, klare Eis. Es war so hell, dass es mich blendete. Langsam fing es an zu schneien. Und es wurde – glaub´ ich – richtig kalt. Ich war mir nicht mehr so ganz sicher gewesen, da ich wegen dieses Schocks vom Nachmittag nur alles ganz verschwommen wahrnehmen konnte. Ich war erschöpft … Doch plötzlich sah ich eine Gestalt in einem schwarzen Mantel im Nebel übers Eis gleiten. Ich atmete kaum, da die Luft so eiskalt gewesen war, dass sie mir wehgetan hätte. Diese Gestalt fing an ein altes Kinderlied zu singen, das ich noch von früher gekannt hatte. Ohne es zu bemerken, war ich im Schnee zusammengebrochen. Der Neuschnee legte sich auf meinen Körper – aber ich spürte nichts mehr. Die schwarze Person verlangsamte nun ihre Schritte. Ich fragte mich noch, bevor ich ganz einschlief, ob diese Gestalt die Leiche gewesen war, und wenn, dann hätte ich zu gern gewusst, wer sie war … denn sie hatte ziemliche Ähnlichkeit mit meinem Vater, der vor anderthalb Jahren bei einem Autounfall umgekommen war. Und mit diesem Lied hatte er mich immer in den Schlaf gesungen. Doch dann schloss ich die Augen und lag wie versteinert da.

„Herzlich willkommen zu Herrn Brauns Sonntagsfrühstück!" Ich wachte schweißgebadet aus meinem Traum auf und schreckte hoch, bis ich dann das Tageslicht erblickte, schaltete meinen Radiowecker aus und fragte mich, ob das wohl tatsächlich mein Vater gewesen sein konnte, und wenn ja, was hatte er mir wohl sagen wollen? Wollte er mich warnen? Das Kinderlied, was hatte es zu bedeuten? Hatte meine Schwester denselben Traum gehabt? Und sollte ich davon erzählen?

Anna Rauer
Gymnasium bei St. Anna, Klasse 7f

Ein Nachmittag im Schnee

Es ist Winter. Alles ist weiß. Selbst die Bäume sind mit Schnee bedeckt. An Häusern und Autos sind Eiszapfen festgefroren. An einem sonnigen Sonntagnachmittag zieht es Lena und ihren Zwillingsbruder Tom in die wunderschöne Winterlandschaft. Sie stapfen durch den tiefen Schnee in den Garten und bauen einen riesigen Schneemann. Tom hat plötzlich eine Idee: „Lena, lass uns doch unsere Freunde alle rausholen!" Zusammen klingeln sie alle ihre Freunde raus. Gemeinsam bauen sie noch ein Iglu und haben viel Spaß miteinander. Als es ihnen zu kalt wird, beschließen sie, zu Lena und Tom ins Haus zu gehen. Alle sind schon drinnen. Nur Lena steht noch draußen. Sie ist die Letzte. Als sie gerade ihre Füße abklopfen will, löst sich ein Eiszapfen vom Hausdach und kracht genau auf Lenas Kopf. Sie schreit erschocken auf und weint vor Schmerzen: „Aua! Aua, mein Kopf!" Ihre Freunde haben das Unglück vom Flur aus beobachtet und rennen aufgeregt zu Lenas Mutter und erzählen ihr alles. Plötzlich versuchen alle auf einmal Lena zu trösten. Es herrscht ein heilloses Durcheinander. Schließlich bittet Lenas Mutter die Freunde zu gehen. In Ruhe legt sie Lena aufs Sofa, beruhigt sie und reicht ihr ein Coolpack für ihre Beule. Als es allmählich besser wird, spielt Lena mit Tom. Am Abend erzählt sie die Geschichte des Unfalls mindestens noch zehnmal. Das war ein aufregender Schneetag. Gott sei Dank war es keine böse Verletzung.

Annalena Eichberger
Grundschule Göggingen-West, Klasse 4d

Die Wanderung zum Zusamweiher

Die Klasse 5 b war im Januar ins Schullandheim gefahren und wollte eine Wanderung zum Zusamweiher unternehmen und anschließend Pizza essen gehen.

Die Kinder, angeführt von ihrem Lehrer, Herrn S., wanderten jetzt schon gut eine Stunde, als sie endlich den Weiher erblickten. Er lag bläulich schimmernd und leicht mit Schnee bedeckt vor der Klasse. „Passt bloß auf, es hat heute Nacht leicht getaut. Geht besser nicht auf das Eis!", mahnte Herr S.. Doch ein paar Jungen beachteten ihn nicht. Der Lehrer ging schon mal um den See herum zur Pizzeria, um die Plätze zu reservieren und die Pizzas zu bestellen. Davor rief er den anderen zu, dass sie noch am Ufer spielen durften. Doch die Jungen Remo, Tom und Ben gingen trotzdem vor dem Essen auf den gefrorenen Weiher, weil es ihnen am Ufer nach ihren Worten „zu gammlig" war. Das Eis war glatt und es ließ sich vorzüglich auf darauf rutschen. Doch je weiter sie in die Mitte kamen, desto durchsichtiger wurde das Eis. Plötzlich rutschte Remo aus und fiel hin.

Das Eis war auf einmal übersät mit feinen Rissen. Schließlich zerbarst das Eis unter Remo und er landete im eiskalten Wasser. Er tauchte mit angstverzerrtem Gesicht wieder auf und versuchte sich am Rand des Eises festzuhalten. Doch er schürfte sich nur seine Finger blutig. Da bemerkten ihn Tom und Ben. Die beiden spurteten los zu Herrn S., der es sich in der Pizzeria bequem gemacht hatte. „Remo ist ins Eis eingebrochen!", stotterten sie gleichzeitig völlig außer Atem. Herr S. sprang erschrocken auf und lief zum Weiher, dicht gefolgt von Ben und Tom. Da schrie schon Remo: „Hilfe, Hilfe!" Die drei anderen legten sich flach auf den Boden. Zuerst Herr S., dann Tom und schließlich Ben. In dieser Kette robbten sie über das blanke Eis bis zu Remo. Ben fasste ihn an den Händen und zusammen zogen sie Remo heraus.

Zurück am Ufer rannten nun die vier zur Pizzeria. Tom gab Remo seine Jacke. Danach wurde er erst einmal zum Auftauen für eine Minute in den Pizzaofen geschoben. Nach der Minute im Ofen war Remo wieder der Alte und der Tag wurde trotzdem noch schön.

Alle gingen noch Pizza essen. Na ja schön, die drei Freunde mussten noch zwei Seiten als Strafarbeit über Einbruchgefahr bei Eis schreiben!

Felix Bäuerle
Jakob-Fugger-Gymnasium, Klasse 5b

Die Mutprobe

Heute war es soweit. Es hatte geschneit, der See neben dem Pausenhof war gefroren.

Hannes saß im Unterricht in der Schule. Immer wieder schaute er auf seine Armbanduhr. Er war aufgeregt, denn heute wollte er es versuchen: in die Wolfsgang aufgenommen zu werden. Doch dafür musste er nach der Schule auf den Pausenhof kommen, unbemerkt über den Drahtzaun klettern und dann über den zugefrorenen See laufen – natürlich alles unter Aufsicht der Wolfsgang.

Endlich war die Schule aus. Hannes packte seine Sachen in den Schulranzen.

Jetzt hatte er Angst, dass ihm die Knie schlotterten. Er dachte an sein Vorbild Buffalo Bill. Was hätte der wohl jetzt getan? Naja, Hannes ging also zum Drahtzaun neben dem Schulhof. Da sah er auch schon die Wolfsgang, die breitbeinig auf ihn zu steuerte. „Bist du Hannes?", fragte Steffen ihn. Er war der Anführer des Wolfsclubs. „Ja, der bin ich!", antwortete Hannes mit trockener Kehle. Er flüsterte fast nur noch. „Du weißt ja, was du zu tun hast, damit du zu uns gehörst, oder?!" Das war Thomas, auch einer von den Wölfen. „Wir drei werden hier bleiben, wir haben Feldstecher dabei!" Derjenige, der jetzt gesprochen hatte, war Patrick. Er war das zuletzt aufgenommene Mitglied der Gruppe. Hannes nickte nur. Er wusste, dass man Kräfte sparen muss, wenn man so eine schwere Aufgabe vor sich hat, und dass man nicht noch ein nettes Gespräch mit den anderen führen kann. Das wusste er aus seinem Wahlfach Leichtathletik. Er war sehr sportlich.

„Also, dann los!", befahl Steffen nun. Hannes rannte los. Der Zaun ging ihm ungefähr bis kurz unter den Brustkorb. Dann sprang er. Er hörte, wie ihm das Blut durch die Ohren rauschte. Er spürte, wie seine Hände auf dem Boden aufprallten und ihn abfederten. Doch jetzt kam erst das Schwierigste! Hannes musste über den See laufen, den eine wahrscheinlich noch sehr unbelastbare Eisschicht überzog. Doch Hannes sagte sich: „Ich möchte in die Wolfsgang und das schaffe ich auch!" Während er zum See lief, der ungefähr 50 Meter entfernt war, tastete Hannes seinen Körper ab, ob er sich beim Sprung über den Zaun verletzt hatte. Zum Glück nicht.

Vor dem See angekommen, holte Hannes tief Luft. Dann setzte er vorsichtig seinen rechten Fuß auf die Eisschicht und verlagerte sein Gewicht auf den Fuß. Dann zog er den linken Fuß nach. Er stand auf dem Eis. Es knackste und ächzte, aber es hielt. „Ich schaffe das! Ich schaffe das!", redete Hannes sich selbst zu. Sein Blick war starr auf seine Beine und

Füße gerichtet, die sich jetzt langsam Richtung Mitte des Sees vorwärts bewegten. Doch plötzlich brach das Eis unter seinem linken Fuß. Das Wasser plätscherte jetzt um Hannes' Zehen. Er sprang panisch weiter, wodurch er endgültig einbrach. „Hilfe! Hilfe! Helft mir!", brüllte Hannes sofort. Er strampelte wild umher. Seine Kleidung wurde schnell schwerer und zog an ihm. Und das Wasser war so eiskalt!

Erneut rief Hannes verzweifelt um Hilfe, doch es schien, als wäre er allein auf der Welt. Niemand hörte ihn. Doch er wurde gesehen! Nachdem „Die Wölfe" Hannes' großartigen Sprung beobachtet hatten, sahen sie auch sein Einbrechen ins Eis. Sie rannten los, sprangen selbst über den Zaun und sprinteten so schnell sie konnten zum See. Doch was war das? Hannes war nicht zu sehen! Doch, jetzt konnte man ihn wieder erkennen. Er war patschnass. Man sah, dass ihn die Kräfte langsam verließen. Wieder tauchte er unter. „Schnell, wir müssen etwas unternehmen!", schrie Steffen aufgeregt. Hannes hörte die Stimme und brüllte noch lauter: „Hilfe, ich ertrinke! Hilfe! Hilf mir!" „O.k., Thomas, du rennst zurück und holst jemanden! Patrick, du bleibst bei mir!", befahl Steffen. Beide taten, was Steffen sagte. Während Thomas zurück lief, versuchte Steffen allein Hannes zu retten. „Bleib ganz ruhig, Hannes! Wir retten dich!" Er rutschte auf dem Bauch langsam zu Hannes, der fast nicht mehr konnte. „Gib mir deine Hand, Hannes!", befahl Steffen, als er an Hannes heran gekommen war. Hannes versuchte es. Beim fünften Mal gelang es ihm endlich. Seine eiskalten Finger drückten sich fest in die Hand von Steffen. Hannes keuchte schwer. „Gleich bist du aus dem Eis befreit, Hannes", meinte Steffen. „Patrick, zieh meine Beine aufs Gras!" Patrick zog aus Leibeskräften an Steffen. Doch so sehr er sich bemühte, er schaffte es nicht ihn heraus zu ziehen. Da kam endlich Thomas zurück. Er hatte den Hausmeister bei sich, den Lehrer, Herrn Rau, und die Lehrerin, Frau Regen. Frau Regen ließ sofort einen Krankenwagen kommen. Bis dieser eintraf, zogen sie Steffen, an dem ein triefend nasser Hannes angeklammert hing, aus dem eisigen See. Der Notarzt traf ein und legte Hannes drei Decken um; auch Steffen bekam welche.

Der Wolfclub wurde gehörig geschimpft, am Schluss aber dennoch für sein gutes Verhalten in der Notsituation gelobt.

Hannes freute sich riesig, denn nach einer großen Entschuldigung von der Wolfsgang, die Hannes sagen musste, dass Mutproben ein völliger Schwachsinn sind, wurde Hannes aufgenommen!

Sonja Wölfl
Maria-Ward-Gymnasium, Klasse 6b

Der Tag, an dem das Eis brach

„Hilfe!" Schweißgebadet wachte Emily auf in einem weißen Bett auf. Sie hustete ein wenig und fragte sich, ob sie einen Alptraum gehabt hatte. Langsam erinnerte sie sich.

Als Lisa, die Dicke der 8a, die Klasse betrat, war alles wie immer. Dass die fiese Mädels-Gang mit Miri, Neira und Roubi tuschelte und zu ihr herüber schielte, war immer wieder verletzend, doch auch schon normal. Nach der Schule sah Emily, wie die Gang auf Lisa zukam. Sie redeten so leise, dass Emily sie kaum verstand. Sie meinte aber gehört zu haben, wie sie irgendetwas über den 'Weiher im Wald' und 'morgen nach der Schule' gesagt hatten. Emily wusste: Die Gang hatte irgendetwas mit Lisa vor! Am nächsten Tag kam Lisa mit ihren Schlittschuhen in das Klassenzimmer. Emily wurde alles klar. Sie war neugierig und hatte ein ungutes Gefühl, deswegen schlich sie ihnen nach der Schule unauffällig hinterher. Sie nahm sich allerdings vor, sich in sicherem Abstand von der Gang zu halten. Man konnte nie wissen! Sie waren zum Waldweiher außerhalb des Dorfes gegangen. Miri, Neira, Roubi und Lisa zogen ihre Schlittschuhe an. Emily beobachtete sie aus einem guten Versteck hinter einer dicken Eiche. Inzwischen waren Miri und Roubi schon in der Mitte des Weihers. Als Lisa und Neira auch losfuhren, spielten sie alle Fangus auf dem Eis´. Nach einer Weile flüsterte die Gang Lisa irgendetwas zu, das sie dazu brachte, zu einer Stelle zu fahren, die Emily nicht ganz geheuer war. Und dann ging alles ganz schnell: Neira schubste Lisa, so dass sie auf den Hinterkopf fiel und dadurch in das an dieser Stelle zu dünne Eis einbrach. Emily zog ihr Handy aus der Hosentasche und berichtete der Polizei das Nötigste. Als sie wieder hochschaute, war die Gang verschwunden. Emily rannte so schnell sie konnte auf dem rutschigen Eis zu dem Loch. Lisa musste ohnmächtig sein, wegen ihres Sturzes auf den Kopf. Emily holte noch einmal tief Luft und sprang dann ins eiskalte Nass. Im ersten Moment brannten ihre Augen, doch dann gewöhnten sie sich an das Wasser. Emily schaute sich um. Sie sah Lisa direkt neben ihr, dicht unter der Eisdecke. Zum Glück spürte Emily jetzt den Grund des Weihers unter ihren Füßen, wenn auch nur ab und zu an ihren Zehenspitzen. Emily zerrte so gut sie konnte Lisa mit an die Wasseroberfläche. Emily schnappte nach Luft. Polizei, Rettungsdienst und Feuerwehr waren inzwischen gekommen. Zwei Feuerwehrmänner legten sich auf den Bauch und kamen mit einem Seil zu dem Loch gerobbt. Emily, die völlig fertig war, schlotterte am ganzen Körper. Dann waren die Männer bei ihnen und warfen das Seil gerade noch rechtzeitig Emily zu. Sie konnte sich zwar nur mit einer Hand daran festhalten, da sie Lisa auch noch an der Wasseroberfläche halten musste, doch es war trotzdem die rettende Hilfe. Es kamen weitere fünf Rettungsleute zu ihnen und zogen die bewusstlose Lisa heraus. Nun konnte Emily sich mit beiden Händen an dem Seil festhalten. Die zwei Männer mit dem Seil zogen Emily nach dem dritten Versuch endlich auf die Eisfläche. Sie bekam gerade noch mit, wie sie in dicke Decken gewickelt wurde, bevor alle Geräusche von ganz weit weg zu kommen schienen …

… Langsam wurde es wieder hell. Diese ganzen Gedanken strengten Emily sehr an. Ihre Schläfen pochten. War sie wirklich wach? Sie öffnete vorsichtig ihre Augen. Sie lag in einem fremden Bett. Links neben ihr war noch ein Bett. In dem lag Lisa. „Wo bin ich?" fragte Emily. Ihr Bruder, der mit der restlichen Familie um ihr Bett saß, sagte, dass sie im Krankenhaus sei. „Du hast verdammt Glück gehabt und du hast Lisa gerettet." Jetzt wurde Emily schlagartig klar, dass es Wirklichkeit war, was sie erlebt hatte. Doch statt stolz zu sein, dachte Emily jetzt an die Gang. Sie hatte sie in die Hütte am Weiher rennen sehen. Sollte Emily es der Polizei melden oder sollte sie der Gang noch eine Chance geben? Konnte es wirklich sein, dass Miri, Neira und Roubi so gemein sein konnten? Emily bezweifelte das. In dem Moment, als Emily beschlossen hatte, doch zur Polizei zu gehen, ging die Türe auf. Es waren tatsächlich Miri, Neira und Roubi. Jede hatte zwei üppige Blumensträuße dabei. Emily war jetzt ganz verwirrt. Nach kurzer Zeit, als die Gang gestanden hatte das sie Lisa zwar einen Streich spielen wollten, aber nicht so, dass Lisa womöglich ums Leben kommen könnte, zog Emily ihren Beschluss im Geheimen zurück. 'Die Gang würde so etwas NIE wieder machen', dachte Emily, 'bei so einer Erfahrung.'

Nina Lamey
Freie Waldorfschule Augsburg, Klasse 6

Neulich auf dem Eis

Vor kurzem, also am 6. Januar 2010, in den Winterferien, ging ich mit meiner Freundin Mia an den Kuhsee zum Eislaufen. Wir trafen uns bei mir zu Hause um 14 Uhr, packten uns warm ein, da es sehr kalt war. Die Schlittschuhe steckten wir jeweils in unseren Rucksack. Dann fuhren wir mit unseren Fahrrädern zum Kuhsee. Das dauerte gerade mal fünf Minuten. Dort zogen wir unsere Schlittschuhe an und fuhren über das frisch gefrorene Eis.

„Ach, was für ein herrliches Gefühl!", rief ich meiner Freundin zu.

Fröhlich fuhr ich rückwärts, vorwärts, hin und her und hüpfte über mehrere Stöcke, die auf dem Eis lagen. Mir kam es so vor, als wären wir die einzigen Menschen, die auf dem See Schlittschuh fuhren.

„Ja, super!", lachte meine Freundin.

Plötzlich, als ich gerade einen besonders hohen Sprung über einen sehr dicken Ast machte, geschah es: Das Eis krachte und ich brach ein. Ich fiel in den eiskalten Schnee.

„Aah! Mia! Hilfe! Ich bin eingebrochen!", kreischte und schrie ich voller Verzweiflung.

Meine Freundin rief: „Ich laufe schnell zu den Häusern da drüben und hole Hilfe!"

Und weg war Mia auch schon.

Ich paddelte und strampelte mit meinen Armen und Beinen, damit ich auf gar keinen Fall untergehe. Meine Füße fühlten sich nach kurzer Zeit an, als wären sie taub oder gelähmt. Ich bekam immer mehr Angst davor ertrinken zu müssen.

Endlich kam meine Freundin mit einem Mann auf mich zu. Der Mann reichte mir vom Ufer aus eine Leiter, an der ich mich mit letzter Kraft festhalten konnte, und zog mich aus dem eiskalten See.

Als ich einigermaßen reden konnte, bedankte ich mich bei dem Mann.

Er meinte: „So nass kannst du nicht nach Hause gehen. Kommt mit zu mir, ich lade euch zu einer heißen Tasse Tee ein." Als wir bei dem Mann zu Hause waren, stellte sich heraus, dass er der Vater von Lilli ist, einer guten Freundin von uns. Lilli kam kurze Zeit später nach Hause, gab mir trockene Kleidung und wir plauderten noch ein wenig über das Erlebnis. Nach einer Weile riefen wir meine Eltern an, damit sie erfuhren, wo wir gerade waren. Natürlich sollte ich sofort nach Hause kommen. Dort musste ich dann von dem Unglück auf dem Eis berichten. Meine Eltern waren ziemlich erschrocken, jedoch sehr erleichtert, weil mir nichts Schlimmeres passiert war.

Laura Womes
Kerschensteiner-Volksschule, Klasse 5c

Unglück beim Schlittschuhlaufen

Am Montag, den 22. 02. 2010, ging Anna M. auf dem Augsburger Kuhsee Schlittschuhlaufen. Da das Schild „Achtung! Einbruchgefahr!" hinter Sträuchern versteckt war, beachtete sie es nicht. Doch richtig schlimm wurde es erst dann, als das Eis anfing, unter ihr zu brechen. Anna M. versuchte sich zu retten, jedoch gelang ihr dies nicht. Zehn Minuten konnte sie sich über Wasser halten, dann hatte das Mädchen keine Kraft mehr. Zum Glück hielt ein vorbei fahrendes Auto an, um ihr zu helfen. Der Fahrer, Jürgen P., kam sofort angerannt, zog Anna M. aus dem Wasser und brachte sie sicher nach Hause. Das Mädchen hat zum Glück keine Verletzungen. Annas Eltern waren erleichtert, ihre Tochter heil und gesund wieder zu haben. Die Polizei hat beschlossen, die Sträucher ab zu schneiden, damit so etwas nicht noch einmal passiert.

Wir haben Ann M. interviewt und ihr ein paar Fragen zu dem Unfall gestellt:

Hallo, Anna! Was hast du dir gedacht, als das Eis unter dir zu brechen anfing?

Ich habe gedacht, mein Leben wäre hier zu Ende.

Und wie hast du es geschafft, so lange über Wasser zu bleiben?

Ich habe einfach wild um mich gestrampelt und versucht oben zu bleiben.

Was war das für ein Gefühl, als Jürgen P. dich heraus gezogen hat?

Naja, also es war eine Erleichterung und natürlich war ich auch ziemlich froh darüber.

Wirst du je wieder zum Schlittschuhlaufen gehen?

Ja natürlich, aber nur, wenn das Eis wirklich dick genug ist!

Weißt du schon, wie du dich bei Jürgen P. bedanken willst?

Also, ich glaube, ich lade ihn zum Essen ein und bedanke mich dann im Café bei ihm.

Kim Bohlken
Agnes-Bernauer-Realschule, Klasse 7e

Die Eistaucher

Jetzt sind wir da. Wir sind am Bodensee angekommen. „Wieso muss er ausgerechnet heute tauchen? Ich warne ihn schon zum dritten Mal, aber er hört ja nie auf mich. Dabei ist die Strömung im Winter besonders gefährlich", denke ich mir. Die Ausrüstung ist einsatzbereit. Ich frage ihn: „Soll ich anfangen?" „Aber ja doch", antwortet er genervt. Ich nehm' den Pickel und fange an, auf das Eis zu schlagen. Nachdem ich das Loch fertig geschlagen habe, ziehen wir uns die Taucheranzüge an. Ich frage ihn: „Sind Sie sicher, dass Sie ausgerechnet heute tauchen wollen? Die Strömung ist sehr gefährlich!" „Natürlich! Es ist wichtig, die Fische auch im Winter zu beobachten", antwortet der Professor. Also steigen wir durch das Loch in das eisig kalte Wasser im See. Ich schaue den Forscher an und gebe ihm das Signal zu folgen. Wir tauchen immer weiter hinab, bis das einzige Licht von unseren Taschenlampen kommt. Doch plötzlich passiert etwas. Eine riesige Strömung erfasst uns und treibt uns immer weiter weg vom Einstiegsloch. Wir werden weitergespült, bis ich beobachten muss, wie der Forscher gegen einen Felsen geschleudert wird und tot auf den Grund des Sees hinabsinkt. Ich bin verzweifelt und weiß nicht, was ich tun soll. Plötzlich verhakt sich meine Sauerstoffflasche am Felsen. Ich versuche verzweifelt, sie zu lösen, da die Strömung mich zum Ufer spülen würde. Doch ich schaffe es nicht. Sie wird abgerissen. Die Luft geht mir aus und alles wird schwarz.

Dima Fidel
Bertolt-Brecht-Realschule, Klasse 8b

Lebensretter Eis

Seit ein paar Tagen habe ich ein Gefühl. Ein Gefühl, bald sterben zu müssen.

Auf einmal war es da. Ohne jegliche Vorwarnung suchte es mich auf und übermannte mich in Sekundenschnelle. Ich konnte gar nichts dagegen machen. Heute, drei Tage später, versuche ich mich mit der Situation abzufinden, aber ich schaffe es nicht. Ständig muss ich daran denken.

Um mich abzulenken, gehe ich spazieren. Ich passe gar nicht richtig auf, wohin ich gehe, bis ich mich an meinem Lieblingsort wiederfinde. Es ist der See in der Nähe des Waldes, der nun im Winter mit einer Eisschicht überzogen ist. Es ist sehr still. Normalerweise kann man um die Zeit ein paar Kinder, die auf dem See Schlittschuh fahren, vorfinden. Doch die Eisfläche ist noch zu dünn, um einen Menschen zu tragen.

Eigentlich setze ich mich am liebsten auf einen der großen Steine am Rande des Sees, da es aber fröstelt, entscheide ich mich, den kleinen Berg hinauf zu gehen. Wenn man bis ganz nach oben läuft, kann man von der Plattform, die ein Stück weit über den See ragt, das ganze Gebiet überblicken.

Angespornt von dem fantastischen Ausblick, bin ich schneller oben, als ich es gedacht hätte. Völlig außer Atem lehne ich mich an die Rehling, die die Plattform umgibt. Der Ausblick ist im Winter noch überwältigender als im Sommer. Unter mir liegt der zugefrorene See, dahinter befindet sich ein Hang, den mehrere Menschen mit Schlitten hinunterfahren. Wenn ich nach links blicke, sehe ich das Dorf, in dem ich lebe. Doch auch dieser Anblick lenkt mich nicht richtig von dem furchtbaren Gefühl ab. So schlimm, wie es momentan ist, war es noch nie. Es fühlt sich an, als würde mich etwas genüsslich von innen auffressen. Stück für Stück, damit es noch qualvoller sein würde, als es ohnehin schon ist. Doch ich will nicht, dass es alles wegfrisst, bis nur noch gähnende Leere in mir herrscht.

Entschlossen greife ich mit beiden Händen zur Rehling, um mich über sie zu schwingen. Ein letztes Mal noch schaue ich nach links zu meinem Dorf, bevor ich meine eisigen Hände von der Rehling löse.

Eigentlich erwarte ich, dass mein Leben noch einmal im Schnelldurchlauf an mir vorbeizieht, aber nichts geschieht. Umso überraschender ist es für mich, als ich hart aufschlage. Einen kurzen Moment liege ich einfach da, unfähig mich zu bewegen. Dann öffne ich vorsichtig meine Augen. Etwas blendet mich. Bin ich im Himmel? Nein, denn bei längerem Hinsehen erkenne ich, dass ich ziemlich genau in der Mitte des Sees gelandet bin und dass es der glitzernde Schnee ist, der mich geblendet hat. Aber wie hält die dünne Eisschicht unter mir mein Gewicht aus? Sie müsste nachgeben und zusammenbrechen. Aber das Wichtigste ist, dass ich nicht gestorben bin. Nein, falsch, das Wichtigste ist, dass dieses Gefühl, sterben zu müssen, ein für allemal verschwunden ist. Auch das, was mich von innen auffraß, ist weg. Für immer.

Laura Gentile
Mädchenrealschule St. Ursula, Klasse 8a

Eis-Geschichte

An einem kalten Wintertag ging ich spazieren. An jedem Haus hingen Einzapfen vom Dach herunter. Mir war ein bisschen mulmig, da die Zapfen jede Sekunde herunterfallen konnten. Sie waren nämlich sehr spitz und hart. Als ich da so lief, rannte ein kleines Mädchen herum. Sie rief laut nach ihrer Mutter. Diese antwortete aber nicht. Da rief das Mädchen noch lauter als zuvor: „Mama, wo bist du?" Plötzlich fielen die Eiszapfen vom Dach eines großen Hauses in Richtung auf das Mädchen zu. Sie hatte zu laut gerufen. In letzter Sekunde schupfte ich das kleine Mädchen weg. Wir fielen auf den Boden, nicht weit entfernt von dem Platz, wo die Zapfen aufgeprallt waren. Das Mädchen war heilfroh, dass uns nichts passiert war. In dem Moment kam eine Frau auf uns zugerannt. Es war die Mutter des Mädchens, die die Schreie gehört haben musste. Die Frau sagte: „Sina, mein Schatz, welch Glück, es geht dir gut." Dann wandte sie sich an mich: „Vielen Dank, dass du meiner Tochter geholfen hast. Wie heißt du denn?" „Ich heiße Melissa", antwortete ich. Von dem Tag an waren Sina und ich beste Freundinnen.

Melissa Plattner
Maria-Ward-Realschule, Klasse 6c

Unter dem Eis

Als es draußen mal wieder schneite und klirrend kalt war, beschloss Berta, auf den zugefrorenen See zum Schlittschuhlaufen zu gehen. Obwohl in den Medien und im Radio vor zu dünnem Eis auf den Seen gewarnt wurde, holte Berta ihre Schlittschuhe aus dem Keller, zog sich warm an und ging nach draußen. Sie rannte so schnell sie konnte. Denn sie wollte den See ganz für sich alleine.
Der Schnee knisterte unter ihren Füßen.
Als sie ankam, war auf dem See weit und breit kein Mensch zu sehen. Aber noch merkwürdiger war, dass vor dem See eine Absperrung war. Berta ging über die Absperrung hinüber, zog sich ihre Schlittschuhe an, und fuhr los. Auf einmal knackte das Eis unter ihren Füßen. Das Eis brach, und Berta ging in dem kalten See unter. Niemand war da, der Berta hätte sehen können.
Einen Tag später: In der Zeitung stand, dass ein 10-jähriges Mädchen namens Berta als vermisst gilt.
Als die Polizeispürhunde am See ankamen, fanden sie Berta, die leblos an der Wasseroberfläche schwamm.
Jede Rettung kam zu spät.
Später stellte sich heraus, dass Berta wohl das Schild an der Absperrung nicht bemerkt haben muss, denn auf diesem Schild stand: „Zu dünnes Eis. Einbruchgefahr!"

Angelina Buck
Mädchenrealschule St. Ursula, Klasse 7c

Ötzi im Eis

Der Ötzi fiel in den Gletscher rein,
das wird für ihn sehr tödlich sein.
Da kam ein Skifahrer, war sehr schlau,
und zog ihn raus.

Vanessa Schlegl
Agnes-Bernauer-Realschule, Klasse 5b

Es taut

„Es taut", stellt meine Mutter fest, während ich mir die Stiefel binde. Ich erwidere nichts, denn ich weiß, dass sie damit nur sagen will, dass ich vorsichtig sein soll, wenn ich am See bin.

Die Sonne scheint und ich habe mir heute vorgenommen, Fotos vom letzten Schnee in diesem Monat zu machen. Denn meine Mutter hat Recht: Es taut. Als ich am See bin, knipse ich ein paar Fotos, verliere aber schnell die Lust daran und setze mich an das Ende eines Steges, der weit in den See hinein reicht. Außer mir sind noch ein paar andere Leute hier, die einen Spaziergang um den See machen.

Mit meinen Füßen kann ich die Eisschicht berühren und ich male Muster darauf, bis das Eis ganz glatt ist und nicht mehr von dem matten Belag getrübt wird. Gelangweilt betrachte ich die Eisfläche unter mir und erst nach einem Moment realisiere ich, dass jemand meinen Blick erwidert. Zwei blaue Augen unter dem Eis starren mich an. Nein, eigentlich blicken sie auf einen Punkt über mir. Sekundenlang kann ich meine Augen nicht von dem Gesicht abwenden. Endlich lässt mich ein Laut aus meiner Erstarrung erwachen und ich begreife, dass er aus meinem eigenen Mund kommt. Ich schreie, denn unter dem Eis dort schwimmt ein Körper. Meine Gedanken rasen. Was soll ich tun? Ich mache das Dümmste, was ich tun konnte. Natürlich bricht das Eis sofort unter mir ein. Die Kälte, ein Schock, doch ich bin geistesgegenwärtig genug, um sofort nach der Badeleiter zu greifen, die vom Steg ins Wasser führt. Gleichzeitig spüre ich unter Wasser das Leder einer Jacke zwischen meinen Fingern und packe zu, ehe der Körper weggetrieben wird. Meine Füße und Hände sind beinahe taub, ich strample verzweifelt mit den Füßen, um mich über Wasser zu halten und schreie aus Leibeskräften um Hilfe. Ich keuche, während ich versuche, mich aus dem Wasser zu ziehen. Warum verdammt noch mal lasse ich die Jacke nicht einfach los? Ich tue es nicht. Das Eis kann mein Gewicht nicht halten und der Rand bricht immer wieder unter mir ein. Letztendlich ist das meine Rettung, denn mit dem Rand des Lochs bricht auch immer mehr Eis weg, das mich und die Leiter voneinander trennt. Irgendwann spüre ich eine der Sprossen unter Wasser, zuerst rutsche ich ab, denn das Gefühl in meinen Füßen fehlt mir mittlerweile fast völlig, doch dann finde ich Halt darauf. Ich umschlinge die Leiter und drücke mein Gesicht gegen das eisige Metall. Zu meinem Glück befindet sich der Steg nicht weit über Wasser, bald liege ich mit dem Gesicht auf Holz und ziehe schließlich auch meine Beine aus dem Wasser und auf den Steg.

Mein eigener Atem dröhnt mir in den Ohren. Der Wind, der über mich hinwegweht, kühlt meinen Körper weiter aus und ich beginne unkontrolliert zu zittern. Mein Zähneklappern scheint so laut zu sein, dass man es noch über die Eisschicht hinweg am anderen Ufer hören müsste. Mein anderer Arm hängt immer noch über die Kante nach unten. Es kostet mich meine ganze Willensanstrengung, mich ein Stück zu drehen und über den Rand zu schauen.

Was ich verkrampft umklammere, ist ein Ärmel. Eine bleiche, steife Hand lugt heraus. Ich sehe die tiefen Risse und Schnitte in der Handfläche und das offene Fleisch, will schreien, damit mir jemand hilft, den Körper herauszuhieven. Kein Laut kommt aus meiner Kehle. Verzweifelt versuche ich, ihn alleine herauszuziehen, doch nach ein paar Zentimetern verlassen mich meine Kräfte.

Plötzlich höre ich Getrampel und Rufe. Jemand lässt sich neben mir auf die Knie fallen, packt ebenfalls zu und zieht. Der Leichnam liegt neben mir auf dem Steg. Ich knie daneben und taste, obwohl ich weiß, dass ich nichts mehr fühlen werde, nach dem Puls.

Es ist ein junger Mann, vielleicht ein paar Jahre älter als ich. „So gebt dem Mädchen doch eine trockene Jacke!", höre ich eine Stimme sagen. Jemand zieht mir die tropfende Jacke aus und legt mir eine andere, trockene um die Schultern. Mein Blick ist getrübt und Tränen laufen mir über das Gesicht. Ich kann meine Augen nicht von dem Toten lassen, die bleiche Haut, eingefallenen Wangen und dann der glasige, stumpfe Blick ins Nirgendwo. Jemand versucht, mich von ihm wegzuziehen, doch ich schreie und strample und man lässt mich sitzen.

Die Polizei wird gerufen. Als sie kommen, ist das Wasser in den aschblonden Haaren des Mannes schon gefroren, die Tropfen auf den langen Wimpern sind ebenfalls zu Eis erstarrt und auf den Lippen des leicht geöffneten Mundes hat sich eine dünne Eisschicht gebildet. Es sieht wunderschön aus, stelle ich fest und fange verzweifelt leise an zu lachen. „Mein Gott, bringt doch das Mädchen endlich von dem Toten weg! Sie hat einen Schock!"

„Lassen sie uns durch!", ruft eine Stimme und kurz darauf kniet eine Frau neben mir nieder. „Kennst du den Mann?", fragt mich die Polizistin und wickelt mich fest in eine Wärmedecke. Ich schüttle den Kopf. „Du kannst ihn jetzt loslassen", sagt sie mit beruhigender Stimme, aber ich umklammerte die kalte Hand, die ich seit einigen Minuten halte, noch fester. Sie biegt mir trotzdem sanft die Finger auseinander und zieht mich dann von ihm weg. Ein Polizist trägt mich zu einem Einsatzwagen und dreht darin die Heizung voll auf. Die Frau versucht mir Fragen zu stellen, lässt es aber schnell bleiben, denn ich antworte nicht, starre nur zu dem Steg hinaus. Sehe, wie die Polizisten die Menschen von dort vertreiben und schließlich die Leiche in einem Metallsarg zu dem soeben eingetroffenen Leichenwagen tragen.

Die Polizistin steigt wieder aus und redet kurz mit einem Kollegen, dann setzen sie sich in den Wagen und fahren mit mir davon. Ich schaue zurück zu dem Leichenwagen, der immer noch am Ufer steht, bis er hinter einer Kurve verschwindet. Dann frage ich mit einer leisen, zitternden Stimme, die nicht mir zu gehören scheint, ob sie seinen Namen kennen, denn ich hatte gesehen, dass sie einen Geldbeutel aus der Hosentasche des Toten gezogen haben. Die Polizistin betrachtet mich im Rückspiegel kurz prüfend an, dann sagt sie es mir.

Als ich in trockener Kleidung in der Polizeistation sitze, stürmt meine Mutter herein und überschüttet mich mit Fragen. Als ich nichts sage, blickt sie fragend die Polizistin neben mir an, die sich, seit ich hier bin, um mich kümmert und mich ab und zu zwingt, einen Schluck Tee zu trinken. Sie setzt gerade an, um zu erklären, was passiert ist, schweigt aber, als ich leise etwas murmle.

„Es taut."

Isabel Weigl
Gymnasium bei St. Anna, Klasse Q11

INNERES EIS

When Ice breaks

Die Neue zu sein ist immer schwer. Aber ich hatte keine Wahl: Meine Mutter hatte hier in Augsburg einen Job gefunden und wir sind von München hierher gezogen.

In der neuen Schule hatte ich mich eingelebt und kam sehr gut mit den Lehrern zurecht, aber in meiner Klasse sind alle sehr unfreundlich. Obwohl ich versucht habe, mit ihnen klar zukommen, haben sie mich alle doof angezickt.

Am schlimmsten war es bei Valentine! Ich wollte ihn doch nur nach den Hausaufgaben fragen, als er mich anschrie, ich solle ihn in Ruhe lassen und besser im Unterricht aufpassen. Ich hasste ihn dafür!

Wütend ging ich in die Mensa, holte mir mein Mittagessen und steuerte einen leeren Tisch an. Auf dem Weg zum Tisch musste es ja passieren: Ich stolperte über meine eigenen Füße und fiel der Länge nach hin! Mein Mittagsessen verteilte sich auf dem Boden. Die ganze Schule lachte nun über mich. Ich spürte, wie die Röte in mein Gesicht schoss und unterdrückte die Tränen.

Ich wünschte mir, im Erdboden zu versinken.

Plötzlich sah ich eine Hand vor meinem Gesicht und ich schaute überrascht nach oben. Da stand Valentine! „Komm, steh auf!", sagte er zu mir. In seiner Stimme war kein bisschen Spott. Ich nahm seine Hand und er zog mich mit einem Ruck nach oben. Ich hatte gar nicht gewusst, wie stark er war.

Eine Träne war unbemerkt meine Wange herunter gekullert. Er wischte die Träne mit seinem Finger weg. „Danke", murmelte ich verlegen. Valentine lächelte mich an.

Von dem Moment an wusste ich, das Eis zwischen uns war gebrochen.

Ezgi Zengin
Gymnasium bei St. Anna, Klasse 9b

Und mein unerfüllter Traum ...

Ich fühle die Kälte
die von dir ausgeht
die alles umhüllt
einfriert
erfrieren lässt.

Ich spüre das Eis
das du versprühst
durch deine unnahbare Nähe.

Alles wird umhüllt
überzogen
mit kleinen Kristallen
eiskalten Diamanten
diamantene Bäume

Blumen
Tiere
und die Gefühle die du nicht fühlst
und die Liebe die du nicht kennst
und das Band zwischen uns

es zerspringt
es zerspringt
in tausend kleine Eissplitter
bevor ich es erwärmen konnte
und sie bohren sich in mich
in mein Herz
mein Gesicht

doch an dir prallen sie ab
an deinen eisblauen Augen
deinem Eisherz.

Und meine Sonne war zu klein
um die deine zu erwecken
und mein Feuer war zu schwach
um dein Herz zu entfachen

und jetzt wird es kalt und kälter
um mich herum
und mein Blut gefriert in den Adern
und ich ertrinke im Eiswasser
dem Eismeer der Verzweiflung

und mein unerfüllter Traum
von Liebe

Feuer
Leben
erstarrt in der Eiseskälte
und verblasst
erfriert
mit mir für immer.

Katharina Seeburger
Maria-Theresia-Gymnasium, Klasse K12

Das Eis, das nie …

Wer oder was bist du eigentlich?
Die Rose, die mir fehlt, oder die Dornen?
Das Feuer in mir, das nie aufhört zu brennen?
NEIN! Du bist das EIS, das nie schmilzt …

Sevgi Özver
Kapellen-Volksschule, Klasse 8dM

Ein Herz aus Eis?

Liebe Feli,
wenn du diesen Brief liest, sitze ich wahrscheinlich gerade auf meinem Bett und weine. Das mache ich zur Zeit sehr häufig, weil ich so verzweifelt bin. Seit ein paar Tagen reden meine Eltern fast kein normales Wort mehr, stattdessen schreien sie sich ständig an und das Schlimmste ist: Es geht bei dem Streit um mich. Vielleicht sollte ich von vorne beginnen: Alles fing damit an, dass ich in der Mathe- und in der Englischschulaufgabe jeweils eine Fünf hatte. Beim Abendessen sind wir wie üblich die verschiedenen Aufgaben miteinander durchgegangen. Am Ende hat Mutter gesagt, ich solle mehr mit Vater üben. Vater aber meinte, wir übten bereits genug und Mutter könne sich ruhig auch einmal mehr um meine Noten kümmern. Außerdem sagte er, wenn sich meine Noten nicht bald ändern würden, solle ich nächstes Schuljahr von der Realschule an die Hauptschule wechseln. Da wurde Mutter wütend, weil Vater ihren wunden Punkt getroffen hatte. Sie ist früher oft veräppelt worden, weil sie in der Schule nicht besonders gut war. Aufgrund ihres schlechten Schulabschlusses hat sie auch nie einen wirklichen Beruf ausgeübt. An diesem Abend haben die beiden noch lange gestritten und ich konnte ewig nicht einschlafen.
Am nächsten Morgen war Vater bereits in der Arbeit und Mutter entschuldigte sich bei mir wegen des gestrigen Streits. Als ich mittags von

der Schule kam, saß Mutter verweint am Tisch. Vater hatte angerufen und gesagt, dass er diese Nacht bei seinem Freund übernachten werde, da er die Vorwürfe von Mutter nicht so schnell vergessen könne. Ich war wütend auf meine Eltern, gleichzeitig taten sie mir leid. Am nächsten Nachmittag kam Vater und kurz darauf ging das Gestreite schon wieder an. Trotzdem blieb Vater für ganze zwei Tage. Am ersten war es laut: Sie schrien sich an, machten einander Vorwürfe. Am zweiten war es still: Sie redeten kein Wort mehr miteinander, schauten sich nur böse an. Und ich stand dazwischen, mag den einen wie den anderen. Es war sehr bedrückend. So ging es zwei weitere Tage.

Als ich heute von der Schule kam, saß Vater am Tisch. Er sah traurig aus. Neben ihm stand ein Karton. Entsetzt fragte ich, was los sei.

„Deine Mutter ist bei Karin. Heute Abend um zehn muss ich aus der Wohnung sein", antwortete Vater, hob seinen Kopf und sah mich mit seinen dunklen Augen an. Ich rannte in mein Zimmer, warf mich aufs Bett und weinte. Ich weiß nicht, wie lange ich da lag, doch irgendwann kamen Vater und Mutter ins Zimmer. Mutter setzte sich auf mein Bett. Vater lehnte sich gegenüber an die Wand. Dann sah mir Mutter in die Augen und fragte: „Bei wem willst du bleiben? Bei Vater oder bei mir?" Ich zuckte zusammen. Wie kann sie mir bei so einer schrecklichen Frage in die Augen sehen? Ich schaute von Mutter zu Vater. Ungeduldig warteten sie auf eine Antwort.

Haben die beiden ein Herz aus Eis?

Oder haben sie gar keines? Mutter sah auf die Uhr; es war Viertel vor zehn. Da platzte mir der Kragen und ich schrie:

„Raus! Alle beide! Wisst ihr eigentlich nicht, wie schwer das alles für mich ist?!"

Jetzt sitze ich hier, allein mit Mutter, die mich nicht versteht, und denke an Vater, der mich noch weniger versteht. Ich schreibe dir diesen Brief, weil ich glaube, du bist die Einzige auf dieser eiskalten Welt, die mich verstehen kann. Bitte schreib mir schnell zurück.

Deine Brieffreundin Miriam

Hannah Baur
Maria-Theresia-Gymnasium, Klasse 7a

Ein Mann in den besten Jahren

Er sitzt unter einer Brücke, weit weg von allen anderen, ein Mann im besten Alter.

Ihm ist kalt, er will nach Hause, doch er kann nicht nach Hause.

Täglich sieht er, wie teure Sportwagen auf seiner Brücke vorbei fahren. Dann denkt er zurück an seine Vergangenheit. Damals, als er noch jung war, hat ihn seine Sandra verlassen. Von da an hat er angefangen zu saufen. Doch heute ist eh alles zu spät, glaubt er zu wissen. Er hatte nicht mal versucht, eine Arbeit zu finden. Er konnte und wollte nichts mehr aus seinem Leben machen. Er hat keine Kraft mehr. Schließlich überwindet er sich, steht auf und geht etwas an der Hauptstraße entlang. Das einzig Schöne, was ihm noch vom Leben bleibt, ist seine Vergangenheit. Damals, als die Welt noch in Ordnung war. Ihm war gar nicht klar, wie schön früher alles war.

Der Herr ist mein Hirte, nichts wird mir fehlen. Er lässt mich lagern auf grünen Auen und führt mich zum Ruheplatz am Wasser. Plötzlich reißt ihn ein Mann aus seinen Gedanken: „Scheiß Penner!" Das hatte er schon oft gehört, aber es verletzte ihn immer aus Neue. Er ist auch nur ein Mensch. Jeder Mensch strebt nach Glück, auch er. Er kommt zu seinem Gammelplatz zurück.

Er stillt mein Verlangen. Er leitet mich auf rechten Pfaden, treu seinem Namen.
Und was ist mit ihm?
Kein Pfad.
Aber die Hoffnung bleibt.

Lena Baufeldt
Maria-Theresia-Gymnasium, Klasse 7a

Gerade

Gerade zersplittert alles um mich herum, wie ein Eiszapfen.
Gerade brech' ich in das Eis ein, das ich selbst habe so dünn werden lassen.
Gerade gefriert mein Herz, weil du mir meine Freude genommen hast.
Gerade schmelz' ich und weiß, dass es für immer sein wird, wie der ewige Schnee.

Alexander Haberl
Maria-Theresia-Gymnasium, Klasse 8c

Eisige Zeiten

Vielleicht kennt ihr das, man steigt in den Bus ein, ein Bus in die Stadt.
Es ist die erste Fahrt, seit du aus dem Urlaub wieder da bist.
Du bist voller Energie, Sonne, die salzige Meeresluft noch in der Nase.
Der Sommer hat Gott sei Dank auch hier hergefunden und du kannst die letzten freien Tage mit luftig-leichten Gedanken verschwenden.

Die Bustüren öffnen sich.

Warme Luft kommt dir entgegen.

Du hast die CD vom Urlaub auf deinen MP3-Player gespielt und Erinnerungen fangen dich ein.

Erinnerungen an ein fernes Land, Sonne satt, das Meer, unbeugsam und gewaltig, eine fremde Kultur …

Ein bestimmtes Bild schießt dir in den Kopf,

Hütten aus Lehm und Wellblech, Kleidung mit Löchern und Rissen, deren Farbe durch Sonne und Salzwasser ganz ausgeblichen sind. Freilaufende Rinder und Hühner, Frauen waschen an den Ausläufern des Indischen Ozeans ihre Wäsche, viele Kinder, braune Haut, große Augen, strahlende Zähne, ein strahlendes Lachen!!!

Es gibt Menschen, die haben so wenig und geben so viel!!!

Du sitzt im Bus, du hast dir einen Platz am Fenster gesucht, einen Platz am Licht.

Zum ersten Mal nimmst du deine Mitmenschen richtig wahr.

Jeder hat sich auf eine leere Bank gesetzt, weit weg von dem Anderen, von Körpernähe und Wärme, von lästigen Gesprächen, weit weg davon sein Gegenüber einmal kennen zu lernen.

Die Gesichter ausdruckslos, mürrisch, verkniffen.

Die Tasche auf dem Schoß fest an die Brust gedrückt.

Niemand unterhält sich.

Niemand lächelt.

Eine drückende Stille hält dich gefangen.

Die Sonne scheint von draußen durch die schmutzige Scheibe.

Ein warmer Sommertag könnte es werden, ein warmer Tag mit mehr Zufriedenheit und Dankbarkeit für die Dinge die wir haben, mit dem Wissen privilegiert zu sein und dem Wunsch, der Welt ein bisschen was zurück zu geben.

Doch hier drin herrschen eisige Zeiten.

Isabell Gürtler
Berufsschule VI, Klasse GvM 12

Eiszeit

Songtext
Album Herzschmerz

Eisige Zeiten sind eingetroffen
beidseitig das Ende beschlossen

keinerseits akzeptiert
Herzschmerz inspiriert

Zum Schreiben über meine Niederlage:
Eisige Zeiten, die ich nun in meinem Herzen trage.
Ewige Schmerzen viele Tage
Ich erfrier!
Wieso bist du nur so kalt zu mir?
Und das nach dieser langen Zeit!
Hörst du nicht, wie meine Liebe nach dir schreit?

Simon Frick
Berufsschule VI, Klasse FZL10

Früher Wärme, heute Kälte

War es früher auch schon so?
Hab ich es einfach nur nicht gemerkt?
Ist es schon lange so?
War ich so blind?
Ich frage dich: Was ist passiert?
Die Zeit, sie geht vorbei. Ohne eine Antwort zu geben bist du gegangen.
Und ich frage mich nur: Was ist passiert?
Was ist passiert, dass du so geworden bist?
Was hat die Zeit nur mit dir gemacht?
Du warst es, der mir Mut gemacht hat.
Du warst es, der für mich da war, mir geholfen hat.
Du bist gegangen ohne was zu sagen.
Ich versteh das nicht.
Du warst doch so warm, du warst doch so offen.
Doch jetzt bist du kalt. So verschlossen.
Als ob dir die Zeit die Seele geraubt hätte und dein Herz durch einen Eisklotz ersetzt hat.
Jede Kälte, die ich bis jetzt spürte, ist nur halb so schlimm wie deine.
Du strahlst keine Wärme mehr aus.
Von dir kommt nur Kälte.
Kälte, die ansteckt.
Kälte, die einen durchdringt.
Kälte, die alles zerstört.

Jana Koch
Berufsschule III, Klasse 10gJ

Geschmolzenes Eis

Der Schneefall wurde immer stärker. Ich zog meinen Kragen hoch und vergrub mich in meinem Schal.

17:32 Uhr. Dunkelheit schnürte mir die Kehle zu. Eisige Kälte nahm mich gefangen.

In dieser Nacht vor genau einem Jahr war es auch schon so früh dunkel.

Ich kam nur sehr langsam voran. Schnee und Eis versperrten mir den Weg. Ich musste immer wieder stehenbleiben und tief einatmen, um mich beherrschen zu können.

Mein Kopf war kurz vor dem Platzen. So viele Gedanken, so viele schmerzenden Erinnerungen.

Als ich klein war, war der erste Schnee im Jahr ein Riesenereignis. Ich rannte jedes Mal sofort, auch wenn ich schon im Schlafanzug war, auf die Straße. Mit Freudensprüngen begrüßte ich die ersten Flocken. Danach berichtete ich jedem aufgeregt davon. Endlich der erste Schnee!

Aber dieses Mal ist es anders. Alles ist anders. So fremd. So unwirklich.

Letzten Winter haben wir zusammen die ersten Schneeflocken begrüßt. Mein Engel, hast du gesagt.

Mein Engel. Wo bist du nur?

Es war nun schon stockfinster. Kälte schlug mir mit voller Wucht ins Gesicht. Aber wie vor einem Jahr spürte ich nichts mehr.

Ich ging schneller. Doch je näher ich kam, desto mehr zitterte ich. Ein Jahr ist es her. Ich war danach nie mehr dort.

Ich hatte zu viel Angst. Angst vor was denn genau? Angst vor der Wahrheit, vor der Realität, vor dem Schmerz? Angst, dich endgültig zu verlieren?

Eine Dachlawine aus Schnee und Eis stürzte vor meine Füße. Ich erschrak so sehr, das ich auf dem Eis ausrutschte und gegen eine Mauer fiel. Nachdem ich mich kurz gesammelt hatte, sah ich mich um. Ich war so in Gedanken versunken, dass ich nicht mal bemerkt hatte, wo ich hingelaufen war. Ein Mann beugte sich zu mir herunter und bat mir seine Hilfe an. Ich war so neben mir, dass ich nicht verstand, was er gesagt hatte. Da ich nicht antwortete, ging er weiter. Gut so.

Ich war in der Maxstraße. Vor mir erhoben sich die alten Gemäuer des Holbein Gymnasiums. Mein Gott, was waren wir damals unbeschwert! Was war das nur für eine wunderschö… Stopp, das schmerzt zu sehr. Mir schossen Tränen in die Augen.

Nein, nicht jetzt! Stark sein!

Ich beobachtete das geschäftige Treiben um mich herum. Niemand nahm mich wahr. Gut so.

Gestresste Eltern mit kleinen Kindern, in deren Augen die Lichter leuchteten. Zwei Autofahrer schrien sich gegenseitig an und stritten um einen Parkplatz. Der eine knallte die Tür seines Mercedes zu und fuhr wütend davon. Eine Gruppe junger Mädchen streifte an mir vorbei. Sie schienen so aufgeregt und unbeschwert. Immer mehr füllten sich die Bars. So viele junge Menschen, fröhlich und voller Energie.

Langsam wurde mir bewusst, wie sehr ich mich von ihnen unterschied. Ich kann nicht einfach ausgehen. Dazu fehlte mir die Kraft. Eis umschließt mich. Eis überall. Manchmal taut es ein bisschen. Es gibt mir Anlass zur Hoffnung. Doch wenn es kälter wird, friert es umso stärker und drückt mich auf den Boden. Unbeweglich und wehrlos gebe ich mich geschlagen.

Ich wischte mir die Tränen von den Wangen und setzte meinen Weg fort. War es wirklich richtig, dorthin zurückzukehren? Bin ich schon so weit? Was wenn nicht?

All die Lichter, Menschen und Geräusche drangen nicht in mich ein. Alles spielte sich irgendwo draußen ab. Eine undurchdringbare Mauer trennte mich von all dem. So sehr ich mich auch wehrte, ich wurde immer wieder zurückgeworfen in meine Einsamkeit. Wie in einem abgeschlossenen Raum. Irgendetwas in mir sträubte sich, die Mauer zu überwinden, die Einsamkeit und Trauer hinter mir zu lassen. Ich fand das Licht nicht, das das Eis zum Schmelzen bringt.

Ich blieb stehen. Da war ich nun. Ich stand vor den Toren des Friedhofs. Eine kleine alte Frau kam mit einem alten Gesteck und einer ausgebrannten Kerze heraus. Sie nahm mich gar nicht wahr. Gut so.

Langsam und nervös stieg ich die Stufen hinauf. Meine Finger umfassten das Gittertor. Eiskalt.

Mit schwerem Herzen und hundert Kilo Eis und Stein im Bauch schob ich das Tor auf. Meine Kehle zog sich vor Kälte zusammen. Ich bekam kaum noch Luft.

Wie kann man denn so einen Tag vergessen? Jede Minute, jede Sekunde hatte sich in mein Gedächtnis gebrannt.

Geschlafen hatte ich nicht. Deine Mutter kam in dein Zimmer, in dem ich die Nacht verbracht hatte, und lächelte mich warm an. Sie reichte mir eine Tasse Tee und setzte sich neben mich aufs Bett. Mechanisch, ferngesteuert ließ ich alles mit mir machen. Wusch mich, zog mich an und setzte mich ins Auto. Wir gingen gemeinsam in die unbeheizte, eiskalte Kirche. Ich hörte nicht, was sie gesprochen hatten, es interessierte mich nicht. Meine Gedanken waren nur bei dir. Danach legte dein Vater seinen Arm um meine Schulter und führte mich hierher.

Ich schloss die Augen, atmete die kalte Luft ein und lief los. Ich lief immer schneller. Ohne auf die anderen Gräber zu achten, rannte ich zu dir, mein Engel. Nur noch ein kleines Stück, hinter dem großen Stein war es. Ich stürzte vorbei und blieb vor deinem Grab stehen. Mein Atem stockte, meine Knie gaben nach und ich fiel auf den Boden. Der Aufprall war hart. Der Stein und das Eis rissen mir die Haut auf. Aber ich spürte nichts.

All die Ketten, die mein Herz umschnürten, fielen auf einmal ab und ich konnte schreien und weinen, alles fiel ab.

Mein Engel, mein Engel, mein Engel …

Verdammt, warum?? Warum?

Du … ich … nicht … neiiiin …

Ich kann nicht mehr … nicht mehr ohne dich …

Du warst doch … alles … alles für mich …

Warum???

Mein … mein Engel …

Tränen fielen auf dein Grab. Kleine Diamanten aus Eis auf deinem Grab. Ich kauerte immer noch auf dem Boden, unfähig mich zu bewegen. Es fühlte sich an, als wäre ich ein Teil des Bodens, eins mit dem Eis, das mich schon so lange umgibt.

Als ich meine Tasche an mich zog, fiel mir ein, dass ich noch eine Kerze bei mir hatte. Meine Finger waren so eiskalt, dass ich Schmerzen hatte, sie herauszuholen. Ich warf die alte weg und stellte die neue hinein.

Auf einmal veränderte sich alles. Das Grab war in ein schwaches, aber trotzdem warmes Licht getaucht. Die Diamanten glitzerten im Kerzenglanz. Die harten Steine, die scharfen Kanten, die schlechten Gefühle … das Eis, es schmolz. Wie verzaubert saß ich vor dem Grab und konnte nicht begreifen, was da vor sich ging.

Ich schloss die Augen, ich spürte deine Anwesenheit. Ganz deutlich.

Mein Engel! Geh weiter. Für mich. Du schaffst das, du bist stark. Lebe dein Leben. Atme, schreie, geh und lebe! Die Liebe ist ewig, wir sind ewig!

Die Wärme, die sich um mich legte wie ein Mantel, ließ das Eis schmelzen. Ich war ihm so nah. Er hatte Recht.

Deine Mutter fand mich und brachte mich nach Hause. Ich sah ihr in die Augen. Es war, als würde ich in deine Augen blicken.

„Ich lebe, und ihr sollt auch leben."

Anita Schedler
Holbein-Gymnasium, Klasse Q11

Mein Gletscher

Es ist kalt. So kalt.

Vom Gletscher, den ich mir aufgebaut habe.

Er soll eine Fassade bilden und mich vor deinen Worten schützen.

Die Gletscher schmelzen, schreibt die Zeitung. Unsere zahlreichen Emissionen haben die Erdatmosphäre so heiß gemacht, dass bald alle Gletscher verschwunden sein werden.

Auch bei uns beiden gab es über die Jahre viele schädliche Emissionen.

Fragen, Zweifel, Misstrauen. Sie haben unseren gemeinsamen Nordpol kleiner werden lassen.

Doch mein Gletscher hält.

Es ist kalt. So kalt.

Ich will gefasst sein auf das, was du mir sagst. Alles soll an meinem Gletscher abprallen.

Doch deine Worte werden immer wärmer, sie sind heiß. Meine einst so starke Fassade wird kleiner.

Wie kann mein Gletscher schmelzen?

Wir dachten, die Erde wäre stärker.

Ich dachte, ich wäre stärker.

Am Ende ist er nur noch ein Eiswürfelchen in meinem ozeangroßen Cocktail der Gefühle.

Die See ist stürmisch und es beginnt zu regnen.

Ich kann die Tränen nicht zurückhalten.

Der Meeresspiegel steigt und alles schwappt schließlich über.

Du gehst, du verlässt mich, es gibt nur noch Wasser.

Keine Gletscher.

Keine Fassade.

Und es stürmt.

Wellen brechen, die Erde bebt.

Es blitzt, es kracht, es donnert, es zischt.

Unter lautem Getose verdampft all das Wasser.

Ich stehe allein in der Wüste.

Es ist heiß.

Und ich verbrenne.

Die Erde verbrennt.

Es ist heiß. So heiß.

Viktoria Apitzsch
Maria-Ward-Gymnasium, Klasse Q11

Eiseskälte

Eis, Eis, inneres Eis, breitet sich über unsere Gesellschaft weit.
Unverständnis und Egoismus, Wut und Rassismus zieht eine hohe Mauer
um uns.
Gefangen von Höheren, die sagen, wo es lang geht, sollen wir Kleinen
hinter ihnen her gehen.
Vereist sind die Herzen der Welt, die Hoffnung auf Wärme ist sicherlich
fern.

Wir treiben ein böses Spiel mit ihr, zurück bekommen wir Wut, groß und
erbarmungslos wie ein wildes Tier.
Unberechenbar schlägt sie zurück, widerstrebt unserem blinden Glück,
ihr Sprachrohr sind Beben und Brände, Flut und Winde. Einsicht der
Menschen liegt in der
Fremde.
Eis, Eis, inneres Eis, breitet sich über unsere Gesellschaft weit.

Soziale Unterstützung willkommen in der Not.
Kastendenken und Urteile verdrängen das Denken in Rot.
Abwertende Blicke, Qualen um jeden Cent, Ängste „was ist morgen?"
und das mit herablassendem
Wert.
Gesellschaftlicher Status ist weit verfehlt, die Leidenden sind die Kinder
in Mamas und Papas
Welt.
Eis, Eis, inneres Eis, breitet sich über unsere Gesellschaft weit.

Im heiligen Haus, die Schäflein ihm anvertraut.
Erbarmungslos vergreifen sie sich, der Zölibat hier nicht hinderlich.
Die Anerkennung der Kleinen ausgeschlossen, das Schweigen der Heili-
gen unangefochten.
Eis, Eis, inneres Eis reitet sich über unsere Gesellschaft weit.

Sie schmücken sich mit Begriffen, deren Bedeutung für sie Macht wider-
spiegelt.
Sie messen ihre Stärke, testen ihren Wert.
Sie sprechen von Ehre und Respekt und titeln ihre Heimat Getto.
Gettos, das Zuhause des Elends und der Verzweiflung,
aufeinander gereiht das Leid.

Krieg, der Gründer dieser Armut, doch das Wissen vergangener Zeit ist verbleicht.

Eis, Eis, Ist???

Eis, Eis, inneres Eis, breitet sich über unsere Gesellschaft weit.

Jeanette Jenkins
Berufsfachschule für Sozialpflege, Klasse 10b

Herz aus Eis II

Mein Schatz
so kalt bist du
deine liebe ist wie ein eiszapfen
Sie fällt
und fällt …

ein kurzer knall
und alles ist weg
ich bin versessen
ich brauche deine liebe
doch dein herz ist aus eis

Ich bin über dich hinweg
ich brauche dich nicht mehr
nie wieder wird mich die kalte hand erfassen
nie werde ich die berührung deines kalten herzens spüren

Daniel Frankl
Bebo-Wager-Berufsschule II, Klasse NBA 12a

Ein Penner in Eiseskälte

Er passte nicht hierher. Dazu musste er nicht aufsehen zu den Passanten, er kannte ihre Blicke.

Die ärgerlichen und die mitleidsvollen. Am schlimmsten waren die, aus denen Abscheu sprach. Das alles sagten die Augen der Fußgänger, ihre Münder blieben stets stumm.

Noch einmal zog er den abgewetzten alten Mantel enger um sich. Schon der Nachmittag war bitterkalt gewesen, aber seit es langsam Abend wurde, lag die Kälte schwer auf ihm. Mit schmerzenden, steifen Fingern griff er nach der kleinen Pappschachtel vor ihm. Leer.

'Dabei war ich einmal wie sie', dachte er und sah müde einem Ehepaar hinterher. 'Hatte Arbeit, eine Frau.' Doch irgendwann hatte das Leben zum Rundumschlag ausgeholt, ihm einen Faustschlag um den anderen verpasst. Er war zu stolz und zu verletzt gewesen, um sich helfen zu lassen. Und jetzt saß er hier, ein Penner war aus ihm geworden. Die Stadt nannte ihn „obdachlos", aber für die Menschen war er nichts weiter als ein Penner.

Die Stunden vergingen. Mit jeder Minute, in der ihm der eisige Wind ins Gesicht blies, schien ihn seine Kraft und sein Wille mehr zu verlassen. Er war jetzt fast allein in der Straße, die vor Kurzem noch so belebt gewesen war. Sie waren nach Hause gegangen, in ihre warmen Wohnungen, voll bepackt mit teuren, schönen Dingen. Er sah hinauf, die Nacht war klar. Seine Augen, traurig und trüb geworden, fielen ihm zu. Von weiter weg hörte er den Verkehrslärm, konnte die Kälte riechen.

Irgendwann wurde der Lärm leiser, schien von weit weg zu kommen.

Bis es endlich still war. Am nächsten Morgen berichteten die Zeitungen von der kältesten Nacht des Jahres.

Marco Harrieder
Berufsschule VI, Klasse FZL 12

Schwarzes Eis

Die Bäume haben sich entblättert
Und suchen mich mit toten Augen
Die letzte Hoffnung ist zerstört
Denn ich wag' nicht mehr zu glauben
Daran, dass man mich einst rettet
Dass man mir das Herz noch wärmt
Hinter Wolken such' ich Sonne
Sie ist so schrecklich weit entfernt

Der kalte Wind beißt im Gesicht
Und jedes Wort brennt in der Kehle
Tief im Eis hat nichts Gewicht
Und der Frost liegt auf der Seele

Ich verliere meinen Glauben
Das Feuer in mir brennt nicht mehr
Unter tausend Tonnen Eis
Fällt das Atmen mir so schwer
Ich weiß genau, ich darf nicht sterben
Auch wenn der Schnitter mich bedrängt
Schwarzes Eis kann niemals schmelzen

Oh, selbst der Tod wär' ein Geschenk

Der kalte Wind beißt im Gesicht
Und jedes Wort brennt in der Kehle
Tief im Eis hat nichts Gewicht
Und der Frost liegt auf der Seele

Andreas Müller
Berufsschule IV, Klasse IND 10 DWB

Die Schichten des Eises

Den Atem stockend,
wenn die Kälte dich übermannt.
Ein Schaudern entlockend,
wenn die Angst sich in dir bahnt.

So hart und kalt,
so glatt und eben,
sich in den Händen ballt
und in der Luft kann schweben.

Die Schönheit und das Monster
verbunden in sich
auf dem glitzernden Eis
in seinem trügerischen Licht.

Axel Pählig
Bebo-Wager-Berufsschule II, Klasse Konditor NKD 12a

Eiskalt

Angst und Schweigen in den Klassen,
die Schüler können es nicht fassen.
Ein Mann, bewaffnet, läuft durch die Gänge,
er wartet schon auf die nächste Menge.
Ihre Schreie spiegeln die Gewalt …

Eiskalt

Familien wurden getrennt.
Züge voller Qual,
sie hatten keine Wahl.

Auf engem Raum zusammengedrängt.
Die Täter ohne Gewissen,
haben ihnen das Leben entrissen …

Eiskalt

Zwei Türme ragen hoch in den Himmel.
Die Flugzeuge schon ganz nah,
von Terroristen unter Kontrolle,
2001 war das Jahr.
Feuerwehr, Polizei und andere halfen in dieser Not,
doch auch sie fanden hier den Tod …

Eiskalt

Timo Dießenbach, Mathias Mahurin
Bebo-Wager-Berufsschule VII, Klasse 11e IT

Eisliebe …

Einschlafen zusammen ist nicht mehr
Irgendetwas stimmt nicht
Sag mir einer, warum schmerzt es so sehr
Liebe leben, das wollt ich und nicht mehr
In guten wie in schlechten Zeiten
Ein Versprechen von beiden Seiten
Beraubt meiner Gefühle und Liebe, so fühl ich mich.
Einschlafen mit dir, mehr wollt ich nicht!

Thomas Andreas Winter
Berufsschule VI, Klasse Mal 10b

Ein Wintermorgen

Die Welt lag unter einer dicken, weißen Decke. Alles lag in Schnee und
Eis gehüllt. Der Fußweg war kaum von der Straße zu unterscheiden. Die
Sonne stand am Himmel, hatte den Zenit jedoch noch nicht erreicht. Sie
ließ alles glitzern und schimmern. Er herrschte Stille, nur hin und wieder
durch das Gezwitscher eines Vogels oder Gemurmel aus einem der Häuser unterbrochen.
Er sah sie schon von weitem. Sie stand im Garten. Ihr goldenes Haar floss
unter einer dicken, roten Mütze hervor und schimmerte im Sonnenschein. An der Hand hielt sie ihre kleine Cousine, spielte zusammen mit

ihr im frischen Schnee. Der Hund tollte um die beiden herum. Ihr glockenhelles Lachen war bis in weite Ferne zu hören. Er blieb kurz stehen und beobachtete die Szene. Er verspürte bei ihrem Anblick Vertrautheit, ja Liebe, doch zugleich tiefe Traurigkeit.

Langsam ging er weiter, spielte kurz mit dem kleinen Päckchen in seiner Hand, bevor er es in seine Jackentasche gleiten ließ. Kaum hatte Sophia ihn entdeckt, ließ sie die Hand ihrer Cousine los und lief sie ihm entgegen. Ein breites Lächeln trat auf ihr Gesicht.

„Sam!"

Kurz bevor sie ihn erreicht hatte, geriet sie auf der vereisten Straße ins Schlittern. Sie ruderte mit den Armen, drohte zu fallen. Er machte ein paar schnelle Schritte nach vorne und fing sie auf. Lachend landete sie in seinen Armen. Er stimmte mit ein. Nichts vermochte ihre gute Laune zu trüben. So war es immer gewesen. Kurz hielt er sie im Arm, konnte ihr Haar riechen. Es duftete nach Lavendel, Schnee und frischen Plätzchen. Er stellte sie zurück auf ihre Füße.

„Mein Retter."

„Stets zu Diensten." Er machte eine kleine Verbeugung vor ihr, die sie wiederum zum Lachen brachte. Doch bei den Worten stellte sich bei ihm wieder Traurigkeit ein, er versuchte jedoch, sich nichts anmerken zu lassen. Er wollte den Augenblick genießen.

Sophia ergriff seine Hand und zusammen liefen sie zurück zum Haus. Kaum hatten sie das Gartentor erreicht, sprang der Hund an ihm hoch, wedelte wie wild mit dem Schwanz. Er freute sich immer, Sam zu sehen. Dieser streichelte ihn kurz, bevor er von Sophia weitergezogen wurde. Ihre kleine Cousine saß mittlerweile mit Sophias Mutter auf der Veranda. Die Kleine war damit beschäftigt, mit ihren Fingern Formen in den Schnee zu zeichnen. Sie war höchst konzentriert, blickte nicht einmal auf, als die beiden an ihr vorbeigingen. Sophias Mutter hingegen lächelte Sam herzlich an.

„Hallo Sam!"

„Guten Morgen. Wie geht es ihnen heute?"

„Großartig, mein Lieber, danke. Ein wundervoller Tag! Ist der Schnee nicht wundervoll? Als wäre die ganze Welt verzaubert."

Bevor er antwortete, warf er einen Blick über seine Schulter. Die ganze Straße, alle Gärten, jeder Baum waren in glitzerndes Weiß gehüllt.

„Wunderschön", sagte er mit einem Lächeln auf den Lippen.

Er drehte sich zu Sophia um, sie lächelte ihn strahlend an.

„Wunderschön", dachte er nochmals.

Sie hielt in ihrer behandschuhten Hand immer noch die seine und zog ihn jetzt ins Haus. Im Flur ließ sie ihn los, zog sich die Mütze vom Kopf, schlüpfte aus Mantel und Stiefeln. Er tat es ihr gleich und sah sich währenddessen im Haus um. Wie oft war er hier gewesen? Wie viele Tage hatte er hier gemeinsam mit Sophia verbracht? Dieses Haus war ihm mehr ein Heim gewesen als das, in dem er wohnte. Jedes Mal, wenn es Streit gab, flüchtete er sich hierher. Und er war stets willkommen gewesen. Sophias Eltern waren auch immer für ihn da gewesen, sahen ihn als eine Art Sohn.

Und dann war da natürlich sie selbst, Sophia.

Er kannte sie seit Kindergartenzeiten. Schon am ersten Tag war sie das Erste gewesen, das seinen Blick auf sich zog. Er erinnerte sich, als wäre es gestern gewesen. Sie saß auf einem Stuhl, hatte eine Puppe auf dem Schoß, hielt diese eng an sich gedrückt. Ihr langes goldenes Haar war zu einem Zopf gebunden und hing ihr schwer auf dem Rücken. Sie trug ein dunkelgrünes Kleid. Niemand war bei ihr, sie war ganz allein. Ihr Blick war schüchtern zu Boden gerichtet, man konnte ihre Angst fast spüren. Auch er war damals ängstlich und schüchtern gewesen, im Arm hielt er fest umklammert seinen Teddybären. Er hatte sich vor der neuen Situation gefürchtet, genau wie sie.

Nach kurzem Zögern nahm er all seinen Mut zusammen und setzte sich neben sie.

„Hallo, ich bin Sam."

Von seinem plötzlichen Erscheinen vollkommen überrascht, zuckte das Mädchen zusammen, blickte jedoch zu ihm auf.

„Ich heiße Sophia", antwortete sie leise, doch sichtlich glücklicher, nun, da sie nicht mehr allein war.

Und dann schenkte sie ihm zum ersten Mal ein Lächeln. In diesem Moment verlor er seine Angst, ihm wurde warm ums Herz. Nun war er nicht mehr allein. Er lächelte zurück, er konnte nicht anders.

Und so war es noch heute. Jedes Mal, wenn Sophia ihn anlächelte, egal wie es ihm ging, konnte er nicht anders, als es ihr gleichzutun. Sie konnte jede schlechte Laune, jede Traurigkeit aus seinen Gedanken vertreiben. Und noch immer, auch nach vielen Jahren, wurde ihm bei ihrem Anblick warm warm ums Herz.

Von diesem ersten Tag an waren sie Freunde gewesen und es immer geblieben, keine kindlichen Streitereien oder Veränderungen in ihrem Leben hatte sie je auseinander bringen können. Sie war immer für ihn da gewesen und er für sie.

Und nun stand sie wartend im Türrahmen. Sie rieb sich die Hände, ihr war offensichtlich kalt. Sie konnte es kaum erwarten, sich vor den Kamin zu setzten und ihre kalten Glieder zu wärmen.

Er folgte ihr in das große, liebevoll eingerichtete Wohnzimmer und setzte sich auf das burgunderrote Sofa vor der offenen Feuerstelle. In der Ecke stand bereits eine Tanne, noch ungeschmückt, doch verbreitete sie bereits einen festlichen Duft. Er streckte seine Füße dem prasselnden Feuer entgegen um sie zu wärmen. Sophia verschwand kurz in der Küche und kehrte mit einem Tablett mit Tee und frischem Gebäck zurück. Sie stellte vor jeden von ihnen eine Tasse und goss blutroten Früchtetee ein, ihren Lieblingstee.

Sie ließ sich neben ihm auf das Sofa fallen, kauerte sich zusammen und rückte nah an ihn heran. Er legte einen Arm um sie und sie lehnte sich bei ihm an. Er konnte spüren, wie ihr Körper langsam wärmer wurde. Keiner von ihnen sprach, beide genossen einfach den Moment.

So saßen sie eine ganze Weile. Sam betrachtete Sophia. Sie hatte die Augen geschlossen, ein paar Strähnen ihres Haars hingen ihr ins Gesicht. Ihre Wangen hatten einen rosigen Ton angenommen. Sie sah glücklich und zufrieden aus. Wie sollte er nur je ohne sie leben können?

Nach einiger Zeit drehte sie den Kopf, so dass sie ihm ins Gesicht sehen konnte, und öffnete langsam die strahlend blauen Augen.

„Wann …"

Sie brauchte nicht mehr zu sagen, er wusste genau, was sie wissen wollte. Er würde die Stadt, ja sogar das Land verlassen. Seine Mutter war vor vielen Jahren schon von seinem Vater verlassen worden. Seither wollte sie in ihre Heimat zurückkehren. Und nun war es soweit. Nichts hielt sie mehr hier. Er hatte keine Wahl, er musste mit ihr gehen, auch wenn sich alles in ihm dagegen sträubte. Er wollte seine Heimat und seine Freunde nicht hinter sich lassen. Er wollte Sophia nicht hinter sich lassen.

Sofort spürte er wieder die unendliche Traurigkeit, die heute nicht einmal Sophia zu vertreiben vermochte.

„In ein paar Stunden."

Sie wandte den Blick wieder ab, wollte sich nicht verraten, ihm nicht zeigen, wie sehr sie litt. Da fiel ihm etwas ein. Vorsichtig setzte er Sophia auf, stand dann selbst auf und ging zurück in den Flur. Aus seiner Jacke zog er das kleine verschnürte Päckchen. Zurück im Wohnzimmer reichte er es ihr.

„Für mich?" Gerührt sah sie ihn an und zog langsam an der schlampig gebundenen Schleife. Gespannt fuhr sie mit ihren Finger in die Schachtel und fischte einen kleinen runden Gegenstand daraus. Eine Schneekugel. Sie begriff sofort und fiel Sam mit feuchten Augen in die Arme.

„Vielen Dank", flüsterte sie ihm ins Ohr. Bevor sie ihn wieder losließ gab sie ihm einen sanften Kuss auf die Wange und sah ihn nochmals gerührt an.

In der Zeit, als sein Vater seine Familie verlassen hatte, ging es Sam schrecklich. Er litt unter der Situation, vermisste seinen Vater sehr. Er gab seiner Mutter Schuld daran, konnte ihre Gegenwart nicht ertragen. In dieser Zeit verbrachte er fast jeden Tag bei Sophia. Sie fand immer neue Wege, ihn abzulenken und etwas aufzuheitern. Sie erfanden Spiele, machten lange Spaziergänge mit dem Hund und erkundeten immer neue Teile der Stadt.

An einem heißen Sommertag streiften sie dann durch einen ihnen noch unbekannten Park in der Nähe. Gemeinsam erforschten sie jeden Winkel und fühlten sich wie große Entdecker. Doch egal, was sie taten, Sophia sah immer die Traurigkeit in den Augen ihres besten Freundes. In Gedanken verloren, wie sie ihrem Freund nur helfen konnte, stolperte sie über etwas und fiel zu Boden. Sie sah sich nach dem Gegenstand um, der sie zu Fall gebracht hatte, und entdeckte ihn schließlich: eine kleine Schneekugel. Sie zeigte eine verschneite Phantasie-Landschaft mit einem verzaubert wirkendem Wald. Jemand musste sie hier verloren haben. Da kam ihr eine Idee.

Sie eilte zu Sam, der einige Meter von ihr entfernt zwischen ein paar Bäumen saß und ein Muster aus Steinen legte, und setzte sich neben ihm auf den Boden. Sie riss seine Hand aus der Bewegung und nahm sie in ihre. Mit der anderen legte sie ihm die Schneekugel in die Hand.

Er sah sie fragend an. Ihre Augen leuchteten.

„Ich weiß, dass es dir schlecht geht, ich weiß, dass du leidest. Du wünscht dir, aus dieser Welt fliehen zu können, nicht wahr?"

Er nickte, wieder sah sie die Trauer in seinen Augen aufblitzen. Schon als sie noch Kinder gewesen waren, hatte Sophia seine Gedanken und Gefühle in seinen Augen sehen können. Er konnte nicht vor ihr verheimlichen, so sehr er sich manchmal auch bemühte.

„Damit ist das möglich", sagte sie und deutete auf die Kugel.

„Jedes Mal, wenn du denkst, dass du die Einsamkeit und Trauer nicht mehr erträgst, musst du dir nur diese Schneekugel ansehen. Sie bringt dich in eine andere Welt, in eine glücklichere Welt, voll mit Elfen, Kobolden und Feen. Sie werden dir helfen, wieder glücklich zu werden. Vertrau mir."

Verblüfft von ihrer grenzenlosen Fantasie und ihrem Ideenreichtum, sah er sie an. Sie würde alles tun, damit es ihm wieder besser ging. Er umarmte sie und eine kleine Träne rollte ihm aus dem Augenwinkel. Er war ihr so unendlich dankbar.

Von da an trug er die kleine Schneekugel immer bei sich. Jedes Mal, wenn er sich besonders schlecht fühlte, holte er sie hervor und dachte dabei an Sophia. Sie half ihm, über diese dunkle Zeit hinwegzukommen.

Es dauerte zwar eine Weile, doch er wurde wieder glücklich, ganz wie Sophia es ihm versprochen hatte. Und das hatte er nur ihr zu verdanken.

Lange hatte er die Schneekugel für verloren geglaubt. Er dachte, sie wäre ihm einmal aus der Tasche gefallen oder er hätte sie an irgendeinem Ort liegen lassen, doch fand er sie beim Packen für den Umzug wieder.

Und nun sollte sie Sophia helfen. Er lächelte sie an, versuchte seine Trauer und Verzweiflung vor ihr zu verbergen, wusste jedoch, dass es zwecklos war. Sie würde sie wie immer in seinen Augen sehen.

„Jedes Mal, wenn du denkst, dass du die Einsamkeit und Trauer nicht mehr erträgst, musst du dir nur diese Schneekugel ansehen. Sie wird dir helfen, wieder glücklich zu werden. Vertrau mir."

Er blickte in das traurige Gesicht seiner besten Freundin, seiner Liebe, und ihm rollte eine einzelne Träne über die Wange. Auch Sophia weinte. Er schloss sie fest in seine Arme, wollte sie nie wieder los lassen.

Doch er musste. Langsam ging er in den Flur, zog sich wieder an. Sophia stand neben ihm, noch immer liefen Tränen über ihr Gesicht. Bevor er das Haus verließ, küsste er sie zärtlich auf ihre Stirn.

'Ich liebe dich', dachte er, 'und das wird sich nie ändern.' Er brachte jedoch nicht den Mut auf, es laut auszusprechen. Dann ging er.

Sophia kehrte ins Wohnzimmer zurück. Sie stellte sich ans Fenster und sah ihren besten Freund, den sie mehr als alle anderen Menschen liebte, verschwinden. Die Sonne versteckte sich hinter dicken Wolken. Plötzlich wirkte die weiße Umgebung trostlos, verloren.

Es fühlte sich an, als würde ihr Herz brechen und alle Wärme aus ihrem Leben verschwinden. Eine Träne lief über ihre Wange. Alles, was ihr blieb, waren die Schneekugel und ihr vereistes Herz.

Claudia Riedlberger
Staatliche Fachoberschule Augsburg, Klasse 12 GE

Das kalte Herz

Es war einmal ein Ehepaar mit zwei Kindern, einem Jungen, der hieß Marco, und einem Mädchen, Susanne. Die Mama lebte mit den beiden Kindern in einem schönen, gemütlichen Haus.

Nur der Papa arbeitete immer in Italien und sie sahen sich nur selten. Die Mutter bekam große Sehnsucht nach dem Vater und sie wurde von Tag zu Tag immer trauriger. Jetzt wurde die Mutter von der Traurigkeit auch noch böse. Seitdem schimpfte und schlug sie die Kinder und ihr Herz wurde immer kälter. Sie hatten furchtbare Angst vor ihrer Mama.

Nach einigen Wochen rief Papa an und fragte Marco, wie es ihm ging. Sein Sohn erzählte ihm, wie Mama sich furchtbar verändert hatte. Der Vater war sehr geschockt, als er das erfuhr. Er sprach sofort mit seinem Chef über die furchtbaren Zustände zu Hause. Am nächsten Tag war er schon auf dem Weg in die Heimat. Als er ankam, nahm er sofort seine Frau in die Arme und küsste sie und ihr kaltes Herz schmolz in ihrer Brust.

Von da an blieb der Vater immer zu Hause bei seiner Familie und sie lebten glücklich im gemütlichen Haus.

Helena Woula Pampoukidis
Volksschule Hammerschmiede, Klasse 3d

Königin aus Eis

Ihre blauen Augen kalt wie Eis
machten schon vieler Männerherzen heiß.
Sie versteht sich auf ein grausam Liebesspiel.
Nicht nur Augen, auch Herz eisig kalt,
Sie versprach den Männern schon viel,
erfreut sich an ihren Schmerzen aber bald.

Sie ist die Königin aus Eis!
Doch das hat einen Preis:
Allein in ihrem Palast,
ihre Schönheit wird ihre Last.

In manch warmer, einsamer Nacht
fangen kalte Herzen an zu pochen.
Zu ihrer wundervollen Pracht
kommen Männer auf Knien angekrochen.

Das verräterische Herz!
Durchbricht eine Träne die Eiseskälte
um gleich wieder zu erstarren.

Andreas Stamp
Balthasar-Neumann Berufsbildungszentrum, Klasse BOS 11b

Erstarrt

Eisige Kälte. Festgefroren. Unwirklich. Kein Gefühl mehr. Über mir der klare Nachthimmel mit den funkelnden Sternen. Nordlichter leuchten weit weg. Grün, blau, rot, gelb. Dort ist Hoffnung, Leben. Hier nicht. Ich fühle mich, als würde ich an einem dunklen, tiefen Abgrund stehen. Leblos und leer, verlassen. Der Wind peitscht mir ins Gesicht, kalten, nassen Schnee trägt er mit sich. Der gefrorene See liegt vor mir, der Wald am anderen Ufer. Auf den Tannen liegt der Schnee. Die Äste, sie brechen fast unter der Last des Winters. Eisige Kälte. Dunkle Bilder der leblosen Landschaft. Eine Schneeflocke segelt herab – ich fange sie auf. In ihr spiegelt sich mein Leben. Hell und leuchtend – wie Eis.

Eva Krannich
Gymnasium bei St. Anna, Klasse 8b

Die Kälte in mir

Tagebucheintrag
Liebes Tagebuch!
Heute ist wieder so eine Eiseskälte in mir. An dem Tag, als ich erfahren habe, dass mein Freund weg ist, war es so bitterkalt draußen – genau so viel Kälte spürte ich in meinem Herzen. Alle sagen immer, diese Kälte würde irgendwann wieder verschwinden, doch mir kommt es nicht so vor. Oft sitze ich nur da und denke an die Zeit mit ihm, als mein Herz noch nicht aus Eis war. Er fehlt mir so sehr. Was soll ich nur tun ohne ihn? Ich weiß nur, ich werde zu ihm halten, egal wie viele Winter und Sommer vergehen! Denn diese Kälte in mir ist so lange da, bis er wieder in meinen Armen ist, das weiß ich!
Ich danke dir, dass du für mich da bist und ich dir das alles erzählen kann.
Bis bald, mein liebes Tagebuch!

Marina Selzer
Berufsschule VI, Klasse Mal 10b

Kälte in meinem Herzen

Kälte in meinem Herzen
Deine Worte bewirken schlimme Schmerzen
Du bist so abweisend wie nie zuvor
Niemals leihst du mir dein Ohr

Ich möchte jetzt am liebsten schrein
Es soll wieder wie früher sein!

Ich weiß nicht was ich hab' getan

Dass du mich hasst so ohne Gram
Dass du mir nichts mehr anvertraust
Dass es dir scheinbar vor mir graust

Du weichst sofort zurück von mir
Wenn ich versuch mich zu nähern dir

Warum diese Kälte, warum dieser Schmerz?
Dieses Eis zwischen uns bricht mir das Herz

Elisabeth Göbbel
Gymnasium bei St. Anna, Klasse 9

Eisbrecher

Schon lange sehe ich ihn an,
Große Kälte herrscht zwischen uns beiden,
Er lässt mich nicht an sich heran,
Als möchte er meine Blicke meiden,
Schaut er finster weg von mir.
Kann ich diese Gefühle noch länger erleiden?
Kann ich nicht einfach weg von hier?!

Auf was warte ich die ganze Zeit,
Ich verzweifle mit meiner Geduld,
Es ändert sich nichts – die Kälte bleibt.
Bin ich an meiner Situation selbst Schuld,
So könnte ich doch sofort weggehen!
Müsste ihn nicht länger ansehen!

Da plötzlich schaut er in mein Gesicht,
Was das jetzt soll – ich weiß es nicht.
Sein schönstes Lächeln er mir nun gibt,
Der Moment in dem das Eis zerbricht,
Sich die Sonne vor die Wolken schiebt:
Die Kälte nun erwärmt vom Licht!

Sandra Gerhard
Gymnasium bei St. Anna, Klasse 9b

Auf Eis gelegt

Ich habe meine Träume auf Eis gelegt
Habe statt Hoffnung lieber Zweifel gehegt

Lasse Chancen lachend verstreichen
Was bringt es schon, dem Leben das Wasser zu reichen
Es trinkt es ja doch bloß alleine
Während ich die Tränen ins Glas weine.
Würde gerne anstoßen auf mein Glück
Aber ich hab es verloren, es kommt nie mehr zurück
Würde gerne lachend im Gras liegen
Stattdessen sehe ich Quellen in Eiswüsten versiegen
Würde gerne neue Lebenskraft schlecken
Wie ein Eis am Stil. Mich in die Höhe recken
Und viel viel mehr würde ich machen
Würde gerne im Freudentaumel einmal tausend Mal im Kreis
Mich drehen
Immer um den eigenen Mittelpunkt
Doch den habe ich verloren
Und so taumele ich und strauchele ich und falle hin.

Caren Stegelmann
Maria-Theresia-Gymnasium, Klasse Q11
Schreibwerkstatt

Die Eisfrau

Ihr Stuhl knarrte, als sie sich in eine bequemere Position brachte. Das Blatt vor ihr war weiß, unbeschrieben.
Eine Träne lief ihr die Wange hinunter und fiel auf das Blatt.
Mit tränenden Augen sah sie aus dem Fenster. Draußen schneite es. Unwillkürlich lief ihr ein kalter Schauer den Rücken hinunter. Entschlossen wischte sie die Tränen weg und sah konzentriert hinaus in das Schneegestöber. Als ob sie dort eine Antwort finden könnte!
Eine Windböe schlug die einzelnen Kristalle an ihr Fenster, wo sie augenblicklich schmolzen. Erschrocken drehte sie die Heizung runter.
Sie hatte gar nicht bemerkt, wie warm es in ihrem Zimmer war, aber sie wollte gegen ihre innere Kälte kämpfen. Plötzlich überkam sie das Gefühl zu ersticken und sie riss die Balkontür auf.
Der Schnee fiel ihr aufs Gesicht, ihre nackten Arme und brachte ihr die ersehnte Kühlung.
'Was passiert wohl, wenn ich einfach draußen bleibe?', dachte sie. 'Werde ich erfroren aufgefunden werden? Wird man mich überhaupt suchen? Nach all dem …'
Erneut standen ihr Tränen in den Augen.

Ihr trat wieder einmal die Szene vor Augen, als er ihr alles mitgeteilt hatte. Und sie verbarg ihr Gesicht schluchzend in den Händen.

Es war ein normaler Tag gewesen, im November.

Sie waren draußen gewesen, im Park. Sie hatten ihre Drachen fliegen lassen. Danach hatten sie wie verrückt getanzt. Sie beide liebten es. Tanzen!

Am Abend nach dem scheinbar schönsten Tag ihres Lebens, wie sie ihn so oft mit ihm erlebt hatte, wurde er beim gemütlichen Essen auf dem Sofa plötzlich ernst.

Er müsse ihr etwas Wichtiges mitteilen, hatte er gesagt. Sie hatte gelacht. Warum, warum musste sie lachen? Im Nachhinein war sie wütend auf sich selbst.

Er müsse gehen, nach Afrika. Und das gleich am nächsten Tag. Er hatte ihre Hand gedrückt und ihr Lachen war verstummt.

Sie hatte gewusst, eines Tages würden sie sich trennen müssen. Aber nicht jetzt, noch nicht jetzt, hatte sie gefleht.

Es läge nicht bei ihm, doch er wurde dort gebraucht, erklärte er ihr ruhig. Eine eisige Kälte war ihr in alle Glieder gekrochen und sie war unfähig gewesen, sich zu bewegen.

„Warum?", hatte sie gefragt. Er wusste es nicht.

Die Tränen, die sie an seiner Schulter vergossen hatte, waren unangenehm warm gewesen, hatten gebrannt und ihr vor Augen geführt, dass sie nicht träumte.

Am nächsten Tag war er aufgebrochen, mit einem Schneemobil. In der Nacht hatte es den ersten Schnee gegeben.

Wie passend, hatte sie noch gedacht, danach war sie wie betäubt gewesen. Sie spürte noch jetzt seine Hände an ihrem Hals, seine Lippen brennend auf ihren bei ihrem letzten Kuss.

Es schneite immer noch. Es hatte nur geschneit, seit er weg war. So kam es ihr vor.

Sie war eingeschneit und ihre Verbindung zur Außenwelt war abgebrochen nach einem schweren Schneesturm. Ihr blieb nur, ihm Briefe zu schreiben, die sie nicht abschicken konnte, wollte und würde.

Denn seine letzten Worte klangen noch nach in ihren Ohren.

„Ich liebe dich nicht wirklich, aber du bist mir wichtig – hier. Bitte versuch nicht, mit mir in Kontakt zu bleiben."

Sie bemerkte, wo und wer sie war und erwachte aus ihrer Starre. Ihre Arme waren mit einer Gänsehaut überzogen und ihr war wieder kalt. Sie schlug die Türen zu und drehte die Heizung voll auf.

Er hatte ihr das Herz gebrochen und sie benutzt. Aber dennoch bedeutete er ihr etwas und schaffte es, sie in ein solches Wrack zu verwandeln.

Ein halbes Jahr später:
„Ich habe die Abschiedworte nur gesagt, um es dir leichter zu machen. Es tut mir leid, wenn es das Gegenteil bewirkt hat." Seine Stimme klang heiser.
„Das hat es", sagte sie eiskalt, den Tränen nahe und legte auf. Er hatte sie zu sehr verletzt, als dass sie ihm verzeihen könnte. Er hatte sie zur Eisfrau gemacht, die sie jetzt war.
Diesen Namen hatte sie von ihrer Kollegin bekommen und er gefiel ihr manchmal sogar recht gut. Er drückte ihren Zustand aus, ihre Gefühle und einen insgeheimen Wunsch: Endlich über ihn hinweg kommen und die Kälte loswerden, wieder frei lachen und die Wärme der Sonnenstrahlen auf ihrer Haut spüren können – denn all das hatte er ihr genommen.

Tabea Breidenbach
Ringeisen-Gymnasium Ursberg, Klasse 9d

Eiskalt

Kaltes Eis
Welches in Dir herrscht
Friert Dich von innen heraus ein
Macht Dich taub
Du fühlst nichts mehr
Du fühlst Dich selbst nicht
Verletzt Dich
Damit Du Schmerz spüren kannst
Etwas anderes nimmst Du nicht wahr
Fühlst Dich hässlich
Willst Dich verstecken
Setzt Deine Maske auf
Trägst sie zum Schutz
Zum Schutz vor anderen
Zum Schutz vor Dir selbst
Willst nicht wahrhaben
Dass es Dich gibt
Willst tot sein
Denn dann musst Du Dir keine Gedanken mehr machen
Musst Dich nicht mehr um Probleme kümmern
Bist frei von Sorgen
Bist befreit von Dir selbst

Das Eis wird zu kalt

Dein Körper zu schwach
Kannst Dich nicht mehr wehren
Stirbst
Eis

Selina Erdogan
Maria-Theresia-Gymnasium, Klasse 8c

Triumph des Frühlings

Der Boden ist vereist. Die Nasenspitze wird ihr immer taub bei so einer Kälte. Sie bleibt stehen, zu lange ist sie schon gerannt. Sie hat Seitenstechen, doch der Schmerz tut gut, vertreibt ein bisschen die Kälte. Ihr Atem bildet dichte, kristallene Wolken vor ihrem Gesicht, nach vorne sieht sie nicht mehr. Stattdessen hebt sie den Kopf, blickt in den Himmel. Die Luft ist ganz blau. Unnatürlich blau. Eisig blau. Die Schneeflocken umtanzen sie höhnisch in einem bitteren Reigen. Die Pfütze neben ihr ist vereist. Doch das Eis ist klar, genau erkennt sie das darin eingefrorene, zur Regungslosigkeit erstarrte braun-verwelkte Blatt. Doch sie erahnt auch ihr eigenes Bild. Fühlt sich so hilflos. Sieht sich verängstigt und allein mit tauber Nasenspitze, umgeben von Eis. Verloren.

Etwas ist anders, auf einmal. Ein plötzlicher Windstoß, ein Glockenläuten, so schön, dass es ihr die Tränen in die Augen treibt. Sie reißt sich los von dem hypnotischen Spiegelbild, das sie so unendlich traurig stimmt, widerwillig hebt sie den Blick, es ist mehr Zeit vergangen, als sie dachte. An einem Baum hängt ein hölzernes Windspiel. Daneben steht eine Frau, ihr Haar ist lang und von unglaublich hellem Farbton, ihre Augen sind grün, ihr Kleid ist bunt. Sie passt so gar nicht zu der unwirtlichen, eisigen Umgebung. Das Wesen streckt dem Mädchen die Hand entgegen, die es zögernd ergreift, sie ist warm. „Du standest schon so lange da und hast in die vereiste Pfütze gestarrt, meine Kleine", sagt die Frau und ihre Stimme klingt hell und frisch wie Frühlingsblumen, „ich wollte dich nicht an meinen Bruder, den Winter, verlieren." Sie lächelt, dann blickt sie hinter sich, auch das Mädchen wendet sich um. Das tückische Eis schmilzt. Die Pfütze wird wieder zu Wasser, gibt das arme Blatt frei, das von einem plötzlichen Windstoß ergriffen gen Himmel fliegt. Eigentlich sollte das Mädchen dies für seltsam erachten, doch das tut es nicht. Immerhin gibt es nichts Erstaunliches mehr für jemanden, der vom Frühling an die Hand genommen worden ist. Jetzt sieht sie wieder klar, die Kälte verschleiert ihr nicht mehr die Sicht, das Eis taut.

Bettina Perz
Rudolf-Diesel-Gymnasium, Klasse Q11

EIS – Ein melancholisches Gedicht

Eine kalte Eisschicht legt sich über mein Herz
Die Gefühle für Freude verschwimmen
Kein Gespür mehr für Schmerz
Eiseskälte will mich erklimmen

Kein Empfinden für Wut
Das Trauergefühl ist verflogen
Es herrscht Gefühlsarmut
Die Angst ist aufgezogen

Ich kann nicht mehr vertrauen
Was soll ich nur tun?
Das Eis will nicht tauen
Und was nun?

Oh, würde mein Herz doch nur an einem anderen Platz leben
Wär´ es wieder von Sonne umgeben
Das Eis wär' getaut und
Die eisige Kälte wäre abgeflaut

Ich verfalle in äußerste Lypemanie,
Denn ich weiß, den sonnigen Platz gibt es nie.

Anja Schwarz
Justus-von-Liebig-Gymnasium Neusäß, Klasse 9

Unter Eis

Ich liege im Wald und schaue auf, in den Himmel, und Flocke für Flocke fällt auf mein Gesicht und meine Hände. Ein kurzer Kälteschock. Langsam kann ich mich nicht mehr rühren. Diese Fragen gehen durch meinen Kopf. Was mache ich hier? Wieso kann ich mich nicht mehr bewegen? – Regungslos. Wieso? Was passiert mit mir? Langsam bekomme ich Panik und ein dumpfer Laut kommt aus mir raus. Ich denke mir: Wieso kann ich nicht schreien, was passiert mit mir? Wo bin ich? Wieso hilft mir niemand? Ich schaffe es, langsam meinen Kopf nach links zu wenden, und sehe auf eine Wiese voller Schnee. Es sieht so harmonisch aus. Und mit einem Schlag läuft es mir kalt den Rücken runter. Es ist so kalt geworden. Ich bewege meinen Körper vorsichtig nach rechts und merke, dass da ein Auto steht. Ob ich wohl damit hergekommen bin? Was mache ich hier?

Das Auto ist ein Kleinwagen in Silber, das man auf den ersten Blick gar nicht erkennt, es glänzt so schön, fast schon vertraut sieht es aus. Die Fenster sind vereist und Eiszapfen, schön funkelnde Eiszapfen hängen herunter. Kein einziger Mensch ist hier, außer mir. Ich schaue nach oben, in den Himmel, und Flocke für Flocke fällt auf mein Gesicht und meine Hände. Ich versuche, meine Kraft zu sammeln, um mich aufzurichten. Die Kälte hat meine Kleidung überall schon durchdrungen und einzelne Körperteile sind gar nicht mehr zu spüren. In der Hoffnung, dass ich genug Kraft gesammelt habe, versuche ich, mich hochzurichten. Denn ich weiß, jede Minute, in der ich mehr hier liege, steigt die Gefahr, dass ich erfriere. Schon zu wenig Kraft, um mich hinzusetzen, das Einzige, was mir gelingt, ist, dass ich für einen kurzen Augenblick an mir herab sehen kann. Doch es wäre mir lieber gewesen, wenn ich das nicht gesehen hätte. Denn meine Beine und Arme sind gefesselt. Und ich habe nicht einmal eine Jacke an. Nur eine Jeans, Schuhe und einen warmen Pulli. Wer tut mir so etwas an? Hat sich jemand an mir rächen wollen? Ist das nur ein dummer Witz? Will mich jemand umbringen?

Ich versuchte, mich noch einmal hoch zu richten und sammelte die ganze Wut, die sich in mir anbahnte. Und mit viel Mühe schaffe ich es auch, mich hinzusetzen. Ich schaue auf den ganz roten Schnee. Und das Eis. Meine Hose war bis zum Knie aufgeschnitten und Blut strömte aus der Wunde. Daneben sah ich einen Eiszapfen, der zur Hälfte abgebrochen war. Es sah fast schon so aus, als ob mir ihn jemand ins Bein gerammt hat. Aber wer ist dazu schon fähig? Ich spüre durch die Eiseskälte nichts mehr. Keinen Schmerz. Ist es ein Traum? Gestern habe ich doch noch einem Freund erzählt, dass ich oft Alpträume habe, dass ich oft ertrinke in den Träumen oder dass die wichtigsten Menschen in meinem Leben sterben. Ich schloss meine Augen in der Hoffnung, dass es nur ein Traum war und ich in meinem schönen Zimmer wieder aufwache. Doch es war nicht so. Was denkt meine Familie wohl, wo ich bin? Sie machen sich doch Sorgen. Und was macht meine Nichte, sie vermisst mich sicher schon und will mit mir spielen. Sicherlich haben meine Eltern schon die Polizei gerufen und suchen mich überall und wenn ich dann nach Hause komme, schimpfen sie mich und fragen mich, wo ich die ganze Zeit gewesen sei. Verdammt noch mal, ich will hier weg. Wann kommt die Person, die mir das Ganze antut? Und wieso an so einem schönen Ort? Wieso ich? So ein junges Mädchen wie ich, das ihr ganzes Leben noch vor sich hat. Ich versuche, mich so viel zu bewegen, wie nur möglich ist. Dass ich mich nicht mehr befreien kann, ist mir schon lange aufgefallen. Langsam wird mir bewusst, dass alles aussichtslos ist und ich eigentlich sogar von der Person abhängig bin, die mich in so eine Lage gebracht hat. Mir laufen die Tränen runter und ich muss daran denken, dass gestern das letzte Mal sein könnte, dass ich meine Eltern, mit denen ich zwar oft Streit habe, die ich aber trotzdem liebe, meine Schwester, die mir unter allen einer der wichtigsten Menschen ist, die ich habe, und meine Nichte, die ich als meine Schwester empfinde, gesehen haben könnte. Was ist, wenn ich nie wieder was mit meinen Freunden machen kann? Ich will nicht daran denken. Sterben könnte ich. Ob ein Tod wohl veröffentlicht wird? Heutzutage wird doch so ein Thema gar nicht mehr besprochen. Meine Zähne klappern so stark wie noch nie und ich habe über den ganzen Körper verteilt Gänsehaut. Ich versuche noch einmal zu schreien und es klappt. Solche Sachen habe ich noch nie geschrien. „Komm raus! Und sag mir, wieso du mir so etwas antust. Komm her!", schreie ich. „Was willst du von mir? Was habe ich gemacht?" Und auf einmal kommen Schritte näher. Man hört das leicht knirschige Geräusch, das er mit dem Schnee-Stampfen macht. Ich versuche ihn zu suchen, doch ich kann meinen Kopf nicht nach hinten drehen. Er kommt immer näher und näher und die Geräusche des Schnees werden immer lauter. Bis er schließlich vor mich tritt und mich anschreit und meint, ich solle gefälligst meine Klappe halten. Ich schließe meinen Mund, denn schließlich liegt meine Zukunft in seinen Händen. Er meint, dass ich nicht die Erste bin, der das passiert, und dass er weiß, was für Fragen ich ihm gerne stellen würde. Dass ich ein Recht darauf habe, zu erfahren, was mit mir passiert ist, und wie ich hier hergekommen bin und was noch passiert. Aber dass ich kein Recht auf Leben habe. Die Tränen laufen mir nun langsam die Wangen runter und ich kann sie nicht mehr stoppen. Er sagt, dass er mich nicht umbringt, wenn ich ihm brav gehorche. Aber was will er von mir? Soll ich nun sterben oder was will er von mir?, frage ich mich. Leise frage ich ihn, was ich denn machen soll. Und er antwortet mir, dass ich für ihn arbeiten soll im Haushalt, dass ich waschen soll, putzen soll, kochen soll, aber wieso das Ganze? Und er fing wieder an, grob zu werden, schrie mich wieder an und meinte, dass ich sowieso nur weglaufen würde. 'Was soll ich sagen?', denke ich mir. „Ich … Ich werde ein guter Ersatz für eine Frau sein." Und das war wohl falsch, dass ich das sagte, denn er fing an zu schreien, es ist fast schon krächzend: „Du weißt doch gar nichts. Du sollst keine Frau, sondern eine Tochter ersetzen! Aber du wirst weglaufen", faselte er noch vor sich her. „NEIN, ich will leben, ich habe ein Recht auf Leben." Er packt mich und trägt mich kopfüber durch den Wald und ich wage es nicht, mich zu bewegen, weiter und weiter, bis wir zu einem zugefrorenen See kommen, wo er mich hinsetzt und ein Loch reinsägt. Neben mir hat er seinen Werkzeugkasten hingelegt und so komme ich auf den Gedanken, dass ich es vielleicht schaffen kann, mich zu befreien. Eine Säge lag darin und so versuche ich langsam, mich zu befreien, bis endlich die Handfesseln herunterfallen. Der Mann ist so vertieft in das Loch. Ich binde meine Beine los und renne los – Verfolgungsjagd. Nur leider hat er mich durch den Schnee gehört. Er rennt mir hinterher und schreit, ich soll doch stehen bleiben, doch so leicht mache ich ihm das nicht, ich renne und renne und renne, nur leider ist er schneller. Er packt mich grob und wirft mich wieder über seine Schulter. Diesmal zappele ich rum und versuche, mich zu wehren. Er lacht und sagt mir, dass ich kein Recht auf Leben hätte, und kurz darauf wirft er mich ins Wasser. Ich öffne meine Augen und sehe, dass ich nicht die Einzige unter dem Eis bin. Ich erblicke viele Mädchen in meinem Alter. Die leblosen Körper machen mir Angst. Und das Wasser hat mich schon überall durchnässt. Es ist überall schon eingedrungen, überall. Ich schaue nach oben und sehe, dass ich gar nicht mehr weiß, wo ich raus soll, wo das Loch ist. Hat er es wieder zugemacht? Bin ich nun tot? Alles ist verschwommen und ich sehe die leblosen Körper, wie sie davon schwimmen. Ich fühle mich so schwerelos, so leicht. Nun kann ich meine Luft nicht mehr anhalten. Ich versuche nach oben zu tauchen und mich zu befreien – sinnlos. Der Tod trägt mich davon. Denn meine Lungen füllen sich mit Wasser. Der Mörder wurde gleich vor Ort geschnappt. Doch mich konnte niemand mehr finden, zumindest meinen Geist.

Isolde Stephan
Bertolt-Brecht-Realschule, Klasse 10a

Opa, tau auf!

Mein Opa ist für mich ein wichtiger Mensch in meinem Leben! Vieles hat er mit mir unternommen, vieles hat er mir gelernt. Doch in den letzten Jahren hat er sich sehr verändert. Er ist schlecht gelaunt, traurig, kann sich nicht mehr so recht über etwas freuen. Er zieht sich immer mehr zurück. In seiner Gegenwart spüre ich keine Wärme mehr. Ich habe das Gefühl, in ihm ist es dunkel und kalt, ja richtig eiskalt. Es kommt mir vor, als sei um sein Herz eine richtige Eisschicht.
Der Grund? Ja, der Grund dafür ist meine Oma. Lange Jahre haben sie ein schönes Leben zusammen gehabt. Doch dann wurde Oma krank. Sie hat Alzheimer und lebt in ihrer Welt, eine Welt, in die wir keinen Zutritt haben. Die Pflege der Oma erforderte ganz viel Kraft und wurde immer schwieriger. Opa wurde richtig verbittert. Kurz vor Weihnachten kam dann der Entschluss – es geht nicht mehr – Oma muss ins Heim. Nach mehr als 50 gemeinsamen Jahren muss er sich von ihr trennen. Jetzt

wurde die Eisschicht um sein Herz bestimmt noch einmal dicker, da er ja nun allein war, auch wenn er seine Frau jeden Tag besuchen kann.

Ich versuchte ihn zu trösten, aber so richtig gelang mir das nicht. Es machte mich traurig, ihn so leiden zu sehen. Dabei könnte er doch jetzt, wo die Oma gut versorgt ist, wieder schöne Dinge erleben. So wünschte ich mir zu Weihnachten, dass ihm das Jesuskind ganz viele warme Sonnenstrahlen schickt, die das Eis in ihm zum Schmelzen bringen – und ich glaube, dass mein Wunsch langsam in Erfüllung geht. In meinem Opa tut sich was. Sein Gesichtsausdruck ist wärmer geworden, er lacht auch wieder mehr. Auch habe ich erfahren, dass er Reisepläne schmiedet.

Ich glaube – Opa taut auf! – Er beginnt wieder zu leben!

Benedikt Zillner
Gymnasium bei St. Stephan, Klasse 6d

Eis – kalt

Erster Brief
Mir geht es sehr schlecht. Wir sind keine Freunde mehr und es tut sehr weh. Wir haben Streit wegen einer Kleinigkeit und du redest nicht mit mir. Wir haben Streit seit einem Monat. Ich leide unter deiner Eiseskälte.

Zweiter Brief
Ich bin so glücklich. Du bist zu mir gekommen und hast gesagt, dass es dir leid tut. Wir sind wieder befreundet und das schon so lange. Bald haben wir Freundestag. Wir verbringen fast jeden Tag miteinander und wir haben uns versprochen, uns nie wieder zu streiten!

Olga Possukhov
Goethe-Volksschule, Klasse 5c

Gedanken unter dem Eis

Ich hasse sie! Nach der heftigen Auseinandersetzung mit meinen Eltern will ich einfach nur weg – weg von ihnen, weg von allen! Schnell renne ich den Weg um See entlang und spüre, wie heiße Tränen mein Gesicht streicheln. Das kleine Gewässer ist zugefroren, deshalb laufe ich einfach ohne nachzudenken auf die glänzende Eisplatte. Plötzlich höre ich ein lautes Krachen, verliere den Boden unter mir und merke, wie ich einbreche! O Gott, was soll ich denn machen? Es ist so eisig kalt. Mein Herz setzt für kurze Zeit aus und meine Lippen beben, doch ich versuche mich am Rand hoch zu ziehen, aber das Eis bricht einfach ab. Die Angst schleicht weiter in mir hoch. Hektisch probiere ich es immer wieder und wieder, leider vergeblich. Daraufhin strample ich panisch mit meinen Beinen, um an der Oberfläche zu bleiben, bloß meine Kleidung hat sich in der Zwischenzeit schon so mit Wasser voll gesaugt, dass mich das Gewicht immer mehr nach unten zieht. Die Kälte brennt wie tausend Nadeln auf meiner Haut. Ich habe das Gefühl, dass bei jedem Atemzug gleich meine Lunge bersten wird.

Langsam treibe ich nach unten, bis mein gesamter Körper 'Lebe wohl' zum Himmel sagt. Die Luft strömt aus meinem Mund, so dass sich große Blasen bilden, die schnell nach oben schweben. Das Wasser schmeckt nach Seetang, Fisch und Schlamm. So wie der Sauerstoff ist aber auch die Angst weg. Der Tod ist plötzlich nicht mehr schlimm, nein, er hat sogar etwas sehr Schönes an sich. Ich freue mich schon auf ihn. Warum soll ich denn auch noch weiter leben, wenn Sterben sowieso viel einfacher ist? Ich denke, es wird mich auch keiner wirklich vermissen. Die Dunkelheit verschlingt mich immer mehr und ich bekomme das Gefühl, als würde mir jemand ein Kissen auf mein Gesicht drücken. Ich kann weder atmen noch sehen. Nur leise vernehme ich das rhythmische Schlagen meines Herzens. Nach einer Weile höre ich einfach auf zu denken …

Ingrid Schmidt
Agnes-Bernauer-Realschule, Klasse 7e

Eisige Blicke

Diese abweisenden Blicke töten mich
Sie zerstören meinen Mut
Eingefrorenegefühlskalteigennutzherzen
Alleine, leer, gefühlstot, verlassen
Wo sind die Gefühle?

Rebekka Edtbauer
Mädchenrealschule St. Ursula, Klasse 8c

Der erste und schönste Winter

Ich bin frei. Ich bin nicht mehr gefangen in meinem eigenen Zuhause. Gerade bin ich zum ersten Mal in meinem Leben durch die Haustür gegangen und habe erst jetzt Schnee und Eis in natura gesehen. Ich lege mich in den Schnee und genieße es einfach. Es ist kalt, aber wunderschön. Ich kann es einfach nicht glauben, dass ich mich nicht mehr verstecken muss und einfach das tun kann, was ich will. Ich habe immer von diesem wunderschönen Winter geträumt. Von dem unglaublichen Glitzern von Eis und Schnee in der Sonne und jetzt bin ich mittendrin. Obwohl ich ein zweites Kind bin, in einer Gesellschaft, in der nur ein Kind pro Familie erlaubt ist. Meine Mutter hat mir immer gepredigt, mich zu verstecken und nie sehen zu lassen. An Fenstern durfte auch mein Schatten nicht erkennbar sein. Ein vierter Schatten in einer offiziell dreiköpfigen Familie wäre untragbar. Nachbarn hätten mich sehen können und dies der Bevölkerungsbehörde melden können. Eigentlich existiere ich nicht. Nur meine Eltern und mein älterer Bruder wissen von mir. Wenn die Bevölkerungsbehörde von mir erfahren hätte, wäre ich von der Regierung beseitigt worden, wie es mein Vater immer ausdrückt. Meine Familie hat immer versucht, mir das Leben in meinem kleinen Zimmer im Keller so angenehm wie möglich zu machen. Sie haben mir sogar einmal Schnee und Eiszapfen von draußen mitgebracht, doch das hat meine Sehnsucht nach Freiheit nur noch gesteigert. Und jetzt bin ich frei. Langsam fange ich an zu frieren, doch das ist mir egal. Ich renne, ohne darüber nachzudenken, die Straße entlang zur Sonne hin. Auch aus einigen anderen Häusern kommen plötzlich Kinder, deren Augen genauso glänzen wie meine, als sie zum ersten Mal den Winter hautnah erleben durften. Ich bin mir sicher, dass auch sie alle zweite Kinder waren. Wir sind hier alle draußen an der frischen Luft im eiskalten Winter und singen und tanzen. Denn endlich ist die Regierung gestürzt worden. Endlich ist unsere Gefangenschaft vorbei. Endlich dürfen wir existieren. Endlich können wir leben. Viele der zweiten Kinder fangen eine Schneeballschlacht an. Ich habe davon schon von meinem Bruder gehört, dass es viel Spaß machen soll. Ich mache einfach mit und es macht wirklich Spaß. Wir können tun, was wir wollen. Jetzt muss ich aber schnell meinen Schneeball auf ein anderes verbotenes Kind werfen, denn er beginnt schon in meiner Hand zu schmelzen. Ich fühle mich wundervoll. Und ich sehe auch den anderen an, wie gut es ihnen geht. Endlich können wir draußen sein, raus aus unserem langjährigen Versteck, ohne Angst zu haben, beseitigt zu werden. Und das Erste, was wir eigentlich verbotenen Kinder in Freiheit sehen, ist dieser wunderschöne Winter, der schönste Winter meines Lebens.

Annika Partsch
Realschule Mering, Klasse 9c

Deine Eis-Augen

Die ganze Zeit denk ich nur an dich
doch du siehst mich nicht.
Deine Augen so blau, sie erinnern an Eis.
In deiner Nähe wird mir ganz heiß.

Ich wünschte mir, du wärst Mein,
doch das wird wohl niemals so sein.
Das Eis deiner Augen wird mich nie mit Liebe ansehn,
eigentlich kann ich auch gleich gehn.

Deine Augen, sie funkeln wie ein Stern.
Ach!! Wie wünscht ich mir, du hättest mich gern.
Doch was passiert jetzt?
Du hast mich verletzt.

Der Funke erlischt.
Mich hat's nicht mehr erwischt.
Das Eis legt sich nun um mein Herz,
schützt sich so vor dem Schmerz.

Wird es jemals auftaun?
Kann ich jemals wieder vertraun?
So viele Fragen und keine Antwort in Sicht,
doch ich weiß trotz allem:

ich liebe dich

Julia Schober
Reischlesche Wirtschaftsschule, Klasse 8Hf

Eisig

Überall nur Eis. Es ist kalt, eisig kalt. Atme ich aus, kann ich die eisige Luft sehen, die ich ausstoße. Eiszapfen hängen von den Dächern der Häuser. Schneeflocken, die die Sicht erschweren, glatte Straßen, meine Hände und mein Gesicht erfrieren beinahe. Ich muss bei jedem Schritt aufpassen, nicht auf den gefrorenen Wegen auszurutschen. Die kalte Luft scheint meine Lungen einzuschnüren. Sie schmerzt bei jedem Atemstoß. Kalter weißer Rauch strömt aus meinem Mund heraus. Fast greifbar ist sie, die kühle Luft, die mich, die alles um mich herum umschließt. Sie friert mir die Lungen ein, sie strömt bei jedem Atemstoß aus mir heraus. Ob ich will oder nicht, mein Hals schmerzt. Doch warum nur??? Um mich herum Menschen, die T-Shirts tragen. Sie haben kurze Hosen und Röcke an. Die Sonne brennt auf ihren Köpfen, treibt ihnen Schweißperlen auf die Stirn. Die Leute neben mir wischen den Schweiß von sich ab. Sie trinken kalte Getränke, um ihre rissigen, ausgetrockneten Lippen zu befeuchten, um das unausstehliche Gefühl des Verdurstens zu befriedigen. Doch ich scheine zu erfrieren! Meine Lunge platzt gleich unter dem Druck der Kälte, meine Hände laufen blau an, ich spüre meine Lippen nicht mehr, ich erstarre unter dem Druck der Kälte!

Die Wärme, die nur du mir geben konntest, wandelt sich jetzt, da du weg bist, in Kälte! Nur dein warmer Körper kann den meinen vor dem Erfrieren retten! Nur deine Lippen können die meinen wieder auftauen! Nur du kannst die Sonne wieder in mein Herz zurückbringen! Nur du alleine und sonst keine!

Mario Riedel
Balthasar-Neumann Berufsbildungszentrum, Klasse BOS 11b

Helden

Ein Herz,
kalt wie Eis.
Eine Seele,
glänzend wie Stahl.
Mut,
verwoben in Augen aus Gold.
Angst?
Die kennt er nicht.
Liebe?
Verschlossen.
Gesperrt in ein Kästchen aus Eis,
kalt, wie die frostige Nacht.
Blut, Gold, Eis,
das ist der Stoff, aus dem die Helden sind.

Sabine Streck
Maria-Theresia-Gymnasium, Klasse 10a

Tagebucheintrag

Es geht ein eisiger Tag für mich zu Ende. Begonnen hat es schon früh morgens, ich wachte auf, mein Körper eingehüllt in einen Schleier der Kälte. Ich fror, so sehr, dass es mir schwer fiel, klare Gedanken zu fassen.

Ich musste los! Konnte den Weg nicht sehen, der direkt vor mir lag, verschwunden nach dem Schneetreiben der vergangenen Nacht, das noch immer anhielt. Es erschwerte mir die Sicht, zog einen weißgrauen Vorhang zwischen mich und die sonst so freundliche Landschaft. Schneeflocken schossen mir ins Gesicht, in die Augen, folterten mich wie tausend kleine Nadelstiche. Ein Tränenfluss verwandelte sich auf meiner

Wange in ein tief gefrorenes Eismeer. Kämpfte mich voran, blind getrieben vom unaufhaltsamen Laufe der Zeit, entgegen dem immer wieder-
kehrenden Frühling.

Es ist der 15. August 2008, Freitag. Warum hat er mich verlassen, mir den
Sommer aus dem Herzen geraubt?!

Juliane Meir
Berufsschule VI, Klasse GvM 10

Die größte Angst ... das ewige Eis

Weißt du, wie es ist, verletzt zu werden, nicht körperlich, sondern ganz
tief drinnen in deinem Herzen? Weißt du, wie es ist, die meist geliebte
Person in deinem Leben zu verlieren? Weiß du, wie das ist? Weißt du, wie
es ist, von dieser Person einfach verachtet zu werden? Nein? Ich versuche
es zu beschreiben, obwohl es dafür eigentlich keine Worte gibt.

Es ist so, als würde ein Stein ins Wasser fallen, so, als würde ein Messer
immer wieder zustechen, wie ein Teil, der aus dir heraus gerissen wird.
Doch der beste Vergleich ist das Eis, so kalt, als würde es deine erwärmte
Haut immer wieder reizen. So kalt wie die Beziehung zu dieser Person, so
weiß, ohne feine, bunte Farben, die alle Erinnerungen an diesen Menschen umfassen, oder auch so durchsichtig wie Eiszapfen, weil man sie
nicht berühren kann, obwohl man sie am liebsten in den Arm nehmen
wollte. Aber auch so wie Eiskristalle, deren Schönheit man nicht vergessen kann, wie die Erinnerungen an diese Person.

Diese eisige Kälte zwischen uns. Ich konnte es nicht mehr aushalten und
nun bereue ich, was ich damals tat.

Doch was, wenn die Wärme plötzlich wieder zurückkehrt, wie der Frühling mit seinen Farben, seinen schönen Erinnerungen? Er kommt zwar
nur langsam, aber ich bin froh, dieses kalte Eis los zu werden. Es darf
tauen.

Julia Kirsch
Maria-Theresia-Gymnasium, Klasse 8c
Schreibwerkstatt

Zerbrechlich

Still.
Nur ein Seufzen, schmerzvoll.
Gestern noch zärtlich.
Nähe.
Heute Trauer, Tränen, trostlos.

Sein Bild,
es liegt in Scherben.
Er, eiskalt.
Erinnerung, Sehnsucht, Rückzug.
Sie ist verlassen,
allein im Kummer.
Verlassen
durch seine Kälte, seine Lieblosigkeit, seine Gleichgültigkeit!
Verlassen.
Mit gebrochenem Herzen.
Eisesstille.

Julia Maschke
Maria-Stern-Gymnasium, Klasse G10b

Herz aus Eis

Mein Leben ist vorbei
ich bin nicht dabei
meine Süße will mich nicht sehen
darum werd ich nun gehen
der kalte Blick
ich bin erstarrt
es gibt kein Zurück
ich lass dich los
denk nicht an mich
nur an dich
ich lass dich gehen
mit deinem Herz aus Eis
doch ich hab es gebrochen
Vergib mir …

Daniel Frankl
Bebo-Wager-Berufsschule II, Klasse NBA12a

Winterheart

Kalt bläst der Wind um das Haus.
Hüllt alles in ein unwirklich wirkendes weißes Band aus Schnee und Stille. Ich weiß nicht, wieso ich noch immer hier am Fenster stehe, vollkommen verlassen. Eiskristalle hängen in meinen Haaren und wehen gegen die Glasscheibe, die das einzige Hindernis zwischen dem warmen Zimmer und mir und dem Schnee darstellt. Wunderschöne Eisblumen

bilden sich dort auf der Scheibe, geformt zu einem Bild, dessen Bedeutung mir noch immer vollkommen fremd ist. In einer automatischen Geste schlage ich die Kapuze meines weißen Mantels nach oben, spüre, wie das Eis in meinem Haar schmilzt und als eiskaltes Wasser meinen Nacken hinabfließt, wie es das Tauwasser im Frühling von den Bergen tut. Endlich schaffe ich es, meinen Blick abzuwenden, weg von dem hell erleuchteten Raum mit dem Holzofen, der seine Wärme selbst durch das Fenster hindurch strahlen lässt. Wende mich ab von den Leuten, die zusammen Tee trinken und froh sind, nicht durch diese unwirtliche Nacht laufen zu müssen. Ich jedoch muss es. Der Wind lässt die Spitzen der großen Tannen des angrenzenden Waldes unter seinem gnadenlosen Ansturm wanken, bläst den Schnee, der sich wie Zuckerwatte auf den dunkelgrünen Zweigen niedergelassen hat, weiter. Hinab auf die Straße, wo er vor mir im dämmrigen Licht der Straßenlaternen seinen Walzer tanzt. Verschlungen wirbeln die weißen Flocken vor meinen Füßen auf den Boden, nicht zu trennen sind sie von den tausend anderen, die heute aus dem grauen Himmel segelten und die Welt wieder fest in die Hand des Winters trieben. In meine Hand. Langsam gehe ich die Straße hinab, das Eis ist mein ständiger Begleiter, verscheucht jedes Wesen in seiner Reichweite. Ich weiß nicht, was die Menschen gegen mich und meine kalte Gefolgschaft haben, ich bringe ihnen eine Zeit, in der sie sich endlich wieder den Leuten zuwenden, die sie angeblich doch lieben. Wegen mir drängen sie sich zusammen, in ihren Häusern, wo man endlich wieder reden muss, um die Kälte nicht auch noch in das eigene Herz zu lassen. Der Schnee knirscht unter meinen Füßen, unwirklich wirkt das Geräusch in der ansonsten perfekten Stille, die um mich herum herrscht. Ich fühle, wie sie mich umgibt, wie jedes Geräusch von Schneepflügen, unermüdlichen Schneeschippern und sonstigen Störenfrieden verschluckt wird von meinem weißen Element. Eine Schneeflocke fliegt unter meine Kapuze, landet auf meinen eisblauen Lippen. Flüchtig wische ich sie beiseite, denke zurück an jene Zeit, als immer Schnee lag und ich mich nicht nur in den wenigen Monaten des Winters meine Heimat verlassen konnte. Lange liegen diese Zeiten, die Homo sapiens später so treffend als „Eiszeiten" bezeichnen sollte, zurück, aber noch viel länger reiche ich zurück. Ich war da, als der erste kalte Hauch diesen Planeten zu dem formte, was er heute ist, ich war da, vor so langer Zeit, als meine Mutter, Mylady Winter, die Bergkuppen mit ihrem weißen Glanz versah. Ich stoße einen melancholischen Seufzer aus. Immer seltener werden die Tage des Eises und der Kälte, selbst das ewige Eis verdient seinen Namen kaum mehr und mit jedem Gletscher, der stirbt, stirbt auch ein Teil von mir. Mein Blick gleitet über die Reihenhäuser vor mir. Überall dort brennen Lichter, überall davor stehen Autos. Diese Zeit mag den Menschen Zivilisation gebracht haben, mir jedoch bringt sie Leid. Aber dies ist nicht der richtige Moment, um sentimental zu werden, haben die Völker doch endlich erkannt, dass es eine Klimaerwärmung gibt, und dieses Wissen verleiht auch mir wieder Hoffnung. Über mir kreisen Raben, ihr krächzender Klagegesang reißt mich aus meinen trübseligen Gedanken, lässt mein erfrorenes Herz schneller schlagen. Ich bin fast am Ziel. Der Schnee reicht mir mittlerweile fast bis an die Knie, niemand macht sich die Mühe, ihn so nah am Waldrand zu beseitigen. Hier bin ich in meiner Welt, in der Kälte, die mich begleitet, wo immer ich auch gehe. Meine silberfarbenen Augen huschen angespannt über die ebene weiße Fläche, die sich vor mir ausbreitet. Ich lächle fast, als ich mein Ziel erblicke. Eine Gestalt kniet vor mir im Schnee, wühlt nahezu verzweifelt in meiner weißen Decke aus Ewigkeit. Ich stehe schon fast vor ihr, als die Person aufblickt, ihre braunen Augen suchen die meinen. „Bin ich tot?" Ich drehe mich leicht zur Seite, wo der leblose Körper der jungen Frau liegt, die Haut in ihrem ewigen Schlaf blau verfärbt. Ich schüttle den Kopf, eine Strähne meines langen schwarzen Haares fliegt mir ins Gesicht. „Nein." Ich strecke meinen Arm aus, ergreife die zierliche Hand der Frau und für einen Augenblick treffen meine Kälte und ihre Wärme aufeinander, verschlingen sich gegenseitig. „Nein, du bist nicht tot. Du hast lediglich eine andere Form des Lebens erreicht." Eiskristalle bilden sich wie Tränen in meinen Augen. Dies ist mein Schicksal, dies ist mein Leben. Ich bin die Tochter von Winter und Nacht, ein Wesen der Kälte und doch: Etwas in mir sehnt sich noch immer nach dem warmen Licht, das meine erfrorenen Glieder niemals wärmen wird. Ich bin Sky.

Ivy Mayer
Staatliche Realschule Neusäß, Klasse 10

Bedeutungslos

Was wäre wohl, wenn es mich nicht gäbe? Wenn ich von heute auf morgen aus dem Leben gerissen würde? All die Jahre, seit dem Anfang meiner Zeit, wartete ich darauf, dass mich jemand aus meiner Lage befreit. Ich wurde gemobbt, verachtet und verstoßen.
Einsam und verlassen durchwanderte ich die eisigen, kalten Bergschluchten, die man Leben nannte.
Tag für Tag verhärtete sich das eisige, kalte Gefängnis, in dem meine Freude am Leben dahinvegetierte. Ich sah die Freude der anderen daran, mich schlecht zu machen. Und ich fühlte mich schlecht und ich wurde

schlecht. Ihre unbarmherzige Gefühlskälte ließ mich gänzlich erstarren. Aber ich schwieg, jeden Tag, in Auge eines Blizzards aus Eis und Leere, bis heute.

In all diesen Jahren habe ich mich verändert. Ich bin kein Mensch mehr, sondern eine hasserfüllte, gefühlskalte Eisskulptur.

Unwichtig für Gott, ohne Bedeutung für die Welt, warte ich auf mein Zersplittern.

Alexander Hartl
Bebo-Wager Berufsschule VII, Klasse 11e IT

Gebrochene Herzen

Gebrochene Herzen
wie Eis erstarren.
Trennungen schmerzen,
der Zug ist abgefahren.

Doch das Eis wird schmelzen,
Kälte wird vergehen.
Auch in gebrochenen Herzen
Liebe entstehen.

Jürgen Hölzle
Balthasar-Neumann Berufsbildungszentrum, Klasse BOS 11b

Herz aus Eis

Eis ist Kälte.
Eis ist Hass.
Ein Herz aus Eis
schmilzt bei keinem Grad.
Die große Liebe kann es schaffen,
doch dafür
musst du ernst und ehrlich lieben.
Es ist schwer
für die Liebe
das Eis zu besiegen.
Denn so einfach
ist es nicht.
Du brauchst viel Geduld
und Vertrauen.
Und wenn dies

dir auch nicht hilft,
so lebst du weiter
mit einem
Herz aus Eis.

Maria Knaus
Agnes-Bernauer-Realschule, Klasse 7d

Kalte Liebe

Ihre Augen sind so kalt und leer,
in ihr existiert schon lang keine Liebe mehr.
Ihre Finger sind so eisig kalt,
ist sie nun eine leere Seelengestalt?
Ein Mensch nahm ihre ganze Wärme,
er riss sie weg, weit weg in die Ferne.
Blicke ich aus dem Fenster, erschrecke ich,
ich blicke in die Hände und sehe ihr Gesicht.

Tobias Bonk
Bebo-Wager-Berufsschule II, Klasse NVK 11a

WINTERSPORT

Eishockey den ganzen Tag

Eis
sehr rutschig
rennen, rasen, schnaufen
Umdrehung von guten Schlittschuhen
Tor

Tee
Feuer machen
gebackenen Kuchen essen
Zudecke holen und Fernseher anschalten
ich komme aus bittereisigkalter Kälte

Clemens Angrick
Franz-von-Assisi-Schule, Klasse 4 grün

Amerikanische Bobfahrer

Im Jahre 1998 lebte eine Gruppe von Freunden in Amerika, die im Fernsehen jeden Tag Bobfahren anschauten. Im Jahre 2010 wollten sie selbst ein gutes Bobfahrer-Team sein. Im Team waren Jason, Criks, Michael und Dirk. Sie hatten sich schon einen kleinen Holzbob gebaut. Aber sie wollten mehr und suchten sich einen Sponsor, der ihnen einen richtigen Bob kaufen würde. Sie hatten nach einiger Zeit den ehemaligen Bobprofi Johe gefunden. Er sagte: „Ihr könnt nicht gut Bob fahren, in 6 Monaten fangen die Olympischen Winterspiele an und ich möchte mit euch da hin, okay?" Michael, der Captain, sagte: „Wie wollen wir üben? Wir haben Sommer, und es schneit erst nächstes Jahr wieder. In fünf Monaten müssen wir nach Kanada fahren, damit wir rechtzeitig zum Bobwettkampf da sind."

Eine Woche später fuhren sie nach Kanada und haben fünf Monate lang geübt, geübt und geübt. Und dann war es so weit. Von 100 Bobteams waren sie auf der Startposition 3.

Sie waren die beste Gruppe der Region und gewannen 4 Goldmedaillen. Johe war sehr stolz auf sein Team und ging in Rente.

Moritz Drüssler
Förderzentrum Augsburg – Förderschwerpunkt Hören, Klasse 6s

Der Glückseiszapfen

Es war einmal ein kühler, winterlicher Tag. Luka war aufgestanden. Er freute sich, weil er heute zum ersten Mal Eishockey-Training hatte. Luka rannte zu seiner Mutter und fragte: „Mama, Mama, wann fahren wir zum Eisstadion, zu meinem Eishockey-Training?" Die Mutter antwortete, dass sie gleich hinfahren würden, aber dass sie zuerst frühstücken sollten. Nachdem sie gefrühstückt hatten, machten sie sich bereit um los zu fahren. Dort angekommen, begrüßte sie der Coach. Luka zog seine neuen Schlittschuhe an. Dann begann das Training. Sie übten und übten, bis sie gut Eishockey spielen und sogar gegen Mannschaften antreten konnten.

Endlich war es soweit: Das Team hatte ein Turnier. Zuerst freute sich Luka, hatte aber dann doch Lampenfieber. Das merkten die Eltern sofort, als er seine Schlittschuhe anzog. Sein Vater ging zu ihm hin und sagte: „Luka, ich weiß, dass du Lampenfieber hast, aber du musst raus gehen und deinem Team helfen! Die brauchen dich, das weißt du doch!" – „Ja, schon. Aber du weißt auch, dass ich da wie eine Statue stehe!", verteidigte er sich. In dem Moment holte sein Vater aus der Hosentasche einen in einer kleinen Folie eingewickelten Eiszapfen aus Plastik heraus. Es war eine Kette.

„Ich habe früher auch Eishockey liebend gern gespielt und als wir ein Turnier hatten, ging es mir genauso wie dir. Da hat mir mein Vater das gegeben. Er hat mir gesagt, dass mich das schützt und mir Glück bringt – wie ein Glücksbringer – und es hat mir sehr geholfen. Durch mich hatten wir gewonnen!", berichtete sein Vater und gab die Kette mir dem Eiszapfen an ihn weiter.

Muhammet Kamil Saglan
Volksschule Centerville-Süd, Klasse 3c

Eislaufen

Ich ging nicht gerne Eislaufen, doch meiner Freundin zuliebe tat ich es ausnahmsweise. Ich hasste diese widerlichen Schlittschuhe, die schon 100 Menschen vor mir angehabt hatten. Doch für sie tat ich es.

Sie fuhr wie eine Eisprinzessin davon, aber ich ähnelte eher einem Kobold. Nach kurzer Zeit hatte ich keine Lust mehr und stellte mich an die Bande. Ich sah, wie zwei Jungs Mädchen die Mützen klauten und genau so vor ihnen bremsten, dass die Hosen voller Schnee waren. Solche Jungs fand ich echt furchtbar. Ich betete, dass sie mich nicht sahen, aber zu spät – sie kamen auf mich zu gefahren. Sie standen vor mir und natürlich bremsten sie so, dass meine Hose nicht mehr jeansblau, sondern schneehasenweiß war.

Meine Mütze bekam ich nach geschlagenen 15 Minuten wieder.

Obwohl der Tag furchtbar angefangen hatte, endete er ganz anders.

Die Jungs und meine Freundin übten geduldig mit mir Eislaufen. So blöd waren die beiden dann auch wieder nicht. Sie waren halt einfach nur Jungs.

Jetzt bin ich schon fast eine Eisprinzessin – wie meine Freundin.

Theresa Genswürger
Maria-Theresia-Gymnasium, Klasse 8c

Eishockey

Es ist Freitag.
Im Stadion ist es schön.
So viele Menschen sind da!
Heute ist ein Eishockeyspiel.
Oh – ein Tor!
Cool, meine Mannschaft gewinnt!
Kalt ist es heute.
Es macht trotzdem Spaß!
Yippie, yeah!

Sebastian Teya
Volksschule Centerville-Süd, Klasse 1c

Zufriedenheit

Eis
Schlittschuh laufen
Hinfallen und heulen
Von Mama getröstet werden
Zufriedenheit

Mücahit Akin, Tamara Burkhardt
Goethe-Volksschule, Klasse 6a

Eislaufen macht Spaß

Das Eis ist glatt.
Wir gehen in die Stadt.
Wir wollen Schlittschuh fahr'n
auf der Eislaufbahn.

Das Eislaufen macht Spaß.
Man wird auch manchmal nass.
Die Guten machen Kunststücke auf dem Eis,
die anderen zeigen weniger Fleiß.

Die Anfänger geben auch schon Gas,
die Großen haben sehr viel Spaß.
Alle gehen nun nach Haus.
Nun ist das Gedicht schon aus.

Tabea und Jana
Lichtenstein-Rother-Volksschule, Klasse 3

Ich male ein schönes Bild

Ich male ein schönes Bild.
Ich male mir den Winter.

Ich male einen Berg
und einen Schilift
und viele Schneeflocken.

Auf dem Bild sind auch
dreizehn Schifahrer.
Sie sausen den Berg runter
und machen das immer wieder.

Wer mein Bild anschaut,
der wird staunen,
wie sie fahren.

Viktor Boskovski
Friedrich-Ebert Grundschule, Klasse 1b

Eislaufen

„Schatz, hast du Handschuhe eingepackt?", rief meine Mutter vom oberen Stockwerk und stellte mir diese Frage heute wohl zum fünfzigsten
Mal. Ich verdrehte die Augen. „Hab ich!", brüllte ich leicht genervt zurück
und schlüpfte in meine hohen Winterstiefel, die aus braunem Leder
waren und einen leichten Absatz hatten.
Ich hatte mich verabredet und war sowieso schon spät dran, aber meine
Mutter hielt mich noch weiter auf.

Nachdem ich mich verabschiedet hatte, zog ich unsere Haustür auf und trat hinaus in die klirrende Kälte. Schon seit Wochen lagen die Temperaturen ununterbrochen im Minus und der Weg zum Gartentor war rutschig. Mehr als einmal wäre ich beinahe hingefallen, doch ich konnte mich immer noch fangen. Zwar hatte heute morgen mein Vater Schnee geschippt, doch das Eis konnte selbst er nicht entfernen.

Vor unserer Tür wartete bereits Fabian, mit dem ich mich zum Schlittschuhlaufen verabredet hatte. Er war mit seiner Familie vor ein paar Tagen in das leer stehende Haus neben unserem gezogen und ich hatte ihn eingeladen, um mich ein bisschen mit ihm anzufreunden. Immerhin sollte man immer ein gutes Verhältnis zu seinen Nachbarn pflegen und bei der gestrigen Einweihungsparty war ich von meiner Mutter überredet worden, mich mit ihm zu treffen.

Unsere alten Nachbarn waren vor ungefähr einem Jahr weggezogen und mit ihnen auch meine beste Freundin. Wir hatten noch Briefkontakt, doch sehen konnten wir uns selten, da sie nun in Berlin und ich in München wohnte.

Schweigend liefen Fabian und ich den Weg, der noch glatter war als der vor unserem Haus, zum See, der nur fünf Minuten entfernt war, entlang. Ich würde gerne ein Gespräch anfangen, doch wusste ich nicht, was ich sagen sollte. Ich war nicht schüchtern, eher das Gegenteil, und redete öfter zu viel als zu wenig, doch in diesem Moment zog ich es vor zu schweigen, was bei mir wirklich selten vorkam.

Wir erreichten den See und zogen unsere Schlittschuhe an, auch wenn meinerseits einige Probleme bestanden, da ich nicht mehr in meine Schuhe reinkam.

Ich hatte, als ich klein war, Eislaufen als Sport betrieben und fuhr immer noch ziemlich ordentlich, doch war ich seit dem letzten Winter nicht gefahren und daher ein wenig wackelig auf den schmalen Kufen.

Fabian jedoch schien in letzter Zeit öfter gefahren zu sein, denn er bewegte sich sicher.

Ich wagte mich auf das Eis und rutschte fast gleich wieder weg, doch nach einigen Anfangsschwierigkeiten bewegte ich mich wieder sicherer auf dem Eis und versuchte sogar einmal rückwärts zu fahren. Offensichtlich war der Unterricht damals doch nicht umsonst gewesen.

Nachdem wir uns eine halbe Stunde immer noch angeschwiegen hatten, wollte ich ihn ein bisschen beeindrucken und eine Pirouette drehen, was ich früher wirklich gut beherrscht hatte, doch, wie konnte es anders seien, fiel ich prompt hin.

Und ohne Grund, einfach so, fing ich an zu lachen. Ein befreiendes Lachen und kurze Zeit später stieg Fabian ein. Ich lächelte ihn an und er zurück.

Das Eis zwischen uns war gebrochen und das Eis unter mir auch. Wortwörtlich fiel ich ins eiskalte Wasser.

Christiane Göppl
Gymnasium bei St. Anna, Klasse 8b

Pinguin Schick hat den Trick

Eines eisigen Tages hüpft Schick, der Pinguin, durch die Eisstadt. Nach einer langen Weile steht er am Kuvy-Berg und hat die Idee, mit der PAB-Gondel (übersetzt Pinguin Alpine Bahn) auf den Berggipfel zu fahren. Dort will er seinen neuen Stunt ausprobieren.

Zuvor geht er ins Bergdorf und dann zum „Obi". Er kauft sich zwei gleich lange Bretter, steigt am Gipfel aus und stellt sich darauf.

Nach drei Sekunden Anschieben flitzt Schick den Berg mit Schuss runter, bis er unten ankommt. Doch er kann nicht bremsen, weil er viel zu viel Schwung hat, und so rast er in eine Höhle. Jeder Versuch zu lenken scheitert. Er gleitet rechts an die eisige Wand und macht ein Looping nach dem anderen. Nach fünfzehn Loopings wird er wieder auf die ebene Spur geschleudert. Plötzlich öffnet sich die Höhle und er sieht wieder die Sonne.

In diesem Moment erkennt er, dass er sich auf einer Skisprungschanze befindet und schon zum Sprung ansetzt. Er kommt hart auf dem Eis auf.

Eines weiß er genau: „Nächstes Mal fahre ich auf der anderen Bergseite runter." Das ist der Trick!

Timo Schwenninger
Franz-von-Assisi-Schule, Klasse 3 weiß

Stufengedicht

Snowboarden
Snowboarden kann
Snowboarden kann man
Snowboarden kann man auch
Snowboarden kann man auch in
Snowboarden kann man auch in der
Snowboarden kann man auch in der Wüste.

Korbinian Mann
Berufsschule VI, Klasse FZL12

Ich muss gewinnen!

Ich war heute nochmal mit Mama beim Üben im Eisstadion für den Eisschnelllaufwettbewerb morgen. Mama sagte, ich wäre schon sehr schnell für ein Kind. Und das reicht ja auch, denn es ist ein Kindereisschnelllaufwettbewerb. Mir ist schon ganz kribbelig vor lauter Aufregung und ich freue mich schon riesig auf morgen.

Heute ist es endlich soweit! Ich habe zum Frühstück nichts runterbekommen. Um 9 Uhr sind wir losgefahren und um 9:50 Uhr waren wir beim Stadion, in dem der Wettbewerb stattfindet. Ich habe bis jetzt noch niemanden entdeckt, den ich kenne, aber es sind schon da: ein Junge ungefähr in meinem Alter, dann ein Mädchen, das etwas älter ist als ich, und ein Junge, ein paar Jahre jünger als ich. Heute Morgen ist das Halbfinale. „Oh nein!", stöhne ich, denn ich habe gerade die Oberzicke Tamara aus meiner Parallelklasse entdeckt. Als nach einer halben Stunde alle da waren, bat eine Jury alle Teilnehmer erst mal nach drinnen, damit wir uns umziehen konnten. Dann ging es los! Als erstes musste jeder ein paar Runden zur Übung laufen. Dann wurde es ernst. Als Erstes war der Junge dran, der ungefähr so alt ist wie ich, und er schaffte 19:82 Sekunden. „Nicht schlecht", konnte ich nur sagen. Jetzt war Tamara dran. Doch sie fiel auf einmal fast hin und schaffte nur 25:18 Sekunden. Nach Tamara war das Mädchen dran, das ein paar Jahre älter war als ich. Also bei diesem Mädchen sah es aus, als würde es um ihr Leben gehen, so schnell wie die fuhr. Wie ich am Schluss ihres Laufs hörte, hieß sie Alina. Alina brauchte nur 19:02 Sekunden! So, jetzt war ich dran. Die Jury rief meinen Namen und ich begab mich zur Startlinie. Als der Startschuss ertönte, sauste ich los wie eine Rakete. Und das verhalf mir zu einer Zeit von 19:11 Sekunden! Ich war sehr stolz auf mich! Nach mir kam der etwas kleinere Junge, der, glaube ich, David hieß. Der hatte ein Wahnsinns-Tempo drauf, doch auf einmal stolperte er – und schaffte es nur in 20:68 Sekunden. Aber er war für sein Alter sehr gut gelaufen. Dann kamen noch zwei Kinder, die hatten 22:19 und 24:98 Sekunden. Aber ins Finale kamen nur Alina, der Junge, der so alt war wie ich (Jonas war sein Name), David und ich. Tamara war stinksauer, dass ich ins Finale kam und sie nicht. Ich lachte heimlich, denn ich war froh, dass sie es nicht geschafft hatte. Doch dann fiel ich erst mal jubelnd Mama, Papa, Opa, Oma und meinem Bruder Justin in die Arme. Denn alle waren gekommen, um mit mir zu fiebern. Ich war sehr froh! So, dann ging es zum Finale. Nach einer Stunde Fahrt nach Mittag waren wir da. Vor dem Stadion standen schon David und Alina. Jonas war noch im Anmarsch. Als Jonas dann auch da war, ging es los. Diesmal fing David an. Er lief sehr schnell und brauchte nur 18:98 Sekunden. Dann kam ich! Ich gab alles und es lohnte sich. Ich schaffte es in 17:36 Sekunden. Jetzt kam Jonas. Er flitzte los, doch verlor irgendwie die Geschwindigkeit und brauchte 18:17 Sekunden. Bis jetzt war ich die Beste, doch wie lief Alina? Alina gab beim Start Gas und war sehr schnell! Doch … sie rutschte aus und schaffte nur 17:41 Sekunden. Ich hatte gewonnen! Ich fasste es nicht! Jubelnd lief ich zu meiner Familie. Auch Tante Eva war dabei, und alle schlossen mich in die Arme. Nun musste ich noch einmal zur Jury und bekam den Superpreis! Nämlich: Eine Woche auf Mallorca für vier Personen! Ich weinte vor Glück. Diesen Tag werde ich nie vergessen!

Dorothee Prestel
Spicherer-Volksschule, Klasse 4c

Sieg!

Glitzrig, schimmernd, funkelnd –
wie eine Prinzessin schwebt sie über das Eis,
hebt ab,
wie ein Wirbelsturm durch die Luft
und landet schließlich sanft und leis.
Die Melodie erklingt, alle Augen auf sie
und der Axel gelingt,
die Pirouette um die eigene Achse,
tosender Applaus
und am Ende
sie winkt.

Sie gleitet vom Eis,
ruft mich herbei
und drückt mich ganz fest,
sie –
das ist meine Schwester
und gemeinsam halten wir den Pokal
in die Lüfte
und sagen
„das war ein Fest".

Felix Krammer
Hort an der Eichendorff-Volksschule, Klasse 4b

Die Eisprinzessin

Yasmin betrat mit mulmigem Gefühl das Eis des Stadions. Sie war ihrem Traum so nah. Nie hatte sie auf der Europameisterschaft für Eistanz laufen können. Sie war zu jung oder noch nicht so weit. Die Deutsche Meisterschaft hat sie allerdings schon dreimal gewonnen. Es war der Generalprobelauf. Elegant sprang sie den Doppelaxel und stand ihn mit einer darauf folgenden Pirouette. Sie, das Eis und die Musik waren eins. Jetzt war sie ganz in ihrem Element. Noch einmal lief sie und stellte sich den Applaus der Menge vor, den Applaus der Jury. Sie hatte Angst, dass etwas schief gehen könnte bei ihrem großen Auftritt. Sie wünschte sich so sehr, bekannter zu werden als die großen Eiskunstläuferinnen Katarina Witt oder Tanja Shevchenko. Sie hatte noch so viel vor. Sie wollte ihren Traum leben. Wenn sie lief, dann war sie glücklich. Keiner konnte ihr das Gefühl nehmen, das sie hatte, wenn sie ihre Schlittschuhe anzog und das Eis betrat. Die Kufen glitten über das gefrorene Nass. Sie liebte es einfach, im Rampenlicht zu laufen und das ganz besondere Mädchen zu sein. Das besondere Mädchen, welches das Publikum verzauberte, denn wenn sie tanzte und sprang, dann konnte man die Augen nicht mehr von ihrem Tanz wenden. Sie lachte und versprühte pure Fröhlichkeit und Freude. Sie war schon jetzt der Star von Morgen. Nun stand sie kurz vor ihrem großen Moment. Einmal bei der Europameisterschaft um den goldenen Pokal tanzen und springen. Sie betrat das Eis und die Musik ertönte. Sie achtete nicht auf die grölende und jubelnde Menge. Sie lächelte und trug das glitzernde Kleid ihrer verstorbenen Mutter. Heute lief sie nur für sie. Yasmin hörte immer wieder die letzten Worte ihrer Mutter: „Ich liebe dich Yasmin! Du wirst deinen Weg gehen und du bist nicht alleine. Ich werde immer bei dir sein!", dann schloss sie ihre Augen und wachte nie mehr auf. Yasmin lachte und tanzte. Sie wollte ihre Mutter nicht enttäuschen. „Ich tanze nur für dich Mama!", dachte sie. Die Jury gab ihr die volle Punktzahl in der Choreographie und im Lauf. Die A- und die B-Note waren einfach perfekt. Damit war es klar, heute hatte sie den Europameistertitel im Eistanz. Sie stand oben auf dem Treppchen und hielt den goldenen Pokal in den Händen. Sie wusste, wie stolz ihre Mutter wäre, wenn sie das hätte sehen können. Tief im Inneren wusste sie jedoch, dass sie ihr zugesehen hatte.

Sabrina Müller, Beatrice Welter
Berufsfachschule für Hauswirtschaft, Klasse HW 10b

Winter

Im Winter ist
es schön.
Da kann man
Schlittenfahren gehen
und Skifahren.
Es macht Spaß.

Anouk Haffner
Montessori-Schule Augsburg, Klasse 3

Das Eishockeywunder von Augsburg

Ein ganz normaler Tag?
Nein, denn heute spielt der AEV im Curt-Frenzel-Stadion gegen den Tabellenführer Eisbären Berlin. Es ist der letzte Spieltag in der Eishockeyliga und die beiden trennen 2 Punkte und 1 Tor um die Meisterschaft. Das Spitzenspiel der Extraklasse, ein Highlight. Es geht los um 19:30 Uhr. Anstoß. Augsburg hat den Puck. Gordon stürmt wie ein Blitz auf das Tor zu. Roach fängt den Puck ab und passt zu Braun, der ihn zu Ustorf spielt. Schön angenommen und in einen Angriff verwandelt. Er zieht ab, doch Endras fängt ihn ab. Dann geht es 5 Minuten hin und her. Dann aber passiert's. Murhpy macht das 1:0 für Augsburg. Die Fans rasten aus. Zurecht, findet auch der Stadionsprecher. Dann wird wieder gespielt nach diesem Traumtor.
5 Minuten, 10 Minuten. Dann ein Foul von Hördler nach einem Angriff von Gorden, gestoppt mit dem hohen Stock. 5 Minuten Strafe. Im 2. Drittel passierte nichts.
Und im 3. Drittel? Das 1:1 durch Mulock. Aber ganz ruhig. Noch 15 Minuten. Ein wildes Durcheinander und ein Foul, das schön von Schiedsrichter Oswald erkannt wurde. Aber noch 5 Minuten zu spielen.
Auf dem Eis herrscht Druck. Und da, von Gordon mit einer Drehung angetäuscht und den Puck mit einem Trick in der Drehung auf den Schläger genommen und voll reingeschmettert, das lang ersehnte 2:1 für den AEV. Und wieder geht es weiter. Noch 22 Sekunden bis zum Schluss. Murhpy am Puck, abgefangen von Bielke, der nach vorne stürmt und von Tölzer geblockt wird. 15 Sekunden. Er gibt an Ryan weiter. 10 Sekunden. Er wird gegen die Wand gecheckt und der Puck ist in der Mitte des Stadions. 7 Sekunden. Gordon nimmt denn Puck und stürmt aufs Tor zu. 5 Sekunden. Er ist alleine da vorn. Nur noch der Torhüter und Bielke sind vor ihm. 4 Sekunden. Bielke kommt ihn entgegen, doch Gor-

don weicht ihm aus mit einer geschickten Drehung. 2 Sekunden. Das Stadion bebt. „Na los, Mach schon", brüllt der Stadionsprecher. Er setzt zum Schuss an. Erste und die letzte alles entscheidende Sekunde, in der komplette Stille herrscht. Und … TOOOOOOOOOR!!!! 3:1. In der letzten Sekunde hat sich Augsburg die Meisterschaft geholt. Nun ist Augsburg Tabellenführer mit einem Punkt und Tor Vorsprung auf die Eisbären Berlin. Augsburg ist Meister. Und das Stadion singt. Und alle haben es gesehen. Augsburg hat das Unmögliche möglich gemacht. Und das ist das Schöne am Eissport … Es geschehen immer wieder Wunder. Wie dieses, das Eis-Hockeywunder von Augsburg.

Diese Geschichte ist frei erfunden und es wäre schön, wenn es wirklich so wäre.

Andreas Duchmann
Kapellen-Volksschule, Klasse 8dM

Eis, Schnee & heiße Gefühle

Samstag, 30.1.10
Gerade hatte meine Familie festgelegt, dass wir in den Winterferien zum Skifahren in den Zauberwinkel reisen werden. Aber ich hasse Skifahren. Trotzdem fahren wir nach Österreich. Und zwar schon in 15 Tagen.
Samstag, 14.2.10
Nach drei Stunden Fahrt sind wir endlich in Österreich angekommen.
Montag, 16.2.10
Heute hatte ich meine erste Skistunde. Angesichts meines Skilehrers bezweifelte ich, ob ich das Skifahren wirklich lernen würde. Denn statt eines sportlichen, jungen Lehrers, der die Piste runterdüst, erklärte uns ein alter, schrumpliger Knacker, wie man die Skier anschnallt. Ich war froh, als die Skistunde zu Ende war. Unser Trainer, den wir Walter nennen durften, entpuppte sich als Profiskifahrer. Ich flog alle paar Meter hin. Walter hat uns dann noch einen Veranstaltungstipp für den Abend gegeben, eine Disco, nur wenige Meter von unserem Hotel entfernt. Da würde ich auf keinen Fall hingehen. Schließlich hatte ich es nicht nötig, zu Volksmusik mit einem trotteligen Bauernjungen zu tanzen. Aber meine Eltern hatten für heute Abend Bowlen geplant. Katrin und Julia aus meiner Skigruppe wollten unbedingt zu dieser Disco. Da ich sowieso keine Lust auf Bowlen hatte, schloss ich mich ihnen an. Wir wollten uns gegen 18 Uhr vor der Disco treffen. Wenig später war ich fertig angezogen und perfekt gestylt und machte mich auf den Weg Richtung Disco. Die Disco war rappelvoll. Ich ging als erstes zur Bar und bestellte mir eine Cola. Von meinem Barhocker aus schaute ich mich um. Da entdeckte ich

einen blonden Jungen an einem der Tische sitzen. Der Junge schaute auf und traf meinen Blick, verlegen schaute ich weg. Auf einmal fragte mich eine samtige Stimme, ob wir tanzen wollten. Ich schaue in zwei blaue, nein, himmelblaue Augen. Natürlich wollte ich mit diesem Jungen tanzen, der sich als Phillip vorstellte.

Dienstag, Mittwoch, Donnerstag …

… sind ganz normale, stinklangweilige Skifahrtage. Allerdings gibt es als Belohung danach – jeden Tag ein Treffen in der Disco mit Phillip!

Freitag, 20.2.10

Heute war meine letzte Skistunde. Diesmal fuhren wir auf einen Berg mit vielen verschiedenen Pisten. Außerdem bin ich das erste Mal Gondel gefahren. Von oben hatte man eine schöne Aussicht. Auf einmal wurde es ziemlich neblig. Walter hatte uns geraten, dicht hintereinander zu fahren. Plötzlich rutschte ich auf einer Eisfläche aus und rutschte ein Stück den Berg hinunter. Als ich wieder stehen konnte, hatte ich meine Gruppe verloren. Ich war hier ganz allein und fuhr ein Stück. Vor mir tauchte aus dem Nebel die steilste und schwerste Piste des Berges auf, eine schwarze Piste. Nie im Leben wollte ich die fahren. Aber ich hatte keine Wahl. Am Anfang kam ich ganz gut vorwärts, doch dann wurde es immer glatter, ich verlor die Kontrolle über meine Skier und düste Richtung Tal, schloss die Augen und fuhr mit dem Gesicht voran in einen Schneehügel hinein. Dort blieb ich liegen, bis mich etwas grob an der Schulter rüttelte. Ich schaute in zwei himmelblaue Augen. Phillip!! Er half mir auf und nahm meine Hand. Gemeinsam fuhren wir runter. Unten warteten schon die Bergwacht und meine Familie auf mich.

Samstag, 21.2.10

Als ich aufwachte, war ich verwirrt, denn ich lag in einem Krankenhausbett. Laut der Krankenschwester hatte ich mir mein Steißbein verstaucht. Die Schmerzen hatte ich während der Abfahrt ins Tal gar nicht gemerkt.

Sonntag, 22.2.10

Meine Familie und ich fuhren wieder nach Hause.

Montag, 23.2.10

Als wir wieder in Augsburg waren, traf ich mich mit Phillip im Eiscafe.

Lena Germann
Mädchenrealschule Maria Stern, Klasse 7c

Glatteis

Mein schönstes Erlebnis mit Glatteis trug sich im Dezember 2009 auf unserer Fußballwiese zu. Drei Tage lang hatte es ununterbrochen geregnet, doch dann gefror es in der Nacht. Am nächsten Tag ging ich auf die

Fußballwiese. Doch was war das? Auf der Wiese war ein gefrorener See entstanden und auf diesem Eis musste ich schlittern! Ich suchte mir die größte Eisfläche aus und schlitterte los. Das Eis jedoch war nicht so dick wie ich dachte. Schon knackte es und ich lag im Wasser! Da musste ich lachen, ganz im Gegensatz zu Mama, denn meine Fußballkleidung kam daheim gleich in die Waschmaschine.

Matthias Harms
Schiller-Volksschule, Klasse 3b

Teamspirit ...

Moni und ich sind beste Freundinnen. Wir verbringen jede Minute zusammen. Unser gemeinsames Hobby ist das Eislaufen. Sobald wir mit den Hausaufgaben fertig sind, treffen wir uns an der Eishalle und drehen unsere Pirouetten. Unsere Trainerin ist zwar sehr streng, aber wir haben viel bei ihr gelernt. Eislaufen ist für mich das Wichtigste auf der Welt. Ich liebe das Gefühl des Eises unter mir und das Kratzen der Kufen auf der Eisbahn ist meine Lieblingsmusik. Ohne das Eis wäre mein Leben nicht einmal halb so schön. Bald sind die Stadtmeisterschaften: Moni und ich hoffen auf Gold. Das Problem ist: Es kann nur eine gewinnen. In der letzten Zeit ist die Stimmung zwischen uns sehr gespannt. Wir trainieren verbissen und lachen über den anderen, wenn er Fehler macht. Dann sagt unsere Trainerin, dass nur eine von uns an der Stadtmeisterschaft teilnehmen könne und dass sie in einer Woche entscheiden werde, wer das sei. Ich bin sauer. Wie kann sie von mir erwarten, dass ich einfach meine Chance, Stadtmeister zu werden, aufgebe? Niemals. Von diesem Moment an trainierten wir noch härter, noch verbissener. Wir kannten nur noch unser Ziel, unsere Freundschaft ist in weite Ferne gerückt.
Am Samstag hatten wir kein Training. Moni war dann immer bei ihrer Oma, ich unternahm etwas mit meiner Familie. Doch an diesem Samstag ging ich zur Eishalle und lief über die Zuschauertribüne zum Eis. Kein Mensch war da, ich war ganz allein. Ich trat aufs Eis und begann meine Runden zu drehen. Bei einem Sprung, den ich eigentlich gut beherrschte, passierte mir ein Fehler und ich krachte mit voller Wucht auf den Boden. Ich schrie vor Schmerz, hatte aber Angst mich zu bewegen. Ich lag da, die Kälte des Eises kroch in mir hoch. Doch nicht nur meine Haut wurde kalt, auch tief in meiner Brust war jetzt ein riesengroßer Eisblock. 'Ich werde in drei Tagen gegen meine Freundin antreten', schoss es mir durch den Kopf. Ich versuchte mich auf zu richten, scheiterte aber. Ich hörte, wie jemand von hinten auf mich zu kam. Monis hübsches Engelsgesicht tauchte über mir auf, sie sah besorgt aus. „Was ist passiert? Hast

du dich verletzt?", fragte sie. „Es ist nicht weiter schlimm", antwortete ich und richtete mich mit ihrer Hilfe auf. „Moni, du kannst an den Stadtmeisterschaften laufen, ich will nicht gegen dich kämpfen." „Ich auch nicht gegen dich, aber du bist viel talentierter, du musst gehen!" Ich schüttelte den Kopf und umarmte sie. Wir standen eine Ewigkeit einfach da und hielten uns in den Armen.

Da fing jemand am Ende der Halle zu klatschen an. Es war unsere Trainerin. „Ihr habt die Prüfung bestanden", lachte sie. „Was für eine Prüfung?", riefen wir wie aus einem Mund. „Ihr wart so verbissen und verbittert, dass ihr gegeneinander gekämpft hättet, wenn es von euch verlangt worden wäre. Ihr seid ein Team – wenn einer von euch gewinnt, seid ihr beide Sieger." Ich umarmte Moni noch einmal und sagte: „Was bringt mir meine Leidenschaft für das Eis, wenn ich sie mit niemandem teilen kann?"

Vanessa Sandmair
Maria-Ward-Realschule, Klasse 9b

Sprungwettkampf der Pinguine

Zeitungsausschnitt „Aus aller Welt", Bericht und Interviews
7 Pinguine. 7 Starter. Alle wollen durch ihren Sprung die Jury (3 Eskimos) überzeugen. Der Beste bekommt die berühmte „goldene Eiskugel". Der 1. Pinguin legt einen erstklassigen Sprung hin: Doppelsalto und eine Schraube. Dann ab ins eiskalte Wasser. Der 2. Pinguin watschelt vor bis ans Ende der Scholle und rutscht – mit Absicht – aus. Doch dann versteht die Jury, dass er das geplant hat, denn er dreht 10 Saltos und taucht mit einer Arschbombe ins Wasser. Der 3. ist zaghaft. Er macht eine Kerze ins eiskalte Nass. Der 4. ist bis jetzt der Beste: Er tanzt Hip-Hop in der Luft. Die Musik klappert er mit seinem Schnabel. Alle klatschen Beifall. Pinguin Nr. 5 ist schon sehr alt, doch immer noch sehr gelenkig! Er macht Spagate in der Luft. Nun ist der Vorletzte an der Reihe. Auch er ist super. Mit seiner Eleganz überzeugt er die Jury. Jetzt ist er an der Reihe: der Gewinner des letzten Jahres. Doch diesmal ist er nicht in Form. Mit nur einem Salto haben die Eskimos nicht gerechnet.

Die Jury hat eine Entscheidung getroffen:
1. Platz: Der Hip-Hop-Star
2. Platz: Der Eleganz-Pinguin
3. Platz: Der 10-Salto-Pinguin
Die Interviews:
Interview mit dem Sieger:
Bianca: Wie heißen Sie?

Hip-Hop-Star: Patschi.

Bianca: Sind Sie stolz auf Ihren 1. Platz?

Hip-Hop-Star: Auf jeden Fall! Das größte für einen Pinguin ist die „goldene Eiskugel".

Bianca: Und wo kommt sie hin?

Hip-Hop-Star: Auf meine Hip-Hop Bühne.

Bianca: Und wo ist die?

Hip-Hop-Star: In meinem Iglu.

Bianca: Dann feiern Sie mal schön und nochmal herzlichen Glückwunsch.

Hip-Hop-Star: Danke.

Interview mit dem Zweitplatzierten:

Bianca: Hallo Tollpatsch! Heute waren Sie nicht tollpatschig, oder?

Eleganz-Pinguin: Nein, heute einmal nicht (*lacht*).

Bianca: Hätten Sie gedacht, dass Sie Zweiter werden?

Eleganz-Pinguin: Die Konkurrenz war so groß. Eher nicht.

Bianca: Gönnen Sie Patschi den Erfolg?

Eleganz-Pinguin: Ja, er war heute echt der Beste.

Bianca: Hat Ihre Familie Ihnen schon gratuliert?

Eleganz-Pinguin: Ja, meine Mutter als erstes.

Bianca: Danke für das Interview.

Eleganz-Pinguin: Bitte.

Interview mit dem Drittplatzierten:

Bianca: Hallo Plitsch-Platsch!

10-Salto-Pinguin: Guten Tag!

Bianca: 3. Platz – nicht schlecht, oder?

10-Salto-Pinguin: Ich war völlig überrascht, ja, super!

Bianca: Dann feiern Sie heute noch?

10-Salto-Pinguin: Familie und Verwandte kommen.

Bianca: Wo kommt Ihr Kinderpinguin hin, den Sie als Dritter gewonnen haben?

10-Salto-Pinguin: In mein Tiefkühlregal.

Bianca: Alles klar … Tschüss!

10-Salto-Pinguin: Tschüss!

Interview mit dem Vorjahressieger:

Bianca: Hallo!

Vorjahressieger: Hallo!

Bianca: Sind Sie sehr enttäuscht?

Vorjahressieger: Ja, schon, aber die anderen waren sehr gut!

Bianca: Woran lag es bei Ihnen?

Vorjahressieger: An der Eisscholle sicher nicht, die war super präpariert. Mir ging es heute nicht so gut.
Bianca: Dann gute Besserung!
Vorjahressieger: Danke!

Bianca Beer
Gymnasium bei St. Stephan, Klasse 5c

Eisspaß

Spielspaßfreude bei Eis
Schlittschuhfahren mit Freunden
lachen und tanzen

Theresa Ulrich
Mädchenrealschule St. Ursula, Klasse 8c

In Alaska auf dem Eis

In Anchorage, der Hauptstadt von Alaska, wohnen die Geschwister Miley und Chris Lee. Miley und Chris sind Anfänger beim Eislaufen, der Trainer Steve ist beim Eislaufen ein Profi.
Sie trainieren dreimal in der Woche. Eines Tages, als sie von der Schule zurück kamen, haben sie etwas Ekelhaftes gerochen. „Ihhh, was ist denn das?", fragte Miley. „Tintenfisch mit Spinat und Kartoffeln." Chris sagte: „So etwas bekomme ich nicht in meinen Magen!" Mutter sagte: „Das ist ja auch nicht für euch." Die Kinder fragten erleichtert: „Für wen dann?" „Für euren Trainer", sagte Mutter. Die Kinder machten schnell ihre Hausaufgaben, packten ihre Eislaufsachen und machten sich auf den Weg zum Eislaufen. Als sie ankamen, übergaben sie das Essen ihrem Trainer. „Oh, vielen Dank, wer hat das gekocht?", fragte der Trainer. Die antworteten: „Das hat unsere Mutter für Sie gekocht." „Ja, dann fangen wir jetzt mal mit dem Training an", sagte der Trainer. „Wärmt euch erst mal auf, vier Runden laufen, hopp, hopp!"
„Ok!", sagten Miley und Chris. Beim Eislaufen waren auch andere Kinder dabei. Sie liefen vier Runden, die einen schnell, die anderen langsam. Miley war eine der schnellsten und besten. Chris war einer von den langsamen. Auf einmal fiel Miley hin, weil sie zu schnell gefahren war. Alle haben sie ausgelacht, das gefiel ihr gar nicht, weil sie ja eine der schnellsten und besten war. Der Bruder half ihr wieder auf und sagte: „Es ist nicht in Ordnung, dass ihr sie auslacht." Sie machten eine kurze Pause. Danach machten sie mit dem Training weiter. Als sie wieder nach Hause kamen, rief der Trainer sie an. „Dring, dring, dring, dring", machte das

Telefon. „Lee, hallo", sagte Miley. „Hallo, hier spricht Steve, euer Trainer."
„Oh, hallo, wen möchten Sie sprechen?" fragte Miley. Der Trainer antwortete: „Ich möchte gerne mit eurer Mutter sprechen, ist die zufälligerweise da?" Miley antwortete: „Ja, sie ist da, ich gebe ihr das Telefon!" Die Mutter sagte: „Guten Abend, Steve!" „Guten Abend!", sagte Steve. „Ich wollte Sie fragen, ob Ihre Kinder beim Wettbewerb mitmachen dürfen?", fragte er. Die Mutter antwortete: „Der Chris dürfte mitmachen, Miley aber nicht!" „Ok, der Wettbewerb findet morgen statt!", sagte der Trainer. Am nächsten Tag, als Chris auf der Eisfläche war, musste er anfangen. Am Ende des Wettbewerbs war die Siegerehrung.
Chris hat gewonnen. Miley freute sich für Chris. Am Abend haben sie noch gefeiert.

Franziska Welser, Verena Gstöttner, Bianca Vale-Jensen
Förderzentrum Augsburg – Förderschwerpunkt Hören, Klasse 6s

Eisdrehungen

Im Winter gibt es Eis und Schnee.
Ich freu mich, wenn ich mit meinen
Schlittschuhen meine Runden dreh.
Und wenn ich mich nur einmal dreh,
dann fall ich in den weißen harten
Schnee.

Luisa Graf
Agnes-Bernauer-Realschule, Klasse 5b

Der Perfekte Tag

Der Perfekte Tag zum Snowboarden
Ist ein Tag den ich niemals vergesse
Ich vergesse alles um mich herum
Der Perfekte Tag zum Snowboarden
Ich fahre abseits
Eine Lawine löst sich
Der Perfekte Tag zum Snowboarden
Ist ein Tag den ich niemals vergess!

Anita Pomp
Berufsschule VI, Klasse GvM 10

Eis Rondell

Schlittschuh auf dem Eis fahren macht Spaß.
Es ist sehr rutschig.
Ich liebe es, mich auf dem Eis gleiten zu lassen.
Schlittschuh auf dem Eis fahren macht
Spaß.

Es ist sehr rutschig.
Kunststücke zu machen ist geil.
Schlittschuh auf dem Eis fahren macht
Spaß.

Jenny Shim
Blériot-Volksschule, Klasse 4d

Eis ist toll!

Tom will morgen mit seinen Freunden zum Schlittschuhlaufen gehen, denn Tom liebt die Kälte und dieses Jahr ist es schon besonders lange kalt. So kann er sich im Winter richtig austoben: Schneemänner bauen, Schneeballschlachten veranstalten, Schlitten fahren und natürlich auch Schlittschuh laufen. Leiser war er noch nie auf dem Eisplatz, doch im Fernsehen sieht er sich am liebsten Eishockey an. Wie da die Jungs schlittern, ist schon sehr aufregend. „Ich möchte ein Schlittschuhmeister werden", tönte er laut durch die Gegend, doch Toms Mutter enttäuschte ihn ein wenig, als sie meinte, er müsse dafür noch viel üben. Doch endlich ist der Tag gekommen. Ein perfekter Tag, um raus zu gehen – sehr kalt, aber blauer Himmel. Fröhlich sprang Tom aus dem Bett und schlüpfte gleich in die vielen Kleidungen, um sich warm zu halten. Er hatte sie schon am Abend vorher zurecht gelegt, um möglichst schnell fertig zu sein. Am Frühstückstisch hatte er es sehr eilig und seine Mutter ermahnte ihn: „Schling doch nicht so! Der Bus fährt doch erst in 20 Minuten!" Aber da war ihr Sohn schon zur Tür hinausgerannt. Seine Freunde standen schon an der Haltestelle und begrüßten ihn freudig. „Mann, ist das saukalt heute!", beschwerte sich schon seine Freundin Hannah. „Macht doch nichts, denn wenigstens scheint die Sonne!", gab Tom unbekümmert zurück. Ihm schien heute nichts seine gute Laune zu verderben. Am Eisplatz angekommen standen die Freunde auf einmal wie angewurzelt da! Au weia! Da stand ein Schild: Wegen Renovierungsarbeiten geschlossen! Tom wurde ganz schlecht. Tränen stiegen ihm in die Augen, doch er versuchte sie zu verbergen. Eine Weile sagte niemand etwas, doch auf einmal entdeckten die Freunde einige Kinder neben dem Eisplatz. Anscheinend hatten sie auch das Schild gelesen und eine riesige zugefrorene Pfütze auf der angrenzenden Wiese gefunden. Sogleich hatten sie den Schnee mit ihren Stiefeln beiseite geschoben und schlitterten nun mit ihren Schneeanzügen über das Eis. „Kommt, lasst uns auch mitmachen!", freute sich sogleich Tom und seine schlechte Laune war einfach weg. „Eis ist tooooollll!", schrie er wie verrückt, als er sich auf die Fläche stürzte und sich entlang gleiten ließ.

Dana Mayer
Blériot-Volksschule, Klasse 3b

Immer wieder

Schlittschuhfahren, ausrutschen, hinfallen, benommen,
weinen, Hand tut sehr weh, Krankenwagen muss kommen,
fährt ins Klinikum, operieren, Schiene einschrauben,
Gips darum, kein Sport, drei Monate sich nichts erlauben,
der Sommer geht vorüber, Herbst kommt, Blätter werden bunt,
das Wetter wird kalt, Eis entsteht, dreh bald wieder Bahnen rund.

Katharina Baumeister
Franz-von-Assisi-Schule, Klasse 4 grün

EISSORGEN

Eisbären

Es gibt einen Eisbären, der hat zwei Jungen. Die Umwelt ist sehr schmutzig, das Eis schmilzt. Dann können die Eisbären nicht jagen. Sie sind vom Aussterben bedroht. Die Eisbären gehen dahin, wo die Menschen wohnen. Sie suchen im Müll nach etwas Essbarem. Es gibt viele Überschwemmungen, starke Winde. Wenn das Eis schmilzt, verschwinden viele Inseln. Wer ist daran schuld? Die Eisbären finden keine Nahrung für ihre Jungen. Die Menschen sind daran schuld.

Mesut Güngör
Birkenau-Volksschule, Klasse 3c

Eisende

Kommt häufig vor in der Natur
Bedeckt im Winter Feld und Flur
Hergestellt durch Treibhausgase
Verursacht es die Hitzephase
Worauf am Pol die Kappen schmelzen
Vom Berg sich die Lawinen wälzen.

Diesen Wahn gilt's aufzuhalten
Auch wenn daran sich Geister spalten
Wir sollten unser Hirn verwenden
Sonst wird die Ära Mensch bald enden
Was klar ist und zwar jedenfalls:
Das Wasser steht uns bis zum Hals.

Julian Erne
Balthasar-Neumann Berufsbildungszentrum, Klasse 11b

Eisbär und Pinguin

Einmal besuchte der Pinguin den Eisbär am Nordpol. Es gab nur noch einen Eisberg. Der Pinguin fragte: „Was ist denn hier passiert?" Sagte der Eisbär: „Ich sag nur: Die Menschen!" Und so gab der Pinguin dem Eisbär die Hälfte des Südpols.

Katharina Schwab
Gymnasium bei St. Anna, Klasse 6d

Der Fleck

Einige Minuten eisiges Schweigen. Dann legte Johannes den Stift weg.
„Wissen Sie", begann er, „wissen Sie, das ist wie mit dem Autowaschen. Man putzt, poliert und wachst, doch dann ist da dieser eine Fleck. Dieser eine Fleck, der mit Mühe, Schweiß und Not zwar nicht mehr zu sehen ist, aber zu spüren. Und wenn man das Auto am nächsten Morgen oder nächste Woche oder nächstes Jahr betrachtet, dann ist da dieses Gefühl, dass da einfach was nicht stimmt."

Er sah sich um und verschränkte die Arme auf dem Tisch.

„Man kann ja nicht zu oft in die Waschanlage gehen, vor allem weil der Fleck ja auch nur bloße Einbildung, ein Hirngespinst sein kann."

Er sah in die Gesichter der Leute vor ihm und musste schmunzeln.

„Es kann ein sehr schönes Auto sein. Ein nicht zu altes, aber auch ein nicht zu neues. Eben das Auto, bei dem man ohne Zweifel sagen kann, dass es zu einem selbst gehört."

Ein Räuspern im Raum. Die Tür ging auf. Schritte draußen. Johannes saß nur noch einem Mann gegenüber.

„Wissen Sie, man hat das Auto geliebt. Aber dieser Fleck. Ein Geschwür. Innerhalb. Zuerst unerkannt. Zuerst ignoriert. Aber es wird immer größer. Und wenn man dann den Schwamm nimmt und wischt, werden die Hände schmutzig."

Der Mann stand auf und reichte Johannes seine Hand.

„Können Sie etwas lieben, das Ihre Hände schmutzig macht?"

Die Handschellen klickten. Der Polizist führte ihn aus dem Vernehmungsraum.

Melanie Schoening
Maria-Theresia-Gymnasium, Klasse K13
Schreibwerkstatt

Steckbrief Eisbär

Achtung! Vom Aussterben bedroht – wegen Klimawandel (Erderwärmung)
Name: Eisbär
Lebensraum: Nordpol/rund um die Antarktis
Zähne: 42
Gewicht: Männchen 300 bis 700 kg, Weibchen bis 150 bis 350 kg
Fell: weiß (gute Tarnfarbe wegen Jagd), Hautfarbe aber schwarz, im Sommer gelblich
Tatze: 5 Krallen an jeder Tatze, Krallen nicht einziehbar

Stummelschwänzchen: 7 – 13 cm
Nahrung: überwiegend Robben, Walrosse
Feinde: keine unter den Tieren – nur der Mensch
Sonstiges: nächster Verwandter zum Braunbären, tagaktiv, kein Winterschlaf sondern Winterruhe, guter Schwimmer und Taucher

Soll der Eisbär weiter auf dem Nordpol wohnen – müssen wir die Umwelt schonen!

Tim Schoder
Eichendorff-Volksschule, Klasse 3b

Eis – ein Interview besonderer Art

Moderator: Hallo und herzlich willkommen bei „Einmal um die Welt und zurück". Heute haben wir hier im Studio zwei eher unerwartete Gäste. Einen der beiden werde ich Ihnen nun vorstellen. Begrüßen Sie mit uns: Frau Eisbär!
(Frau Eisbär kommt auf die Bühne)
Moderator: Guten Tag, Frau Eisbär. Sie können sich nun dem Publikum vorstellen.
Frau Eisbär: Hallo, ich bin Choana Eisbär. Ich bin 3 Jahre alt, das sind ungefähr 42 Menschenjahre. Ich bin Lehrerin an der nordpolarischen Eisfachoberschule. Dort unterrichte ich Klimakunde und Deutsch. Außerdem habe ich noch zwei kleine Eisbärkinder, nämlich Nuka' und Ciron. So, das war eigentlich jetzt alles über mich.
Moderator: Gut. Ich hätte noch ein paar Fragen an Sie. Sie haben ja gesagt, dass Sie Klimakunde unterrichten. Dann können Sie mir doch sicher sagen, wie sich der Klimawandel bei Ihnen bemerkbar macht.
Frau Eisbär: Nun ja. Das Gebiet, in dem ich lebe, ist davon noch nicht so stark betroffen, aber eine meiner Schüler, Ascia, musste auf ein andere Schule gehen, weil ihr Haus hinter einem breiten Riss im Eis liegt.
Moderator: Haben Sie vielleicht eine Idee, wie man den Klimawandel stoppen könnte?
Frau Eisbär: Die Menschen sollten ihre Energie aus der Sonne gewinnen. Sie sollten auch nicht so viel Autofahren. Das geht, wie man sieht. Aber ihr scheint ja doch endlich zur Vernunft zu kommen, wegen der Erfindung mit den Elektroautos und so weiter.
Moderator: Vielen Dank für Ihr Interview. Und nun unser nächster Gast: Doktor Joash Ping!
(Dr. Ping betritt die Bühne.)

Moderator: Guten Abend, der Herr. Sie hatten sicher eine lange Reise vom Südpol nach Deutschland. Haben Sie sich gut davon erholt?

Dr. Ping: Es geht. Aber die Apartments sind wirklich komfortabel hier. Aber nun zu mir: Wie Ihr sicher schon alle mitgekriegt habt, heiße ich Joash Ping. Ich bin Chefarzt am Kreiskrankenhaus in der Königspinguin-stadt Free.twist am Südpol. Ich habe zwar keine Kinder, aber einen Nef-fen. Sein Name ist Trickser, weil er sich im Fischfang sehr geschickt an-stellt. Er ist der Sohn meiner Schwester Sidna. Neulich hatte ich einen Pinguin in Behandlung, der sich immer einbildete, dass die Welt unter-geht. Na, ja. War schon sehr verrückt mit ihm. So, nun darf der Moderator aber mit dem Fragen anfangen.

Moderator: Finden Sie, dass der Klimawechsel am Südpol besonders stark auftritt?

Dr. Ping: Ja, in Free.twist ist es schon sehr stark zu merken.

Moderator: Wie wirkt sich der Klimawandel aus?

Dr. Ping: Na, ja unsere Rutschberge werden immer kleiner, bei unseren Häusern schmelzen die Dächer weg und unsere Fischwasserspeicher laufen über.

Moderator: Finden Sie, dass die Menschen am Klimawandel schuld sind?

Dr. Ping: So gefragt, sind wir alle am Klimawandel schuld. Auch unsere Pinguindamen benützen Haarspray, das das Ozonloch vergrößert. Und mein Vater fährt einen dicken Pingo Espace und eure Kühe rülpsen und pupsen. Von daher sind nicht nur die Menschen schuld.

Moderator: Das war's schon. Vielen Dank für Ihr Interview. Gute Heimrei-se.

Dr. Ping: Vielen Dank und auf Wiedersehen. Es war mir eine Ehre.

Moderator: So, nun sind auch wir am Ende unserer Sendung angelangt. Darum tschüß, liebe Zuschauer, und bis bald.

Sara Tischmeyer
Gymnasium bei St. Anna, Klasse 6a

Der Eisbär und die Fahrt ins Ungewisse

Wir sind am Nordpol.

Die Landschaft ist gigantisch. Aber auch gefährlich. Ich sehe weit vor mir einen großen Eisbären. Das leise Quieken seiner Jungen ist kaum zu hören. Der Klimawandel bedroht die ganze Welt hier sehr. Das sieht man auch bei den Eisbären. Sie sind ausgehungert und dünn.

Plötzlich bricht ein Stück von dem scheinbar endlosen Eispanzer ab. Die Kleinen fangen an jämmerlich zu heulen. Die Mutter und ihre Jungen auf ihrem Rücken machen noch einen Rettungsversuch: Vergebens! Sie treiben hilflos auf der Scholle dahin. Vielleicht können sie auf dem schnellen Ritt auf der Eisscholle noch ein paar Robben „aufsammeln". Aber sie haben keine Zeit, groß zu handeln. Denn wenn sie nichts zu essen bekommen, dann werden die Jungen ganz sicher verhungern.

Das ist nur ein kleiner Einblick in diese Welt, die bald von Menschen und dem Klimawandel zerstört werden wird.

Viele Grüße vom Nordpol.

Florian Pasemann, Donata Ott
Franz-von-Assisi-Schule, Klasse 4 rosé

Brief ans Eis

Liebes Eis!

Ich mag dich im Sommer. Dann kann man dich als kühle Erfrischung genießen. Mit Früchten oder Schokolade. Aber auch als Milch- oder Wassereis. Kurz gesagt, du bist einfach lecker und toll!

ABER HALT!!!

Im Winter, am Boden, kannst du ganz schön gefährlich werden. Man kann auf dir ausrutschen und sich ganz schön weh tun. Deshalb muss man streuen, damit du schmilzt. Auch auf den Scheiben bist du lästig! Dann muss ich raus und unser Auto freikratzen.

STOPP!!! NICHT SO VIEL MECKERN!

In der Arktis und in der Antarktis bist du Lebensraum für Pinguine, Eisbären, Robben und noch viele andere Tiere. Und wenn du dick genug bist, kann man auf dir Schlittschuh fahren. das macht sehr viel Spaß!!!

UND NOCH EINE BITTE:

Friere die Straßen und Autos nicht ein!

SONST NOCH BITTEN:

Schmilz an den Polen bitte nicht!!! Ich versuche dir dabei zu helfen.

Viele Grüße und vielen Dank,

Karina

Karina Gut
Gymnasium bei St. Anna, Klasse 7b

Hoffnung für die Erde

Es war einmal viel Eis auf der Erde. Um sie hüllt sich die Atmosphäre. Aber wir Menschen erzeugen viele Giftstoffe und Hitze, die unserer Umwelt schaden. Diese steigen in die Atmosphäre auf, aber nur ein

Viertel davon kann entweichen. Deshalb wird es auf der Erde immer wärmer und das Eis schmilzt.

Das merken auch die Eisbären am Nordpol und sie versuchen, sich in Sicherheit zu bringen. Unter ihnen befindet sich eine Eisbärmutter namens Lotta mit ihren drei süßen Babys. Diese heißen Mo, Bo und Go. Eines Tages brach die Eisplatte, auf der sie lebten, in viele Teile. Zum Glück war die Eisbärfamilie auf der gleichen Scholle. Lotta freute sich sehr, dass sie mit ihren Kindern auf der größten Platte war. Auf der anderen Seite war sie sehr traurig, weil sie nicht wusste, wie sie ihre Kinder ernähren sollte. So trieben sie einsam durch das Polarmeer. Als Lotta am Ende ihrer Kräfte war, sah sie plötzlich Land. Sie sagte zu Mo, Bo und Go: „Schaut, dort ist Land. Ich glaube, das ist Grönland." „Juhuu", riefen die drei Kleinen, „Land in Sicht, jetzt sind wir in Sicherheit." Da widersprach Lotta: „Solange die Menschen so weitermachen, sind wir nicht in Sicherheit."

Das betrifft nicht nur die Eisbären, sondern auch alle Lebewesen auf unserem wunderschönen Planeten und vor allem die Erde selbst. Ich als Kind wünsche mir, dass die Menschen mehr auf die Erde aufpassen.

Maria Cosima Leis
St.-Anna-Volksschule, Klasse 3c

Der Eisbär Roland

Ich bin ein Eisbär und heiße Roland. Heute beginnt die Reise zu meiner Familie. Über Eisplatten muss ich gehen. Im kühlen Wind ist es sehr angenehm. „Ich kann mir schon vorstellen, wie meine Mutter auf mich wartet", freue ich mich. Am Abend stürmt es. Den Schnee bläst es umher. In meinem warmen Fell schütze ich mich davor.

Am nächsten Tag, als ich gerade aufwache, steht ein anderer Eisbär neben mir. „Wer bist du, was willst du hier? Das ist mein Revier!", brüllt der Fremde. Ich antworte auch mit lauter Stimme: „Hier darf jeder hin! Ich bin Roland und muss zu meiner Familie." Der andere Eisbär stürzt sich auf mich. Es entsteht ein Riesengeprügel.

Nach einer Stunde komme ich wieder zu Bewusstsein. Ich gehe weiter, aber nicht mehr auf dem Eis, denn es ist zu Wasser geworden.

Ihr müsst uns helfen, denn sonst gibt es uns Eisbären nicht mehr lange!

Melanie Walz
Werner-von-Siemens Grundschule, Klasse 4a

Eislandschaft

Kalt und weiß, ruhig und leis,
ist sie so, die Landschaft im ewigen Eis?

Sie gibt vielen Geschöpfen Raum zum Leben,
doch wie lange wird es sie noch geben?

Die Eisschicht wird dünner, das Unheil droht,
übers Land kommt bald große Not!

So viele meinen, der Fortschritt muss sein,
das Leben egal, die Landschaft bricht ein.

Regina Zillner
Gymnasium bei St. Stephan, Klasse 10d

Tagebucheintrag am 11. Juni 2099

Meine tägliche Ration an Nahrungsmitteln wurde soeben geliefert. Tablette rot, Tablette grün, Tablette blau. Seit diesem Klimawandel hat sich so einiges verändert. Sehe ich aus dem Fenster – nur GRAU. Sehe ich in den Spiegel – eine FREMDE.
Sehe ich in mein Gesicht – nur GRAU. Sehe ich in den Himmel – EISIGE KÄLTE.
Alles ist kalt. Die Welt ist erstarrt.
Ende der Tagebucheintragung

Philipp Kleiner
Justus-von-Liebig-Gymnasium Neusäß, Klasse 6d

EIS – EISBÄR – EIS

EIS Eisbär EIS in EIS Gefahr. Eis EIS schmilzt EIS einfach EIS unter EIS ihren EIS Pfoten EIS weg. Sie EIS können EIS nirgend EIS woanders EIS hin. Essen EIS wird EIS immer EIS seltener EIS im EIS Eis. Viele EIS Menschen EIS jagen EIS die EIS Eisbären EIS wegen EIS ihres EIS Fells. Alles EIS ist EIS fast EIS nur EIS weiß. Doch die Nase ist ein kleiner schwarzer Punkt in ihrem Leben, das immer kürzer wird?!

Chiara Plaickner
Maria-Ward-Gymnasium, Klasse 6b

Alenas Interview

Reporter: So, hallo Alena, wie war es denn auf deiner Aktion „Eisbären vom Aussterben schützen?"

Alena: Na ja, die Eisbären waren total süß, aber das Eis echt kalt. Zwischendurch wollte ich mal gehen, aber dann musste ich daran denken, wie die Eisbären aussterben könnten, und zog alles tapfer durch.

Reporter: Und wo hast du geschlafen?

Alena: Das war toll, wir haben uns ein Iglu gebaut. Es war echt harte Arbeit, aber das alles hat sich gelohnt, weil durch das Eis die Kälte nicht rein kam und die Wärme im Iglu blieb.

Reporter: Aha, und was hast du für die Eisbären letztendlich getan?

Alena: Ich habe mit meinen Mitreisenden ein Tierschutzgebiet gebaut, und zum Schluss gab es ein großes EIS mit Schokostreuseln, haha!

Reporter: Cool, und wenn ihr mehr über Alena und ihre Eisbären wissen wollt, dann geht auf www.Alena.de. Aber jetzt ist es Zeit für eine Werbepause. Tschüss, Alena!

Alena: Tschüss!

Melissa Gassner
Agnes-Bernauer-Realschule, Klasse 5c

Polar Eis (größer als der Rest) Becher

Jeder von uns mag Eis,
ob Schokoladeneis, Erdbeereis, Vanilleeis oder Wahlnusseis, wir lieben es.
Aber was ist mit dem Eis, das nicht nach Erdbeere oder Vanille schmeckt,
das keine Farbe hat und nicht im Becher oder in der Waffel serviert wird?

Wer interessiert sich für dieses Eis?
Für das Eis, auf dem Eisbären und Pinguine leben,
das Eis, das unbeachtet vor sich hin schmilzt,
das Eis, das zum Anstieg des Meeresspiegels beiträgt
und bei seinem Abschmelzen Tausenden von Tieren ihren Lebensraum raubt.

Wer interessiert sich für dieses Eis?
Sollten wir uns nicht mehr für dieses Eis interessieren?
...

Lisa Schwaninger
Agnes-Bernauer-Realschule, Klasse 9b

Ein Interview mit einem Eisbär über die Klimaerwärmung

An einem schönen Wintertag flog ein Reporter an den Nordpol, um einen Bären zu interviewen.

Als er angekommen war, sah er einen Eisbär auf dem Eis liegen und sprach ihn an.

Reporter: Hallo, du Bär. Ist dir nicht ein bisschen kalt auf dem Eis?

Eisbär: Brumm! Brumm! Hallo, ich heiße Knut und bin kein Bär, sondern ein Eisbär! Sie haben gefragt, ob mir kalt ist, wenn ich auf dem Eis liege?

Reporter: Ja, das habe ich Sie gefragt!

Eisbär: Nein, mir ist nicht kalt, da ich so ein fettes Fell habe und deshalb ist uns Eisbären auch nicht kalt!

Reporter: Also, Ihnen ist nicht kalt. Aber meine eigentliche Frage ist, wie merken Sie die Klimererwährmung, Herr Knut?

Eisbär: Die Klimaerwärmung?

Reporter: Ja, die Klimaerwärmung!

Eisbär: Na ja, also es ist ja so, dass mein Lebensraum immer mehr eingeschränkt wird. Ich habe immer weniger Eis zum Leben und es sterben immer mehr Eisbären. Aber wenn ihr Menschen jetzt nicht bald aufpasst, gibt es uns bald nicht mehr, bis auf die, die in Gefangenschaft, wie zum Beispiel im Zoo, leben.

Reporter: Oh, nein! Das ist ja schrecklich! Ihr seid ja so süß! Aber was können wir Menschen eigentlich für die Klimaerwärmung tun?

Eisbär: Das wollen Sie jetzt wirklich von mir wissen?

Reporter: Ja!

Eisbär: Also, der erste und wichtigste Punkt sind die Abgase. Ihr Menschen solltet ein bisschen aufpassen, was ihr so in die Welt setzt. Das ist auch sicherlich einer der Gründe, die ich nennen kann, warum sich das Klima so verändert hat.

Reporter: Haha! Das heißt, wir sollen nicht so viel mit dem Auto fahren, sondern mit öffentlichen Verkehrsmitteln, oder?

Eisbär: Ja, das ist es! Aber es sind nicht nur die Abgase von den Autos, sondern auch die giftigen Abgase, die die Fabriken in die Umwelt abgeben!

Reporter: Sollen wir nicht mehr mit dem Auto fahren, sondern nur noch mit dem Bus und der Straßenbahn?

Eisbär: Nein, das haben … das haben Sie jetzt vollkommen falsch verstanden. Die Menschen sollen einfach nicht so viel mit dem Auto unterwegs sein, sondern mehr mit dem Bus und der Straßenbahn fahren. Außerdem sollen die Fabriken nicht mehr so viele Gase abgeben.

Reporter: Ok. Wir sollen nicht mehr so viele Fabriken bauen?

Eisbär: Ja! Das sollte gemacht werden! Aber es reicht auch schon, dass die Fabriken die Abgase, die sie abgeben, mehr kontrollieren, damit sich die Klimaerwärmung nicht verstärkt.

Reporter: Ach so. Dann sollen die Fabriken nicht mehr so viele Dinge produzieren und die Produktion von verschiedenen Sachen einstellen.

Eisbär: Nein, Nein, das verstehst du alles falsch. Ihr sollt einfach alle darauf achten, was ihr in die Luft abgebt.

Reporter: Jetzt habe ich es verstanden. Wir sollen einfach darauf achten, wie wir mit der Umwelt und vor allem mit der Heimat von euch umgehen.

Eisbär: Ja genau. Aber jetzt muss ich ganz dringend was zum Essen fangen. Denn mein Magen knurrt schon eine ganze Weile. Ich hoffe, Sie haben etwas gelernt und wissen jetzt mehr.

Reporter: Ja, gehen Sie sich Ihre Beute fangen und lassen Sie es sich schmecken. Danke für das tolle Gespräch. Es hat mir sehr weitergeholfen. Machen Sie es gut, Herr Knut.

Eisbär: Ja. Auf Wiedersehen.

Johanna-Franziska Zillner
Mädchenrealschule St. Ursula, Klasse 8c

Der kleine Pinguin

Es war einmal ein kleiner Pinguin, der wollte sich ein paar Fische aus dem Polarmeer holen. Als er sich auf den Weg machte, schien die Sonne so stark, dass das Eis zu schmelzen anfing. Da ging er zum Polarmeer und holte sich sein Essen. Als er am nächsten Morgen aufwachte, sah er, dass es immer weniger Eis und Schnee gab. Der Pinguin fühlte sich in seiner Umgebung nicht mehr wohl. So erging es auch den Eisbären, Robben und den anderen Pinguinen – was sollten sie bloß alle machen?

Antonia Maringgele
Maria-Ward-Realschule, Klasse 6c

Eisbärenschicksal

Müde tappte ich durch den Schnee. Meine Augen starrten willenlos in die Ferne. Ich war erschöpft, am Ende meiner Kräfte. Um mich herum war alles weiß, nichts als Schnee und Eis herrschte hier. Der Winter hatte mir sehr zugesetzt. Ich hatte die Hälfte meines Gewichtes verloren. Ich konnte nicht mehr. Ich war zu erschöpft. Mein weißer Atem nahm mir das letzte bisschen Sicht.

Hinter mir hörte ich das Stolpern meiner beiden Kleinen. Ihr Schnaufen drang in meine Ohren. Ich drehte meinen Kopf zu ihnen herum. Der eine von ihnen war im Schnee liegen geblieben, es war der jüngere, er konnte nicht mehr. Die Anstrengungen der letzen Tage hatten ihm die Kräfte geraubt.

Der andere lief mir noch nach. Ich hielt an, machte kehrt und tappte zu dem Kleinen zurück. Ich stieß ihn zärtlich mit meiner samtigen Schnauze an und ermunterte ihn zum Weiterlaufen. Wir mussten dringend an Fleisch kommen und dazu war das Meer der richtige Ort. Um diese Jahreszeit tummelten sich meist genügend Robben und Fische hier herum.

Ihr müsst nämlich wissen, dass ich eine Eisbärin bin. Meine beiden Jungen waren jetzt ungefähr sechs Monate alt. Ich musste sie wohl noch ein Jahr lang säugen, wenn ich es schaffte, denn der Winter hatte mir sehr zugesetzt.

Ich musste nun auf jeden Fall hinunter zu den Packeisfeldern. Dort tummeln sich um diese Jahreszeit sehr viele Robben. Am liebsten jage ich Ringelrobben. Dazu musste ich den Tieren an den Eislöchern auflauern, wenn sie dann zum Luftschnappen nach oben kamen, konnte ich sie packen.

Das einzige Problem war für mich, dass das Eis schon zu schmelzen anfangen konnte. Ich war dieses Jahr nicht so früh mit dem Jagen dran. Es konnte sein, dass das Eis schon sehr dünn geworden war, weil ich in den letzten Jahren die Erfahrung gemacht hatte, dass das Eis immer dünner wurde. Ich konnte nur hoffen, dass das brüchig gewordene Eis mich und die Kleinen trug. Da war ich mir aber nicht so sicher. Wir waren schon sehr lange unterwegs, wie lange, das weiß ich schon gar nicht mehr.

Also stapften wir mühselig durch den Schnee. Unter meinen Tatzen knirschte es geheimnisvoll und ich hatte das Gefühl, dass der Schnee sehr weich geworden war. Früher war das nie so. Ich konnte mich gut daran erinnern, dass das Eis früher dicker und tragfähiger gewesen war. Aber ich musste meine Gedanken nun auf andere Dinge lenken. Ich brauchte unbedingt bald etwas zwischen die Zähne.

Wieder musste ich warten, bis die Kleinen nachkamen. Dabei nutzte ich die kleine Pause, um meine Nase in den Wind zu strecken. Hmmmh, war da nicht etwas in der Luft, das nach … Ringelrobbe roch? Ja, die Tiere konnten nicht weit sein! Ich drehte mich ungeduldig nach den Jungen um. Diese kamen schnaufend an. „Na, kommt! Später dürft ihr auch etwas trinken!", meinte ich. Sie murrten ein wenig. Ich stapfte weiter. Schon nach kurzer Zeit hatte ich ein Eisloch der Robben aufgespürt. Ich setzte mich davor. Nun hieß es warten, warten und nochmals warten.

Mein Magen knurrte. Ich konnte es kaum erwarten, bis so eine Robbe auftauchte. Vielleicht schwamm ja auch ein kleiner Fisch vorbei. Ich wartete ab. Aber es zeigte sich keine Robbe. Ungeduldig sah ich mich um. Dort drüben war auch ein Loch, ich konnte es ja dort versuchen. Also stapfte ich zum nächsten Loch. Das Eis beschwerte sich darüber, dass ich darauf herum trampelte. Es krachte und knarrte. Unter meinen Tatzen bewegten sich kleine dünne Eisplatten. Ich erschrak: Sollte das Eis etwa schon so stark schmelzen, dass …? Ich wagte nicht weiterzudenken. Mir wurde nur klar, dass dieser Ort für die Kleinen zu gefährlich war. wir mussten weg von hier, denn sie waren noch ziemlich schwach und konnten noch nicht so gut schwimmen. Ich tappte zu ihnen zurück. Fast hatte ich sie erreicht, da knackte das Eis unter mir und beim nächsten Schritt war die Eisschicht schon auseinander gebrochen und ich stürzte ins eiskalte Wasser. Die graublauen Wellen schlugen über mir zusammen. Einen Moment lang war alles schwarz um mich, doch dann tauchte ich wieder auf und konnte nach Luft schnappen. Ich schwamm an eine Stelle, wo es mir gelang, aus dem Wasser zu kommen und die Nässe aus meinem Fell zu schütteln. Dann schwankte ich vorsichtig hinüber zu meinen Kleinen. „Kommt", meinte ich. „Wir müssen woanders hin, hier ist das Eis schon zu dünn für uns!" Ich lief wieder voran. Die Kleinen folgten mir willig. Ich gab die Hoffnung noch nicht so schnell auf. Trotz des Knurrens meines Magens hoffte ich, dass das Eis an einer anderen Stelle noch nicht zu schmelzen begonnen hatte und ich dort ein paar Robben und Fische erlegen konnte. Vielleicht lief uns unterwegs sogar ein junges, geschwächtes Walross über den Weg. Dann konnte ich wieder zu Kräften kommen. Es gäbe sicher eine Möglichkeit für mich und die Kleinen, die ja noch keine feste Nahrung fraßen.

Also liefen wir weiter. Aber ich hatte mich getäuscht. An der Stelle, wo ich hin wollte, war das Eis noch viel mehr geschmolzen. Ich stellte es mit großer Enttäuschung fest, als ich im Packeis einsank. Nein, hier konnte ich unmöglich eine Robbe jagen. Das musste auf festem Packeis geschehen. Ich suchte mit meinen Augen die Gegend ab. Es war alles weiß und grau. Nur das dunkle Wasser hob sich ein wenig ab. Die Wellen überspülten das Eis und tauten es auf. Ich musste hier weg, denn sonst würde ich mit größter Wahrscheinlichkeit den Boden unter den Füßen verlieren. Ich forderte die Kleinen auf, mit mir wieder weiter zu laufen. Wir mussten uns beeilen und an eine Stelle kommen, wo das Packeis noch richtig fest war. Also machten wir uns von Neuem auf den Weg.

Während wir unterwegs waren, kam mir immer wieder der Gedanke, warum das Eis wohl so dünn geworden war. Aber ich wusste keine Antwort darauf. Das Einzige, was ich sicher wusste, war, dass wir verhungern mussten, wenn ich nichts erjagen konnte. Ich begann, schneller zu laufen. Die Kleinen kamen nicht mehr richtig nach. Aber mein Instinkt sagte mir, dass es in der Nähe Robben geben musste. Ich lief immer schneller und schneller und bald stieg mir der Geruch von Sattelrobben in die Nase. Ich fraß zwar lieber die Ringelrobben, aber auch Sattelrobben waren eine vorzügliche Nahrung. Und tatsächlich fand ich bald ein geeignetes Loch, wo ich mich niederlassen konnte. Ich wartete lange, sehr, sehr lange darauf, dass eine Robbe auftauchte, aber sie ließen sich Zeit mit dem Atem holen. Ich musste wohl Stunden lang vor dem Loch gesessen sein, aber es geschah nichts. Ich wollte es schon aufgeben. Mein scharfer Geruchssinn hatte mich noch nie getäuscht, das verwunderte mich, denn anscheinend hatte mich der Hunger wahnsinnig gemacht. Ich wollte mich abwenden, da tauchte eine Robbe auf. Schnell drehte ich mich um und haschte nach ihr und schon zappelte sie zwischen meinen Zähnen. Ich zog sie aus dem Wasser und zerrte sie über das Eis. Sofort fiel ich wie wild über sie her und hatte sie im Nu verspeist. Die Kleinen sahen mir aufmerksam zu. Sie brauchten nun auch Nahrung. Also ließ ich sie trinken. Ich war glücklich. Ich hatte es doch noch geschafft, eine Robbe zu erlegen und war wenigstens für die nächsten Tage gerettet.

Das eigentliche Problem aber war für uns, dass das Eis immer weiter schmolz. Unter diesen Umständen konnte ich nichts jagen! Wie sollte ich denn so am Leben bleiben und die Kleinen ernähren?

Die nächsten Tage verliefen noch ganz gut, aber dann begann das Eis so sehr zu schmelzen, dass ich einbrach und von der Strömung ein Stück weit davon getrieben wurde. Ich war immer noch schwach und kämpfte gegen die Wassermassen an. Aber irgendwann hatte ich die Kleinen aus den Augen verloren. Ich zog mich wieder auf das Eis und suchte nach ihnen. Aber ich fand sie nicht sofort. Wir hatten uns verloren und waren weiter auseinander, als wir dachten. Ich bewegte mich in Richtung Norden und sie in den Süden. Wir bewegten uns also – auseinander. Das war gefährlich. Sie konnten doch nicht alleine überleben! Ich rief nach ihnen – vergeblich. Ich streckte meine feine Nase in den Wind, in der Hoffnung, dass ich sie somit finden würde. Aber es war umsonst. Ich verbrachte zu viel Zeit damit, die beiden zu suchen. In der Zwischenzeit schmolz das Eis täglich weiter. Es war nun für mich gefährlich, über das schmelzende Packeis zu laufen. Aber ich tat es trotzdem, denn ich musste ja wieder meine beiden Kleinen finden! Also tappte ich vorsichtig über das Schmelzwasser. Immer wieder rutschte ich darauf und sank tief ein, so dass ich schwimmen musste. Meine Kräfte hatten mich mehr und mehr verlassen. Erst jetzt wurde mir klar, dass ich einen Fehler gemacht hatte. Es war ein fataler Fehler gewesen. Aber würde das Eis nicht schmelzen, wäre es auch nie passiert! Nach Tagen witterte ich endlich die Spuren von meinen Kleinen. Ich roch sie sehr deutlich. Sie mussten hier irgendwo in der Nähe sein. Noch dazu kam der Geruch von Walrössern. Auch sie mussten irgendwo sein. Der Hunger wurde immer stärker und ich wurde davon überwältigt. Eine Robbe zu jagen, war bei den Verhältnissen nun unmöglich. Ich musste an andere Nahrung kommen. Vielleicht war ich ja noch stark genug, ein Walrosskalb zu erlegen ... Ich näherte mich also rasch der Gruppe. Die Tiere hatten mich schon gewittert und nahmen ihre Jungen schützend in die Mitte. Sie bildeten eine dichte Mauer um sie. Ich hatte keine Chance, da durch zu kommen, aber ich versuchte es trotzdem. Also näherte ich mich immer mehr. Die großen Tiere mit ihren gefährlichen Stoßzähnen griffen mich an um ihre Jungen zu verteidigen. Ich musste durch ihre Schutzmauer kommen. Ein Junges ließ sich leicht töten.

Doch die Tiere waren klüger als ich dachte. Sie beschützten die Kleinen so, dass ich selbst nach mehreren Versuchen nicht an sie herankam. Und als ich mich dann enttäuscht abwendete, weil ich keine Kraft mehr hatte, bewegten sie sich schnell ins Wasser. So konnte ich ihnen unmöglich etwas tun.

Ich war vom tagelangen Schwimmen erschöpft und musste mich ausruhen. Aber die Sorge um die Kleinen und um die Nahrung machte mir Angst. Ich wusste, dass die Kleinen nicht weit sein konnten und rief nochmals nach ihnen. Tatsächlich hatten sie mich gehört und langsam aber sicher näherten wir uns aufeinander zu. Wir hatten uns wieder gefunden!

Leider war ich so schwach geworden, dass ich unmöglich für sie sorgen konnte. Wir befanden uns nicht mehr auf Eis oder Schnee, sondern auf einer kleinen Insel aus Stein. Das Packeis war geschmolzen und wir waren abgetrennt worden von Eis und Schnee. Ich war so unendlich müde geworden. Auch die Kleinen hatten kaum noch Kräfte. Ich spürte, dass der Tod uns näher war, als wir gedacht hatten. Ich streckte mich nieder. „Legt euch zu mir!", sagte ich liebevoll. Die beiden schmiegten sich erschöpft an mich. „Wir werden uns jetzt ein wenig ausruhen, ihr Lieben." – „Bei dir ist es so schön!", murmelte der eine müde. Ich nickte. Salzige Tränen stiegen in mir auf. Das war alles so schnell gegangen – zuerst der Hunger, die Schneeschmelze, die Trennung durch die Schmelze, dann hatte ich es nicht geschafft, ein Junges von den Walrössern zu töten ... ich war so müde. Es war so schnell gegangen ... wieso musste das sein? Das Eis durfte nicht schmelzen! Ich konnte das nicht verstehen. Die Kleinen atmeten schwer. „Wir sind so müde", flüsterte der eine matt. Ich nickte. „Wir müssen jetzt schlafen und uns ausruhen. Seht, die Walrösser kommen zurück zu uns auf die Insel. Sie wissen, dass wir ihnen nichts tun", meinte ich tröstend. „Ja, ich mag die Walrösser, sie sind so stark", sagte der eine. Ich nickte wieder. „Ja, du hast recht. Nicht einmal ich schaffe es eines zu erlegen." – „Was passiert jetzt?" – „Wir ruhen uns aus. Und wenn wir wieder aufwachen, sind wir in einer Welt aus lauter Schnee und Eis. Wisst ihr, in dieser Welt wird das Eis nie mehr tauen und schmelzen, so dass eure Mama einbricht. Dann gibt es noch viel mehr Eis als hier." – „Oh ja, das wird schön, darauf freue ich mich. Hoffentlich kommt das bald. Wir fühlen uns nämlich nicht wohl, wenn das Eis so dünn wird." – „Ja, mir geht es auch so. Aber jetzt schlaft schön, die letzten Wochen waren anstrengend gewesen." – „Ja, ich freue mich schon darauf, wenn richtig viel Schnee und Eis da ist." Ich musste die Tränen hinunter schlucken. Die Kleinen verstanden es nicht richtig. Sie hatten die Gefahr nicht erkannt.

Nun erschienen Sterne am Himmel. Ich sah noch eine ganze Weile in die dunkle Nacht hinein. Es würde meine letzte Nacht auf Erden sein. Mein Leben hatte sich so plötzlich geändert, es lässt sich eben nichts voraussehen. Aber ich wusste, dass es in der neuen Welt, in die wir Eisbären nach dem Tod kommen würden, aus ganz viel Schnee und Eis bestehen würde. Schnee, Eis, Schnee, Eis, … Das waren meine letzten Gedanken, dann schlief auch ich ein.

Judith Pientschik
Maria-Stern-Gymnasium, Klasse 8a

Gutes Eis, kaltes Eis

Es war einmal eine kleine Stadt in Topazien. Sie hieß Topamolop. Sie bestand aus Eis und nochmal Eis. Erstens, Eis zum Essen, zweitens, Eis zum Skifahren.

Das Eis zum Essen war auf der linken, also auf der falschen Seite, viel zu weit weg, um gegessen zu werden.

Das Eis zum Skifahren war auf der rechten Seite, viel zu nah an den Häusern, und so hat es diese immer eingefroren. Deshalb wollten die Bewohner, dass es andersherum wird.

Sie besaßen einen Magneten in einem Vulkan und der hatte seine Felder vertauscht. Es war keinem gelungen, ihn umzustellen.

Eines Tages kam ein Prinz in diese Stadt und sagte: „Liebes Volk, ich bin hergekommen, um den Magneten umzustellen."

Er war nämlich im Auftrag des Königs gekommen. Wenn es ihm gelingen würde, den Magneten umzustellen, dann durfte er die Prinzessin heiraten.

Nach einem Jahr war er vom Vulkan zurück und der Magnet war endlich umgestellt: Plötzlich war das Eis zum Essen zum Greifen nah für alle Kinder und das Eis zum Skifahren war weit genug, um die Häuser nicht mehr einfrieren zu lassen.

So konnte der Prinz die Prinzessin heiraten und wenn sie nicht gestorben sind, dann leben sie noch heute in Topamolop.

Luisa Sophie Müller
Franz-von-Assisi-Schule, Klasse 3

Bericht über eine Eisbärin

Wir befinden uns in der Arktis, dem kältesten Punkt der Erde. Um genau zu sein, auf einem Schneehang in einer eisigen Landschaft. Seit einen Monat hat die Sonne nicht mehr geschienen. Jetzt taucht sie zum ersten Mal wieder am Horizont auf. Plötzlich streckt sich ein Kopf aus dem Schnee. Eine Eisbärin hat in ihrer Schneehöhle überwintert. Nun lässt sie sich den Hang hinunter rutschen. Vielleicht aus Vergnügen oder einfach so. Unten angekommen, schaut sie zurück zur Höhle. Sie war nicht allein dort unten, denn sie hat zwei Junge geboren. Jetzt tauchen die Kleinen auf. Sie können schon sehen und laufen, doch noch sind sie von der Mutter abhängig. An diesem besonderen Tag hat die Eisbärin das Frühstück verschoben. Heute will sie mit ihren Jungen jagen gehen. Sie sollen selbst jagen können, um später zu überleben. Doch es ist gefährlich, sich auf das Eis an der Küste zu wagen. Durch den Klimawandel, den die Menschen verursachen, scheint die Sonne mehr, als sie sollte. Durch ihre Wärme taut das Eis entlang der Küste in Rekordtempo auf. Gletscherwasser beschleunigt das Schmelzen des Eises. Die drei Eisbären müssen sich beeilen. Wenn sie nichts zu fressen bekommen, müssen sie verhungern. Denn das Eis schmilzt weiter und weiter. Die Chance, etwas zu fressen, wird immer geringer. Wie es in der Zukunft aussieht, weiß die Eisbärin nicht. Sie führt ihre Jungen in eine neue und gefährliche Welt.

Annabelle Grasse
A.B. von Stettensches Institut, Klasse 6d

TIERE AUF DEM EIS

Das verschwundene Eisbärbaby

Es lebte einmal eine kleine Eisbärfamilie oben am Nordpol. Diese Familie bestand aus Emilia, der Eisbär-Mutter, und ihren drei Eisbärbabies: Phipo, Phaja und Pijano.

So wie jeden Tag gingen sie spazieren auf dem meterdicken Eis. Auf einmal hörte Emilia ein Knacksen. Sie drehte sich um und sah einen dicken Riss im Eis – und schaute dann nach ihren Jungen. Phaja war plötzlich auf der anderen Seite des Risses, der zwei Meter breit war. Emilia brachte die anderen zwei Kinder nach Hause und suchte dann einen Weg, um auf die andere Seite des Risses zu kommen. Der Riss war inzwischen schon vier Meter breit, und Emilia nahm ihren ganzen Mut zusammen, um auf die andere Seite zu springen. Aber Phaja war verschwunden. Sie schaute in den Riss und sah Phaja im Wasser paddeln. Emilia überlegte, wer ihr bei der Rettung ihrer Tochter helfen könnte. Dann hatte sie eine Idee und rief ihren Freund Oskar, den Wal. Oskar hörte ihren Schrei und kam sofort zu Hilfe. Phaja paddelte immer noch im Meer und hatte schon fast keine Kraft mehr. Oskar fischte Phaja aus dem Wasser und sprang mit ihr so hoch, so dass sie zu ihrer Mutter hinunter rutschen konnte. Phaja zitterte am ganzen Körper und Emilia wärmte sie überglücklich. Emilia bemerkte, dass sie ja beide immer noch auf der falschen Seite waren. Da bot der Wal wieder seine Hilfe an. Er machte eine Brücke, so dass die beiden Eisbären hinüber laufen konnten. Sie bedankte sich herzlich bei Oskar und versicherte ihm, auch immer für ihn da zu sein, wenn er einmal ihre Hilfe bräuchte. Dann verabschiedeten sie sich und Emilia und Phaja machten sich auf den Heimweg, um nach Phipo und Pijano zu schauen.

Und die Moral von der Geschichte: Das größte Geschenk des Lebens ist Freundschaft

Ann-Sophie Glöckl, Ronja Manz
Freie Waldorfschule Augsburg, Klasse 4

Der Eisbär

```
.................................----HALLOICHBI............................INGEWICHTBET.....
...............TEN.........NEINEISB..DWOHNEAMNORDPOLME...EIS....RÄGT500
.........IEBS.....................ÄRUN.....................I..........KG.
.......AML............................................................ICH..
.....ICH............................................................KANN...
....SE............................................................BIS.......
...RES...........................................EIS.........ZU3M..........
..EF............................................BÄR......ETER.........
..UND.............................I..........IS....GRO..............
..EEH.................................EI.........IS..ÖWER...........
.UNDS........................EI.........IS..DE...............
.ISCH............I.........S..........NUNDHAB..........
..LLF.............EI.......EI........EEIN..D...............
...E...........EI......EI........IC...KE...........
...HN...........S.....EIS.....SW...EI........
...SC...........NEFETTSCH.......SS.....E..........
....MH.........ICH...TS.C.....SFE....LL.........
......OK.......HÜT...ZT.M.....D.AM...IT..........
.....U4.....ICHV.....ORD....F.ALL...EIC.........
........Z....EREISIGENKÄLTEB......HNI.CH...TAUF........
........IS.....EIDER......JAG..IMEWIG.ENEISDER.......
...........DWERDEICHB.........ARKTISEI................
...............................................................
```

Tim Neubert
Maria-Theresia-Gymnasium, Klasse 5c

Neulich auf Eis

Es war einmal ein kleiner Eisbär. Er hieß Knut. Eines Morgens saß Knut vor der Eishöhle. Seine Mutter fragte ihn: „Was ist denn los, Knut?" Knut antwortete: „Wir sind doch umgezogen und ich habe keine Freunde mehr!" Die Eisbärmutter sagte liebevoll zu Knut: „Freunde kommen nicht angelaufen, du musst sie kennen lernen. Na los, geh schon!"
Stolz ging er los, um den Nordpol kennen zu lernen und vielleicht eine Freundin oder einen Freund zu finden. Plötzlich hörte er ein Eisbärmädchen schreien: „Hilfe!" Knut rannte sofort hin. „Was ist denn?" Das Eisbärmädchen antwortete: „Ich bin in einer Eisscholle eingeklemmt! Könntest du mir helfen?" „Ja doch!" sagte Knut. So zog Knut sie heraus und sie bedankte sich freundlich.
„Wie heißt du?" „Ich heiße Knut und du?" „Ich bin die Lisa."
Und so spielten sie, bis es dunkel wurde und waren die besten Freunde.

Stella Sarianidou
Kerschensteiner-Volksschule, Klasse 5c

Der kleine Eskimo

Es war einmal ein kleiner Eskimo namens Tomke. Er war sechs Jahre alt und spielte sehr gerne draußen in seinem selbst gebauten Schneeiglu. Eines Tages spielte Tomke wieder einmal mit seinen Freunden in dem

Iglu, da kam ein großer Eisbär angelaufen. Seine Freunde rannten ganz schnell weg. Er blieb alleine mit dem großen Eisbären. Tomke zitterte am ganzen Körper, doch der große Eisbär brummte: „Was bist du denn für einer?" Da fasste Tomke Mut und sagte: „Ich bin ein Eskimo und heiße Tomke und wer bist du?" „Ich bin Nanuk, der große Eisbär." „Aha", sagte Tomke, „und was willst du bei mir?" „Nichts Besonderes, ich finde nur dein Iglu schön!" „Danke Nanuk, kann man auf dir reiten?", fragte Tomke. „Wenn du willst, dann steig auf", sagte Nanuk. „Okay, mach ich, bist du bereit?" „Natürlich!" Und los ging es über Schneehügel und an Iglus vorbei immer geradeaus. Bis Tomke nach einer Weile nach unten zu Nanuk rief: „Es ist sehr schön hier oben. Siehst du das Loch da im Schnee? Da wohnt meine Freundin, das Schneehäschen Milla. Mal schauen, ob es zu Hause ist." Und tatsächlich, das Schneehäschen war zu Hause. Es hoppelte mit, dann rief es: „Warte Tomke, ich kann nicht so schnell wie ihr." „Dann steig doch auch auf", rief Nanuk und Milla machte einen riesigen Sprung auf den Rücken von Nanuk und weiter ging es.

Nach einiger Zeit sagte Tomke: „Ich muss nach Hause, es wird ja schon dunkel." Und sofort kehrte Nanuk um und trabte zurück. Sie luden Milla ab und dann auch Tomke, der müde war von dem langen Ausflug. Er murmelte: „Komm bald wieder, Nanuk, und bring gleich Milla mit, dann können wir zusammen spielen." Dann ging er zu seiner Familie hinein und gleich ins Bett. Er träumte sehr schön von seinem neuen Freund Nanuk und dem langen Ausflug.

Hannah Lang
Freie Waldorfschule Augsburg, Klasse 4

Die Eiszeit

Es war einmal ein dickes Mammut mit dem Namen Luis und ein Pinguin mit dem Namen Elli. Sie waren feste Freunde. Luis ist 12 Jahre alt und Elli ist 13 Jahre alt. Sie wollen einen Spaziergang machen. Elli hat eine jüngere Schwester namens Lina, die gerne mitgehen wollte. Kleinere Schwestern sind so nervig – Elli wollte alleine mit Lius spazieren gehen. Elli ging los, aber Lina ging einfach hinterher.

Elli lief zu Mama und sprach: „Wir wollen einen Spaziergang machen und Lina läuft uns immer hinterher."

Mama sagte zu Lina: „Lass die beiden doch bitte gehen."

Lina war sehr enttäuscht und sauste in ihr Zimmer. Elli und Lius gingen also los. Sie liefen und liefen. Plötzlich kam ein sehr hungriger Säbelzahntiger und griff sofort an. Sie rannten so schnell sie konnten. Da war die Rettung: Es kamen Jäger. Sie dachten sich: „Oh, die armen Kinder!", und retteten sie. Elli und Luis flohen in eine Eishöhle. Doch da stürzte der Eingang ein. Hinten ging es ganz schön weit runter, aber das war der einzige Weg. Elli rutschte ab und weg war sie.

Luis schrie: „Ist alles ok?"

Elli rief: „Ja, es macht sehr viel Spaß, komm nach!"

Luis rutschte und dann landeten sie im Wasser.

Sie schwammen an den Rand. Da sah Elli etwas ganz Schönes für ihre Schwester: einen Eiszapfen. Sie nahm ihn und dann sahen sie einen Ausgang. Sie rannten raus und standen hinter Ellis Zuhause. Sie stürmten hinein. Als erstes gaben sie Lina den Eiszapfen und danach erzählten sie Ellis Mutter ihr Abenteuer.

Marco Götz
Kerschensteiner-Volksschule, Klasse 5c

Eine eisige Freundschaft

Es war Nachmittag. Da ging ein Eisbär durch den Schnee. Der Eisbär hieß Max. Er hatte keine Freunde. Max hatte vor vier Wochen Geburtstag und war fünf Jahre alt geworden. Er schaute sich um. Plötzlich entdeckte er einen Pinguin. Max sah, dass der Pinguin weinte. Er ging zum Pinguin hin, aber der Pinguin erschrak sehr, als er den Eisbären sah. Der Pinguin wollte wegrennen, aber Max rief: „Halt! Ich tu' dir nichts." Der Pinguin blieb stehen. Max fragte :"Warum weinst du?" Der Pinguin antwortete ängstlich: „Ich…ich ha…habe k…k…keine Freunde." Da lächelte Max und sagte: „Ich auch nicht. Willst du mein Freund sein?" Da sagte der Pinguin: „Ja, natürlich." Sie stellten sich vor, der schüchterne Pinguin hieß Lukas. Lukas und Max sind beste Freunde geworden und seither auch geblieben.

Thuy Linh Duong
Drei-Auen-Volksschule, Klasse 4a

Der Eisbär und die Kinder

Es war einmal ein wunderbarer Eistag. Die Eiszapfen glänzten wie Glitzer im Schnee. Es war so eisig, dass der See eingefroren war. Man konnte sogar Eishockey darauf spielen. Das taten auch viele. Für manche Eltern war es schwierig ihre Kinder nach Hause zu kriegen.

Plötzlich kam ein Rieseneisbär auf die Kinder zu. Alle Kinder dachten, er möchte sie wohl auffressen. Alle Eltern lachten. Sie sagten: „Er will nur mit euch spielen."

Alle Kinder waren so erleichtert, dass sie lachten und mit ihm spielten.
Am Ende waren alle glücklich.

Fijana
Volksschule Centerville-Süd, Klasse 3c

Ich male ein schönes Bild

Ich male ein schönes Bild.
Ich male mir den Winter.

Ich male Wolken und Schnee,
einen Baum
und einen Schneemann.

Auf dem Bild ist auch
ein Pinguin.
Er hat eine orange Nase
und kann watscheln.

Wer mein Bild anschaut,
der muss lachen,
weil es lustig ist.

Lisa Thierauf
Friedrich-Ebert Grundschule, Klasse 1b

Der Eisbär

Der Eisbär in weiß, so ist er bekannt.
Doch wie sieht er aus im Sommerland?
Läuft er entlang den Strand, ganz braun gebrannt,
Oder verbrennt er sich die Tatzen am heißen Sand?
Aber der Bär in Weiß gehört einfach ins eisige Land,
Sonst wäre er unter dem Namen „Braunbär" bekannt.
Nie geschah es, dass man einen lila Eisbär fand.
Doch wäre es nicht interessant,
Wenn sich ein Eisbär lila tarnt?

Natalie Lechner
Peutinger-Gymnasium, Klasse 7e

Eisbär

E ndlich kommen wir am Nordpol an.
I sabell möchte unbedingt einen Eisbären sehen.
S ie hat sogar Fisch für ihn gekauft.
B ären, Bären, Bären, du interessierst dich nur für Bären!
A ber sie sind so knuddelig!
E rst jetzt entdecken wir ihn.
R asend nehmen wir Reißaus!

Sandra Winze
Werner-von-Siemens Grundschule, Klasse 4a

Rettung in letzter Sekunde

Es war einmal eine Eisbärmutter, die jeden Tag Futter holen musste für ihr Kleines. Doch eines Tages schnappte ihr vor ihrer Nase ein anderer Eisbär das Futter weg! Doch sie gab nicht auf und suchte weiter, aber kein Fisch war weit und breit in Sicht. Sie schwamm zu ihrem Kleinen zurück und wollte ihm erklären, dass ihr der letzte Fisch vor der Nase weg geschnappt wurde. Doch auf einmal kamen Tierschützer, die die Mutter und ihr Kleines sahen. Sie beobachteten die Eisbären und bemerkten erst eine Stunde später, dass die Mutter und ihr Kleines Hunger hatten. Die Tierschützer gaben den Eisbären Fisch. Und so wurden die Tierschützer und die Eisbären dicke Freunde!

Sarah Miketta
Volksschule Centerville-Süd, Klasse 3c

Interview mit Herrn „Weißfell"

R: Reporterin
W: Herr Weißfell
R: So, Herr Weißfell, können Sie mir sagen, welche Jahreszeit Ihnen am besten gefällt?
W: Ich mag den Winter am liebsten – ich bevorzuge das Kalte.
R: Das versteh ich nicht. Im Winter muss man sich ständig so dick anziehen, wenn man rausgeht, und selbst dann friert es einen meistens noch immer. Außerdem schneit es viel und Schnee kann sehr gefährlich werden. Sind Sie da nicht meiner Meinung?
W: Zum Ersten muss ich sagen, dass ich den Winter nicht als kalt empfinde. Ich lege mir jeden Winter eine dicke Fettschicht zu, die schützt vor Schnee und macht schön warm. Des Weiteren ist Schnee keine große

Gefahr, da wo ich lebe. Im Gegenteil: bei uns feiert man schon fast, wenn wir mal einen so richtig schönen, kalten Winter haben. Der nimmt bei uns nämlich ziemlich ab.

R: Und was unternehmen Sie dagegen?

W: Gegen die Natur kann man nur sehr schwer etwas machen. Deswegen wandern meine Familie und ich auch aus – an einen Platz, wo noch genügend Schnee liegt.

R: Aber ist es nicht auch mal schön, es wärmer zu haben – im Sommer – wo viel Sonne scheint?

W: Nein, für uns nicht. Wir wurden sozusagen im Schnee geboren. Stellen Sie sich mal vor, mit einem Tierpelz in der knallheißen Sonne zu stehen. Meinen Sie nicht auch, dass man da ganz schön schwitzt?

R: Doch klar, aber den kann man im Sommer dann ja ausziehen.

W: Das ist für Eisbären ein bisschen schwer …

Michelle Mahurin
Peutinger-Gymnasium, Klasse 8e

Eiselfchen

Die Pferde
sie fahren Schlittschuh.
Kinder reiten auf ihnen.
Lustig!

Anantzin Soto-Fiedler
Hort an der Eichendorff-Volksschule, Klasse 3b

Ein Brief an Knut

Hallo, lieber Knut!

Du hattest vor kurzen deinen dritten Geburtstag gefeiert und sogar eine Geburtstagtorte bekommen. Ich habe die Bilder im Internet gesehen.

Du bist aus einem kleinem Eisbärbaby ein großer starker Eisbär geworden.

Aber manchmal siehst du ganz traurig aus.

Wird dir manchmal zu warm in Deutschland?

Bist du vielleicht zu einsam? Fehlen dir deine Eisbärfreunde? Du bist berühmt. Aber bist du auch glücklich?

Eigentlich gehörst du zum Nordpol. Weil die Arktis deine ursprüngliche Heimat ist. Das Klima in der Arktis ist sehr kalt. Es ist so kalt, dass das Meer im Winter zufriert.

Und da bist du gut ausgerüstet, denn Eisbären jagen auf dem Eis. Die Arktis ist kein Supermarkt. Jedes Tier muss sich die Nahrung selber besorgen.

Weißt du, Knut, dass du ein Raubtier bist?

Die Eisbären sind jetzt die größten Raubtiere der Erde. Du hast bestimmt mal Lust zu jagen? Oder mal ganz weit weg zu laufen? Oder dich vielleicht mal in Schnee zu wälzen? Denn Eisbären lieben Schnee und Kälte. Du hast das nie erlebt.

Aber ich bin mir sicher, du träumst davon … In deinen Träumen bist du ein König der Arktis. Du springst von einer Eisscholle zur anderen. Und die kalte arktische Sonne lächelt dich an. Das ist der schönste Eisbärtraum der Welt!

Lisa Genenncher
Fröbel-Volksschule, Klasse 2c

Der Eisbär trifft einen Freund

Der Eisbär sitzt auf einer Eisscholle. Er trifft den Schneehasen. Er fragt den Schneehasen, ob er mit ihm über die Eisschollen springen will. Sie springen zusammen über die Eisschollen. Dann fragt der Schneehase, ob sie jetzt Freunde sind.

Michael Stanzel
Luitpold-Volksschule, Klasse 1a

DIE GANS, DIE IN DEN SÜ … ÄH!!! … NORDEN FLOG

Wie man weiß, fliegen ALLE Gänse in den Süden. Na ja, auf jeden Fall fast alle Gänse.

Aber Greta nicht.

Sie flog oft in den Süden, und das voller Spaß. Bis zu diesem Winter voller Schnee und Eis. Also, wie gesagt, es war einmal eine Gänseschar mit sehr, sehr vielen Gänsen. So um die 30 Stück oder so. Einmal flogen alle in den Süden.

Doch Greta nicht.

Sie starteten geradeaus nach Norden. Greta flog mit ihren Freunden sogar mit geschlossenen Augen. Doch sie merkte nicht, wie alle rechts und dann nochmal rechts abbogen. Also danach flogen sie weiter in den Süden.

Nur Greta nicht.

Sie flog einfach mit geschlossenen Augen geradeaus. Sie flog einfach gerade aus und immer weiter und immer weiter. Doch plötzlich merkte sie, dass die anderen Gänse weg waren. Sie dachte sich, die anderen haben sich wahrscheinlich verflogen und sie werden im Norden landen. Sie landete auf einem Eisberg. Er war schneeweiß wie Schnee und genauso kalt wie Schnee. Sie versuchte, sich ein Iglu zu bauen, doch das stürzte wieder ein, weil sie einem Polarfuchs entwischen musste.

Dann sah sie einen Eisbär. Sie fragte: Wo bin ich denn hier? In so kurzer Zeit kann sich doch der Süden nicht verändern. Wo sind denn meine Lieblingskerne?

„Ohjeminee, du bist ja voller Schnee", sagte sie zu dem Eisbär. „Du bist hier im Norden, du hast dich wahrscheinlich verflogen. Hier gibt es nur Schneegänse, keine Wildgänse. Außerdem, das vorhin, das war Drago, der Polarfuchs. Mit dem ist nicht gut Kirschen essen. Mit den Kindern von ihm streiten sich meine Kinder immer. Aber jetzt flieg, flieg schnell zurück in den Süden. Die anderen Gänse werden sich schon Sorgen machen."

Sie flog und flog immer weiter in Richtung Süden. Dann landete sie. Und wo war sie? Sie landete bei den Pinguinen im Augsburger Zoo. Dann dachte sie: „Ohjeminee, ich bin schon wieder in der Nähe von diesem Polarfuchs."

Hilfe! Hilfe! Dann flog sie wieder, flog schon wieder in Richtung Norden. Und wo landete sie? Im Norden. Sie landete wieder bei dem Eisbär und er sagte wieder: „Du hast dich verflogen! Jetzt bist du im Norden." Der Eisbär sagte auch zu ihr: „Es dämmert schon. Hoffentlich findest du noch den Weg nach Hause." Sie flog und flog schon wieder, und wo landete sie? Sie landete schon wieder im Augsburger Zoo.

Diesmal aber bei den Wasserbüffeln. Es war ziemlich gemütlich. Sie fragte den einen: „Bin ich hier im Süden?" Er sagte: „Du bist hier im Süden des Augsburger Zoos. Leg dich auf meinen Rücken, es ist schon fast Nacht." Dann legte sie sich hin und schlief gleich ein. Sie schlief den ganzen Winter lang. Und im Frühling wachte sie wieder auf. Sie war nun fest entschlossen, sie wollte nie mehr in den Süden fliegen.

Die Körner, also ihre Lieblingskörner, gab es bei den Büffeln auch. Einen guten Schlafplatz gab es hier auch. Sie wollte nun jeden Winter auf dem Rücken des Wasserbüffels schlafen. Und hiermit ist die Geschichte von Greta und dem Norden und ein bisschen sogar dem Süden zu Ende.

Franziska Huf
Wittelsbacher-Volksschule, Klasse 2c

Auf Eisbären schießt man nicht

Es war einmal eine Eisbärfamilie. Sie lebte viele, viele lange Jahre glücklich, bis einmal ein großes Boot angefahren kam.

Das merkte die Eisbärfamilie. Der Vater brummelte: „Das sind wahrscheinlich Jäger!" Sein Sohn fragte: „Was sind Jäger?" Der Vater erklärte: „Jäger sind Menschen." Der Sohn unterbrach ihn: „Was sind Menschen?" Der Vater fing wieder an: „Menschen sind Lebewesen wie wir, aber sie laufen auf zwei Beinen. Sie sind sehr gefährlich für uns, weil sie uns jagen!" Die Mutter warnte ihren Sohn: „Bleibe von ihnen weg!"

Die Jäger stiegen aus ihrem Schiff aus und fuhren mit einem komischen Ding weg.

Der kleine Eisbär ging nicht auf die Warnung seiner Mutter ein. Er war sehr neugierig und schaute sich um. Und bald fand er an einem Ort, den er bisher noch nie gesehen hatte, ein Haus. Vor dem Haus stand auch das komische Ding.

Die Jäger sahen den kleinen Eisbär und stürmten mit Gewehren aus dem Haus.

Der kleine Eisbär fragte sich, ob er jetzt weglaufen oder sitzen bleiben sollte? Er zögerte nicht lange und lief weg. Die Jäger liefen ihm nach. Er führte sie zu seiner Höhle. Jetzt waren die Jäger draußen und die drei Eisbären waren in der Höhle gefangen. Die Jäger schossen. Sie trafen aber nicht. Bei einem Schuss brüllte der Vater des kleinen Eisbären so laut, dass eine Lawine ausgelöst wurde. Die Lawine verschüttete die Jäger und sie erstickten jämmerlich.

Von nun an lebten die Eisbären wieder glücklich und ungestört.

Felix Grolik
Volksschule Hammerschmiede, Klasse 3d

Der Pinguin – wissenschaftlich

Es gibt 18 verschiedene Pinguinarten, die in 6 Gattungen unterteilt sind. Die genaue Anzahl der Pinguinarten ist umstritten. Manche Wissenschaftler zählen nur 15 Arten, manche Unterarten (z. B. bei dem Eselspinguin), so dass sie auf bis zu 22 Arten kommen. Die Pinguine innerhalb einer Art unterscheiden sich von den anderen Arten durch ihre unterschiedlichen Lebensbedingungen. Eine Fortpflanzung zwischen verschiedenen Arten ist möglich.

Gattung Aptenodytes: brütet ein Ei in einer Bauchfalte aus Kaiserpinguin, Königspinguin

Gattung Pygoscelis: brütet in Nestern aus Steinchen

Adeliepinguin, Zügel- oder Kehlstreifpinguin, Eselspinguin
Gattung Spheniscus: brütet in Höhlen: brütet in Höhlen
Magellanpinguin, Humboldpinguin, Galapagospinguin, Brillenpinguin
Gattung Eudyptes: brütet auf hohen Felsenklippen
Macaroni- oder Goldschopfpinguin, Haubenpinguin, Felsenpinguin,
Kronenpinguin, Dickschnabelpinguin, Snarespinguin
Gattung Eudyptula: brütet in Höhlen
Zwergpinguin, Weilflügelpinguin
Der Pinguin lebt am Südpol. Seine Hauptnahrung sind Fische. Wenn das
Weibchen Nachwuchs bekommt, haben sie nicht so ein dickes Fell. Des-
wegen verstecken sich die Kleinen zwischen den Beinen der Mutter, da
ist es schön warm und sie sind sicher.
Eine große Gefahr ist der Seelöwe. Die Pinguine sind zwar Vögel, aber sie
können nicht fliegen. Die Pinguine sind ganz gute Schwimmer, deswe-
gen ist ihre Jagd nach Fischen meist erfolgreich.

Erik Polishchuk
Werner-von-Siemens Grundschule, Klasse 3a

Der kleine Bär

Hallo, ich bin ein Bär. Meine Familie ist eine Bärenfamilie. Aber die sind
Eisbären und ich nicht. Ich wünsche mir, auch ein Eisbär zu sein. Hey, ich
habe eine Idee. Ich könnte mich mit Schnee bedecken.
Der kleine Bär bedeckte sich also mit Schnee. Dann kam seine Mama
nach draußen und sagte: Wo bist du, kleiner Bär? Da bin ich doch. Ooh,
sag mal, wieso bist du so weiß. Ist mein Geheimnis, Mama. Und dann war
der kleine Bär fröhlich.

Alejna Ajeti
Elias-Holl-Volksschule, Klasse 2b

Der erste Alleingang

Auf dem Nordpol lebte Torben mit seiner Mama Walburga. An einem
sonnigen, kalten Tag beschlossen sie einen Spaziergang durch das Re-
vier zu machen. „Dort über dem Hügel hast du nichts zu suchen, kleiner
Mann!", brummelte Walburga. Torben war neugierig, aber seine Mutter
hatte ihn im Auge, also trottete er weiter.
Nach dem Spaziergang war die Mutter so erschöpft, dass sie ein kleines
Schläfchen machen musste. Wenn sie dies nicht machen würde, wäre
Walburga den ganzen Tag unerträglich.

Der kleine Bär spielte unterdessen mit seinen Schneefiguren. Das Dumme war, immer wenn er sie berühren wollte, gingen sie kaputt. Er schaute immer wieder zu dem Hügel hinüber. „Was wohl da drüben ist?", dachte er sich. Dann schaute er zu seiner Mama, ob sie noch schlief, und rannte zum Hügel hinüber. Ganz enttäuscht sagte er: „Das ist ja nur Schnee!" und rannte mit einem Affenzahn hinunter.

Doch der Schein trog: Es war ein See, der zugefroren war, und Torben kannte ja noch kein Eis. Er hüpfte ausgelassen herum. Auf einmal machte es schwupp – und der kleine Eisbär war weg. Er zappelte und schrie.

Da kam ein alter Polarwolf, Hubertus, vorbei und sagte: „Wos machscht denn du da drinna?" Er zog ihn heraus und sprach: „Hoscht aber Schweun ghabt." Torben schlotterte „Ddddddd…" und wackelte nach Hause. Er hörte sich von Weitem an wie ein kaputter Auspuff. Hahahaha.

Darum, Leute, hört ein wenig auf eure Eltern. Die haben mehr Erfahrung im Leben!

Katharina Pfeiffer
Berufsschule VI, Klasse GvM 10

Die Eisbärenfamilie

Es war einmal eine Eisbärenfamilie. Sie hatten ein Kind, wollten aber noch eines und sie bekamen auch noch eines. Die Eisbärenfamilie nannte das Kind: Schleckeis. Schwester mochte es gerne.

Eines Tages, als sie gerade einen Spaziergang machten, entdeckten die Kinder ein Loch. Ein Fisch schwamm darin. Sie wollten den Fisch raus holen, aber da war er weg. Da sprang Schleckeis hinein und kam nicht wieder heraus. Da sprang seine Schwester auch hinein und kam nicht mehr heraus. Danach kamen zwei Betäubungsmittel. Die beiden Eisbären sahen verschwommene Männer und schliefen ein. Die zwei Männer schleppten sie durch einen unterirdischen Gang zu ihrem Hauptmann. Der Hauptmann sagte: „Das sind aber zarte, leckere Eisbären." Da wachte Brumelia, die Schwester von Schleckeis, auf und fragte: „Wo sind wir?" Da wachte Schleckeis von lauter Geschrei auch auf. „Bringt sie in die Zelle! Übermorgen werdet ihr geschlachtet." Schleckeis rief: „Das traut ihr euch gar nicht!" Die Diener brachten sie in die Zelle.

Brumelia und Schleckeis schmiedeten einen Plan, wie sie da heraus kommen würden. Da hatte Schleckeis eine Idee. Der Hauptmann kam herein und sie fragten: „Bekommen wir ein Seil, so dass wir uns eng aneinander binden können und es wärmer ist?" Sie bekamen eines. Daraufhin bissen die Eisbären das Seil durch. Das eine Stück hängten sie an die Decke, indem sie es mit Schnee hin klebten. Das andere Stück klebten sie an den Türrahmen, so dass man, wenn man herein kommt, darüber stolpert. Sie hangelten sich an dem Seil hoch und warteten, bis jemand herein kam.

Da kam der Hauptmann zur Tür herein und stolperte über das Seil. Die beiden nutzten die Gelegenheit und schwangen sich mit dem Seil nach draußen. Die zwei anderen versuchten die beiden zu fangen. Schleckeis erkannte die Situation und stellte ihnen ein Bein. Da stolperten beide darüber. Schleckeis und Brumelia rannten so schnell sie konnten den unterirdischen Gang entlang bis zu dem Loch. Sie wussten nicht, wie sie da hinauf kommen sollten. Die zwei anderen kamen näher und näher. Da hatte Schleckeis eine Idee. „Wir verstecken uns und warten, bis sie kommen. Dann denken sie, dass wir schon oben seien, und dann klettern wir hoch und folgen ihnen. Sie suchen uns, finden uns aber nicht. Solange sie uns nicht sehen, rennen wir zur Polizei. Sie verhaften sie dann und wir bekommen ein Eis als Belohnung."

Das geschah auch so – mit dem Unterschied, dass sie die Polizei hinein führen sollten. Als sie ins Zimmer kamen, war der Hauptmann gerade nackig in der Badewanne und man sah seinen Po. Die Polizei konnte alle drei Gauner verhaften. Brumelia und ich bekamen zur Belohnung ein großes, großes Eis mit je vier Kugeln. Nach einem Monat kam der Polizist mit den drei Halunken vorbei. Der Polizist sagte: „Die drei wollen sich bei euch entschuldigen." Die drei entschuldigten sich und sie wurden schließlich beste Freunde. Sie erlebten viel, aber es war immer zusammen.

Lena und Hannah
Lichtenstein-Rother-Volksschule, Klasse 3

Ein verwunderter Eisbär

Der kleine Eisbär Tommy schwamm an einem sonnigen Nachmittag im Atlantik herum. Er paddelte immer weiter vom Nordpol weg. Nach einer Weile fühlte er sich sehr schlapp. „Ich glaube, ich setze mich mal ans Ufer", dachte er. Gesagt, getan. Er merkte nicht, dass hier gar kein Eis oder Schnee lag. Tommy strandete in einer Stadt in Dänemark und weil er so müde war, schlief er sofort ein. Am nächsten Morgen schwamm er ausgeruht weiter. Schließlich landete er in einem Fluss, der durch eine große Stadt floss. Tommy wusste nicht, wo er war. Neugierig kletterte er ans Ufer und lief auf dem Fußweg. Plötzlich schrie eine junge Frau: „Hilfe, ein Eisbär!" Alle Leute rannten schnell weg. Nun konnte sich Tommy die Stadt Augsburg genau anschauen. Er wunderte sich, weil hier so komische Kisten auf den Straßen fahren, die Menschen nennen sie Autos.

Auch lange Blechboxen auf Schienen rutschen herum. Tommy hatte aber auch langsam Hunger. Der Eisbär machte sich auf den Weg und suchte nach Fisch oder Robben. Tommy fand ein Haus, dort roch es lecker nach Fisch aus dem offenen Küchenfenster. In einem günstigen Moment klaute er sich drei Forellen, die auf dem Tisch lagen. „Mhh, sind die lecker!", flüsterte Tommy in Gedanken. Plötzlich bekam er Heimweh und wollte er wieder nach Hause. Aber wie kam er wieder an den Nordpol? Er suchte den Fluss, auf dem er hergeschwommen war. Er fand ihn, sprang ins kalte Wasser und schwamm und schwamm. Auf einmal sah er einen kleinen Pinguin auf einer Eisscholle. „Huch was ist denn das?" Vor Schreck vergaß Tommy zu paddeln. „Ich glaube ich habe mich verschwommen." Er drehte auf der Stelle um und schwamm in die andere Richtung. Schließlich kam er am Nordpol an. Tommy fand seinen Vater sofort und sie gingen gemeinsam in die Höhle. Der Ausreißer erzählte von seinen Abenteuern, die er erlebt hatte.

Jasmin Sailer
Kerschensteiner-Volksschule, Klasse 4a

Der Eisbär und die Katze

Der Eisbär war schon alt und krank, und der See war schon so zugefroren, so dass man nicht mehr fischen konnte. Da kam eine Katze aus der nächsten Scheune und brachte ihm ein Paar graue Mäuse. Sie sagte nur: „Iss!" Der Bär darauf: „Was isst dann du?" „Mäuse gibt es für uns beide genug." Zitternd vor Kälte lief die Katze zurück zur Scheune. Am nächsten Tage stürzte diese unter einem Schneesturm ein. Die Katze kam noch heil heraus, im Maul noch eine graue Maus. Sie aß die Maus und lief zum Eisbären, frierend von der Eiskälte. Die Katze stotterte: „Jetzt ist's vorbei. Ich werd´ erfrieren." Der Bär sagt: „Das wird nicht passieren! Wohn bei mir, ich wärme dich, und du fängst Mäuse für dich und mich." Fröhlich legt sie sich zu ihm, und so überstanden beide ihn: Den Winter, egal wie kalt dieser auch war, die beiden lagen immer da.

Marie Schön
Gymnasium bei St. Anna, Klasse 6d

Zwei Interviews zum Thema Eis

Interview mit einem Eisbär:
Reporterin: „Guten Tag, Herr Eisbär, ich befrage Sie heute zu dem Thema: Eis. Mein erste Frage heißt: Wir fühlen Sie sich in dieser Eiseskälte?"

Eisbär: „Ich fühle mich sehr wohl in dieser Affenhitze, Frau Reporterin, ich kann Sie gar nicht verstehen, warum Sie so furchtbar warm angezogen sind!"

Reporterin: „Ja, wissen Sie, für Sie ist es hier ziemlich warm, aber für uns Menschen ist der Nordpol wie eine Gefriertruhe. Was machen Sie eigentlich den ganzen Tag?"

Eisbär: „Ich faulenze, lasse mir von meinen Eisbärkindern den ganzen Tag den Rücken massieren und meine Frau versorgt mich ab und zu mit leckeren Fischstäbchen von der Marke Iglu."

Reporterin: „Das ist ja ein Zufall, die mag ich nämlich auch gern. Also dann danke für das Interview, Herr Eisbär."

Interview mit einer weißen Löwin (die am Nordpol Urlaub macht)

Reporterin: „Hallo, Frau Löwin, wenn Sie nichts dagegen haben, würde ich Ihnen ein paar Fragen stellen, die ich unserem Herrn Eisbär auch eben gestellt habe. Also, wie gefällt es Ihnen, am Nordpol Urlaub zu machen?"

Weiße Löwin: „Ich bin hier ja schon zum dritten Mal und ich muss sagen: Es ist schon ein großer Temperaturunterschied im Vergleich zur Wüste, aber man gewöhnt sich daran. Die Fische sind eigentlich auch ganz lecker, es ist ja schließlich Fleisch."

Reporterin: „Ja, aber so ein mächtiges Tier wie Sie kann sich doch nicht nur von solchen kleinen Tierchen wie den Fischen ernähren. Fänden Sie ein zartes Antilopenfleisch nicht besser?"

Weiße Löwin: „Natürlich wäre ein Elefantenfleisch besser! Was denken Sie denn von mir? Aber man muss sich halt daran gewöhnen. Manchmal gibt mir meine Gastgeberin ein paar Fischstäbchen."

Reporterin: „Jetzt wollte ich ihnen noch eine letzte Frage stellen: Was machen Sie eigentlich den ganzen Tag?"

Weiße Löwin: „Meinen Sie jetzt am Nordpol oder in der Wüste?"

Reporterin: „Ja natürlich hier am Nordpol, da ich hier bin, um Sie zu befragen. Und sie könnten mir diese letzte Frage endlich einmal beantworten!"

Weiße Löwin: „Könnten Sie bitte mal aufhören, so unhöflich zu sein? Schließlich bin ich eine Löwin und nervige Reporterinnen schmecken mir wahrscheinlich etwas besser als kleine Fische! Na gut, kommen wir zu Ihrer Frage: Ich schwimme sehr gerne und am liebsten sonne ich mich, aber das geht hier leider nicht so gut."

Reporterin: „Ok, dann bedanke ich mich für das Interview. Tschüss!"

Franziska Amann, Sophia Straub
Maria-Stern-Gymnasium, Klasse G5b

Der Eisbär namens Bolly

Es war einmal ein Eisbär namens Bolly. Er stand auf einem Eisberg und wollte spielen. Aber es war weit und breit niemand zu sehen.
Plötzlich sah er im Wasser einen kleinen Baby-Eisbär. Bolly schwamm, um ihn zu retten. Nach einer Weile saßen die beiden wieder auf dem Eisberg.
Bolly fragte: „Wie bist du reingefallen, was wolltest du tun?"
„Ich wollte trinken" antwortete der kleine Eisbär.
„Das ist aber sehr gefährlich, wenn man so klein ist wie du!", sagte Bolly und fragte: „Wie heißt du eigentlich?"
„Ich heiße Bolly", antwortete er.
„Magst du mit mir spielen?", fragte Bolly.
„Ja, gerne"
Und so fand Bolly jemanden zum Spielen.

Julia Grabara
Franz-von-Assisi-Schule, Klasse 3 hellblau

Die Schlittenfahrt

Der Esel fuhr den Berg hinunter,
und fiel dann immer wieder runter.
Da sah er plötzlich eine Maus,
die streckte ihm die Zunge raus,
der Esel kochte nun vor Wut,
und zog den Schlitten hoch mit Mut.
Doch hinterher, da kam daher,
die kleine Maus und sagte gleich,
„du bist jetzt raus"
denn sie wollte ein Wettrennen machen
und fing gleich an, ihn auszulachen.
Der Esel fuhr den Berg hinunter
und fiel dann auch nie wieder runter.

Franziska Bader
Freie Waldorfschule Augsburg, Klasse 6

Tiergeschichte oder Pit und Pet

Es war ein wirklich schöner Wintertag. Die Sonne strahlte schon vom blauen Himmel auf das Eis der Arktis. Die Eisbärenbrüder Pit und Pet sprangen von Eisscholle zu Eisscholle. Es machte ihnen Spaß.

Aber es war viel anstrengender als letztes Jahr, als die Eisschicht noch mächtig und dick war. Ihre Mutter konnte voriges Jahr auf der zugefrorenen Eisdecke leichter nach Robben jagen. Sie wartete einfach an einem Wasserloch, bis eine kleine Robbe hochkam, um Luft zu holen. Dann konnte sie zuschnappen und hatte Nahrung für die Eisbärenkinder. Heuer musste sie, um Robben zu finden, länger tauchen.

Dieses Jahr war die Eisdecke in lauter kleine Packeisstücke zerbrochen. Der Weg von Scholle zu Scholle war lustig. Aber die Eisschollen waren nicht stabil und Pit und Pet mussten sehen, dass sie die Eisplatten am richtigen Punkt trafen, um nicht ins eiskalte Wasser zu fallen. Es kostete die beiden Brüder viel Kraft. Pit sprang vorne weg – immer weiter ...

Pet konnte ihm nicht mehr so schnell folgen und lief zurück zur Mutter, um ihr alles zu erzählen. Die Mutter von Pet weinte. Sie wusste nicht, wo ihr zweites Kind war. Pit war nach ein paar Tagen auf dem Festland in Grönland gelandet, aber er sah dort niemanden. Nach einer Weile kam ein Mann in die Gegend. Er sah Pit und rief den Tierarzt an. Der Tierarzt kam an die Stelle und untersuchte Pit. Das Eisbärenjunge war zwar etwas entkräftet, aber gesund. Und er brachte Pit in den Zoo. Dort war er ganz sicher und die Menschen gaben ihm Fische und fanden das kleine Eisbärenkind süß. Er war dann sehr glücklich, obwohl er seine Familie nicht mehr sah.

Aber nach zwei Jahren war Pit gewachsen und die Männer schickten ihn wieder zurück in die Arktis und ließen ihn frei. Als er da war, war er mehrere Tage allein. Aber eines Tages, das Eis leuchtete hell und strahlend in der Sonne, sah er zwei Eisbären. Er ging langsam immer näher und es war seine Familie – seine Mutter und sein Bruder Pet.

Die Männer, die Pit beobachtet hatten, freuten sich und fuhren wieder nach Hause – nach Grönland.

Qendrim Podvorica
Kapellen-Volksschule, Klasse 5a

Zwei Eisbären

Es war einmal ein Eisbär –
Sein Zuhause war das Eismeer.
Doch dort lebte er nicht allein in der Kälte,
weil sich eine Eisbärfrau zu ihm gesellte.
Und was dabei herauskam – ja, das weißt du bestimmt!
Ja natürlich ... ein kleines Eisbärkind!

Irem Cavusoglu
Kapellen-Volksschule, Klasse 5a

Eisbär

In der Wildnis –	In Gefangenschaft –
Eis unter den Tatzen,	Beton unter den Pfoten
weiß.	braun vor Dreck
Eishöhlen,	Betonhöhlen,
viel Platz,	wenig Platz
viel Bewegung,	monotone Bewegungen
Meer,	Schwimmbecken
schlank.	übergewichtig.
Ozean zum Fischen	Futtertrog
Salzwasser	Süßwasser
Einzelgänger	Publikumsliebling
Raubtier	Tierpfleger
angepasst an Kälte.	Wärme.
	Wo er wohl lieber lebt?
	Ortswechsel!

Merve Mermerkaya
Kapellen-Volksschule, Klasse 5a

Nuri, der kleine blaue Eisbär, entdeckt das Eis

Selbst in seinen Träumen denkt Nuri an seine Mutter, die er noch immer sucht. Inzwischen sind schon ein paar Monate vergangen und heute schneit es zum ersten Mal. „Was ist geschehen?", denkt Nuri, als er ziemlich durchgefroren aufwacht. „Ist der Eiswinter schon da?" „Spielst du mit uns?", rufen die anderen Tiere. Es sind Dani, der orange Eishase, und Marci, der rote Eisdachs. Nuri lässt sich nicht lange bitten, denn er weiß, wie lustig es ist, mit Eisbällen zu werfen! „Achtung! Angriff!", schreit er laut und stürzt sich in die Eisballschlacht. Aber auch die hat einmal ein Ende. Außerdem muss Nuri weiter nach seiner Mutter suchen. Als er durch ein Guckloch im Iglu die Familie Eiseichhörnchen so gemütlich beisammen sieht, will Nuri gleich weiterlaufen, weil er ganz traurig wird. Im Eiswinter scheint es überall viel stiller zu sein. Nuri ist verzweifelt, weil er niemanden nach seiner Mutter fragen kann. Endlich findet er zwei pinke Eisvögel, die ihn zu Longi, dem grünen Eismaulwurf schicken. Nuri kann wieder hoffen! Longi kennt tatsächlich eine Bärin, die am Ufer eines Eissees wohnt. „Am besten kommt man mit Schlittschuhen über den See", meint Longi, „fahr´ mir einfach nach! Es ist ganz leicht. Schau, wie das geht! – Es ist meine Lieblingssportart." Zuerst ist Nuri ein bisschen ängstlich auf dem Eis, doch bald gelingt es ihm, sicher zu gleiten. Was tut man nicht alles, um seine Mutter zu finden! „Bravo!", ruft Longi, weil Nuri so viel Mut zeigt. Am anderen Ufer trottet er alleine weiter auf dem Weg zu einer Höhle, den Longi ihm beschrieben hat. Kann das sein? Als er davor steht, erkennt er seine rosa Eisbärmutter. „Mama!", schreit er und wirft sich in ihre Arme. „Wenn du wüsstest, wie froh ich bin, dich endlich gefunden zu haben! Ich habe dich schon so lange gesucht!" Der Eiswinter ist für alle Eistiere manchmal eine gute und manchmal eine schwere Zeit. Aber Nuri erlebte ein großes Glück. Sein weiter Weg ist nun zu Ende. Beruhigt und müde liegt er nun in den Armen seiner Mutter.

Nurullah Abi
Volksschule Centerville-Süd, Klasse 6b

Ein Interview mit einem Eisbär

Ich: Hallo, mein Name ist Anna und ich bin 14 Jahre alt. Wie heißt du?
Eisbär: Ich heiße Tommy.
Ich: Aha, ist es eigentlich sehr kalt in Alaska?
Tommy: Naja, für euch schon … aber ich habe ein sehr dickes und wasserabweisendes Fell. Darunter habe ich dann zusätzlich noch eine dicke Fettschicht.
Ich: Wird es dir dann nicht zu heiß, wenn du dich anstrengst?
Tommy: Ja schon, aber dafür habe ich ja schließlich meine Klimaanlage …
Ich: Hää? Wie meinst du das?
Tommy: Da ich nicht so schwitzen kann wie ihr, hechle ich einfach. Wie zum Beispiel Hunde oder Katzen.
Ich: Ah, wer ist eigentlich das größte Säugetier bei euch in der Arktis?
Tommy: Na, wir!
Ich: Ach so! Wie bist du eigentlich hierher gekommen?
Tommy: Ich bin gelaufen, du musst wissen, wir Eisbären können sehr lange und schnell laufen. Ich schaffe sogar bis zu 40 km/h.
Ich: Wow! Hast du eigentlich Kinder?
Tommy: Ja schon, aber ich kümmere mich nicht um die. Das machen die Eisbärinnen. Und stell dir vor, sie können es bis zu zwei Wochen ohne Nahrung aushalten. Danach sind sie aber immer sehr mager.
Ich: Och, die Armen … warum hilfst du ihr denn nicht bei der Erziehung euer Kinder?
Tommy: Weil ich ein Einzelgänger bin und nie lange bei meiner Frau bleibe.
Ich: Na ja, wenn das so ist …

Tommy: Ja, so ist nun mal das Leben … und deswegen muss ich jetzt auch weg, sonst schmilzt mir das Eis unter den Füßen weg.

Ich: Ach, wie schade. Tschüss und einen guten Heimweg!

Tommy: Tschau!

Anna Stensitzki
Werner-von-Siemens Hauptschule, Klasse 7dM

Ein Eisbär auf Entdeckungstour

„Hier Leute, Frühstück!", rief unser Pfleger und warf einen eingefrorenen Fleischklumpen in unser Gehege. Wie auf ein unsichtbares Startzeichen stürzten meine Artgenossen gleichzeitig ins Wasser, um sich das Stück Fleisch zu sichern. Ich bin weder Löwe noch Tiger, sondern ein junger Eisbär. Polaris heiße ich und werde bald ein Jahr alt. Während sich meine Familie äußerst unfreundlich um das Futter stritt, war ich jedoch schlauer und wartete, bis der Wärter den zweiten Brocken ins Wasser warf, um mit einem mächtigen Platsch gleich daneben zu landen. Es war tiefster Winter und wir Eisbären spürten, dass die Menschen gerne zu Hause geblieben wären. Wir hingegen liebten die klirrende Kälte und die Jüngsten verbrachten ihre Zeit hauptsächlich mit dem Toben im Schnee.

Mit großen Sätzen sprangen die restlichen Tiere in das kristallklare Wasser, dass es nur so spritzte und in die Höhe schoss. Prustend und schnaufend tauchten sie nach Sekunden wieder auf und paddelten eilig zu der sich rangelnden Truppe. Ich schleppte meine Errungenschaft an Land, um sie so schnell wie möglich in Sicherheit zu bringen und zu verzehren. Später wurden wir wieder in das Innengehege gerufen, wo jeder seinen eigenen Käfig hatte.

„Bis nachher, Leute!", gähnte der Pfleger und tätschelte mir den Kopf. Im Gegensatz zu den anderen Eisbären war ich zutraulich und ließ mich gerne streicheln. Zudem war ich lange nicht ausgewachsen und noch ein richtiger Teddybär. Ich wurde mit der Flasche aufgezogen, war erst kurze Zeit zusammen mit den anderen auf der Außenanlage und hatte mich noch nicht richtig in die Gruppe eingelebt.

Ich würde gerne mehr von der Welt sehen, aber das gestatteten die Menschen leider nicht. Doch heute vergaß der Pfleger auf dem Weg zur Mittagspause meinen Käfig abzuschließen. Und als ich mich an der angelehnten Tür scheuerte, gab diese unter meinem Gewicht nach. Erstaunt tastete ich mit meiner Tatze nach der Tür, die doch gerade eben noch da gewesen war. Schließlich steckte ich meinen Kopf nach draußen und schob meinen massigen Körper gleich hinterher. Ich verließ mich auf meinen guten Geruchssinn, der mich geradewegs auf den Besucherweg leitete.

Plötzlich kroch mir ein scharfes Aroma von Fisch in die Nase. Entzückt sog ich die Luft ein und folgte dem Duft der leckeren Nahrung. Eilig lief ich schneller und – peng! – knallte mit dem Kopf an ein durchsichtiges Etwas. Doch ich konnte nicht erkennen, was es war. Ich hatte einen klaren Blick auf die andere Seite der unsichtbaren Wand. Trotzdem prallte ich beim zweiten Versuch wieder gegen ein kaltes, festes Element, das mich einfach nicht vorbei ließ. Das konnte doch nicht möglich sein. So startete ich einen dritten Versuch. Ich wollte mich nun endgültig versichern, dass da gar nichts war. Ich nahm also Anlauf und jagte auf den Teich zu, der sich hinter der merkwürdigen Abtrennung befand. Kurz davor bremste ich erschrocken ab. Da war doch etwas hinter dieser undurchdringbaren Mauer. Ein Schauer durchlief mich. Da stand doch tatsächlich eine Kreatur direkt vor mir und schaute mich verdutzt an. Ich nehme an, ich habe auch nicht schlauer ausgesehen. Das Wesen stand aufrecht auf zwei kurzen, mit Schwimmhäuten versehenen Watschelfüßen mit weißem Bauch und schwarzem Rücken. Und als wären die seitlichen Stummeln, die wohl Flügel darstellen mussten, nicht genug, trug dieses Minimonster zudem noch eine lange, spitze Nase direkt im Gesicht, mit der es sogar Fische fressen konnte. Ein kleiner Fisch baumelte seitlich aus der Nase, die sich als Schnabel entpuppte. Mit einem Schnattern drehte sich das Tier um und wackelte mühsam zurück ins Wasser.

Nach bestimmt mehreren Stunden Fußmarsch kam ich an eine Art Riesengehege, mit einem Boden aus Eis, auf dem Menschen mit Schuhen, die ich noch nie zuvor gesehen hatte, herum liefen. Begeistert von dem vertrauten Element, wollte ich sogleich mitspielen und krabbelte unter der Abtrennung hindurch. Doch kaum hatte ich die Eisfläche betreten, rutschte ich auch schon aus und schlitterte in die Mitte des Platzes. Geschockt wichen die Zweibeiner auf Schlittschuhen aus und fuhren brüllend zum Ausgang. Verdutzt blieb ich auf dem Bauch liegen. Warum waren heute nur alle Menschen so komisch gelaunt?

So machte das keinen Spaß mehr und ich trottete heimwärts. Aber wo musste ich nun hin? Rechts oder links? Einen Zweibeiner konnte ich auch nicht fragen, da dieser sofort schreiend die Flucht ergreifen würde. Ein Eiscafé erweckte schließlich mein Interesse. Auch war ich langsam wirklich hungrig geworden. So wackelte ich auf meinen riesigen Pfoten im Schaukeltrab eilig zur Tür hinein. Niemand war zu sehen, die Menschen waren eben bei der Kaffeepause. Und da die Gelegenheit äußerst günstig war, platzierte ich mich hinter die reichliche Auswahl an leckerem Eis – dieses Mal mit Geschmackssorten – und begann hingerissen die süße Leckerei zu schlabbern.

„Polaris! Polaris, komm sofort her!", hörte ich plötzlich eine Stimme, die mir irgendwie bekannt vorkam. Kurz darauf sah ich zwei unserer Wärter auf mich zu eilen. Erfreut rannte ich ihnen entgegen und stellte mich auf die Hinterpranken, um ihnen je ein feuchtes Küsschen auf die Nase drücken zu können. „Lass das!", erwiderten sie lachend und zausten mir das Fell. Dann ging es auch schon ab nach Hause. Dort legte ich mich müde, satt und zufrieden nach einer dicken Fischportion schlafen. Ich werde mir gut überlegen, ob ich noch so einen Ausflug starten soll, denn es macht ja doch keinen Spaß etwas von der Welt zu sehen, wenn alle vor einem davon laufen.

Alexandra König
Agnes-Bernauer-Realschule, Klasse 7e

Der kleine Schneehase sucht Freunde

Als der kleine Schneehase namens Robbi eines Morgens aufwachte, merkte er, dass die Sonne schien. Dann kroch er aus seiner Mulde hervor. Er hoppelte und suchte im Schnee nach Futter. Als er einiges gefunden und gefressen hatte, wollte er spielen. Nach einiger Zeit wurde ihm langweilig. Bald darauf merkte er, dass er Spielkameraden brauchte. So machte er sich auf die Suche. Er hoppelte im Schnee herum und kam zu einem zugefrorenen See. Er wollte wissen, ob das Eis ihn tragen konnte. Er hüpfte auf den See zu. Da sah er plötzlich noch einen kleinen Hasen, doch der war nicht weiß. Er näherte sich vorsichtig dem fremden Hasen. Nach einer Weile bemerkte auch der andere, dass sich Robbi anschlich. Dann stellte sich Robbi vor: „Hallo, ich bin Robbi." „Hallo, ich heiße Steffi." Da bemerkte Robbi, dass es gar kein Hase, sondern eine Häsin war. Dann fragte Steffi ihn: „Wollen wir spielen? Denn alleine macht es keinen Spaß." „Was spielst du denn?", wollte Robbi wissen. „Ich habe einen Schneehasen gemacht, wir können aber auch Verstecken spielen", antwortete sie. „Das klingt gut", meinte Robbi und er hatte wieder Spaß, denn jetzt hatte er eine Freundin.

Maria Lutz
Maria-Ward-Realschule, Klasse 6c

Die Rettung

Es lebte einmal eine Eisbärenfamilie. Vater Eisbär ging jeden Tag fischen, Mutter Eisbär plauderte jeden Tag mit ihren Freundinnen. Auch der kleine

Eisbär spielte jeden Tag mit seinen Kameraden. Doch eines Tages, als er wie immer mit dem Schneehasen Lena tobte, hörte er plötzlich ein Wimmern. Es musste ganz in der Nähe sein, es kam aus einem Spalt im Gletscher. Als er hinunter sah, entdeckte er ein Schneeküken. Er rief hinunter: „Hab keine Angst! Ich werde dich heraufholen." „Aber wie nur?", überlegte er. Er schaute sich um und rief dann hinunter: „Ich hab es. Dort hinten liegt ein Stock. Du musst dich nur daran festhalten." Schnell lief er den Stock holen und schob ihn zwischen die Eisplatten. Das Küken hielt sich fest und er zog, doch dann rief es: „Stopp, hör auf! Ich passe nicht durch die Eisplatten." Also hörte der kleine Eisbär auf und das Küken ließ los. Er schaute am Spalt entlang und entdeckte eine breitere Stelle. Er rief erneut: „Lauf mal ein Stückchen nach hinten, dort ist eine breitere Stelle!"
Das Küken und er liefen vorsichtig zu der Stelle und versuchten das Ganze noch einmal. Dieses Mal klappte es. Und das Küken stand neben ihm auf dem Eis. Es freute sich: „Supi, du hast mich herausgeholt! Danke!" Der Eisbär bemerkte, dass es schon ein bisschen dunkel geworden war. Er nahm das Küken auf den Rücken, während er sich von Lena verabschiedete, die versucht hatte, ein Iglu zu bauen. Schnell lief er mit dem Küken nach Hause. Dort angekommen fragte die Mutter, wo er gewesen sei. „Ich habe dieses Küken aus einem Gletscherspalt befreit", antwortete er. „Was willst du jetzt mit ihm machen?", wollte seine Mama wissen. Er erwiderte: „Ich will es heute noch behalten und morgen suchen wir seine Eltern." „Gut, aber jetzt wird erst einmal gegessen", antwortete der Vater.
Und wenn sie nicht gestorben sind, dann leben sie noch heute.

Johanna Stegmann, Ramona Weißbach
Maria-Ward-Realschule, Klasse 6c

Eichhörnchen

Eichhörnchen: Hallo, Felix! Na, genießt du den Winter?
Katz: Griasdi, Franz! An so am Sauwetter kann i doch nix genießen!
Eichhörnchen: Aber Felix, das ist doch kein Wasser, sondern Eis und das ist ganz wundervoll, wenn ich nach dem anstrengenden Nüssesuchen auf dem zugefrorenen See nebenan tapsen und herum schlittern kann!
Katz: Ach, Franzerl! So a junga Hüpfa wia du, der find des alles ganz prima, aber i alder Rentner weiß wirklich net, was i damit afanga soll. Des is alles nass, kalt und mei erste Wintergrippe hab i mer au scho eigfanga!
Eichhörnchen: Ach, Felix! Du musst es nur mal ausprobieren, schon allein das Gefühl auf dem Eis zu fliegen ist sooo schön. O bitte Felix, du musst das unbedingt versuchen. Los komm schon, du alter Kater!

Katz: Mei, du bringsch mi no um, Bua, aber wenn des heißt, dass i dann mei Ruah hab, geh ma halt auf die depperte kalte Platte.

Eichhörnchen: O super, das ist ganz nett von dir! Du wirst es nicht bereuen. Wir werden ganz viel Spaß haben!

Katz: Mei, isch des rutschig, Bua. Was hasch mir da eigredet?

Eichhörnchen: Mensch Felix, jetz genieß es halt mal! Aber wenn du da so dem Eis rumkriechst, kann das ja nichts werden. Gib mal Gas, du mürrischer Grießgram!

Katz: Verdammter Bockmischt, des kann ja jetz wohl net wahr sei, jetzt is mer mei Schwanz festgfrora. Du blöder Bua, kommsch jetz her und hilfsch mer gfälligst.

Eichhörnchen: Mei, wie i den Winter hass!

Jessica Owens, Laura Rösener
Maria-Ward-Realschule, Klasse 8c

Der kleine Eisbär

An einem kalten Wintermorgen wachte der kleine Eisbär auf. Da knurrte ihm der Magen. „Zuerst muss ich frühstücken", dachte er bei sich. Er ging zum Kühlschrank und holte ein Stück Fleisch heraus und aß es genüsslich. Im gleichen Augenblick klopfte es an der Tür. Der kleine Eisbär machte die Tür auf und sah seinen Freund, den Robby. „Hallo, wollen wir spielen?", fragte Robby. „Na klar!" Er zog seinen Schal an und stürmte zur Tür hinaus. Das Eis glitzerte in der Sonne und der Schnee sah aus wie winzig kleine Kristalle. „Was sollen wir heute machen?", fragte der kleine Eisbär. „Ich habe ein altes Schiff entdeckt, das können wir erforschen", antwortete Robby. „Wo liegt das Schiff?", fragte der kleine Eisbär. Sogleich antwortete sein Freund: „Da beim großen Felsen." „O.K., gehen wir hin", sagte der kleine Eisbär. So machten sie sich auf den Weg zum großen Felsen. Dort angelangt, stiegen sie auf das alte Wrack und schauten sich das untere Deck an. Sie fanden eine Truhe, die schon ganz verstaubt war. „Was da wohl drinnen ist?", fragte Robby. „Ich mache sie auf!", rief der kleine Eisbär. Er ging mit zitternden Knien zur Truhe und öffnete sie. Darin lag ganz viel Fleisch und Fisch. „Lecker!", rief der kleine Eisbär. Robby kam näher und guckte ebenso in die Truhe. Da sagte er mit einem Lächeln im Gesicht: „Wir haben einen Schatz gefunden!" „Supergut sieht das aus. Los, nehmen wir die Truhe mit nach Hause!" So gingen sie zufrieden und müde nach Hause. Daheim angelangt, verstauten sie ihren Schatz, legten sich hin und schliefen sofort erschöpft ein.

Lisa Raab
Maria-Ward-Realschule, Klasse 6c

Der Eisbär

Der Eisbär hat Freunde: den Eskimo und den Hund und die Sonne.
Das wird ein Spaß!

Manuel Schmid
Montessori-Schule Augsburg, Klasse Feuer

Eine Geschichte vom Pinguin Pikus und Schneeball, dem kleinen Eisbär

Es war ein mal stürmischer Tag am Südpol. Der kleine Pinguin Pikus war in einer Eishöhle. Seine Eltern waren fischen. Sie waren schon eine Woche weg. Er hatte nur einen Fisch, den hatten sie ihm da gelassen. Pikus beschloss, zum Nordpol zu tauchen und seine Eltern zu suchen. Er sprang ins Wasser und schwamm. Er schwamm vier Wochen, dann war er beim Nordpol angelangt. Dort sah Pikus einen Eisbären und eine Robbe. Das erinnerte Pikus an seine Freundin Lina. Lina war eine Robbe und war Pikus' beste Freundin. Dann ging Pikus zu der Robbe und fragte: „Darf ich mitspielen?" „Na klar", sagte die Robbe. „Sehr gern!", antwortete der Eisbär. „Ich heiße Pikus und wer seid ihr?" „Ich bin Mimi", stellte sich die Robbe vor. „Und ich bin Schneeball", stellte sich auch der Eisbär vor. „Und was willst du hier?", fragte Mimi. „Ich suche meine Eltern", sagte Pikus. „Sie waren beim Fischen und sind nicht mehr wiedergekommen." Plötzlich packte jemand Pikus, Schneeball und Mimi und trug sie in einen Käfig. Dann wurde es dunkel. „Was machen wir jetzt?", fragte Schneeball. „Warten", sagte Pikus und Mimi weinte. Sie war erst fünf Jahre alt und das ist sehr jung für eine Robbe. Plötzlich hörten sie ein Geräusch. Das klang wie ein Motor. Dann kam Licht, aber es war von einer Taschenlampe. Es war Abend geworden und die Sterne leuchteten am Himmel. Dann wurden die Käfige rausgeholt und wurden in einen Raum gebracht. Pikus, Mimi und Schneeball waren sehr erschrocken, als sie sahen, dass noch viele andere Tiere dort waren. Sie waren gefangen und Pikus wollte doch seine Eltern suchen. Pikus war sehr traurig und Mimi und Schneeball auch. Sie wurden eingesperrt und jeder bekam noch einen Fisch, aber niemand von den dreien wollte ihn anrühren. Bei Pikus war noch ein Käfig. Dort war eine Robbe. Sie war sehr klein und dann erkannte er, dass es Lina war. „Hallo Lina!", rief Pikus. Die Robbe hob ihren Kopf und sagte: „Pikus, bist du es?" „Ja", sagte Pikus. Und Lina weinte vor Freude. Sie erzählte, wie sie gefangen worden war und wie lange sie schon hier eingesperrt worden war. Dann sagte Lina: „Wir müssen hier irgendwie raus." Und Pikus sagte: „Und wir müssen meine anderen Freunde retten."

„Welche Freunde?", fragte Lina. Dann erzählte Pikus, warum er überhaupt hier war. Und dann ging plötzlich die Käfigtür auf. Und Mimi schaute herein: „Was machst du da, Pikus?" „Das ist meine Freundin", sagte Pikus. „Aha", sagte Mimi. „Schneeball kommt gleich. Kommt, wir suchen einen Ausgang." Sie gingen und plötzlich stand Schneeball vor ihnen. „Buh!", machte er. Sie erschraken. Und Mimi sagte: „Seid leise, sonst kommen die Menschen." Plötzlich entdeckte Lina ein Loch. Sie quetschten sich durch das Loch und waren draußen. Das Eis glitzerte und Lina sagte: „Kommt, wir gehen nach Hause." Dann gingen Mimi, Schneeball, Pikus und natürlich Lina zum Meer und verabschiedeten sich. Und Pikus und Lina mussten ihnen versprechen, sie bald wieder zu besuchen. Dann sprangen Pikus und Lina ins Meer und schwammen zum Südpol. Als sie ankamen, fiel Pikus wieder ein, dass er eigentlich seine Eltern suchen wollte. Er ging in die Eishöhle zurück und hörte Stimmen. Da waren seine Eltern. Er lief auf sie zu und umarmte sie. Dann erzählte er die ganze Geschichte.

Annika Flach
Montessori-Schule Augsburg, Klasse 3

Eiszeit

An einem schönen Freitagabend ging der Pinguin Heribert in die Eisdisco. Dort trank er wie üblich seinen eisigen Eistee mit extra eisgekühlten Eiswürfeln. Die eisige Zeit verging wie im Fluge. Als Pinguin Heribert endlich gehen wollte, traf er die heiße Eisbärdame Hildegard. Sie warf einen eisigen Blick auf ihn, aber er sagte. „Barkeeper, zwei Cocktails mit extra viel Eiszapfen." Doch Hildegard war nicht an Cocktails interessiert, sie wollte Heribert zum Abendessen. Das bemerkte Heribert bald und versuchte zu flüchten. Draußen vor der Disco rutschte und rutschte er, vor Schreck, einen Eishang hinab. Die Eisbärdame Hildegard war dicht hinter ihm. Aber Heribert war schlank und Hildegard pummelig! Er konnte sich in eine Gletscherspalte retten. Hildegard gab auf. So lebte unser Pinguin noch viele weitere eisige Jahre.

Teresa Heinzl, David Vruna
Bebo-Wager-Berufsschule VII, Klasse 10a Fit

Die Eisbärenfamilie

Die Personen:
Vater Eisbär heißt Zack, Mutter Eisbär heißt Lilo, Sohn Eisbär heißt Alex und der Seehund Sebastian

Der Vater und sein Freund gehen los und wollen einen Seehund fangen, weil die Familie Hunger hat. Sie verstecken sich und warten, bis sich die Seehunde hinlegen, um einen Mittagsschaf zu machen. Jetzt rennen sie schnell los. Aber was ist das? Die Seehunde sind schon ins Wasser gerutscht und verschwunden. Wie ist es möglich? Die Seehunde konnten die Eisbären doch gar nicht sehen. Und sie waren auch ganz leise. Aber was ist das? Zack sieht plötzlich seinen kleinen Sohn Alex. „Was machst du hier?", fragt er ihn. „Der Seehund heißt Sebastian und ist mein Freund", antwortete er. „Er soll nicht sterben." Der Vater ist sauer und geht mit seinem Sohn nach Hause. Die Mutter schimpft: „Alex, warum warnst du die Seehunde? Wir haben Hunger!" Alex antwortet: „Ja, Mutter, ich weiß, dass wir Hunger haben, aber das waren Sebastian und seine Familie. Er ist mein allerallerbester Freund. Sie sollen nicht sterben." Seine Mutter und sein Vater sind sehr erstaunt und sagen: „Was, das geht doch nicht! Er ist ein Seehund!" Mutter sagt: „Du bleibst morgen zu Hause." Alex meckert und sagt: „Aber ich will meinen Freund und seine Familie nicht sterben lassen." Alex geht in der Nacht zu seinem Freund und sagt: „Ihr dürft nicht im Eis liegen und keine Mittagsruhe machen." Sebastian ist erstaunt und fragt: „Warum dürfen wir das nicht machen?" „Weil mein Vater und sein Freund euch töten und fressen wollen", antwortet Alex. Am nächsten Morgen steht Alex' Vater auf und geht mit seinem Freund auf Seehund-Jagd. Die zwei Eisbären rennen so schnell wie möglich zu den Seehunden, aber plötzlich kommt Alex mit Sebastian und stoppt die zwei Eisbären. Alex sagt höflich: „Bitte warte, Vater, ich habe eine Idee. Wir können die Seehunde bitten, dass sie Fische fangen und diese uns bringen." Und das taten sie auch. So konnten die Eisbären gemütlich fressen und die Seehund-Familie lebte friedlich weiter.

Johannes Hammerschmidt, Daniel Wüstenhagen
Förderzentrum Augsburg – Förderschwerpunkt Hören, Klasse 6s

Die Eiscreme Eisy auf ihren Weg in die Antarktis

Die Antarktis ist für Eisy, die Eiscreme, ein toller Bereich!
Deswegen plant sie eine Reise dorthin.
Sie soll nur sechs Tage lang dauern.
Eisy beginnt mit der Reise.
Am ersten Tag ist sie im Italien. Zum Glück kann sie Italienisch.
Eisy fragt nach dem Weg zur Antarktis. Doch sie merkt nicht, dass es regnet. Sie würde schmelzen!
Ein Glück: Ihr Freund Pico ist da und bringt sie nach Hause.
Pico ist ein Tüteneis. Pico hört über Eisys Reise und geht mit.

Er weiß, wo es lang geht. Und beide machen sich auf den Weg.

Eisy ist in Rom, doch Pico noch auf der italienischen Seite, wo es regnet.

Pico macht ein Schritt und ist auf der Seite, wo die Sonne scheint.

Sie treffen dort einen Hasen namens Hoppi. Hoppi liebt Eis und will auch zur Antarktis.

Und die drei machen sich auf den Weg.

Sie sind in Ägypten, wo sie eine Katze namens Isirin besuchen. Isirin ist richtig böse. Sie hat ein „Eis-Herz."

Aber Isirin wollte schon immer die Kälte spüren. Und die vier machen sich auf den Weg.

Die Vier sind in Ozeanien, also in Australien und treffen ein Känguru mit Namen Backy.

Backy plant auch eine Reise zur Antarktis. Deswegen macht er auch mit.

Doch Eisy hat bemerkt, dass es schon der fünfte Tag der Reise ist.

Da müssen sich Eisy, Pico, Hoppi, Isirin und Backy beeilen!

Am sechsten Tag sind die fünf Freunde da. Es ist super. Das Eis ist so schön, dass sogar Isirin kein „Eis-Herz" mehr hat!!

Jan Patrick Bernstein
Franz-von-Assisi-Schule, Klasse 3 weiß
Schreibwerkstatt

Die richtige Speis?

Der Pinguin,
der Pinguin,
der watschelt übers Eis dahin.
Da kommt daher
ein Gummibär
und denkt, der wär aus Eis ein Bär.
Der Pinguin, der macht ihm weis,
er habe Lust auf diese Speis.
Der Pinguin,
der Pinguin,
der watschelt übers Eis mit ihm.

Florian Achatz
Freie Waldorfschule Augsburg, Klasse 6

EISKUNST

Eiskalt verliebt

Es war in den Winterferien, an einem Samstagnachmittag, als ich raus in den Garten ging. Dort stand der überaus gut gelungene Schneemann, den mein kleiner Bruder erst am Vormittag gebaut hatte. Ich sah ihn eine Weile an, bis ich bemerkte, dass er einen Zettel in seiner rechten Hand hielt. Ich nahm den Zettel, ging hinein in mein Zimmer und las ihn. Darauf stand: „Hallo, kleiner Engel, ich liebe dich. Bitte schreib mir doch zurück. In Liebe, dein Verehrer."

Ich dachte zuerst, das sei ein Scherz meines kleinen Bruders, doch dann fiel mir ein, dass er noch gar nicht richtig schreiben konnte – und schon gar nicht so schön. Ich überlegte und überlegte, doch schließlich wurde mir klar: Ich hatte mich verliebt – in einen Schneemann.

'O Gott, kann das sein?', dachte ich ganz erschrocken und entschloss mich, dem Schneemann zurück zu schreiben. Ich holte ein Stück Papier und verfasste folgenden Text:

„Hallo, Schneemann oder wer auch immer du bist. Ich finde das echt süß, aber bitte sag mir, wer du bist." Dann faltete ich den Zettel zusammen, ging in den Garten und steckte den Zettel wieder in die rechte Hand des Schneemanns. Den Rest des Tages verbrachte ich am Fenster, wo man einen guten Blick auf den Schneemann hatte, und wartete bis jemand kommen und den Zettel holen sollte.

Irgendwann musste ich aufs Klo und als ich wieder kam, war der Zettel weg. Ich konnte mir einfach nicht vorstellen, dass ein Schneemann schreiben, lesen oder Ähnliches kann, deshalb grübelte ich noch den ganzen Tag, bis ich einschlief.

Am nächsten Morgen schaute ich sofort aus dem Fenster zum Schneemann und hoffte, wieder ein Botschaft zu entdecken. Und tatsächlich: Der Schneemann hielt ein kleines Stück Papier in seiner Hand. Ich lief sofort runter, ging in den Garten, nahm den Zettel und rannte wieder in mein Zimmer. Dort angekommen, las ich: „Hallo! Schön, dass du meine Nachricht bekommen hast, mein schöner Engel. Doch meine Identität wirst du leider noch nicht erfahren. In Liebe, dein Verehrer."

„Das kann doch nicht sein!", regte ich mich auf, doch dann holte ich doch ein Stück Papier, überlegte und schrieb: „Hi, hab ich mich also doch in einen Schneemann verliebt oder was? Bitte sag mir, wer du bist!" Ich steckte den Zettel wieder in die Hand des Schneemanns und frühstückte erstmal. Als ich wieder in meinem Zimmer war, sah ich wieder zuerst aus dem Fenster. Ich dachte natürlich: „Da ist bestimmt keiner." Falsch gedacht! Ich sah nämlich meinen Schwarm, der gleichzeitig mein Nachbar war. Er bückte sich und nahm verstohlen den Zettel aus der Hand des Schneemanns. Ich dachte als erstes: 'O Gott, wenn er liest, dass ich mich in einen Schneemann verliebt habe, werde ich nie im Leben eine Chance bei ihm haben.' Also nahm ich meine Jacke, rannte raus und ertappte ihn gerade dabei, wie er meine Nachricht las. Vor lauter Angst und geradezu noch im Schock sagte ich zu ihm: „Ich, äh, ich bin nicht in einen Schneemann verliebt, ich, also, ich bin nämlich in dich ..." Er sah mich wissend an, lächelte. Ich dachte schon: 'Jetzt ist alles vorbei', als mich jemand küsste. 'Er war also der Schneemann', dachte ich glücklich.

Franziska Bommas
Maria-Theresia-Gymnasium, Klasse 7a

Interview mit einem Schneemann

Reporterin: Hallo, Herr Schneemann! Wie geht es Ihnen denn heute?

Schneemann: Gut, aber ich schwitze sehr und schrumpfe jeden Tag.

Reporterin: Das ist bestimmt schrecklich, aber ich wüsste gerne, wie sich das für Sie anfühlt, wenn Sie täglich mehr und mehr schrumpfen.

Schneemann: Stellen Sie sich vor, Sie sind ein junger, attraktiver Mann und von Tag zu Tag werden Sie immer älter und älter. Wie würden Sie sich fühlen, wenn das Ihnen passieren würde?!? Können Sie sich das vorstellen?

Reporterin: Nein, das wäre ja schrecklich! Wie geht es denn den Schneefrauen?

Schneemann: Den Schneefrauen geht es genauso wie uns auch, sie werden jeden Tag immer unattraktiver und können nichts dagegen tun!

Reporterin: Wem geben Sie die Schuld für diese schreckliche Situation?

Schneemann: Na, den Menschen natürlich! Ihr seid schuld an der Erderwärmung. Ihr seid daran schuld, wenn es bald keinen Schnee und damit auch uns nicht mehr gibt. Aber womit haben wir das verdient? Uns trifft doch gar keine Schuld!

Reporterin: Ich verstehe Sie sehr gut! Ich glaube, uns Menschen ist es gar nicht bewusst, was wir mit unserer Umweltverschmutzung alles zerstören.

Schneemann: Das will ich wohl meinen!

Reporterin: Ich werde den Artikel veröffentlichen und vielleicht kümmern sich dann mehr Menschen um Euch und um die Umwelt.

Schneemann: O ja, das wäre echt toll! Aber jetzt muss ich leider schnell gehen. Ich sehe da eine sehr schöne Schneefrau. Vielleicht kann ich sie ja auf eine Karotte einladen. Bis bald und einen schönen Tag noch!!!

Jacqueline Greiner
Maria-Theresia-Gymnasium, Klasse 7a

Mein neuer Freund

Er ist sehr weiß
Und eigentlich auch heiß
Der Rundungen hat er viele
Spielt mit braven Mädchen gerne Spiele
Die Augen dunkel und rund
Und ein voller Erdbeermund
Eine Nase scharf wie Eis
Seine Kleider sind perlweiß
Ja Sexappeal hat er sogar
Man könnte fast sagen: Er ist ein Star!
Habt ihr ihn denn schon erkannt?
Ich sag's euch also dann:
Mein neuer Freund, der Schneemann.

Sabine Streck
Maria-Theresia-Gymnasium, Klasse 10a

Weiß

Weiß ist es wieder
In den Häusern brennen Kerzen
Nachbarkinder bauen einen Schneemann
Teegeruch in allen Gassen
Engel am Rathausturm
Rentiere leuchten auf Dächern

Willy Hollmann
Berufsschule VI, Klasse FZL12

Rehmas Geschichte

Ich sauste durch den Wald. Das machte riesigen Spaß. Doch dann erschrak ich, weil da vor mir auf einmal ein weißes Objekt stand, das aus drei Kugeln gebaut war. Es hatte eine rote Mütze auf und in den Kugeln waren Steine als Knöpfe, Mund und Augen. In einer Kugel steckten Äste mit Handschuhen – das sollten wohl Pfoten sein. Die Nase war eine Möhre. Ich wunderte mich und überlegte, was das sein sollte. Ich rief: „Ein Eskimo, dem schlecht ist? Nein, eher nicht. Vielleicht eine Statue? Ach, was soll's! Auf jeden Fall werde ich die Möhre essen."

Vorsichtig knabberte ich an der Karotte, da ich gerade Hunger hatte und es im Winter nicht einfach war, Essen zu finden. Es schmeckte einfach köstlich. Die ganze Gelbe Rübe fraß ich auf. Dann sagte ich zu dem Kugelwesen: „Danke für das leckere Essen!", und ging weiter.

Hoffentlich würde ich bald wieder einmal eine so nette Mohrrübengestalt treffen, an der ich die Nase fressen kann.

So, das war meine Geschichte. Viele Grüße von Rehma vom Wald.

Alicia Hepke
Friedrich-Ebert Grundschule, Klasse 3b

Der geklaute Schneeman

Der Schneemann, den ich gestern gebaut,
wurde von einem Räuber geklaut.
Was soll denn die ganze Schweinerei?
Ich ruf jetzt gleich die Polizei.
Er war wohl einfach zu schön, um in meinem Garten zu stehen.
Er musste wohl seine eigenen Wege gehen.
Jetzt geh ich einsam im Wald umher
und vermisse den Schneemann immer mehr.
Für mich ist das alles eine Riesenqual.
Plötzlich entdeck ich am Boden seinen Schal.
In der Nähe seh' ich auch seine Nase,
und daneben sitzt ein kleiner Hase.
Dann seh' ich auch den Schneemann am Boden liegen:
Der Hase hat ihn gestohlen, um die Möhre zu kriegen.

Nina Dießenbacher, Tamara Kientsch
Peutinger-Gymnasium, Klasse 7e

Schneemann

Ein Schneemann ist aus Eis,
wurde gemacht mit viel Fleiß,
Auge, Nase und Mund,
das ist mein Grund.

Mein Schneemann sucht eine Frau,
doch sie sind alle nicht sehr schlau,
er wandert hin und her,
niemanden findet er.

Der Sommer kommt mit viel Sonne,
schmilzt mein Schneemann ohne Frau,
die Suche bleibt für nächstes Jahr.

Meryem Kayar
Berufsfachschule für Hauswirtschaft, Klasse HW 10b

Der Eiszapfen, der nie glaubte, er würde zerbrechen

Es war ein schöner Wintertag. Die Sonne schien. Und es war nicht zu kalt und nicht zu warm. Dieser Tag war einfach perfekt. Da ging ein kleiner Eiszapfen spazieren. Ihr glaubt es nicht, aber es ist wahr: Dieser Eiszapfen glaubte tatsächlich, dass die Eiszapfen, nicht mal, wenn der stärkste Hammer der Welt auf sie prallt, zerbrechen könnten. Er glaubte auch nicht, dass er je einmal schmelzen würde!

Aber dann war es so weit: Die Sonne hatte beschlossen, den Frühling kommen zu lassen. Und plötzlich wusste der Eiszapfen, wenn er schmelzen würde, könnten die anderen Tiere von seinem Wasser trinken oder darin baden. So war er nicht mehr so traurig und enttäuscht, weil er verstanden hatte, dass er als Wasser auch weiterlebt und dass manche Geschöpfe für andere Tiere nützlich sein können.

Luisa Sophie Müller
Franz-von-Assisi-Schule, Klasse 3

Tim, Tom und der Schneemann

Tim und Tom bauen einen Schneemann. Tim rollt den Kopf vom Schneemann und Tom den Körper. Gemeinsam rollen sie den Unterteil vom Schneemann. Sie setzen die Körperteile aufeinander.
Dann ziehen die Jungs den Schneemann an.
Tim nimmt den alten Mantel von seinem Vater. Der Mantel hat einige Flecken, aber das macht nichts. Tom nimmt den Zylinder von seinem Vater und den Schal von seiner Mutter. Tim nimmt den Mantel und zieht den Schneemann damit an. Tom nimmt den Zylinder und drückt ihn in

die Hand vom Schneemann, so dass der Zylinder hängen bleibt. Den Schal wickelt Tom um den Hals vom kalten Schneemann.

Danach stecken die beiden die Karotte als Nase, Kohlestücke als Augen und Steine als Mund ins Gesicht vom Schneemann.

Anschießend schreiben sie auf eine Holzplatte:

BITTE GELD EINWERFEN FÜR EINEN ALTEN MANN!

Nun verstecken sie sich hinter dem Haus.

Nach kurzer Zeit kommt ein Mann, liest das Geschriebene und wirft ein paar Münzen in den Zylinder. Gleich danach kommt noch eine Frau und wirft ebenfalls Münzen ein.

Die Jungs gehen zum Schneemann und nehmen die Münzen aus dem Zylinder und zählen das Geld.

Sie haben drei Euro und teilen es auf.

Tim kauft sich eine Schokolade davon und Tom Chips.

Als sie wieder zurück kommen, ist der Schneemann leider schon ein wenig geschmolzen.

Die Kinder beschließen, den Schneemann am nächsten Tag wieder aufzubauen, aber für heute reicht es und sie gehen nach Hause zum Abendessen.

Natalie Kraus
Spicherer-Volksschule, Klasse 3d

Eine Eislaterne vor dem Haus

Du möchtest gerne eine Eislaterne?
Dann warte, bis die Außentemperatur ca. − 10°C beträgt.

Das brauchst du für eine Eislaterne:
1 leere längliche Blechdose (ca. 600 ml)
1 Handbohrer / 1 dünnen Schraubenzieher
50 cm Schnur
1 Schere
1 großen Eimer
kaltes Wasser
eine Handvoll kleinere Steine
heißes Wasser
1 kleine Stumpenkerze

So macht man eine Eislaterne:
Als erstes muss man einen halben Zentimeter unterhalb des Randes an beiden Seiten der Blechdose mit einem Handbohrer oder dünnen

Schraubenzieher Löcher bohren. Jetzt schneidet man mit einer Schere 50 cm Schnur ab und fädelt sie durch die Löcher der Blechdose.

Danach schüttet man die Blechdose zur Hälfte mit den Steinen voll, hängt sie in die Mitte des Eimers und knotet die Schnur am Bügel fest. Als nächstes füllt man den Eimer 3/4 hoch mit kaltem Wasser. In die Dose darf aber kein Wasser hinein schwappen!

Dann lässt man den Eimer so lange draußen in der Kälte stehen, bis das Wasser ganz gefroren ist. Schließlich nimmt man die Steine aus der Blechdose, schneidet die Schnur vom Bügel ab, schüttet heißes Wasser in die Blechdose und löst sie aus dem Eisblock. Daraufhin gießt man auch an den Rand des Eimers heißes Wasser, damit das Eis sich löst, und lässt die Eislaterne hinausgleiten.

Zuletzt stellt man eine Stumpenkerze in die Mulde, wo vorher die Blechdose eingefroren war. So, jetzt kommt das Schönste: Wenn es dunkel geworden ist, stellt man die Eislaterne draußen auf die Haustreppe oder auf einen Pfosten, wo alle sie gut sehen können, und zündet die Kerze an.

Joana Zacher
Volksschule Herrenbach, Klasse 4d

Mein Schneemann und ich

Ich war sieben Jahre alt und meine Eltern und ich fuhren wie im Jahr zuvor zum Skifahren nach Westendorf in Österreich.

Als wir an unserer Pension ankamen, packten wir sofort unsere Sachen aus und machten uns auf den Weg zur Piste. Es war ein wunderschöner Wintertag und die langen Eiszapfen, die von den Fensterbänken herunterhingen, glitzerten in der Sonne.

Der Schnee war ideal zum Skifahren und wir hatten den ganzen Tag Spaß. Auf dem Rückweg, kurz vor unserer Pension, fragten mich meine Eltern, ob wir noch einen Schneemann bauen könnten. Sie willigten ein und meine Mutter sagte: „Laura, du gehst zu Erika und besorgst einen Topf, eine Karotte, ein paar Walnüsse und einen Schal."

Ich stapfte los. Erika war die Frau, die die Pension leitete, in der wir wohnten. Sie gab mir alle Dinge, die ich benötigte.

Mein Eltern hatten unterdessen mit dem Bauen des Schneemanns begonnen. Wir rollten die Schneekugeln, bis sie immer größer wurden. Ich kann euch sagen: In meinem ganzen Leben hatte ich noch nie so einen großen und schönen Schneemann gesehen. Am Schluss schnitzte ich ihm noch einen Stock, den ich ihm unter seinen linken Arm drückte. Ich hatte das Gefühl, jetzt lächele er mir zu. Mir fiel es schwer, mich von ihm zu verabschieden. Doch zum Glück hatten wir den Schneemann so platziert, dass ich ihn von meinem Zimmerfenster aus sehen konnte. Bevor ich zu Bett ging, sagte meine Mutter, dass der Schneemann morgen wegen einsetzenden Tauwetters geschmolzen sein könnte. Ich machte mir darüber aber keine großen Gedanken, da ich sicher war, dass mein Schneemann ewig lebt.

Am nächsten Morgen machte ich mich gleich nach dem Frühstück auf zu meinem Schneemann. Meine Mutter begleitete mich. Wir gingen auf der gegenüber liegenden Straßenseite, da auf der anderen Seite kein Gehweg war. Wir sahen schon von Weitem einen völlig in sich zusammen gesunkenen Schneemann, er nur noch halb so groß war, seine Nase verloren hatte und in einer Wasserpfütze stand. Sprachlos und regungslos stand ich da, unfähig auf ihn zuzugehen.

Meine Mutter durchbrach die Eiseskälte und Stille, die sich breit gemacht hatte, und sagte: „Laura, in dem Schneehaufen flattert etwas. Schau mal, da steckt doch ein Zettel!" Noch völlig benommen und mit einer Kälte in meinen Gliedern überquerten wir die Straße. Tatsächlich, da steckte an der Stelle, wo gestern noch sein Arm war, ein Brief. Und auf dem Brief stand Folgendes geschrieben:

Liebe Laura,
wie du weißt, bin ich aus Schnee gebaut. Ich bin zwar jetzt geschmolzen, aber ich bin nur wieder zu Wasser geworden. Ich befinde mich weiterhin auf dem Planeten Erde, also auch weiterhin bei dir und in deinem Herzen. Mir geht es gut, mach dir um mich keine Sorgen.
Es grüßt dich ganz herzlich dein Schneemann.

Plötzlich wurde mir warm ums Herz und in meinem eiskalten Körper machte sich Wärme breit. Mir ging es wieder besser und danach fuhren wir wieder Ski. Meine Gedanken kreisten noch lange um meinen Schneemann.

Ihr werdet lachen, aber den Brief, den besitze ich heute noch. Erst sehr viel später erfuhr ich, dass den Brief meine Mutter geschrieben hatte.

Laura Winterfeldt
Gymnasium bei St. Stephan, Klasse 6d

Eisschneemann

Morgens, Sonnenstrahlen wecken mich auf, da höre ich schon meinen kleinen Bruder schreien: „Es hat geschneit!" Langsam laufe ich die Treppen hinab und schaue zusammen mit meinem Bruder Tobi aus dem

Fenster. Es hat 20 cm geschneit und jetzt fängt es wieder an zu schneien, langsam fallen die Schneeflocken auf die Erde und dazu scheint die Sonne. Einfach ein wunderschöner erster Wintertag! Schnell frühstücken, denn ich muss heute auf Tobi aufpassen und der will draußen im Schnee spielen. Schlitten fahren, Schneeballschlacht, einfach das volle Programm. Da darf natürlich auch nicht unsere Wassertonne fehlen, in die Tobi mit voller Faszination Schneebälle schmeißt und zuschaut, wie sie sich vollsaugen. Dann holt er sie wieder aus der Tonne und formt damit einen kleinen Schneemann. Tobis Handschuhe sind jetzt mit Wasser vollgesaugt; damit er nicht krank wird, gehen wir ins Haus und trinken Tee. Am nächsten Morgen schauen wir nochmal zu unserem Wasser-Schneemann, der jetzt ein Eisschneemann geworden ist.

Kathrin Schugg
Berufsschule VI, Klasse GvM 11

GESPRÄCH MIT EINER EISFIGUR AUF DEM AUGSBURGER RATHAUSPLATZ

Hallo Eisfigur,
Du bist riesig. Du glänzt schön. Du bist durchsichtig und sehr anmutig.
Du brichst das warme Licht der Sonnenstrahlen in bunte Farben.
Kannst Du mich noch hören?
Du wirst kleiner und dünner – du schmilzt dahin.
Eine große Pfütze ist auf dem Platz.

Michelle Mummert
Löweneck-Volksschule, Klasse 6c

Winterspaß

Eines Tages schaue ich aus dem Fenster und ich sehe, dass alles weiß ist. Ich wasche mich ganz schnell und esse mein Brötchen. Dann ziehe ich mich rasch an. Ich gehe hinaus in den Garten und baue einen Schneemann. Drei Kugeln rolle ich. Als Hut bekommt er einen kleinen Wassereimer, die Arme sind Äste, als Augen dienen die Nüsse im Garten. 'Mir fehlt noch seine Nase!', denke ich. Grübelnd schaue ich zur Mülltonne. Dort hängt ein großer, dicker Eiszapfen. Nun hat mein Schneemann eine gläserne Nase und sieht ganz besonders aus.

Laura Sucker
Friedrich-Ebert Grundschule, Klasse 2a

EISWELTEN

Das Eisland

Es war einmal ein Land, das nur aus Eis bestand. Es hatte glänzende Türme und Dächer. Sogar die Türen waren aus festem Eis. Im eisigen Land lebte ein alter, bärtiger Mann. Alle Dinge, die er besaß, waren ebenfalls aus Eis. Sogar sein Bett glitzerte im Licht. Eines Tages kam ein fremdes Mädchen aus einer fernen Stadt in das Eisland. Sie ging in den Palast des Mannes und bestaunte ihn mit großen Augen. Plötzlich ging die Tür auf und das Mädchen vernahm Schritte. Schnell versteckte es sich mit klopfendem Herzen hinter einer schweren Eistür. Leider rutschte es aus und viel hin. „Au", entfuhr es ihr. Erst jetzt bemerkte sie, dass sogar der Fußboden aus Eis war. Der alte Mann entdeckte sie sofort und fragte sie mit einer warmherzigen Stimme: „Was machst du denn hier, kleines Mädchen?" „Ich war vorhin in unserem Wald und habe mich wohl verlaufen! Ich finde den Weg nach Hause nicht mehr!" Fast fing sie an zu weinen. Der Mann beruhigte das Mädchen: „Du zitterst ja vor Kälte und Aufregung. Am besten, wir nehmen jetzt den Eisschlitten und rutschen ganz schnell zu dir nach Hause! Hab keine Angst, ich helfe dir!" Schon wurde dem Mädchen wohler und sie freute sich wahnsinnig, dick in eine Decke gekuschelt in einem Affentempo nach Hause zu jagen. Sie bedankte sich artig bei dem seltsamen alten Mann und beschloss, diese Geschichte nur ihrem Tagebuch anzuvertrauen, in das du gerade blicken durftest.

Ditija Raoufi
Blériot-Volksschule, Klasse 3b

Eisflamme

Heute will ich euch eine Geschichte aus dem Land Mileynia erzählen. Dort lebten die Drachen und Elfen friedlich miteinander, doch als der Drachenkönig Luxor starb und sein Sohn Kapnar die Regierung übernahm, spaltete sich das Land, da König Kapnar die Elfen abgrundtief hasste. Natürlich gibt es viele Geschichten aus dem Land Mileynia und aus dieser schrecklichen Zeit, über Kämpfe und Morde, doch ich will euch heute die Geschichte einer verbotenen Freundschaft erzählen, von der Freundschaft eines kleinen Drachens, der Eis spie anstatt Feuer, und einer jungen Elfe, die die mächtigste Zauberkraft Mileynias beherrschte, die Zauberkraft der Eisflamme.

Leise huschte Pecunia durchs Gebüsch, sie hoffte inständig, dass ihr niemand folgte. Endlich erreichte sie die Tropfsteinhöhle – den Treffpunkt von Pecunia und Mill, Pecunias kleiner Drachenfreundin. „Mill", flüsterte die Elfe, „Mill!" „Hallo!" Plötzlich kam ein kleiner, silberner Drache aus der Tropfsteinhöhle gedackelt. Pecunia landete auf Mills Nase. „Sei leise! Wenn uns jemand beobachtet!", zischte die fingergroße Elfe der Drachin ins Ohr, doch Mill machte eine wegwerfende Bewegung mit dem Schwanz: „Den gefriere ich mit meinem Eisatem!" Der Gedanke schien der kleinen Drachin zu gefallen, denn sie zuckte vergnügt mit den Ohren. Pecunia schlug sich mit der flachen Hand auf die Stirn: „Mill, du bist erst 6 Jahre alt, darum kannst du noch nicht richtig Feuer spucken!" „Eis!", schnaubte das kleine Drachenmädchen empört. „Dann eben Eis, aber wir wollen jetzt doch nicht anfangen zu strei…!", wollte Pecunia einwerfen, doch plötzlich unterbrach sie ein Rauschen. Pecunia, die sich demonstrativ dem Wald zugewandt hatte, drehte sich zu ihrer Freundin, die erschöpft auf dem Boden saß, um. „Schau, ich kann sehr wohl Eis speien, obwohl ich erst 6 Jahre alt bin!" Die kleine Mill zeigte mit der Kralle auf einen Baum, dessen Rinde an einem kleinen Fleck eingefroren war, dann sank ihre Tatze wieder erschöpft auf den Boden. Pecunia lachte bitter: „Wenn du etwas zielsicherer werden und nicht immer nach einmal Eis speien erschöpft sein willst, dann könnte ich dir Unterricht geben." Mill blickte sie kurz hoffnungsvoll an, dann sank ihr Kopf wieder schlaff auf ihre Brust.

So trafen Pecunia und Mill sich immer wieder heimlich; wenn sie sich trafen, übten und übten sie, bis sie irgendwann erschöpft nach Hause flogen. Nach einiger Zeit, in der die beiden hart geübt hatten, konnte Mill ihren Eisstrahl kontrollieren und war nach dem Eisspeien nicht mehr erschöpft, doch eines Tages folgte Pecunia ein königlicher Elfenspitzel, da dem Elfenkönig Archiel Pecunias häufige Abwesenheit aufgefallen war. So erstattete der Spitzel dem König Bericht von dem, was er beobachtet hatte, und der Elfenkönig beschloss, dass Drachenkönig Kapnar auch erfahren sollte, was geschehen war. Der Elfenrat beschloss, dass Pecunia verbannt werden sollte, doch König Kapnars Strafe für Mill fiel härter aus: Sie würde einfach hartherzig getötet werden.

Es war ein dunkler, stürmischer Herbsttag, als Mill und Pecunia sich wieder einmal trafen, doch Pecunia merkte sofort auf ihrem Weg zur Tropfsteinhöhle, dass etwas ganz und gar nicht stimmte, darum nahm sie ihre Flügel in die Hand und beschleunigte ihren Flug. Als sie an Mills und ihrem geheimen Treffpunkt ankam, wurde Mill gerade von fünf Drachenwachen gefesselt und dann abgeführt. Mill schluchzte und quiekte, so dass es der Elfe fasst das Herz zerriss. Sie musste etwas unternehmen! Sie beschloss, erst einmal den Wachen tiefer und tiefer ins Reich der Drachen zu folgen. Mills Wimmern wurde immer lauter und dann begann sie herzzerreißend zu schluchzen, doch den Wachen schien das nichts auszumachen, sie lachten sogar hämisch. Mill versuchte, sich mit ihrem Eisatem zu wehren, doch ohne Erfolg, denn die Drachen schmolzen das Eis immer mit ihrem Feuer. In Mills Elfenfreundin brodelte es: „Was fällt diesen dummen Wachen ein!?" Doch sie beherrschte sich, sie durfte sich nicht verraten. Endlich landeten die Drachenwachen auf einer großen, eisernen Plattform, auf deren Mitte ein goldener Thron stand. Auf diesem Thron saß der Drachenkönig Kapnar persönlich und genau vor dessen Hinterpfoten zerrten die Wachen Mill. Schnell versteckte sich Pecunia hinter einem der Felsen, die die Plattform umzäunten. Als Mill und die Wachen bei Kapnar angekommen waren, zwangen sie Mill auf die Pfoten, dort saß die Drachin nun wie ein Knäuel aus silbernen Schuppen und wimmerte. Mills Mutter kam auf die Plattform gestürzt und rief: „Sie ist doch noch ein kleines, unschuldiges Drachenkind!" Der König machte eine Handbewegung und seine Drachenwachen hielten Mills Mutter zurück. Dann brachten die Wachen sie zu ihrem Platz zurück. „Mill Silberschweif, ich hoffe du weißt, wieso du hier bist", begann König Kapnar mit einer Stimme aus Eis zu sprechen. „Du hast dich einer Elfe anvertraut und wie jeder Anwesende weiß, sind die Elfen unsere größten Feinde! Aus diesem Grund bist du zum Tode verurteilt!" Der grausame König gab seinen Wachen einen Wink und sie griffen grob nach Mill. „Pecunia, lass mich nicht im Stich!", schluchzte Mill, die ihre Freundin gerochen und ihren Geruch sofort erkannt hatte. Pecunia kam aus ihrem Versteck hervor. Schnell gab der Drachenkönig seinen Wachen das Zeichen, Pecunia gefangen zu nehmen, doch Pecunia war, wie alle Elfen, geschickt und wendig, so dass die Drachenwachen sie mit ihren großen Tatzen nicht erwischen konnten. Als die Elfe die Drachen mit Geschick und Wendigkeit aufs Kreuz gelegt hatte, nahm sie die Angriffsstellung ein, die sie in der Schule gelernt hatte, dann rief sie mit fester Stimme „Eisflamme!" und fuchtelte wild mit den Armen herum, während sich eine gezauberte Eisschlange um ihren Körper wand. Um sie herum war es still geworden und Kapnar tobte innerlich vor Zorn, doch nach außen blieb er gelassen, er wusste ja nicht, dass die Macht der Eisflamme sein Drachenfeuer besiegen konnte. Plötzlich riss die Elfe Pecunia ihre zarten Ärmchen auseinander, schloss die Augen und rief beschwörend: „Vereine und zerstöre!" Die Eisschlange schien in blauen Flammen auf zu gehen, dann zersprang sie und Eissplitter glitten durch die Luft, während Pecunia anfing sich zu drehen. Die Eissplitter verwandelten sich in Eisfunken, als die Elfe anfing, eine merkwürdige, altertümliche Melodie zu summen. Pecunia sammelte ihre Kraft in ihrem Inneren, dann öffnete sie ihre Augen wieder. In ihren grünen Augen funkelte ihre Kraft und ihr ganzer Körper kribbelte. Einen Augenblick lang konzentrierte sie sich noch, dann blickte sie zu dem Drachenkönig. Sie richtete die Eisfunken auf ihn, eine Sekunde später ließ sie ihre Kraft auf ihn los. Die Eisfunken schossen rasend schnell auf ihn zu und sie schienen ihn zu durchbohren, doch ihm schien es nichts auszumachen, denn er schaute Pecunia unbeeindruckt an, doch plötzlich hüllten blaue Flammen ihn ein. Der Drachenkönig Kapnar stieß einen gellenden Schrei aus, dann erloschen die Flammen. Dort, wo König Kapnar gerade noch gestanden hatte, thronte jetzt ein Geflecht aus Weidenzweigen, das Zeichen des Friedens. In dem Geflecht lag ein silbergraues Drachenei, aus dem wahrscheinlich ein Eis speiender Drache schlüpfen würde, daneben war ein Schälchen aus Birkenrinde, in dem sich Tauwasser angesammelt hatte, mit Weidenzweigen umwickelt, so dass das Schälchen nicht herausfiel. Das Schälchen war bestäubt mit Elfenstaub, aus dem bald eine Eisflammenelfe entstehen würde. Es war ein Zeichen. Dieses Zeichen schickte ihnen ihre Welt: Mileynia. Das Zeichen sollte allen verheißen, dass die Elfen und Drachen sich wieder versöhnen sollten. Mill kam auf Pecunia zugetrottet, dann umarmte sie ihre Freundin: „Du hast mich gerettet und gleichzeitig Drachen und Elfen wieder vereint! Freunde für immer?" „Freunde für immer!", antwortete Pecunia ihr.

Noch jetzt sei die Freundschaft der beiden in Mileynia gepriesen. Eis ist nun das Zeichen in Mileynia und jeder Drache, der Eis speien kann, und jede Elfe, die die Macht der Eisflamme besitzt, wird in Mileynia hoch angesehen.

Ich hoffe, euch hat die Geschichte gefallen. Und ich sitze hier im Wohnzimmer vor dem Kamin und schaue aus dem Fenster. Draußen schneit es und am Fenster blühen schon die ersten Eisblumen.

Verena Hanner
Maria-Ward-Gymnasium, Klasse 6

König Erl

Im verdammt kalten Zerl
herrschte einsam König Erl.
Er war ein dummer Kerl.

Einmal ritt er nachts durch die Pfalz,
so glaubte er jedenfalls,
da stach ihn etwas in den Hals.

Er hatte Schmerzen, doch kein Jod,
erreichte den Hof mit Müh und Not,
das Pferd durch Unterkühlung tot.

Der Doktor schrie:
„So ein mieses Vieh!
Diesen Stich heil ich nie!"

Schließlich wurde er selber gestochen.
Das Tier hat so aus dem Maul gerochen,
da hat er gleich unschön gebrochen.

Reite spät durch Nacht und Wind
oder bleib zu Hause bei deinem Kind!
Wo immer Attacken sind,
sei nicht blind
wie König Erl
und sein ratloser Doktor im eisigen Zerl!

Patrick Born, Matthias Müller
Maria-Theresia-Gymnasium, Klasse 7c
Schreibwerkstatt

Erdbeereis mit Schokostreuseln

Das kleine, rothaarige Mädchen rannte durch die dunklen Gassen des schlafenden Amiens. Frierend und nach Atem ringend suchte es Schutz vor dem eiskalten Regen, dem beißenden Wind und der erdrückenden Dunkelheit, die wie ein schwerer Mantel auf ihren schmalen Schultern lastete.

Sie achtete nicht darauf, wohin sie lief. Alles was sie wollte, war dem tristen Alltag des kleinen Waisenhauses zu entfliehen. Der dort herrschenden Enge zu entkommen. Die grausamen Menschen hinter sich zu lassen und für immer zu vergessen.

Tränen liefen an ihren rosigen Wangen herab und in ihren löchrigen Schuhen rutsche sie immer wieder auf dem nassen Straßenpflaster aus. Stolperte sie, so richtete sie sich wieder auf und rannte weiter.

Irgendwann, sie wusste nicht, wie lange sie bereits durch die feuchte Nacht gerannt war, blieb sie zitternd unter einem riesigen Portal stehen. Das nasse Haar klebte ihr im Gesicht und die Tränen kullerten weiterhin ihre Wangen hinab und fielen als kleine Tropfen zu Boden. Mit dem nassen Ärmel ihres zerschlissenen Pullovers wischte sie sich schniefend den Regen aus dem Gesicht. Dann horchte sie angestrengt in die Nacht hinein. Ob ihr jemand gefolgt war?

Erst als sie sich vergewissert hatte, dass ihr niemand gefolgt war, holte sie tief Luft und schaute sich vorsichtig um.

Das Portal der Kathedrale wölbte sich wie ein schützendes Zelt über ihr und zahlreiche steinerne Figuren blickten zu ihr hinab. Fast schien es so, als lächelten sie ihr aufmunternd zu oder luden sie mit weit ausholenden Gesten dazu ein, die Kirche zu betreten. Doch bestimmt waren die schweren Torflügel fest verschlossen und so kauerte sich das Mädchen in einer Ecke des Portals zusammen und wartete darauf, dass der Regen endlich vorüberzog. Und während sie vor sich hin wimmerte, dachte sie daran, wie schön es doch sein musste, eine Familie zu haben und in einem eigenen Bett liegen zu können. Nie wieder würde sie über mehrere Tage hinweg Hunger haben oder sich mit vier anderen Kindern ein viel zu kleines Bett teilen müssen. Sie beneidete all die anderen Kinder, die im Sommer auf den steinernen Stufen der Altstadt saßen und Eis schleckten und Eltern hatten, die sich um sie kümmerten. Dann erfüllte fröhliches Kinderlachen den großen Platz.

Wütend über sich selbst schob sie die bunten Gedanken zur Seite. Sie durfte nicht an solche Dinge denken, das stand ihr nicht zu, denn sie war ein kleines rothaariges Mädchen, das in einem schmutzigen Waisenhaus lebte und auf die kleinen Spenden weniger Wohltäter angewiesen war.

Laut schniefend zog sie sich die Kapuze ihres Pullovers über die roten Locken und am liebsten würde sie einschlafen. Und sobald sie aufwachte, würde sie feststellen, dass das alles bisher nur ein schlechter Traum war.

Als ein lautes Knacken die Stille zerriss, schreckte sie augenblicklich hoch. Vorsichtig lugte sie unter ihrer Kapuze hervor, konnte jedoch nichts erkennen. Um jedoch jederzeit wieder davonrennen zu können, stand sie langsam auf. Wieder knackte es und es schien so, als kratze etwas an der steinernen Fassade der Kathedrale.

Das kleine Mädchen schluckte schwer und begann, nervös einer ihrer roten Locken um den Finger zu wickeln. Erneut ließ sie das schabende Geräusch zusammenzucken und kleine Steinchen rieselten auf den nassen Boden. Einige Kinder hatten ihr damals von Geistern erzählt, die elternlose Kinder verschleppten, und sie war sich sicher gewesen, dass diese Schauergeschichten nicht wahr waren. Doch nun befielen sie wirkliche Zweifel, begleitet von einer Angst, die sie nicht genau beschreiben konnte. Ohne noch länger zu zögern, rannte sie wieder los. Doch ihre kleinen Füße blieben an etwas Hartem hängen und sie fiel mit einem lauten Platschen in eine der großen Pfützen, die den gesamten Platz übersäten.

Keuchend rappelte sie sich auf und betrachtete das Wasser, das aus ihrer schweren Kleidung troff und einen kleinen See zu ihren Füßen bildete. Vor Kälte bibbernd begann sie zu schluchzen. Sie hätte nicht wegrennen dürfen, denn in den engen Betten des Waisenhauses war es zwar nicht sehr bequem, doch dort war es zumindest wärmer als in dieser verregneten Nacht.

Dann war ein helles Klappern auf dem steinernen Boden zu hören und eine freundliche, klare Stimme fragte sie: „Wieso weinst du, kleines Mädchen? Hast du dich verlaufen?"

Eine so nette Stimme konnte keinem Aufpasser des Waisenhauses gehören und so nickte sie hastig, während sie ein paar Tränen verdrückte.

„Wer bist du?", nuschelte sie in ihren nassen Pulloverärmel und lugte vorsichtig unter ihrer Kapuze hervor.

„Ich habe keinen Namen, aber ich bin der Gargoyle, der über dem Eingangsportal der Kathedrale sitzt." Nach einer kurzen Pause fügte er hinzu: „Hab keine Angst, ich tue dir nichts." Und während er das sagte, trat er auf das kleine Mädchen zu. Er war nur etwas kleiner als sie und sah sie aus großen, runden Augen an. Obwohl es dunkel war, erkannte sie Flügel, Ohren und das lange Fell des steinernen Drachen. Noch immer schluchzend, wartete sie darauf, dass er etwas tat, doch auch er stand nur da und beobachtete sie.

Schließlich brach sie das Schweigen. „Bist du ein Geist?" Ihre Stimme zitterte und dennoch verblüffte sie es, dass sie in diesem Moment nicht ängstlich davon lief, sondern sich mit der Figur unterhielt.

„Ein Geist? Nein, ich bin ein Gargoyle. Oft werden wir auch Wasserspeier genannt, weil wir das Wasser, das sich auf dem Dach der Kathedrale sammelt, ausspucken." Ein sanftes Lächeln schmückte sein freundliches Gesicht und die kleinen Ohren knackten verspielt. „Wie heißt du?", fragte er schließlich.

„Die Männer im Waisenhaus haben mich immer Hexe genannt, doch eigentlich heiße ich Jeanne."

„Das ist ein sehr schöner Name", erwiderte der Gargoyle und legte den Kopf etwas schief.

„Wieso kann ich mit dir reden, obwohl du eine Steinfigur bist?" Jeanne war sichtlich verwirrt und begann auf dem nassen Stoff ihres Pullovers zu kauen.

„Die Erwachsenen sind der Meinung, dass alles, was aus Stein besteht, leblos sei. Doch das eigentliche Problem liegt bei ihnen." Er machte eine kurze Pause und kratzte sich mit einem seiner Hinterfüße am Ohr. „Erwachsene sehen nur das, was sie sehen wollen, und sie haben ihre Phantasie verloren. In ihren Herzen ist kein Platz für Wasserspeier, die lebendig sind. Als sie selbst noch Kinder waren, konnten sie uns sehen, aber inzwischen haben sie uns vergessen." Er wirkte traurig und Jeanne fuhr vorsichtig über seinen steinernen Kopf. „Weißt du", fragte sie zögerlich, „wo ich schlafen kann? Mir ist kalt und ich habe Hunger."

In den Augen ihres neuen Freundes blitzte es auf. „Natürlich! Wir können in die Kathedrale gehen. Dort ist es zwar nicht gerade wärmer, aber immerhin regnet es nicht." Voller Tatendrang stolzierte er los und seine kleinen Ohren zuckten aufgeregt. Dann stemmte er sich gegen eine der großen Eingangstüren, die er mit einem lauten Krachen der Scharniere aufschwang.

Im Inneren des imposanten Gebäudes war es dunkel, doch der Gargoyle führte sie sicher durch die Dunkelheit. Er sprang auf einen der Stühle, die überall herumstanden, und sah sie erwartungsvoll an.

Jeanne setzte sich ebenfalls und zog sich die Kapuze aus dem Gesicht. „Hast du ihn denn schon einmal gesehen?", platzte es aus ihr heraus.

Der Gargoyle überlegte kurz, bevor er antwortete: „Nein und ich glaube, man kann einen Gott nicht sehen und er nimmt auch keine Gestalt an. Genauso wie Wärme, Kälte oder Angst. Man kann es nicht sehen, aber fühlen."

Das rothaarige Mädchen dachte eine Weile darüber nach. „Aber", begann sie, „wenn man ihn nicht sehen kann, wieso glauben dann so viele Menschen an ihn?"

Nachdenklich knabberte der Drache an seiner linken Vorderpranke. „Hast du ein Lieblingseis?"

Verwundert runzelte Jeanne die Stirn. „Ich habe erst einmal in meinem Leben Eis gegessen. Es war ein Erdbeereis."

„Also, das Erdbeereis hat dir doch sicherlich Freude bereitet, oder? Solche kleinen Dinge machen das Leben schön und man hat Spaß daran. Aber manchmal möchte man mehr als nur das Erdbeereis und bittet den Verkäufer noch ein paar Schokostreusel auf das Eis zu streuen." Lange sah er sie abwartend an, um erkennen zu können, ob sie verstanden hatte, was er damit meinte.

„Und wenn es Menschen gibt, die keine Schokostreusel möchten, weil sie ihnen nicht schmecken?", fragte Jeanne leise.

„Dann brauchen sie keinen Gott, an den sie glauben. Er macht das Leben nicht besser, aber schöner, wenn man das möchte." Zögernd rollte sich der Drache auf dem Stuhl zusammen und legte seinen Kopf in Jeannes Schoß. „Aber jetzt versuche etwas zu schlafen. Du siehst müde aus", bemerkte er mit einem listigen Grinsen.

Sie nickte, dachte aber noch eine ganze Weile über seine Worte nach. Doch bevor sie einschlief, fragte sie ihren neuen Freund leise: „Kann ich ab jetzt jede Nacht zu dir kommen?"

„Natürlich kannst du das. Normalerweise sind noch alle anderen Gargoyles und Steinfiguren in der Kathedrale, aber sie wollten dich nicht verschrecken."

Dann begann er leise zu summen und Jeanne verlor sich vollkommen in seinem tiefen Brummen.

Als sie am nächsten Morgen aufwachte, streckte sie sich ausgiebig, denn besonders bequem waren diese Holzstühle nicht. Sofort sah sie sich nach dem Gargoyle um, konnte ihn jedoch nirgends entdecken. Aber auf dem Stuhl neben ihr stand ein kleiner Pappbecher. Vorsichtig lugte sie hinein und sah eine hellrote Eiskugel mit zahlreichen dunkelbraunen Stückchen darauf. Ein Erdbeereis mit Schokostreuseln.

Alina Savini
Gymnasium bei St. Anna, Klasse Q11

Die Eiskönigin

Es war einmal ein kleines Mädchen namens Lara. Sie konnte richtig gut eislaufen. Und ihrem Vater gehörte ein Hotel. Es lag im Allgäu im Skigebiet. Eines Abends checkte dort eine Frau ein. Sie war ganz in Weiß gekleidet. Da rief Lara zu ihrem Vater: „Papa, da will jemand einchecken."

„Ich bin schon da.", rief der Vater zurück.

„Guten Abend", sagte die Frau. „Ich hätte gern ein Zimmer, in dem es aber ziemlich kalt ist." „O.k. Na gut, das ist unser billigstes Zimmer." „In Ordnung. Ich nehme es."

Lara hatte alles gehört. „Was ist das denn für eine komische Ziege?" Aber Lara hatte das Gefühl, als wüsste die Frau, was Lara gedacht hatte.

Am nächsten Morgen traf sich Lara mit ihren Freunden. „Ich werde die Frau in Weiß ausspionieren!" „Was, wenn sie dich erwischt?" „Ach, die wird nicht dümmer sein als sie aussieht.", sagte Lara.

Am Nachmittag war die Frau Ski fahren. Lara fragte ihren Vater, ob sie den Zweitschlüssel für Zimmer 286 haben könne. Das war das Zimmer der Frau. „Du willst den Schlüssel? Ist das nicht der Schlüssel zum Zimmer der Frau?"

„Nein", sagte Lara.

Sie schlich sich in das Zimmer der Frau und sah ihr Tagebuch. Es konnte sprechen. „Hi, wer bist du?", sagte das Buch. Lara erschrak total. „Öffne dich doch mal." „Nein, warum?", fragte das Buch. „Weil die Frau es mir befohlen hat." „Du meinst die Eiskönigin?" „Äh, j-j-ja, genau die. Ehh, tschüsschen."

Am Abend kam die Frau wieder zum Buch. Es erzählte ihr alles. „So, so. Die Kleine weiß, wer ich bin. Rache ist ja so süß", sagte die Frau.

Am Morgen war Laras Vater in Laras Zimmer. „Was ist denn los?", fragte Lara eifrig. „Das komplette Skigebiet ist vereist", sagte der Vater verzweifelt. „Na toll, da kann man eislaufen", sagte Lara. „Och!", stöhnte der Vater und rannte aus dem Zimmer. Plötzlich stand die Frau in der Tür. „Du, du hast alles versaut!" „Wieso?", fragte Lara. „Du weißt, wer ich bin." „Die Eiskönigin", sagte Lara. „Du weißt auch, dass ich das Skigebiet vereist habe." „Nein! Du hast das Skigebiet vereist?" „Och, Mensch", stöhnte die Eiskönigin.

Am Morgen traf sich Lara wieder mit ihren Freunden. Horst sagte zu Lara: „Ihr werdet es nicht glauben, aber ich weiß, dass die Frau die Eiskönigin ist und dass sie das Gebiet vereist hat." „Wir müssen was unternehmen." „Du weißt schon, dass du ein Problem hast." „Wegen was?", fragte Lara. „Sie will sich bestimmt an dir rächen." „Ganz einfach, wir müssen auf der Hut sein.", sagte Lara. „Da hier jetzt alles Eis ist, können wir eislaufen." „Ja, gute Idee!", stimmten alle zu.

Es war so schön, mit den Freunden Eis zu laufen, bis auf dieses Eismonster, das da hinten dabei war, immer größer zu werden. „Ohh", stöhnte Lara. Ich weiß, was hier gespielt wird. Die Eiskönigin hat das Eis verzaubert." „Achtung! Eismonster auf zehn Uhr. Eisbrocken im Anmarsch. Aah!" Lara fiel hin. „Oh nein, alles in Ordnung?", fragte Laras Freundin. „Los, hier rein, da sind wir sicher."

Nach zwölf Minuten begann das Monster sich auf dem Eis aufzulösen und war weg. Die Königin checkte aus und alles war wieder normal.

Melissa Leininger
Kerschensteiner-Volksschule, Klasse 5c

Die Schneekönigin

Schneekönigin, grau
leere Eiszapfen klirren
Traurigkeit, leise

Raphael Wolf
Gymnasium bei St. Stephan, Klasse 6d

Lexxi und das Baumhaus

Lexxi und Klexx sind Hunde und Freunde. Lexxi baut ein Schloss aus Schnee und Eis. Innen drin ist alles aus Eis: die Möbel, der Tisch, die Stühle und die Kronleuchter. Das alles ist zwar kleiner, aber für Puppen ist es groß genug. Lexxi spielt nämlich gern mit Puppen. In das Schloss kommt sie trotzdem hinein und hinaus.

Klexx fährt mit dem Schlitten den Berg hinunter. Doch dann müssen die beiden rein gehen. Am nächsten Tag ist der ganze Schnee getaut und das Schloss von Lexxi ist auch nicht mehr da. Lexxi ist traurig. Klexx tröstet sie.

Zwei Wochen später ist es richtig warm geworden. Klexx hat Lexxi ein Baumhaus gebaut. Lexxi und Klexx sitzen im Baumhaus und bauen ein Nest. Dann fragt Klexx Lexxi: „Willst du mit mir ein Eis essen?" – „Na klar!", sagt Lexxi, und schon rennen sie los. „Einmal Vanille und Erdbeere", sagt Klexx. „Und einmal Schokolade und Vanille", sagt Lexxi. Dann gehen sie heim und essen ihr Eis im Baumhaus.

Sonja Lochno
Werner-von-Siemens Grundschule, Klasse 2c

Eisland

An einem eisigen Sonntagmorgen beschlossen meine Eltern, mit mir einen Waldspaziergang zu unternehmen. Obwohl ich dazu keine Lust hatte, entschied mein Vater streng: „Du gehst mit, dein Freund und das Iglu können warten!"

Im Laufe unserer Schneewanderung trödelte ich mehr und mehr und so vergrößerte sich der Abstand zwischen meinen Eltern und mir gewaltig. Doch was war geschehen? Wo waren meine Eltern? Hatten sie eine andere Abzweigung als die gewohnte genommen? Ich folgte ihren Schneespuren … bis sie im Nichts verschwanden. Eisplatten überzogen den Weg, fast wäre ich ausgerutscht und Fußspuren waren weit und breit keine zu sehen!

Schnell entschied ich mich, sie durch eine Abkürzung durch das Dickicht einzuholen. Der Reif machte mein Gesicht nass, Schnee klebte an den Füßen und eisige Luft füllte meine Lungen. Der Wald wurde dichter und dichter und der Himmel war fast nicht mehr zu sehen. Mit schlotternden Knien stolperte ich über Eiswurzeln und blieb an Ästen hängen. So langsam bekam ich Gänsehaut. „Knack!" Es knackste laut neben meinem Ohr und mir lief es eiskalt über den Rücken. Mit zitternder Stimme schrie ich in den Wald: „Hallo, hört ihr mich? Wo seid ihr denn?" Niemand antworte-te, nur eine weiße, einsame Winterlandschaft starrte mir entgegen. Auf einmal rutschte ich auf dem blanken Eis aus. Es machte ein dumpfes „Plumps". Moment, da war doch was! Unter meinen Knien fühlte ich einen harten, aber hohlen Gegenstand. Mit aller Kraft versuchte ich mit Hilfe eines Steines das Eis aufzuschlagen und keine fünf Zentimeter tiefer stieß ich auf eine alte, verrottete Holzkiste. „Was ist das denn?", überlegte ich fieberhaft, „etwa ein vergrabener Schatz?" Die Truhe war verschlossen, doch nach längerem Hin und Her fand ich den Schlüssel unter der Kiste versteckt. Quieieieieieietsch! Äußerst vorsichtig und mit vereisten Fingern drehte ich den Schlüssel im Schloss herum. Mir stieg der modrige Geruch des Schlosses in die Nase. „Soll ich die Truhe öffnen? Und wenn sich ein Skelett darin befindet?" Der Gedanke durchzuckte mich wie ein Blitz! Mutig öffnete ich den Deckel.

Leider befand sich darin nur eine Karte, aber als ich sie mir genauer ansah, wusste ich, dass ich einen Schatz gefunden hatte! Das verscholle-ne Land! Das Eisland war darauf abgebildet! Ich hatte es gefunden! Has-tig rannte ich mit der Karte quer durch den Wald, bis ich auf einen Weg stieß, der mich zu meinen Eltern führte. Im Museum erzählte ich dem Leiter die ganze Geschichte und bekam viel Finderlohn dafür. Im Eisland aber bin ich bis heute nicht gewesen.

Nico Weber
Friedrich-Ebert Grundschule, Klasse 4a

Sehnsucht nach dem Frühling

Es war einmal eine Eisprinzessin. Sie lebte dort, wo es den Frühling nicht gab. Sie wusste nur aus Erzählungen, welche Schönheiten und bunten Farben im Frühling sprießen. An ihrem 18. Geburtstag wünschte sie sich nichts Sehnlicheres, als den Frühling einmal mitzuerleben, sie wusste nichts von der weiten Welt, nur aus ihrer eigenen. Doch dann kam eines Tages ein Mann mit einem Korb voller Blumen jeder Art in den Palast; die Eisprinzessin fragte den Mann voller Neid und Neugierde, woher er die Blumen hätte. Der sagte, er komme aus einem Land, wo es Tausende dieser Blumen gäbe. Die Prinzessin wünschte sich von diesem Mann, dass er sie dorthin brächte. Der Mann jedoch hatte solche Angst vor dem Vater der Prinzessin, dass er leider widersprechen musste. Die Prinzessin bat inständig und sagte, sie hätte doch Geburtstag, da könnte der Vater dem Mann nicht widersprechen. Der Mann und die Eisprinzessin mach-ten sich auf den Weg in das Land, wo es die wunderschönsten Blumen gab. Sie mussten wandern und mit dem Schiff fahren. Nach zwei Wochen erreichten sie das Land. Als sie ankamen, hatte der Mann eine Idee; sie machten dann ein Picknick am Rande des Flusses, wo es die schönsten Blumen gab. Die Prinzessin war von diesem Ort so entzückt, dass sie nie wieder nach Hause zurückkehrte und bei diesem Mann blieb.

Silem und Aynat
Berufsfachschule für Hauswirtschaft, Klasse HW 10b

Ich und der Eiswichtel

Ich hockte an meinem Schreibtisch und überlegte mir eine Geschichte zum Thema Eis, doch ich konnte mich einfach nicht konzentrieren. Ich musste immer wieder an den Wichtel denken, dem ich dicht auf den Fersen war. Ich habe schon oft sein leises Kichern gehört, aber ihn noch nie gesehen. Ich schaute aus dem Fenster, da sah ich plötzlich einen roten Kreis auf der Regentonne. „Das muss der Wichtel sein!", schrie ich, als ich das sah. Sofort rannte ich die Treppe hinab und zog mich an. Da, tatsächlich, dort saß ein kleiner Wichtel in einem kleinen Boot in der Regentonne. Ich fragte den Wichtel: „Hallo, wie heißt du denn?" Der Wichtel, der sich jetzt nicht mehr vor mir verstecken konnte, antwortete erstaunt: „Ich heiße Hans, und du?" „Ich heiße Maja!", antwortete ich. „Du, Maja, ich brauche mal deine Hilfe! Ich stecke nämlich mit meinem Boot im Eis fest", sagte der Wichtel. „Ich glaube, ich weiß, was zu tun ist", antwortete ich. „Warte kurz, bin gleich wieder zurück!" Ich flitzte rein und nahm von einer Eisbarbie die Schlittschuhe, die ungefähr die Größe des Wichtels hatten. Die Schlittschuhe passten dem Wichtel wie angegossen. „Jetzt kann ich zwar nicht mehr mit dem festgefrorenen Boot fahren, aber dafür mit den Schlittschuhen! Danke, Maja! Und jetzt, was machen wir jetzt?", fragte Hans. „Jetzt muss ich mir erst eine Geschichte für den Schreibwettbewerb ausdenken", antwortete ich. Hans lacht und sagt: „Ich glaube nicht, die hast du doch gerade selbst erlebt."

Maria Samajdar
Franz-von-Assisi-Schule, Klasse 3 lila

Eine aufregende Nacht im Eishotel

Merlin und Larissa gingen zu ihren Großeltern. Oma sagte zu ihnen: „Opa und ich haben eine Überraschung für euch." Als Larissa den Brief öffnete, war sie sprachlos. Merlin riss ihr den Brief aus der Hand und machte Freudensprünge. Die Überraschung hieß: drei Tage Eishotel, im ältesten Eishotel in Schweden – ein Wunsch, den die beiden schon lange hatten. Oma sagte: „Da ist es bestimmt sehr kalt, nehmt euch warme Sachen mit!" Merlin und Larissa erzählten Oma und Opa alles, was sie über dieses Eishotel wussten. Die Temperatur beträgt fünf Grad unter dem Gefrierpunkt, die Gäste schlafen auf wärmenden Fellen und haben spezielle Schlafsäcke. Das Hotel befindet sich 200 Kilometer nördlich des Polarkreises. Es gibt 60 Räume und 140 Übernachtungsmöglichkeiten, eine Eis-Bar, eine Eiskirche und ein Eis-Restaurant.

Zwei Wochen später ging es los. Vom Flughafen ging es mit zwei Hundeschlitten weiter, von sechs Huskys gezogen.

Nach vier Stunden Fahrt standen sie direkt vor dem Hotel. Merlin und Larissa hatten das Zimmer Nummer 14. Da gab es schön beleuchtete Eisskulpturen. Alles war total spannend und aufregend. Überall war Eis.

Als der Hotelmanager sie zum Abendessen holte, gingen sie an Zimmer Nummer 13 vorbei. Da hing ein kleiner Zettel: „Betreten auf eigene Gefahr! Eltern haften für ihre Kinder." Sie fragten den Hotelmanager: „Warum hängt da dieser Zettel?"

Er antwortete: „Vor vielen, vielen Jahren gingen zwei Kinder in dieses Zimmer. Um Mitternacht passierte etwas Merkwürdiges: Das Mädchen rannte plötzlich raus und rief, da drinnen sei ein Geist. Der Bruder wurde danach nicht mehr gesichtet."

Merlin und Larissa ließ das keine Ruhe. Sie beschlossen um 12 Uhr Mitternacht in das Zimmer zu gehen.

Gesagt, getan. Punkt 24 Uhr betraten sie das Zimmer. Sie sahen eine Gestalt und rannten sofort wieder hinaus. Sie nahmen ihren ganzen Mut zusammen, hielten sich an den Händen fest und gingen ein zweites Mal hinein. Die Gestalt war wieder zu sehen. Die Eisskulpturen bewegten sich. Sie kamen auf die beiden zu. Die versuchten sich mit ihren Karatekünsten zu verteidigen. Das Eis war leider zu hart. Da kam Larissa eine Idee. Sie rief: „Merlin, du hast doch Streichhölzer dabei …" Er holte die Streichhölzer aus der Hosentasche, zündete sie an und hielt sie an die Eisskulpturen. Sie schmolzen langsam.

Dann war die Gestalt alleine da. Die beiden kamen langsam näher. Erst jetzt bemerkten die Kinder, dass sich die Gestalt unter einer Decke versteckte. Sie zogen die Decke weg und entdeckten …?

Den Hotelmanager!

Danach gingen sie überrascht und erleichtert aus dem Zimmer und legten sich schlafen. Am nächsten Tag durften sie an der Eis-Bar frühstücken und wurden vom Manager persönlich mit Eisgerichten bedient. Sie besichtigten die Eis-Kirche und nach einem Mittagessen im Eis-Restaurant fuhren sie wieder nach Hause.

Merlin Bürger, Larissa Gagesch
St.-Anna-Volksschule, Klasse 3c

Wie der Winter dem Frühling einen Streich spielte

Es war schon März, als es noch einmal heftig schneite. Das hatte einen Grund. Im Himmel gab es wie jedes Jahr Streit zwischen dem Frühling und dem Winter, wann der Winter zu gehen hat und der Frühling kommen darf. Der Winter konnte sich gegen den Frühling durchsetzen und seine Feen schickten mit ihren Zauberstäben viele kleine Eiskristalle zur Erde.

Peter und Anna freuten sich über den vielen Schnee. „Peter, schau, es hat heute Nacht ganz viel geschneit!", rief Anna. Peter sagte: „Komm Anna, lass uns einen Schneemann bauen. Es ist bestimmt der letzte Schnee in diesem Jahr." Sofort machten sich die Kinder ans Werk und bauten einen riesigen Schneemann. Dabei bemerkten sie gar nicht, dass sie von den Feen des Winters und Frühlings beobachtet wurden. Als der Schneemann fertig war, gingen Anna und Peter zum Schlittenfahren. Die Winterfeen bewunderten ihren Eismann, doch die Frühlingsfeen waren sauer und holten sich die Sonne zur Hilfe: „Du musst uns helfen! Schau, der Winter will nicht verschwinden. Wir meinen aber, dass es Zeit für den Frühling ist. Die Welt soll wieder bunt und warm werden, dieses Weiß ist doch langweilig." Das fand die Sonne auch und begann, kräftig zu scheinen. Da schimpfte der Schneemann: „Sag mal, kannst du das nicht lassen? Die Kinder haben mich so schön gebaut und du willst ihr Werk zerstören. Mir wird schon ganz heiß!" Die Sonne lachte nur: „Wie du siehst, habe ich die größere Macht! Ich mag den Winter nicht und helfe dem Frühling!" Da wurde der Schneemann traurig, aber die Winterfeen trösteten ihn:" Heute Nacht wird Väterchen Frost dein Eisgewand wieder fest machen. Dann kommen wir mit den Feenskiern und bringen dich unter die Tanne dort drüben. Dort können dich die Sonnenstrahlen nicht erreichen." Der Schneemann fand den Plan super. Da kamen Anna und Peter nach Hause. „Wenn es weiter so warm bleibt, wird es unseren Schneemann nicht mehr lange geben. Schau Peter, der schwitzt schon richtig!", sagte Anna traurig. Sie wünschte ihrem Schneemann noch gute Nacht und ging ins Haus.

Sobald es dunkel war, kamen auch schon die Winterfeen mit ihren Skiern angebraust. Vorsichtig stellten sie den Schneemann auf die Ski und zogen ihn mit aller Kraft unter die Tanne. „So, hier bist du vor der Sonne sicher!" Am nächsten Tag sah Anna aus dem Fenster und erschrak: „Peter, der Schneemann ist weg!" Sofort liefen die Kinder in den Garten. Da sahen sie den Schneemann unter der Tanne stehen und wunderten sich sehr: „Wie kann das gehen. Kann unser Schneemann laufen?" Peter antwortete: „Ich glaube, er ist vor der Sonne geflüchtet. Er möchte sicher noch nicht schmelzen!" Auch die Frühlingsfeen sahen, was in der Nacht passiert war und ärgerten sich grün und blau. Doch die Winterfeen freuten sich, dass sie dem Frühling wieder eins ausgewischt hatten. So musste der Frühling dieses Jahr noch ein bisschen warten, bis sich der Winter ihm Platz machte.

Anja-Carolina Zillner
Volksschule Bärenkeller, Klasse 4b

Der Eiskönig

Es lebte einmal in einem riesigen Schloss unter Wasser ein alter, trauriger Eiskönig.
Er war deswegen unter Wasser, weil er einmal schwimmen gegangen war, und als er wieder auftauchen wollte, stieß er sich den Kopf an. Also musste er unter Wasser bleiben.
Der See, in dem er geschwommen ist, war eingefroren.
Ach so – wie er in das Schloss gekommen ist, wollt ihr wissen? Das wollte ich euch gerade erzählen! Also, weil der See eingefroren war, schwamm er noch eine Weile herum, weil er dachte, es würde dann schmelzen.
Doch als er merkte, dass das Eis nicht schmolz, da suchte er sich ein Haus unter Wasser und da fand er das Schloss.
Und als er dachte, er würde bald sterben, da schwamm er noch einmal an die Wasseroberfläche. Was er dort sah, wollten seine Augen nicht glauben: Das Eis war geschmolzen. Der See war wieder zu Wasser geworden. Da freute sich der König und ging in sein Eisschloss (nicht das Wasserschloss).
Seine Freunde freuten sich, dass er glücklich war.
So, jetzt kennt ihr die Geschichte vom Eiskönig.

Johannes Ehrenhuber
Werner-von-Siemens Grundschule, Klasse 3a

Der Eisprinz

Marlos Blick war kalt. Nein, nicht ganz. Sein Blick war eisig. Ich wich ihm aus, doch ich spürte, wie ich zu frieren begann. Marlo hob die Hand und legte seine Finger auf meine Schulter. Mir wurde noch viel kälter als mir ohnehin schon war. Ich wusste, was jetzt passieren würde, ich wusste es ganz genau. Marlo, der Herrscher des ewigen Eises, würde mich dafür bestrafen, dass ich seine Ruhe gestört hatte. Er würde mich in eine Eisskulptur verwandeln, in eine Skulptur wie sie rechts und links in der Halle standen, in der wir uns befanden. Marlo war noch sehr jung, ich schätzte ihn auf etwa zwanzig. Er war jung und wunderschön. Seine Augen waren tiefblau wie das Meer und seine Haare schimmerten silbern. Er war muskulös, aber seine Bewegungen waren anmutig wie die einer Katze. Er trug einen Mantel, der aussah, als wäre er aus Eis.

Ich fühlte seine Hand immer noch auf meiner Schulter ruhen und spürte, dass sie noch kälter war als das Eis, das uns umgab. Ich holte tief Luft und blickte ihn an. Ich blickte ihm direkt in seine eisblauen Augen. Meinen ganzen Mut nahm ich zusammen und funkelte ihn böse an. Meine Augen waren vor Wut zusammengekniffen. Er wich meinem Blick nicht aus. Er war schließlich nicht so ein Feigling wie ich, Luna, ein 17-jähriges Mädchen aus einem Dorf im Nirgendwo. Nach einem endlosen, stummen Kampf unserer Blicke gab ich auf und flüsterte: „Mach!" Ich schloss die Augen, um mich noch einmal zu sammeln, bevor es geschah. Doch nichts passierte. Es schien mir eine Ewigkeit. Ich wollte schon meine Augen wieder öffnen, da tat er es. Die Kälte lähmte zuerst meine Beine und kroch dann langsam bis zu meinem Herzen. Meine Arme wurden starr und ich konnte meine Finger nicht mehr bewegen. Ich versuchte zu atmen, doch das Eis hatte sich schon um meine Kehle geschlossen. Ich wurde zu einer seiner Eisskulpturen.

Verena Ott
Maria-Theresia-Gymnasium, Klasse 6c

Winterschatten

Hi! Ich heiße Enna. Ich weiß, man glaubt nicht, was ich jetzt erzählen werde, aber es ist wahr.

Es war in einer nebligen, düsteren und eiskalten Nacht. Ich bin von irgendeinem lauten Geräusch aufgewacht. Ich trat ans Fenster und schaute den lustig tanzenden Schneeflocken zu.

Auf den Dächern hatte sich der Frost und Schnee abgelegt. Es schien, als ob niemand in der Welt leben würde, niemand außer mir. Doch was war das?

Im Glitzern der Schneeflocken huschte ein Schatten über die Häuserwände. Aber irgendetwas, ich wusste nicht was, war seltsam. Ich ging zu Bett und schlief ein. Am nächsten Morgen weckte mich mein Vater: „Enna, mach schnell, du hast verschlafen!"

Also zog ich in Windeseile ein T-Shirt über meinen Kopf, stülpte eine Hose über meine Beine und hetzte die Stufen aus dem fünften Stock hinunter.

Auf dem Weg zur Schule dachte ich über die vergangene Nacht nach. „Was war das für ein seltsamer Schatten?"

Um genau zwei Minuten vor acht betrat ich das Klassenzimmer der 6c. Meine Lehrerin, Frau Holzapfel, zog eine Augenbraue hoch und ich setzte mich auf meinen Platz. Ich nahm Platz und packte meine Hefte aus. Ich konzentrierte mich ehrlich gesagt nicht auf den Matheunterricht, sondern malte graue, gelbe, grüne, blaue und rote Smilies in mein Heft. Ungeduldig wartete ich auf den Pausengong. Da klingelte es.

Im Pausenhof setzte ich mich auf die Bank unter den alten Birken. Nach der Schule machte ich schnell Hausaufgaben, schrieb noch den Namen auf das Blatt und legte den Füller erleichtert auf den Schreibtisch.

Mein Papa hatte heute Nachtschicht und meine Mutter war an einem Montag im Herbst vor vier Jahren von einem Auto überfahren worden. Also war ich allein zu Hause.

Ich wartete am Fenster auf diesen Schatten. Dann sah ich ihn. Sofort schnappte ich mir meine Jacke, hetzte die Stufen hinunter und schlich dem Schatten leise und in sicherem Abstand nach.

Es dauerte nicht lange und der Schatten bog ab. Mir fiel auf, dass ich noch nie in dieser Gegend war. Dann kletterte der Schatten auf ein Hausdach und ich über die Feuerleiter hinterher.

Der Schatten hantierte an dem Schornstein herum und da … kam eine riesige Seifenblase heraus. Der Schatten setzte sich auf die Seifenblase und verschwand in den Wolken.

Ich war so müde und schleppte mich nach Hause, schmiss mich aufs Bett und schlief ein.

Es war Samstagmorgen. Ich wälzte mich in meinem Bett und blinzelte, da der erste Sonnenstrahl durchs Fenster leuchtete.

'War das nur ein Traum?', dachte ich. „Morgen, Papa!", sagte ich. „Du, würde es dir etwas ausmachen, wenn ich heute ausnahmsweise zur Arbeit gehe?" – „Nein, Papa, ist o.k."

Denn dann konnte ich in Ruhe zu dem Ort gehen, wo der Schatten letzte Nacht verschwunden war.

Ich lief schnell die Stufen hinunter, rannte zu diesem Haus, kletterte die Leiter hoch und guckte mir den Schornstein an. Da sah ich an der Seite einen roten Knopf. 'Soll ich ihn drücken?'

Ich habe gedrückt. Und aus dem Schornstein kam eine grün-rosa schimmernde Seifenblase heraus. Ich machte es dem Schatten nach, setzte mich auf die Blase und schwebte immer höher und höher, bis ich an einem weißen Tor angekommen war. Es stand auf einer Wolke. Ich stieg von der Seifenblase ab und sie zersprang in tausend kleine Splitter. An dem Tor war ein silberner Türklopfer angebracht. Ich nahm ihn in meine Hände und schlug gegen die Tür.

Ein kleiner braun-weißer Spatz öffnete die Tür: Er zwitscherte mit seiner hellen Stimme: „Komm herein, Enna!"

„Woher weißt du meinen Namen?", fragte ich und trat ein. Der Spatz führte mich in eine Halle mit bestimmt 50 Spiegeln.

Neben einem Spiegel stand der Schatten. Der Schatten sagte: „Mein Name, also ich bin der Schatten des Winters. Und der Spatz heißt Rudi. Er beobachtet alle Kinder, ob sie Freude am Schnee, Eis und Frost haben. Wenn sie keine Freude daran haben, werden die Kinder von Rudi hierher in das Reich des Winters gebracht, solange bis sie Gefallen an Eis, Schnee und Frost finden."

Rudi zeigte auf den größten Spiegel. „In dem Spiegel können wir alles sehen. Deshalb wissen wir auch deinen Namen!"

„Ruh dich erst mal aus", sagte der Winterschatten und führte mich zu einem Bett, in welchen Schneeflocken statt Federn waren.

Ich schlief sofort ein.

Am nächsten Morgen weckte mich Rudi mit einem unruhigen Gezwitscher aus meinem Traum. „Das ist eine Katastrophe! Wie konnte das passieren!"

Der Windschatten antwortete: „Die Kugel ist fort. Mit der Kugel lassen wir es auf der Erde schneien. Wir schütteln die Kugel und es schneit."

„Jetzt – in genau zwei Minuten muss es auf der Erde schneien!", schrie Rudi hysterisch.

„Ich habe da eine Idee. Holt alle eure Bettdecken!", rief ich. „Wir machen es wie Frau Holle."

Wir schüttelten und schüttelten die Decken. Kleine weiße Schneeflocken schwebten nach unten. Und nur wegen mir konnten sich nun die Kinder auf der ganzen Welt über Schnee freuen.

Elisa Morgenroth
Gymnasium bei St. Stephan, Klasse 5c

Eisauge

Ach, so kalt kann's in Augsburg doch gar nicht sein, sagte ich. Stimmt, ihr möchtet wohl gerne wissen, wer ich bin. Also gut, ich heiße Matt White, und komme irgendwo aus Long Beach, Los Angeles, also aus Kalifornien. Ja, ich weiß, ihr wolltet bestimmt wissen, wo genau ich herkomme und warum ich ausgerechnet im arschkalten Januar White heiße. Ich habe keine Lust, das alles zu erklären, ich möchte endlich zur Sache kommen, warum ich ausgerechnet in Augsburg lebe. Ein Typ mit der komischen Brille und diesem braun karierten Anzug, ach vergiss es einfach, aus dem Reisebüro, wo ich jeden Tag von der Schule mit dem Range Rover vorbeigefahren bin auf dem Weg nach Hause, hatte mir angedeutet, dass Augsburg eine tolle Stadt ist. Das hatte mich so beeindruckt, und ich wollte gleich wegziehen, weg aus dem verwöhnten Long Beach und weg von meinen reichen Eltern. Sicherlich bin ich etwas überrascht, wie ich es überhaupt geschafft habe, hierher zu kommen. Das werde ich aber euch nicht verraten, wie ich es geschafft habe, da jeder bestimmt von euch auch aus Deutschland oder sonst irgendwo aus dem Land wegziehen will. Ich kann sehr gut verstehen, warum ausgerechnet die Mexikaner nach Amerika auswandern wie in Deutschland die Ost-Leute. Ich bin kein verdammter Rassist oder so, ihr solltet einfach akzeptieren, dass ich einfach in dieser verfluchten Stadt meine Ruhe haben will. Erster Grund, dass ich nach Deutschland umgezogen bin, ist Schnee, ja verdammt noch mal, ich wollte schon immer wissen, warum ich White heiße und in Long Beach lebe, und bei den Namen White denkt jeder, ich nehme Koks oder so.

In Deutschland denkt man an Schnee und Eis, na ja, Eis ist eher bläulich, aber egal. Zweiter Grund, ich kenne den Christkindlmarkt überhaupt nicht und habe ihn verpasst, als ich in München gelandet bin, und wollte auch wissen, wie man in Augsburg lebt. Ich habe in Augsburg ein nettes Heim bekommen, wo ich mit drei anderen Jugendlichen in einem 40 m^2-Zimmer bin. Ihr wisst ja, dass jedes reiche Kind aus L. B. ein eigenes Konto mit dem monatlichen Einkommen von 500 US-Dollar hat. Inzwischen habe ich jetzt fast 8.000 US-Dollar auf dem Konto, ich gebe fast nie etwas aus und meine Eltern sind Immobilienmakler. Zurück zu meinen Zimmerkollegen, sie heißen Timo, Chris und Alf, sie sind alle in Ordnung und nerven mich von Zeit zu Zeit. Nur weil ich ein waschechter Amerikaner bin. Stimmt, ich habe es völlig vergessen, euch zu sagen, warum ich so gut Deutsch sprechen kann, ich gehe auf eine Privatschule in L. A., wo ich die Sprache der Krautfresser lerne, und meine Mutter kommt aus Deutschland, deren Großeltern Juden waren.

Ich gehe auf eine höhere Schule mit meinen Zimmerkollegen aus dem Heim, den Namen der Schule könnt ihr selber raten. Ich liege gerade in meinen Bett dick eingewickelt wegen des komischen Wetters da draußen und lese mein depressives Buch namens „The Catcher in the Rye", also auf Deutsch übersetzt heißt es „Der Fänger im Roggen", falls ein paar Englischversager diesen einfachen Satz nicht übersetzen können. Gott, wie ich dieses gottverdammtes Buch liebe. Mann, ich könnte diese Romanfigur Holden Caulfield glatt küssen.

„Matt, kommst du mit uns?" Oh nein, das ist Chris, und wieso stört ausgerechnet dieser Wichser mich mitten beim Lesen? Und angeklopft hat er an meiner Tür auch nicht. „Jo, warum konntest du denn an diese verdammte Tür nicht anklopfen?" „Schon vergessen? Dein Zimmer ist auch mein Zimmer, sowie dem Timo und Alf." Gott, wie er blöd grinst, Klugscheißer. „Yeah, ich komme! …Halt, wo soll ich mit dir hingehen?" „Matt, ich liebe wirklich deinen amerikanischen Humor. Wir gehen zur Schule." Schule? Ach Mann, ich habe es völlig vergessen, dass heute die geschichtliche Rundführung durch ganz Augsburg mit unseren guten alten Geschichtslehrer Mister Schwarz ist. Er kümmert sich wirklich auch ständig um mich und jammert auch ständig über meine schlechten Noten in den Naturwissenschaften. Sollte der alte Mister Schwarz sich nicht lieber um seine Frau kümmern? Sie sind beide gerade in der Ehekrise. Ich war gerade bei den Gedanken, als ich meine alte Jacke vom Ständer holte und meine dunkelgrüne Mütze aufsetze, die anderen sagen immer, meine Mütze wäre grau, das stimmt aber nicht.

„Chris", sagte ich, „wo müssen wir uns eigentlich mit der Geschichtsklasse treffen?" „Am Moritzplatz", grinste er wieder dämlich. Am liebsten würde ich mich ans Fenster stellen und laut schreien, dass die Deutschen aufhören sollen, uns als Sieger und Befreier von Europa zu bezeichnen. Ich interessiere mich überhaupt nicht für Kriege. Ich bin ein verflucht normaler Mensch und nicht irgendein Ami. Endlich aus der Tür raus, betrachte ich den trüben Januartag. Eigentlich sollte ich froh sein, dass die Sonne nicht aus vollem Rohr scheint. Überall sehe ich Weiß und Schwarz gemischt, passend zu meinen Namen White. Auf dem Weg zum Moritzplatz, starre ich immer wieder in die Gesichter der vorbeigehenden Spaziergänger, um rauszufinden, ob sie mich als Befreier erkennen oder nicht. Zum Glück betrachten sie mich nicht weiter als einen armseligen Schüler auf dem Weg, was weiß ich wohin. Endlich kann ich das Leben außerhalb von L. B. bescheiden leben.

Als wir dort angekommen sind, waren meine Vans-Schuhe durchgenässt. Ich schaute nach unten und nickte zufrieden, dass ich nicht verwöhnt werde. „Na Matt, how are you? Ich freue mich so sehr, dass du wieder da bist." Diese Stimme kenne ich zu gut, sogar besser als die von meinen Eltern, sie kommt von dem Mädchen namens Antonia. Sie ist wirklich in mich verknallt und alle Jungs der Schule, eher aus Augsburg und Umgebung stehen auf sie. „Antonia, kannst du bitte das Englisch weglassen? Wir leben in Deutschland und nicht in Kalifornien", antwortete ich. Verflucht, sie hat mir gar nicht zugehört. Sie ist eigentlich ganz nett, aber ich möchte auch, dass sie mir nur einmal zuhört. Eines Tages wird es passieren, das spüre ich. So musste ich den 2-stündigen Rundgang durch die historische Fuggerstadt von Augsburg mit dieser Antonia aushalten.

Als der Rundgang vorbei war, schlug Antonia vor, mit mir am Wochenende in den Club namens Tropicana zu gehen. Sie will mich bestimmt wieder mitnehmen, um vor ihren Freundinnen zu zeigen, wie toll ich bin und dass ich ein Amerikaner bin. Ich habe mit übertriebener Höflichkeit dankend abgelehnt. Ich wollte lieber mit meinem echten Kumpel namens Thomas am Wochenende Rodeln gehen und nebenbei ein bisschen das echt bayrische Bier trinken. Gut, der Rundgang ist endlich vorbei und ich ging dann schnell nach Hause, ehe die Antonia mich wieder mit irgendwelchen Scheiß anlabert und der Mister Schwarz mich wieder über meine Noten besorgt anredet. Am Königsplatz angekommen, sehe ich die Straßenbahnen, ein ungewohntes Gefühl überkam mich. Es fühlte sich an, als ob ich eine Gänsehaut hätte. Moment, es fühlt sich gerade so an, als ob ich einen Kälteschock bekommen hätte. Mein erster Kälteschock, seit ich auf dieser Welt bin. Der absolute Wahnsinn, ich kenne den Schock nur aus den Büchern. Aber als ich die Straßenbahnen genauer betrachtet habe, überkam mich das Heimweh, und ich wusste gerade nicht so recht, woher es kommt. Eine Weile überlegte ich mir, wo dieses gottverdammte Heimweh herkommt, wobei es mir so gut in Augsburg geht. Wieder das vertraute Rattern der vorbeikommenden Straßenbahnen, als ich den Platz überquerte zu dem kleinen Park, wo der kleine vereiste Brunnen ist. Ach, verdammtes San Fransisco, wieso willst du, dass ich nach Kalifornien zurückgehen soll. Diese sonnigen Berge, wo diese verrückten Leute den Weg nach oben surfen können.

Damit ich mich von meinem ungewohnten Kälteschock erholen kann, setzte ich mich an den Brunnen und schaute in Richtung Königsplatz. Mich fasziniert der Betrieb der Busse und die Straßenbahnen, die die Fahrgäste warm und sicher durch Schnee und Eis den Weg bahnen. Ich bin verdammt zufrieden, wenn ich immer wieder solche Momente anschaue und dabei friere. Das kümmert mich gar nicht, ob ich am nächsten Tag krank werde oder nicht. Ich will einfach nur zufrieden sein. Ich höre Stimmen, auf der anderen Seite des Brunnens. Dort ist eine Mutter mit ihrem Kind. Aber als ich genauer hinhörte, versuchte die Mutter ihr Kind zu beruhigen. Das Kind schrie unentwegt wie am Spieß, ich konnte aber die Sprache leider nicht ganz entziffern. Verdammt noch mal, ich will meine Ruhe haben, warum kann die Mutter dem Kind nicht einfach ein Eis geben, auf diese Weise wird das Kind bestimmt wieder ruhig. Ich hätte große Lust gehabt, gleich aufzustehen und in ein Geschäft gehen und Eis zu kaufen. Aber komischerweise konnte ich nirgends einen Eiswagen finden mit dem Verkäufer, die meistens einen alberneren Hut tragen. Komisches Land, kein Eis in Deutschland, wobei man das Eis in Los Angeles an jeder Ecke finden kann. Meine Freundin, die in Amerika lebt, isst immer gerne einen Riesenbecher Eis vor dem Flachbildschirm und schaut einen schnulzigen Liebesfilm an.

Meine Gedanken wurden wieder durch das Geschrei des Kindes aufgeweckt und ich war so wütend, dass ich am liebsten dem Schreihals den Schnee in den Mund gestopft hätte. Schnee ist fast wie Eis, oder? Aber ich habe es doch nicht getan, weil ich kein verdammter Kinderschänder bin, oder so ähnliches. Ich hatte damit die Schnauze voll. Ich schwöre euch, ihr solltet sehr gut überlegen, bevor ihr auf das Kondom verzichtet. Als ich aufstand, merkte ich, dass mein Körper fast eingefroren war und war glücklich, dass ich bald den Sinn des Lebens verstehe. Auf dem Weg zum Heim betrachte ich die Menschen, die ihr alltägliches Lebenswerk verrichteten. Man kann so sagen, dass ich ein sehr aufmerksamer Mensch bin.

Vor allem die alten und jungen Menschen, die mir auf dem Weg begegnen, machen mich ganz depressiv, weil das Leben so kurz ist. Man kann dem lieben Gott nicht die Schuld zuschieben, weil er nicht die Menschheit erschaffen hat. Sondern der gute alte Urknall. Ich merkte, dass ich doch etwas über die Naturwissenschaft weiß, ich habe mich eigentlich immer als hoffnungslosen Versager bezeichnet. Ich konnte nie den Sinn der Zahlen verstehen. Meine wirkliche Fähigkeit liegt bei den Sprachen. So wie die englische, amerikanische und die deutsche Literatur. Ich mag den Bertolt Brecht, da er kein religiöser Fanatiker war. Außerdem hat er den Sinn des Lebens verstanden und hat die Huren gefickt. Als ich der Haustür des Heimes näher kam, bemerkte ich meine Zimmerkollegen Timo und Alf illegal Zigaretten rauchen. Sie beiden sind erst 17 Jahre alt und rauchen in der Öffentlichkeit. Das kann jeder Depp sehen, doch kein Schwein traut sich, das bei den Bullen zu melden. Als Alf mich bemerkte, schreit er zu mir rüber, obwohl ich kaum 3 Meter von ihm entfernt bin. „Matt! …" Oh mein Gott, warum müssen die Deutschen mich immer beim Vornamen nennen, wenn sie einen Satz beginnen wollen? Nur weil ich ein Scheißamerikaner bin? Verdammter Weltkrieg.

„… Ich habe Neuigkeiten für dich." – „Ohhkaay, hallo erst mal, welche Neuigkeiten?" – „Deine Eltern suchen verzweifelt nach dir." Warum muss dieser Depp durch das Hinzufügen des Wortes verzweifelt das noch dramatischer machen. Jetzt mache ich etwas ganz Dummes, was ich mein Leben lang bereuen werde. „Aha, verzweifelt, willst du es also nennen?" Ich wollte ihn sogar entschuldigen, aber er lehnte leicht verletzt ab und sagte, dass es seine Schuld ist. Schon wieder, verdammte Befreier der Europa. Ich sagte den beiden schnell, dass sie sich keine Sorgen machen sollen, da meine Eltern wieder mal nicht wussten wo ich mich jetzt aufhalte. Im Treppenhaus auf dem Weg nach oben, überlegte ich mir, wie diese verfluchten Eltern mich in Augsburg ausfindig gemacht haben. Und vor allem, wie sie meinen Abwesenheit bemerkt haben. Als ich in der 3. Etage endlich angekommen bin, pfeift meine Lunge. Verdammt, warum bauen diese Leute immer so hoch? Und ich verfluchte mich selbst auch noch, weil ich in meinen Leben nur Schach gespielt habe, und ich hätte es wissen müssen, dass man davon keine Kondition bekommen kann. Bevor ich zum Telefon in meinem … unserem Zimmer erreiche, zog ich meine Jacke aus, behielt aber die dunkelgrüne Mütze auf meinen Kopf. Ich überlegte eine ganze Weile, ob ich wirklich meine Eltern anrufen soll oder nicht.

Ich entschloss mich, doch das Telefon zu benutzen. Ich wählte die Nummer nach L. B.. Da ich keine geringste Ahnung habe, wie man diese irrsinnige Erfindung der Abzocker namens R-Call anwenden kann, muss deswegen mein lieber Heimleiter die Rechnung für mich bezahlen. Am anderen Ende der Leitung, hob sofort jemand den Hörer ab. Wie ich schon erwartet habe, am Telefon ist meine Mutter. Sie ist immer am Telefon, egal ob Tag oder Nacht. „Matt!…" Komisch ich dachte, nur die Deutschen nennen mich beim Vornamen beim Beginn des Satzes. „… wo bist du denn? Dein Vater und ich haben uns so solche Sorgen gemacht!" – „Hallo Mum,…" – „Du kommst jetzt sofort nach Hause!" Ich wusste schon immer, dass meine Mutter mich nie ausreden lässt. Und versuchte meine Mum zur Weißglut zu bringen durch meinen Sarkasmus „Ah, jetzt spielst du aber die brave, fürsorgliche Mum?" – „Wie kannst du es wa…" – „Lass mich in Ruhe. Ich komme nächste Woche, weil ich noch das Rodeln ausprobieren möchte und mit meinen Freund ein Bier trinken will." – „Aber …" Ich wusste jetzt, dass meine Mutter mir das Bier verbieten wollte, ich bin 19 Jahre alt und in Deutschland darf ich trinken, in Amerika aber noch nicht. Danke, Deutschland! „Ich komme nächste Woche nach Hause. Grüß meinen Vater von mir. Bye-bye" Ich musste das Gespräch so beenden, weil ich sonst nicht auflegen kann. Auch aus Rücksicht auf meinen Heimleiter, er ist einfach ein toller Mensch. Ich setzte mich an die Bettkante und schaute auf mein Buch „The Catcher in the Rye" von J. D. Salinger und überlegte, wie die Geschichte von Holden Caulfield ausgegangen ist. Das Telefon in meiner linken Hand, schaute ich raus aus dem Fenster. Schließlich murmelte ich: „Ich habe gelernt, was White im Winter bedeutet."

Nils Enders-Brenner
Holbein-Gymnasium, Klasse Q11-4

Auf einer Straße

Wir gehen auf einer Straße. Umgeben sind wir von Schnee und Eis. Man sagte uns, es sei Winter. Die Kälte macht den Schnee. Sie macht Wasser zu Eis und die Welt zu einem starren Bild. Wir bewegen uns in diesem Bild. Wir gehen auf einer Straße. Die Sonne scheint und der weiße Schnee reflektiert ihre Strahlen. Das blendet uns. Wir gehen weiter und wir sind alleine. Wir denken an Eis und wir frieren bei dem Gedanken. Wir denken an eine laue Sommernacht, wie wir sie einst erlebten, und wir frieren noch immer. Das kommt auch von der Kälte. Schließlich sind wir nicht mehr alleine. Da ist jemand gekommen. Ihm ist nicht kalt. Er ist gerannt, um uns einzuholen. Die Wärme, die sein Körper ausstrahlt, ist stärker als die Kälte, die ihn umgibt. Wir haben seine Schritte schon lange gehört, aber wir haben uns nicht umgedreht. Auch jetzt wenden wir uns ihm nicht zu. Schweigend gehen wir auf einer Straße. Er begleitet uns ein Stück, schließlich bleibt er stehen. Wir gehen weiter auf einer Straße. Wir drehen uns nicht um und wieder sind wir alleine. Umdrehen scheint sinnlos. Das kommt von der Kälte. Umdrehen ist unmöglich. Das kommt auch von der Kälte. Wir gehen auf einer Straße. Umgeben sind wir von Schnee und Eis.

Laura Kehlenbach
Maria-Stern-Gymnasium, Klasse 10c

Eiszeit

Ich stehe hier
im Schnee, auf Eis
im leichten Hemd
blau weiß – blau weiß

Bavaria, Bavaria.

Vier Uhr morgens
steh ich hier,
wir Tausende
erfrieren schier.

Der Erste fällt
mit Schuss im Kopf
und ich bemerk,
mir fehlt ein Knopf.

Wie lang wird diese Eiszeit
dauern
überleg ich mir mit großem Schauern.

Die Stund' ist rum,
sie kommen hier an
am Ende, wo ich stehe.

Mein Magen knurrt,
SS-Mann schaut
„Dein Knopf, er fehlt!"
genüsslich murrt.

Ein zweiter Schuss
so dass ich nun
zu kaltem Boden
fallen muss –

Mein letzter Blick zum Himmel
hoch
bewölkt
blau – weiß

Bavaria.

Sabine Pfefferlen
Justus-von-Liebig-Gymnasium Neusäß, Klasse 10b

Der Eispalast

Susi ist ein fröhliches, kleines Mädchen, das gerne Geschichten erfindet. Doch eines Tages erlebte sie ein wahrhaftig aufregendes Abenteuer. Sie saß mit ihrem Freud Tim in ihrem Geheimversteck – ein kleiner Busch unter ihrem Lieblingsbaum. Er war so dicht, dass man sie von außen nicht sehen konnte. Plötzlich setzte sich ein kleines Vögelchen vor sie hin und sprach: „Wir brauchen eure Hilfe. Ihr müsst die Eisprinzessin finden!" Den beiden Kindern blieb vor Staunen der Mund offen stehen. Ein sprechender Vogel, Wow, dachten sie und krochen sogleich aus dem Gebüsch. Doch sie kamen aus dem Staunen nicht mehr heraus, denn auf der Wiese stand ein Hubschrauber. Der Wind, den er machte, war so stark, dass sie beinahe weggeweht wurden. Da öffnete der Pilot die Tür und schrie: „Steigt schnell ein! Ich bringe euch zum Nordpol. Dort steht der Eispalast!" Ehe es sich die beiden überlegen konnten, was sie nun tun sollten, saßen sie schon im Hubschrauber. Auf einmal sahen die Häuser unter ihnen nur noch wie Spielzeug aus. Mit einem Lächeln warf der Pilot den Kindern zwei Schneeanzüge zu und meinte: „Ihr wart sehr schwer zu finden in eurem Versteck, doch die Prinzessin braucht eure Hilfe. Zieht besser die Anzüge an, denn es wird noch sehr kalt werden." Als sie am Nordpol landeten, sah man nur Schnee, Schnee und nichts als Schnee. Es standen zwei Schlitten bereit, auf denen die beiden sofort losrodelten. „Wenn ich nur wüsste, wo der Palast ist", meinte Tim zu Susi. Susi war auch ratlos, doch da entdeckte sie eine Karte in ihrer Jackentasche und schon machten sich die beiden auf den Weg. Schnell fanden sie den weißen Palast aus Eis und Schnee, den man am Anfang in all dem Schnee kaum erkennen konnte. Groß und glitzernd lag er vor ihnen und die beiden Freunde mussten schon wieder staunen. Als sie am großen Eingangstor standen, war die Tür aber verschlossen. Da flog eine Schnee-eule herbei und flüsterte ihnen zu: „Der Schlüssel zum Palast ist bei der Schneehasenfamilie, die unter der einzigen Tanne wohnt. Wenn ihr nun nach Süden geht, findet ihr sie." Da die Kinder auch noch einen Kompass in ihrer Tasche fanden, kamen sie schnell bei den Hasen an. Sie bedankten sich bei den Hasen für ihre Hilfe und ein Hase meinte noch geheimnisvoll: „Hier ist ein Netz. Behaltet es, denn ihr braucht es noch!" Schnell fuhren sie mit ihren Schlitten zum Schloss zurück und konnten endlich hineingehen. Innen war es merklich wärmer, obwohl auch hier alles aus Eis war. Erst jetzt merkten die beiden Freude, dass sie doch sehr froren. Doch daran konnten sie kaum denken, denn schon hörten sie jemanden weinen. Sie gingen dem Geräusch nach und sahen eine wunderschöne Eisprinzessin. Als sie die Kinder sah, schluchzte sie noch mehr, fiel ihnen in die Arme und stammelte: „Endlich seid ihr da! Der Schneekönig hat mir meine Krone gestohlen und will jetzt Herrscher im Reich sein. Er ist aber nicht gut zu den Tieren. Schon hat er ein paar Pinguine im Gefängnis eingesperrt. Aber nur die Krone ist der Schlüssel dazu!" Sie weinte weiter. „Keine Angst! Wir helfen dir!", meinte Susi tapfer, obwohl sie noch keine Ahnung hatte, wie. Sie rannten sofort ins Turmzimmer. Hier war der Schneekönig. Mutig öffnete Susi die Tür. Da kam der König polternd auf sie zugerannt. Fast hätte sie geschrien. In diesem Moment erinnerte sich Tim an das Netz, zog es blitzschnell aus seiner Tasche und warf es über den König. So half alles strampeln und schimpfen nichts. Die Kinder konnten sich die Krone schnappen und liefen so schnell es ging damit zum Gefängnis. Die Pinguine waren sehr dankbar, endlich aus dem dunklen Gefängnis befreit worden zu sein. Sie halfen alle zusammen, den König darin einzusperren. Erst jetzt fielen sie sich in die Arme und lachten erleichtert. Die Prinzessin lud die Kinder ein, sich ihr Reich noch einige Tage anzusehen und die drei hatten viel Spaß. Doch schließlich brachte sie der Hubschrauber wieder in ihr Geheimversteck zurück. Als wäre nichts geschehen, liefen die Kinder nach Hause. Doch es war so aufregend gewesen, dass sie ihre Geschichte erzählten. Da Susi aber immer wieder Geschichten erfand, glaubte ihr niemand, dass diese auch wirklich geschehen war. Nur Tim wusste es besser. Und immer, wenn sie sich in ihrem Versteck trafen, hofften sie darauf, dass ihnen ein Vogel wieder eine Botschaft der Eisprinzessin zuzwitschern würde.

Sarah Rosenauer
Blériot-Volksschule, Klasse 3b

Die Eiskönigin

Kalt, so kalt wie tausend Seelen,
Die im Schatten waren verlor'n.
Ein Herz, dem alle Freuden fehlen,
Von dunklen Mächten auserkoren.

Mit riesigen Schwingen aus Sturm und Wind,
Der Atem so tödlich wie Klingen,
So reist die Königin geschwind.
'Hört ihre Stimme singen!'

Ein leichtes Klingeln, wie Glöckchen so hell,
Begleitet stets die Reise.
Die Landschaft unter ihr fliegt schnell,
Die Flocken fallen leise.

Das Herrenhaus ist völlig still,
Von weißem Zauber zugedeckt.
Doch weil die Königin es will
Ward das Mädchen aufgeweckt.

Das kleine Ding steigt aus dem Bett,
Und schleicht sich durch den Raum.
Sie klettert auf das Fensterbrett.
Was sie dort sieht, das glaubt sie kaum

Leuchtend und zart wie eine Fee,

Ein Gewand aus Silber und Nebel gewoben,
Keine Spuren hinterlässt sie im Schnee,
Das Haupt mit anmut'gem Stolz gehoben.

Dieses Wunderwesen in dunkler Nacht,
So schön wie ein Engel aus Glas,
Im Kind, da war die Neugier erwacht,
so dass es alle Vorsicht vergaß.

Das Mädchen läuft hinaus zur Tür,
Sie kümmert nicht die Nacht,
Bloße Füße sprechen dafür,
Auch hat sie nicht das Eis bedacht

Im Nachthemd verlässt sie das sichere Haus,
Sie eilt, um die Königin zu sehen.
'Wie eine Hoheit sieht sie aus!'
Oh, armes Kind, nun ward's geschehen.

Hätt' es doch nur nicht die Sage vergessen,
Die die Menschen sich erzählen!
Ist man einmal von der Kälte besessen,
Verführt sie erst, um dann zu quälen!

Man sagt sich, sie mache die Kinder zu Elfen,
An die mondlosen Nächte des Winters gebannt,
Sie sollen zu ewiger Macht ihr verhelfen,
Gefürchtet ist sie, ihr Vermächtnis bekannt.

„Liebes Kind, ich grüße dich!
Komm nur näher, scheu' dich nicht!"
Sie dreht sich um und nähert sich,
Endlich zeigt sie ihr Gesicht.

Das Mädchen steht verzaubert da,
Ist nicht fähig, sich zu rühren,
Den eisigkalten Frost sogar,
Kann sie nicht mehr spüren.

'Komm näher, komm zu mir!'
Sie zögert nicht lange.

Die Eiskönigin haucht ihr
Einen Kuss auf die Wange.

Da wird sie ergriffen von wirbelndem Eis.
Es setzt sich auf die Haut der Kleinen,
Man hört wie Gesang, ganz fein und leis',
Des armen Mädchens stilles Weinen.

Als der Zauber nun wieder verfliegt,
Ist nichts mehr wie es einmal war,
Das Schlagende Herz letztendlich besiegt,
Der Wandel nicht mehr umkehrbar.

Die Augen so funkeln,
So leuchtend wie Sterne,
Die strahlen im Dunkeln,
So weit in der Ferne

Die Königin nimmt die Hand des Kindes,
'Komm mit mir, Tochter. Ich werd für dich sorgen.'
Dann fliegen sie mit den Schwingen des Windes,
Doch an welchen Ort bleibt auf ewig verborgen,

Denn keiner vermag je das Geheimnis zu lösen,
Weil das Kindchen nun immer verschwunden bleibt,
Entführt von der Königin des Bösen,
Die die Angst in die Träume der Menschen treibt.

Johanna Rehm
Justus-von-Liebig-Gymnasium Neusäß, Klasse 8b

Die Eismenschen

Es war einmal ein Land, das durch und durch aus Eis bestand. Nur der
Boden war aus Zuckerwatte. Alle Bewohner des Landes bestanden aus
Sahne, die Köpfe waren aus Waffeln und die Augen aus Schoko-Eis-
Perlen.

Doch an einem heißen Sommertag bemerkten die Bürger, dass ihre Welt
zu schmelzen begann. Den Einwohnern drohte das Verderben, wenn sie
nicht alles dafür geben würden, ihre Heimat zu retten.

Der höchste Herrscher des Reiches war der Eisvogel Silvero, der die Gabe
hatte, Eis zu produzieren. Er war aber schon sehr alt und krank. Als er

bemerkte, dass sein Land zu schmelzen drohte, berief er eine Versammlung ein. Bei dem Treffen hielt er eine Rede: „Hört! Unserem Land droht der Untergang, wenn wir nicht bald etwas unternehmen!"

Eine wütende Stimmer erklang aus der Menge: „Schaffe Eis!" – „Das ist ja das Problem", antwortete Silvero, „ich bin zu alt und zu krank, um meine Gabe weiter einsetzen zu können!" Entsetzen machte sich breit.

Nach langem Überlegen meinte Silvero: „Wir müssen fliehen. Packt eure Habseligkeiten und kommt mit mir!"

Alle machten sich rasch bereit und folgten ihm. Sie flohen. Nach zehn Jahren mühsamer Wanderung entdeckten sie die Neandertaler, die sie sofort aus ihrer Umgebung vertrieben. Daher beschlossen die Eismenschen, wieder heim zu gehen. Aber was war das? Als sie ankamen, sahen sie nichts als klares, blaues, kaltes Wasser mit weißen herum schwimmenden Eisschollen.

Nachdem die Eismenschen ein bisschen von der Flüssigkeit berührt hatten, wurden sie zu Fischen! So leben sie noch bis heute im Ozean.

Lydia Haas, Sarah Gamperl, Anna Weber
Maria-Ward-Gymnasium, Klasse 6b

Die bunten Eisbären

Neulich hab ich einen grünen Eisbär gesehen.
Vor Staunen blieb mein Mund offen stehen.
Das kann doch nicht sein, dass ein grüner Eisbär durch den Nordpol geht.
Oder einfach nur auf einer Scholle steht.
Vielleicht hat jemand ihn einfach angemalt.
Ob dieser jemand dafür bezahlt?
Kommt, wir suchen diesen jemand jetzt und sofort
bestimmt ist er schon an einem anderen Ort.
Ich geh auf die Suche durch das eisige Land.
Und soll ich euch erzählen was ich da fand?
Einen anderen Eisbär und der war rot.
Und der weinte, denn sein gelbes Junges war tot.
Ich tröstete ihn und sprach ihm gut zu.
Und nach einer Weile gab er Ruh.
Ich ging weiter bergauf und bergab
und plötzlich hörte ich ein leises Tipp Tapp.
Ein lila Eisbär lief durch den Schnee
Und ich trank mit ihm eine Tasse Tee.
Er nahm mich mit in das Eisbärland

da waren bunte Eisbären sehr bekannt.
Der eine war orange und der andere war grau
der eine türkis und der Letzte war blau.
Sie lagen unter einem großen Baum.
Dann wachte ich auf, es war alles nur ein Traum.

Nina Dießenbacher, Tamara Kientsch
Peutinger-Gymnasium, Klasse 7e

Eisiges Treffen in Shkodra

Ich wollte die beiden unbedingt kennen lernen: meine Mutter und meinen Zwillingsbruder. Meine Mutter Ardiana. Und meinen Bruder Jak. Ich, Gjon, bin nun schon 16 Jahre alt, hatte mir schon immer einen Bruder, ja am liebsten einen Zwillingsbruder gewünscht. Dass ich einen hatte, wusste ich noch nicht allzu lang. Mein Vater wollte mit mir zuvor nie über meine Mutter sprechen. Meine Eltern hatten sich schmerzhaft getrennt, als ich gerade einmal zwei Jahre alt war. Damals hatte mein Vater mich behalten wollen und ist mit mir nach Sarande, in den Süden Albaniens, gezogen. Meine Mutter blieb in Shkodra zurück. Shkodra ist eine schöne, jedoch dicht bevölkerte Stadt und zugleich die größte in den Albanischen Alpen. Aber sie blieb nicht allein. Nein. Sie behielt damals Jak. Jak, meinen Zwillingsbruder! Als ich letztes Jahr zufällig ein Geburtsfoto von Jak und mir gefunden hatte, sprach ich meinen Papa natürlich darauf an. Er sagte, es täte ihm Leid, dass er mir nichts von Jak erzählt hatte. Weshalb er mir aber nichts von ihm erzählt hatte, konnte er mir nur schwerlich erklären. So weit ich verstehen konnte, wollte er, dass ich nicht auf die Idee kommen würde, zu meiner Mutter ziehen zu wollen. Aber ich kannte sie nicht einmal. Ich wollte die beiden nun besuchen. Mein Vater ließ mich aber nicht. Seitdem ist ein Jahr vergangen. Inzwischen hatte ich in Erfahrung gebracht, dass meine Mutter mit meinem Bruder immer noch in Shkodra wohnhaft sind und die Adresse hatte ich auch herausgefunden. Mein Vater war für ein paar Tage auf Geschäftsreise und ich nutzte die Gelegenheit: mit dem Zug nach Shkodra! Die Fahrt dauerte mehr als fünf Stunden. Ich hatte mein Fahrrad, etwas zu essen und Wäsche dabei. Und natürlich meinen Ausweis und Geld. Einen Stadtplan hatte ich ebenfalls dabei. Und Freude. Freude auf die Begegnung mit dem Rest meiner Familie. Zwar würde ich überraschend kommen, doch ich hoffte, dass die beiden nicht verreist waren, was ich nicht ausschließen konnte, schließlich waren ja Ferien. Ja, Winterferien! Für mich war die Fahrt nach Shkodra besonders spannend, da ich mich auf die verschneite Gebirgslandschaft freute. Im Süden Albaniens gibt es im Winter große Mengen an Niederschlag, aber nur sehr selten gibt es dort Schnee, der dann auch kaum liegen bleibt. Als ich in Shkodra ankam, spürte ich als erstes die Kälte. Ich zog mir meinen dicksten Pullover und meine Winterjacke an. Dann suchte ich eine Metzgerei auf und verspeiste dort ein Rindergulasch. Es war nun schon so gegen 15:00 Uhr, als ich mich auf den Weg machte, meine Mutter und meinen Bruder zu finden. Mithilfe des Stadtplans konnte ich die Wohnung bereits nach kurzer Zeit ausfindig machen. Ich klingelte. Als ich ein zweites mal auf den Klingelknopf drücken wollte, öffnete eine Frau die Tür. Es war meine Mutter! „Jak, bist du schon zurück? Ich dachte – Moment, du bist gar nicht Jak! Aber, a-ber – Gjon? Bist du mein Sohn Gjon?" Tränen kamen ihr in die Augen. Ich war vor Freude sprachlos und wir fielen uns in die Arme. Ich erzählte ihr, wie ich sie ausfindig gemacht hatte und dass ich heute früh mit dem Zug abgefahren bin. Sie erkundigte sich nach meinem Vater, und ich sagte ihm ginge es gut. Aber dann wollte ich wissen, wo sich Jak denn aufhielte. Sie erzählte mir, dass er mit seiner Freundin Mirlinda Schlittschuhlaufen gegangen sei. Sie meinte, der See sei nicht weit entfernt, und erklärte mir den Weg. Ich fragte sie, ob sie denn nicht mitkommen wolle, doch sie sagte mit freudiger Stimme: „Nein, geh nur. Ich möchte euch ein besonders gutes Essen zubereiten. Jak, Mirlinda und dir. Lass dich überraschen." So begab ich mich zu dem See. Es war noch kälter geworden und ein eisiger Wind wehte. Nicht gerade das Klima, das ich gewohnt war. Der See war nicht besonders groß. Jedoch hatte ich Schwierigkeiten, Jak zu finden, da der gefrorene See von vielen befahren wurde. Es gab sogar zwei Verrückte, die mit ihren Klapprädern auf dem Eis fuhren. Ich nannte es „Ice Biking". Ich schätzte, dass etwa um die fünfzig Menschen sich auf dem gefrorenen See aufhielten. So ging ich in die Mitte des Sees, um mir einen besseren Überblick zu verschaffen. Doch ich fand Jak immer noch nicht. Wo war er nur? Plötzlich sah ich nichts mehr. Irgendwer hatte mir die Sicht mit seinen Händen verwehrt! „He, was soll das? Wer bist du?" Ich vernahm eine Mädchenstimme: „Dreimal darfst du raten, wer ich bin, Jak." Dann kicherte sie. Ich wollte schon etwas erwidern, als dieses Mädchen sich plötzlich mir von vorne näherte und begann, während sie mich mit ihren Armen umschlang, zu küssen! Ich konnte mich nicht wehren. Ich war starr vor Schreck. Zum Glück ließ sie von mir los, als jemand nach ihr rief. Ich schaute zu meinem Retter, der gerade angefahren kam. Mein Retter sah mir verdammt ähnlich! Zweifellos, es war Jak! Und dieses Mädchen musste wohl Mirlinda sein, die mich mit Jak verwechselt hatte! Doch Jak machte kein fröhliches Gesicht. Er war im Begriff, mich zu schlagen, gerade rechtzeitig konnte ich ihm ausweichen. Dann bestimmte erst mal die Stille das Geschehen. Niemand konnte mit dieser Situation umgehen. Es herrschte Verwirrung. Ich fragte mich, ob Jak überhaupt wusste, dass es mich gab. Schließlich war es Mirlinda, die das Schweigen beendete: „Jak, es tut mir Leid. Ich dachte er wäre – du. Also ihr könntet Zwillinge sein, so sehr ähnelt ihr euch!" Jak schüttelte den Kopf: „Ich habe keine Geschwister, das weißt du." Ich widersprach ihm: „Doch, Jak. Mich, deinen Bruder hast du, du wusstest es nur nicht. Unsere Eltern haben uns nie von dem anderen erzählt. Mein Vater nie von dir, deine Mutter nie von mir. Weshalb, das ist mir jedoch schleierhaft. Auf jeden Fall, im letzten Jahr entdeckte ich ein Foto von meiner, nein, ich verbessere mich, von unserer Geburt. Erst seitdem weiß ich von dir." Jak war sprachlos. Dies war der Beginn unserer Freundschaft. Unserer brüderlichen Freundschaft.

Tobias Weiß
Rudolf-Diesel-Gymnasium, Klasse 10d

Die Eisprinzessin

Es war schon spät! Ich lag angespannt in meinem Bett. Irgendwie konnte ich mich nicht entspannen. Also stand ich auf und lief zum Fenster. Ich öffnete es. Warmer Nebel stieg mir ins Gesicht und ein Schauer lief über meinen Rücken. Wie spät mochte es sein? 11 oder 12? Meine Mutter schlief bestimmt schon. Ich erinnerte mich an unseren Streit. Sie hatte gesagt, dass das nicht mehr so weiter gehen könne: „Flipp, du kannst nicht immer im Unterricht einschlafen. Warum kannst du denn abends nicht schlafen?" Ich hatte gesagt, dass ich immer so viel nachdenken müsse. Ich konnte ihr doch unmöglich von meinen Träumen erzählen. Dann würde sie sich doch noch mehr Sorgen machen.

Ich hörte einen lauten Schrei und etwas, das sich wie eine steinharte Kinderhand anfühlte, flog gegen meinen Kopf. Ich muss wohl ohnmächtig gewesen sein, denn als ich wieder bei Bewusstsein war, lag ich auf einer weichen, aber eiskalten Decke. So fühlte es sich zumindest an. Als ich die Augen öffnete, sah ich jedoch, dass es Schnee war. Der warme Nebel lag so fest auf der Landschaft, dass ich nicht weiter als einen Meter sehen konnte.

Ach, übrigens, ich heiße Filippa. Meine Mutter sagt schon immer Flipp zu mir. Wenn ihr wollt, könnt ihr mich auch so nennen. Normalerweise bin ich ein ganz normales Mädchen. Doch in diesem Moment hörte ich hinter mir den Schnee knirschen. Ich drehte mich blitzartig um. Da war eine weiße Gestalt im Nebel. Als sie langsam näher kam, erkannte ich in ihr einen weißen Löwen. Ich wich zurück. Doch in Sekundenschnelle war der Löwe wieder bei mir. Ich zitterte nicht nur wegen der Kälte, ich hatte Angst. Angst um mein Leben.

„Wer bist du?", fragte der weiße Löwe mit einer leeren und leisen, aber festen Stimme. Ich erschrak noch mehr, wollte mir aber nichts anmerken lassen. Darum versuchte ich, mit eben solch fester Stimme zu reden. Es gelang mir aber nicht. Es fühlte sich an, als wäre meine Stimme gefroren, als würde mein Körper immer mehr einfrieren und starr werden. Also stotterte ich mit leisem, schrillen Ton: „Ich … ich … heiße Filippa Flouh. Aber wer bist … du?" „Ich bin ein Gelarium", hauchte mir der Löwe ins Gesicht. „Und ich werde dich jetzt zu einem von uns machen." Mein Herz fing an zu pochen, doch noch bevor ich wegrennen konnte, packte mich eine Hand aus dem hinter mir liegenden Nebel. Ich fiel nach hinten, auf einen weicheren und wärmeren Boden. Jetzt sah ich den Nebel nicht mehr überall, sondern nur noch vor mir. Ich war wie durch eine Grenze gezogen worden. Gerade konnte ich noch sehen, wie der Löwe seine weiße Pfote fauchend durch die Nebelwand zu mir rüber streckte. Die Pfote fing Feuer, und für einen kurzen Moment glaubte ich, eine ganz normale Löwenpfote zu sehen. Doch dann jaulte der Löwe auf und zog seine eisige Pfote zurück in den Nebel. Meine Augen klappten zu und ich wartete darauf, dass mein Herz vor Kälte und Angst stehen bleiben würde – aber es blieb nicht stehen. Im Gegenteil, mein Körper fühlte sich an, als würde er langsam auftauen. Doch dann fiel ich erneut in Ohnmacht.

Als ich erwachte, war es warm. Irgendwie roch es nach Lagerfeuer. Wahrscheinlich hatte Mama die Milch für ihren Kaffee anbrennen lassen. Mama setzte sich zu mir ans Bett. Ich öffnete die Augen. Doch was ich sah, ließ mich zusammenzucken. Es war nicht Mama, die sich zu mir setzte, und es war auch kein Bett, auf das sie sich setzte. Ein Mädchen und ein Junge beugten sich über das Fell, auf dem ich lag. Das Mädchen hatte dunkelbraune lange Haare. Sie war hübsch. Auch der Junge war hübsch. Er hatte wie das Mädchen eine blasse Haut und hellblonde Locken. Die beiden ähnelten sich sehr. Ich spürte ein Zucken im Magen. Jetzt erst bekam ich panische Angst, nie wieder nach Hause zurückkehren zu können. „Mat ischga!", sagte der Junge in einer anderen Sprache zu dem Mädchen. Woraufhin sich das Mädchen mit einem leichten Akzent an mich wandte: „Mein Buder sbicht nicht dene Sbache. Ich ab gelehrnt von Omaa. Ich eiße Katjuscha und er", sie zeigte auf den Jungen, „Natran." Sie erzählte, dass eine Krankheit über ihr Land, Tramaria, hergefallen war, die Gelarium. Gelarium bedeutet in Tramarisch soviel wie Eis oder Kälte. Wenn man von einem Gelarium berührt wird, wird man auch einer. Das Herz gefriert und man wird nur noch von der Gelarium gesteuert. Immer wenn ein neues Lebewesen zu einem Gelarium wird, kommen Kälte und Nebel näher. Sie zerstören ganz Tramaria. Es gibt eine Sage, die besagt, dass eines Tages die Eisprinzessin kommen wird und Tramaria retten wird. „Dok das", Katjuschas Stimme wurde leiser, „wird vermutlik nie gesen. Unser Sdamm ist der lete überlebende. Dik konnten wir retten." Mit ihrem freundlichen Blick gaben die beiden mir zu verstehen, dass ich jetzt dran war.

Bevor ich überlegen konnte, sprudelten die Wörter auch schon aus mir heraus. So ist es immer, wenn ich wütend, verzweifelt oder traurig bin. „Ich heiße Filippa, und als ich letzte, oder war es diese Nacht, am Fenster saß, flog mir plötzlich etwas gegen den Kopf und … und … ich will wieder nach Hause." Ich redete immer schneller. Meine Stimme fing an, sich zu überschlagen. „Jet mal lansam", sagte Katjuscha eben so schnell wie ich. Etwas langsamer fuhr ich fort. Ich erzählte von meinem Zuhause. Natran und Katjuscha schauten sich an. Dann liefen sie nach draußen. In dieser Zeit schaute ich mich um. Ich war in einer Hütte. In der Mitte war ein kleines Feuer. Drumherum lagen Felle und weiße Wolldecken. An den Seiten, die aus Ästen zusammen gebunden waren, hingen Bilder. Ich stand auf, um sie mir genauer anzuschauen. Da waren wunderschöne Landschaften mit exotischen Blumen und prächtigen Wäldern. So musste es hier früher einmal ausgesehen haben – bevor die Gelarium gekommen war. In einer Ecke der Hütte stand ein Eimer mit Wasser. Ich schaute hinein und konnte mein Spiegelbild sehen. Meine gewellten, blonden Haare hingen zerzaust über meine dürren Schultern.

Ich hörte etwas, also setzte ich mich schnell wieder auf mein Fell. „Mamra hat erselt, es gibt Weg su dia nak hause", schrie mir Katjuscha entgegen, schon bevor sie ganz in der Hütte war. „Er is auf der anderen Seite des Nebels." Ich begriff! Die einzige Möglichkeit für mich, nachhause zurück zu kommen, war, mit dem Stamm die Eisprinzessin zu suchen.

Schnell lernte ich die Sprache von Natran und Katjuscha. Ich machte Bekanntschaft mit dem ganzen Stamm, lernte, was sie aßen, wie sie schliefen und lebten. Ja, ich muss sagen, mit der Zeit wuchs mir die ganze Familie von den beiden Zwillingen ans Herz. Mamra (die Mutter der beiden) war für mich sogar wie eine zweite Mutter. Immer weniger dachte ich an Zuhause, doch ich vergaß trotzdem nicht, warum ich hier war. Wenn ich daran dachte, gehen zu müssen, fühlte es sich so an, als würde ein Dolch in mein Herz stechen.

Eines Nachts wachte ich auf. Wir waren mittlerweile schon bis über die zwei großen Berge, die Mettles Laken, gekommen, hatten jedoch keine Spur von der Eisprinzessin gefunden. Obwohl ich in eine warme Wolldecke gehüllt war, war mir eiskalt. Eiskalt … Moment mal, es fühlte sich genauso an wie damals. Ohne die Augen in der Dunkelheit anzustrengen, wusste ich, dass warmer Nebel mich umgab. Schnell weckte ich Kajuscha und Natran: „Sie ist da", flüsterte ich ihnen ängstlich, um Luft ringend, zu. „Die Gelarium hat uns erreicht." Es war schwer, durch die eng liegenden Felle zu circa zwanzig Leuten zu kriechen und jedem die Nachricht ins Ohr zuflüstern. Alle, die die Botschaft erreichte, hätten wahrscheinlich am liebsten laut losgeschrien. „Wir müssen fliehen", flüsterte mir Natran mit seiner immer noch ruhigen Stimme auf Tramarisch zu. „Ja, aber wie denn? Bestimmt sind wir schon längst von den Gelariummen umstellt", flüsterte ich ihm ebenfalls auf Tramarisch zu. „Es gibt einen geheimen Gang durch die Hintertür der Hütte. Er führt auf der anderen Seite des dritten Mettres Laken unter der Erde durch in eine kleine Höhle" fiel uns Mamra von hinten ins Wort. Fast wäre ich vor Angst nach hinten umgefallen. Ich konnte mich aber gerade noch an Katjuscha abstützen. „Also gut", flüsterte Natran immer noch ruhig, „wir gehen vor und nehmen die anderen mit." Bevor er los ging, packte ich ihn an der Schulter. „Aber was ist mit den anderen Hütten?" „Wir können sie nicht mehr holen", sagte Katjuscha halb traurig, halb hektisch. Doch bevor sie mich aufhalten konnte, war ich schon los gerannt, raus aus der Hütte, in den Nebel hinein. Kaum war ich aus unserem Versteck heraus gerannt, sah mich auch schon ein Gelarium in der Form eines weißen Rehs. Es verfolgte mich. Aber ich rannte nicht zurück, im Gegenteil: Ich kämpfte mich durch das dichte Unterholz des nahen Waldes. Dornen rissen an meinen Haaren, aber ich spürte es nicht. Ich musste weiter kommen. Vor mir sah ich schon das Versteck der Hütte, in der Omaa wahrscheinlich noch nichts ahnend schlief. Doch bevor ich sie erreichen konnte, spürte ich, dass mich meine Beine nicht mehr trugen. Sie waren schon so von Kälte durchströmt, dass ich stolperte und mir die Knie aufschlug. Bevor ich mich wieder aufrappeln konnte, sah ich vor mir schon einen weißen Menschen. Ich probierte, ihm auszuweichen, aber es ging nicht mehr. Seine harte Hand schnellte schon zu mir. Doch ich nahm einen Stock, der neben mir lag und wehrte seine Hand ab. Der Stock zerbrach und für einen Moment glaubte ich, nun wäre es um mich geschehen. Mein Herz klopfte so schnell, dass ich nichts mehr um mich herum hörte. Mit einem leeren Ausdruck in den Augen berührte er meinen Arm, aber mir geschah nichts. Nein, mir nicht, aber dem Gelarium. Er fiel nach hinten um und was ich jetzt sah, erklärte einiges. Sein Körper fing Feuer und einen Augenblick später lag da ein ganz normaler Mensch.

Mir fiel es wie Schuppen von den Augen: ich war die Eisprinzessin. Warum auch sonst konnte ich mit den Gelariummen reden? Ich drehte mich um. Mein Körper hatte wieder Kraft gesammelt. Ich rannte zu der Hütte von Omaa und wehrte alle weißen Gestalten ab, die sich mir in den Weg stellten. Alle fielen sie zu Boden und bekamen ihre ursprüngliche Gestalt zurück. Augenblicklich kam ein riesiger Löwe auf mich zu. Ich erkannte ihn. Es war der Löwe, dem ich am Tag meiner Ankunft in Tramaria begegnet war. Er war wahrscheinlich der Anführer der Gelariumme, denn er war größer als all die anderen. Er sprang auf mich zu. Ich schaffte es gerade noch auszuweichen. Und als er landete, berührte ich ihn ganz leicht mit der Fingerspritze an seiner Schwanzspitze. Es war, als würde die Welt untergehen. Plötzlich wurde alles schwarz und fünf Sekunden später war Tramaria wieder, wie es einmal war. Mir völlig fremde Vögel zwitscherten in den Bäumen, Blumen einer nie gesehenen Pracht hingen in Büschen von den großen Bäumen bis auf den Boden herunter.

„Filippa", schrie eine Stimme freudig hinter mir, und noch während ich mich umdrehte, fielen mir Natjuscha und Natran in die Arme.

Als ich allen erzählt hatte, was passiert war, war es Zeit, sich zu verabschieden. Mamra schloß mich als erstes in die Arme. „Vergiß nicht: Du bist uns immer herzlich willkommen." Sie gab mir einen kleinen Eiszapfen. „Wenn du ihn mit den Fingern berührst, gelangst du augenblicklich zu uns." Ich meinte, eine kleine Träne auf ihrer schmalen Wange herunter rinnen zu sehen, aber da umarmten mich auch schon Katjuscha und Natran. „Wir werden uns wiedersehen", flüsterte mir Katjuscha ins Ohr. „Amlei."

Ich verabschiedete mich und dachte darüber nach, wie ich denn jetzt überhaupt nach Hause zurück kommen sollte. Zufällig berührte ich dabei den kleinen Eiszapfen an der Spitze und wurde noch im selben Augenblick von einem heftigen Windstoß mitgerissen.

Ich saß im Zimmer vor meinem Fenster. Es war geschlossen. Bestimmt war alles nur ein Traum. Als ich aufstehen und mich wieder ins Bett legen wollte, bemerkte ich jedoch, dass ich einen spitzen Gegenstand in der Hand hielt. Ich öffnete sie und zum Vorschein kam ein kleiner Eiszapfen, der auch am nächsten Morgen noch nicht geschmolzen war.

Lea Kern
Freie Waldorfschule Augsburg, Klasse 7

Eiskalt und unerbittlich

Als ich die Tür zu unserem Haus öffnete, blies mir ein kalter Wind, Nebel ins Gesicht. Ein kalter Schauer lief mir den Rücken hinunter und ich zog die Jacke enger um mich. Seit zwei Monaten wurde es immer kälter in meiner Stadt am Ende der Welt. Dabei war es erst Anfang August. Meine Stadt lag an einem Abgrund, ein Abgrund, der keinen Boden hatte. Sah man hinunter, sah man nur Nebel, weißer, undurchdringlicher Nebel.

Aber seit den zwei Monaten, seit denen es kälter wurde, durchzogen blaue Adern den Nebel wie Risse einer Glasscheibe.

Ich schulterte meine Schultasche und stieg die Treppenstufen herab und nahm den Weg zur Schule. Nebel hing in Fetzen an den Hausecken und geisterte um die Bäume. Niemand war zu sehen. Die Fensterläden waren alle noch geschlossen. Ein Kribbeln im Rücken, als würde mich jemand verfolgen, zog an meinem Rücken hinunter. Ich lief schneller. Panik kam auf. Immer wieder schaute ich mich um und glaubte immer wieder etwas Menschenähnliches verschwinden zu sehen. Endlich tauchten vor mir die bekannten großen Schultore auf. Jetzt rannte ich so schnell wie ich nur konnte und flüchtete mich mit einigen anderen Schülern in die Schule. Als ich endlich in den Klassenraum trat, fühlte ich immer noch den bitteren Nachgeschmack auf meiner Zunge. Noch immer zitternd, ließ ich mich auf meinen Stuhl sinken. Auch die anderen Schüler waren blass und Angst war ihnen in die Augen geschrieben. Wie gestern waren wir nicht vollständig, jeden Tag schien jemand anderes zu fehlen. Gestern war es Lucie, heute fehlte Ann. Sie tauchte auch für den Rest des Unterrichts nicht auf. Im Unterricht herrschte ungewöhnliches Schweigen. Selbst unsere Lehrerin war stiller als sonst und sie hatte ein Licht angezündet und es auf das Fensterbrett gestellt, als könne es den Nebel vertreiben und die eisige Luft.

Als der Unterricht zu Ende war, packte ich meine Sachen und lief den Weg nach Hause. Der Nebel hatte sich teilweise verzogen, doch in verlassenen Häusern am anderen Ende der Stadt in den Kellern und verschlossenen Zimmern, dort hatte er sich versteckt, um in der Nacht die ganze Stadt zu überfallen und in gefährlichen Dunst zu hüllen.

Als ich zu Hause ankam, dachte ich, so kann und darf das nicht weiter gehen. Es würde schlimmer werden und die Eisgeister, wie ich sie getauft hatte, würden die ganze Stadt verschlingen. Eilig ging ich zum Telefon, um meine beste Freundin anzurufen. Schon früher war Evangeline auf Geisterjagd gegangen, ihr würde bestimmt etwas einfallen. Und tatsächlich! Ihr fiel sofort etwas ein. Dem plötzlichen Wort- und Satzabbruch zufolge war es so. Innerhalb von drei Minuten klingelte es schrill durchs Haus, so wie sie klingelte keiner! Ich stürmte zur Haustür und riss sie auf. „Hi!" Das war Eva, wenn sie nachdachte, sehr einsilbig, sonst „die Worte" persönlich. „Hallo, komm rein." „Yap." „Hast du dir schon was überlegt?" „Ich bin gerade dabei." „Was hast du denn bis jetzt so ausgeheckt?" „Och,… noch nicht viel, aber …". „Na was, red schon." „Also, diese Eisgeister sind sicherlich nicht mit etwas Hartem wie einem Stein oder so zu vernichten, aber was ist der größte Feind von Eis? … Na, Wärme natürlich. Also dachte ich mir, dass wir Feuer brauchen!" „Feuer? Aber sie kommen doch aus dem Abgrund, da brauchen wir schon einen ganzen Container, den wir in den Abgrund schütten können." „Genau daran arbeite ich doch." „Aha." „Wie wär´s, wenn wir in der gesamten Stadt Fackeln aufhängen, auch in dunklen Räumen und so?" „Zu schwierig, glaub mir." „Aber vielleicht finden wir in unserem Baumhaus was, komm lass uns zu mir in den Garten gehen."

Als wir auf dem Weg waren, kam plötzlich Nebel aus einer finsteren Ecke gekrochen. „Was jetzt?" rief ich Evangeline zu. Doch sie antwortete nicht. Sie zog ein Feuerzeug hervor, nahm das nächstbeste Holzstück, das sie finden konnte, und zündete es an. Als es endlich brannte, warf sie es in den Nebel: „Hier, kannste haben." Das brennende Holzstück brannte Löcher in die sich windende Gestalt, trotzdem warf es uns zwei langgliedrige Arme entgegen.

„Aufwachen!" rief die quietschige Stimme meiner Schwester Erna. Wütend, aber auch etwas erleichtert, schlug ich die Augen auf und rief: „Komme gleich." Ich war, während ich meine Hausaufgaben über „Eis" machte, wohl eingeschlafen.

Salome Winter
Freie Waldorfschule Augsburg, Klasse 7

Pinas Winter

Winter nennen die Menschen also diese Zeit, an dem draußen alles widerlich nass und kalt ist, so wie sie mich als eine Katze und meinen Freund Simba als einen Kater bezeichnen. Ich habe nie verstanden, weshalb er ein Kater und weshalb ich eine Katze sein soll. Schließlich sehen wir uns ziemlich ähnlich. Aber wie auch immer: Ich hasse den Winter! Und deswegen habe ich mich auch mal wieder unter der Heizung, wie die Menschen den weißen warmen Kasten nennen, verkrochen. Dort ist es nämlich warm und trocken. Genau das Gegenteil von diesem abscheulichen Winter. „Da bist du ja, Pina!", ruft mich meine neunjährige Freundin, als sie mich entdeckt. Sie sieht weder mir, noch Simba ähnlich und wird auch deshalb als ein Kind bezeichnet. Sie nimmt mich auf ihre Arme, und ich beginne zu schnurren. Diese seltsamen Geräusche überkommen mich immer, wenn ich mich wohl fühle. „Komm, wir bauen einen Schneemann!", sagt sie fröhlich, während sie mir den Hals krault. Was wohl ein Schneemann ist? Das Wort klingt äußerst seltsam. Aber da stürmt sie auch schon los. Mich übermannt etwas Angst, als sie durch die Tür zum Garten tritt. Solange sie mich auf dem Arm behält, ist es allerdings nicht weiter schlimm. Denn dann muss ich nicht mit dem kalten weißen Pulver auf dem Boden in Kontakt kommen. Da-

mit ich auch wirklich nicht herunterfalle, kralle ich mich zur Sicherheit in das Fell, das sie an sich trägt. Ich finde es schon hin und wieder gemein, dass die Menschen ihr Fell wechseln können, wann immer sie Lust und Laune haben und Simba und ich nur eines besitzen, was wir auch stets sauber halten. Denn Hygiene ist eines der Dinge, die für uns am wichtigsten sind. Doch es kommt, wie es kommen muss: Sie setzt mich behutsam auf den Boden. Zuerst denke ich, dass es nicht weiter schlimm ist, doch dann fühlt es sich plötzlich nicht nur kalt, sondern auch nass an. Als ich dies bemerke, macht mein Herz einen Sprung und ich renne davon. Meine kleine Freundin ruft noch ein paar Mal meinen Namen, doch die Panik siegt, so dass ich nicht anhalten kann. Zu meinem Glück finde ich bald darauf eine Stelle, die von dem weißen Pulver befreit ist. Sie liegt unter dem seltsamen Tier, das sich nur bewegt, wenn ein großer Mensch sich dort hinein setzt. Ich glaube, sie nennen es ein Auto. Ich husche hinunter und rühre mich nicht von der Stelle. Es ist dort zwar kalt, aber wenigstens nicht mehr nass. Noch immer unter Schock, lecke ich mir mit der Zunge über meine Pfote. Das tue ich immer, wenn ich nervös bin. Das hilft ungemein, und als ich mich wieder beruhigt habe, bin ich unglaublich durstig. Also trotte ich zurück zum Garten und gehe an meine Wasserschüssel. Doch als ich meine Zunge hineintauchen will, stößt sie auf etwas Hartes. Seit wann ist mein Wasser hart? Meine kleine Freundin tritt hinter mich und lacht. „Das kannst du doch nicht trinken, du Dummerchen. Das Wasser ist zu Eis geworden." Eis? Das ist Eis? Ich finde den Winter immer seltsamer und bin immer noch durstig. Ich reibe meinen Kopf an der Schüssel und miaue sie an. Meine Freundin scheint mich immer zu verstehen, denn sie öffnet die Tür und sagt: „Komm rein, drinnen ist noch richtiges Wasser." Ich bin froh, als ich meine Schüssel, wie ich sie immer in Erinnerung hatte, vorfinde und stille meinen Durst.
Meine Freundin ließ mich danach den ganzen Winter über in meinem warmen Körbchen in Ruhe. Zeigte mir jedoch aber noch diesen Schneemann, der, wie ich herausfand, ein großer Turm aus dem weißen kalten Pulver, dem Menschenfell, dem leckeren Essen aus der Küche und den schwarzen Brocken, die ich sonst immer in dem sogenannten Kamin sehe, bestand. Ich will davon allerdings bis heute nichts wissen.

Bonnie Albus
Schiller-Volksschule, Klasse 9cM

Eistraum

Endlich waren nun Sommerferien, worauf ich mich schon so lange gefreut hatte. Es war verdammt heiß, es hatte bestimmt um die 30°C.

Als ich von der Schule nach Hause kam, ging ich sofort in die Küche, um mir eine kühle Limonade mit Eiswürfeln zu holen. Mit meinem Getränk in der Hand lief ich nun in den Garten und legte mich in unsere gemütliche Hängematte. Hier draußen war die Mittagshitze fast unerträglich, die Schweißperlen liefen mir schon meine Stirn hinunter. Ich nahm einen Schluck aus meinem Becher, schloss dabei die Augen und ließ die Kühle des Getränks langsam durch meinen trockenen Hals hinunter laufen. Das tat echt gut. Plötzlich merkte ich, wie der Geschmack meines Getränks auf einmal immer mehr nachließ.

Ich machte meine Augen auf und konnte nicht glauben, was ich sah: Meine Hängematte und mein Becher waren verschwunden. Dafür trieb ich nun auf einer Eisscholle mitten im Meer. Ich spürte, wie ich vor lauter Angst am ganzen Körper zitterte. Ich wusste nicht, was ich nun tun sollte. Als ich mich umdrehte, sah ich in der Ferne das Ufer und die großen Eisberge, die dahinter lagen. Vorsichtig beugte ich mich über den Rand der Eisplatte und griff nach einem Stecken, der auf der Wasseroberfläche trieb, und ruderte mich mit aller Kraft an Land. Dort setzte ich meine Füße in den Schnee und versuchte mich irgendwie zu orientieren, was mir aber nicht wirklich gelang. Deshalb lief ich einfach den Fußspuren nach, die ich am Boden entdeckte. Nach einer Weile bemerkte ich hinter einem kleinen Eishügel einen Eskimo auf einem gefrorenen See, der neben einem Loch saß und angelte. Ich war überglücklich nun jemanden gefunden zu haben. Schnell eilte ich zu ihm hin. Der Mann lächelte mich an und begrüßte mich freundlich. Kurz darauf holte er aus seinem Rucksack eine dicke Felljacke und eine Mütze, die er mir gab. Sofort zog ich mir die beiden Sachen an und merkte, wie es mir auf einmal ganz warm wurde. Der Inuit nahm mich an der Hand und führte mich mit zu seinem Schlitten, der am Rande des Sees stand. Er schob ein paar Taschen auf die Seite und sagte, ich solle mich bitte auf den Schlitten setzen. Der Mann stellte sich hinter mich auf den Schlitten und gab den vier Hunden, die vorne an den Schlitten angespannt waren, den Befehl los zu laufen. So frei habe ich mich noch nie gefühlt. Ich genoss die Fahrt sehr. Um uns herum war alles weiß und der Schnee glänzte im hellen Licht der Sonne. Alles strahlte und funkelte. Nach einer kurzen Fahrt kamen wir an ein großes Iglu, von dem aus uns eine nette Eskimofrau zuwinkte. Zu dritt gingen wir nun in das Haus aus Eis hinein und setzten uns um ein warmes Feuer über, das in der Mitte des Raumes brannte. Die Frau legte eine warme, braune Felldecke über mich. Ich fühlte mich hier so wohl und geborgen. Entspannt beobachtete ich das tanzende Feuer, wie es knackte und knisterte und dabei der dunkle Rauch durch ein Öffnung in der Decke des Iglus in den blauen, wolkenlosen Himmel hinauf stieg.

Dabei wurde ich so müde, dass ich schließlich glücklich einschlief. Als ich wieder aufwachte, ließ ich meine Augen noch zu und spürte, wie es auf einmal wieder ziemlich heiß um mich war. Sofort riss ich die Augen auf und sah, dass ich wieder zu Hause in meiner Hängematte lag. Ach, leider war mein Ausflug nur ein Traum!

Lara Ortbauer
Agnes-Bernauer-Realschule, Klasse 7e

Winterkind

Hoch oben im Norden lebte die Eisprinzessin in ihrem Schloss aus Eis. Den Sommer verbrachte sie nur in ihrem Schloss, im Winter verließ sie es und spazierte über die verschneiten Felder. Wehe dem, auf den sie traf. Denn wem die Eisprinzessin auf ihrem Spaziergang begegnete, den verwandelte sie in eine Eisstatue. Im Garten ihres Schlosses standen schon viele Eisfiguren der Unglücklichen, die ihr über den Weg gelaufen waren, wenn sie in ihrem langen, mit Eiskristallen bestickten Kleid und der Krone aus Eis auf dem Kopf über die Gefilde wandelte. Ihre ärgsten Feinde schloss die Prinzessin in Eisblöcke ein und ließ die Blöcke dann in den Kerkern ihres Schlosses verschwinden. Diese in Eis eingeschlossenen Menschen waren die Wagemutigen, die versucht hatten, die Eisprinzessin durch Feuer zu zerstören. Keiner hatte es geschafft. Die Prinzessin hatte das Feuer zu Eis erstarren lassen und die mutigen Leute in die besagten Eisblöcke eingeschlossen.

Außer der Eisprinzessin lebte nur noch ein Mädchen als Dienerin auf dem Schloss. Ihr Name war Winterkind. Die Prinzessin hatte Winterkind aus Eiskristallen und Schneekristallen geformt und hatte ihr dann Leben in Form eines eisigen Herzens, wie sie selbst eines in sich trug, gegeben. Winterkind kümmerte sich um alles im Schloss. Sie war ebenso gefühllos wie ihre Herrin und doch konnte das Mädchen weinen. Wenn der Sommer kam, weinte sie eingefrorene Tränen, weil sie nun nicht mehr hinaus konnte. In der Sonne würde Winterkind zu einer Pfütze zusammen schmelzen. Aber im Winter durfte sie hinaus und sah ihrer Herrin nach, wenn diese sich wieder aufmachte, um Menschen zu Eis erstarren zu lassen.

Eines Tages im Winter kam die Eisprinzessin zum Schloss zurück, brachte eine neue Eisfigur mit und stellte auch diese im Garten auf. Am Abend, als Winterkind mit ihrer Arbeit fertig war, besah sie sich die Eisfigur. Es war die Figur eines Mädchens in Winterkinds Alter. Lange schaute sie die Figur an, als sie plötzlich bemerkte, dass etwas ihre Eiswange hinterrollte. Winterkind fing es in ihrer Hand auf. Es war eine gefrorene Träne. Sie sah die Träne an, das konnte doch gar nicht sein. Es war nicht Sommer und trotzdem hatte sie eine Träne geweint. Etwa um das eingefrorene Mädchen? „Aber wie kann ich um jemanden eine Träne weinen?", dachte sie. „Bestimmt habe ich etwas ins Auge bekommen und habe deshalb geweint!" Bevor Winterkind weiter über diesen Vorfall grübeln konnte, hörte sie die Eisprinzessin nach ihr rufen und verließ den Garten. Der Eisprinzessin erzählte sie nichts von der Träne. Aber immer wenn sie im Garten an der Eisstatue des Mädchens vorbei kam, rollte ihr eine Träne über die Wange. Schließlich hielt Winterkind die Ungewissheit nicht mehr aus. Sie schlich sich, während die Eisprinzessin nicht im Schloss war, in die Schlossbibliothek und suchte auf den vielen beschrifteten Eistafeln nach einer Erklärung für die Tränen. Nachdem sie drei Tage heimlich und ergebnislos geforscht hatte, fand sie auf einer alten Tafel die gesuchte Erklärung. „Mitleid", las sie, und außerdem das Wort „Gefühl". „Aber was ist ein Gefühl?", fragte sie sich. Auf einer anderen Eistafel fand Winterkind die Erklärung: „Gefühl: körperlich-seelisches Grundphänomen jeden Lebewesens. Man kann Gefühle für jemanden haben. Aber mit Gefühlen auch ausdrücken, wie es einem selbst geht. Gefühle gehen vom Herzen aus." Winterkind starrte auf die Tafel. „Aber ich dachte, ich hätte keine Gefühle! Immerhin habe ich ein Eisherz und Eisherzen haben keine Gefühle! Sonst hätte auch meine Herrin Gefühle." Winterkind beschloss, ihre Herrin zu fragen, ob sie selbst Gefühle hätte, denn Winterkind schien ja welche zu besitzen.

Am Abend fragte Winterkind die Eisprinzessin: „Herrin, habt Ihr Gefühle?" „Gefühle? Wie kommst du denn auf die Idee? Natürlich habe ich ein Herz aus Eis!" Winterkind sah sie an. Erst jetzt wurde ihr die Kälte in der Stimme ihrer Herrin bewusst und ihr lief es eiskalt den Rücken hinunter. Als sie dann später im Bett lag, dachte sie: „Ich kann nicht hier bleiben. Meine Herrin und ich passen nicht zusammen. Sie ist gefühllos und ich habe Gefühle! Aber ich werde nicht wegkommen, solange sie lebt! Sie wird mich nicht gehen lassen und wenn ich heimlich abhaue, findet sie mich mit ihrer Zauberkraft! Ich müsste sie also zerstören, wenn ich hier weg will. Vielleicht löst sich der Zauber über den Eisfiguren, wenn die Prinzessin tot ist. Aber welches Feuer ist so mächtig, dass es sie zerstören kann?" Winterkind überlegte lange und schließlich, fünf Tage später, fiel ihr die Lösung ein, die Sonne. „Sie ist das größte Feuer. Ich muss nur irgendwie die Wolkendecke aufreißen, die das ganze Jahr über dem Schloss hängt. Aber wie? Es gibt vielleicht einen Trank, der irgendwie Wolkendecken aufreißt, nur wo finde ich so einen?" Wieder forschte Winterkind in der Bibliothek. Aber sie fand nichts. Doch eines Tages bemerkte sie im hintersten Winkel der Bibliothek Eisscherben. Als sie die Schrift auf den

Scherben zu entziffern versuchte, las sie „Sonne". Sofort begann Winterkind die Bruchstücke wie bei einem Puzzle wieder zusammen zu fügen. Am Ende erhielt Winterkind das Rezept, das sie gesucht hatte. Voller Eifer machte sie sich daran, den Trank zu brauen. Das Rezept enthielt drei Zutaten, nämlich: Eiswasser, lila Pulver und eine Eisrose. „Nun gut, Eiswasser und die Eisrose werden nicht schwer zu bekommen sein. Aber woher kriege ich das lila Pulver?" überlegte Winterkind. Also machte sie sich auf die Suche. Allerdings blieb die Suche ohne Erfolg. Traurig setzte Winterkind sich zu Füßen der Eisfigur des Mädchens hin und dachte nach. Wie sonst kullerte auch jetzt eine Träne in ihren Schoß. Sie sah die Eisfigur an, da fiel Winterkind ein Beutel an der Seite des Mädchens auf. Später wusste sie selbst nicht, was sie dazu getrieben hatte, den Beutel von der Seite des Mädchens abzulösen. Als Winterkind den Beutel öffnete, fand sie darin das gesuchte Pulver. Unverzüglich holte sie das Eiswasser und die Eisrose. Laut Rezept musste sie die Eisrose zerstückeln und alle drei Zutaten dann in eine verschließbare Flasche geben und zum Schluss gut durchschütteln. Interessiert beobachtete Winterkind, was danach passierte: „Oh, die Mischung färbt sich grün und jetzt blau, aber laut Rezept muss sie lila sein. Ah, sie färbt sich lila! Gut, dann ist sie jetzt …" „Was machst du da?", erscholl plötzlich eine Stimme hinter Winterkind, die Stimme der Eisprinzessin. Erschrocken sprang Winterkind auf. Sie hatte nicht einmal Zeit, sich über ihr Erschrecken zu wundern, denn die Eisprinzessin kam schnell auf sie zu. „Was hast du da in der Hand? Gib das her!" Die Eisprinzessin streckte die Hand aus. Doch Winterkind ergriff die Flucht. Sie rannte kreuz und quer zwischen den Eisfiguren hin und her, doch die Eisprinzessin immer hinterher. Schließlich kam Winterkind wieder an der Figur des Mädchens an. Sie stellte die Flasche auf den Boden und entkorkte dies. Winterkind hörte ihre Verfolgerin kommen. Da schoss aus der Flasche eine lila Rauchsäule, traf auf die Wolkendecke und riss diese auf. Helles, warmes Sonnenlicht überflutete den Garten. „Aaaaaargh! Neiiiiin …!", kreischte die Eisprinzessin. Winterkind drehte sich um, die Prinzessin zerfloss in eine riesige Wasserpfütze. Auch alle Figuren begannen zu tauen und auch das Schloss. Winterkind freute sich und als sie merkte, dass sie sich freuen konnte, hatte sie den Beweis, dass sie Gefühle besaß. Doch mitten in ihrem Freudentaumel bemerkte sie, dass Wasser von ihren Haaren, Kleidern und Händen heruntertropfte. Sie schmolz selbst! Erst erschrak Winterkind, dann dachte sie: „Alles, was die Eisprinzessin geschaffen hat, muss vergehen, also auch ich." Sie sah sich um, bei manchen Figuren waren schon wieder Kopf und Rumpf frei, andere waren schon bis zum Becken frei, genauso wie bei den in die Eisblöcke eingeschlossenen Menschen. Da fiel Winterkind ein, dass diese Menschen in den Kerkern ertrinken würden, weil alles schmolz. Kurzerhand lief sie, so schnell sie in ihrem schmelzenden Zustand konnte, in die Kerker und zog die drei noch halb in die Eisblöcke eingeschlossenen Menschen in den Garten. Dort war das Mädchen fast ganz aufgetaut. Winterkind schleppte sich auf sie zu. „Danke, dass Du mir Gefühle gebracht hast!", flüsterte sie. Dann sank sie in sich zusammen und zerschmolz zu einer kleinen Pfütze.

Lea Steinke
Maria-Stern-Gymnasium, Klasse 8a

Lea und die Eisfee

Schon immer träumt Lea, die kleine Fee, davon, einmal die Eisfee zu treffen. Immer und immer wieder schaut sie in großen Büchern nach, ob da irgendwas über sie rauszukriegen ist, zum Beispiel, wo sie wohnt oder wie sie aussieht. Doch nie konnte sie etwas finden. Traurig schaut sie aus dem Fenster. Es schneit, doch das macht Lea nicht glücklicher. Am Montagmorgen um acht Uhr ist Lea auf dem Weg zur Schule. Plötzlich sieht sie eine weiße wunderschöne junge Frau. Sie sieht aus, als wäre sie ganz aus Eis. Im Unterricht denkt sie nur an die weiße Gestalt und kann sich gar nicht mehr konzentrieren. Da kommt ihr die Erleuchtung: „Die Eisfee." Lea denkt: „Ich muss hier raus! Nur wie?" Leise schleicht sie aus dem Zimmer und raus aus der Schule. Da! Das ist sie, die weiße Gestalt. „Halt, warte doch!" ruft Lea. Die weiße Gestalt bleibt stehen und Lea fragt: „Wer bist du, und wie heißt du?" „Ich bin die Eisfee und heiße Emeli."
Lea verschlug es den Atem, ihr Traum ging in Erfüllung.

Sarah Schilling
Franz-von-Assisi-Schule, Klasse 4 grün

SOMMEREIS

Da sollte es eigentlich nicht hin

„Willst du heute mit mir ein Eis essen gehen?", fragte Lisa ihre Freundin Jenny, die sie jeden Morgen vor der Schule traf, „ich lade dich auch ein!" „Na klar komme ich mit, bis später in der Eisdiele!" Wie abgemacht trafen sich die beiden Mädchen und bestellten sich jeder zwei Kugeln Eis und setzten sich damit an einen Tisch vor der Eisdiele. Jenny streckte voller Vorfreude ihre Zunge raus, um an ihrem Eis zu lecken. „Pass auf!", schrie Lisa, „eine Biene sitzt auf deiner Kugel." Jenny zog vor Schreck ihre Zunge zurück und pustete aufgeregt auf ihr Eis. Die Biene war weg, ihr Eis aber auch: es klebte an der Nase ihrer Freundin. Das hat man davon, wenn man seine Freundin vor einem Stich rettet: eine kalte, klebrige Nase!

Jessica Zieger
Goethe-Volksschule, Klasse 5c

Einmal ein Eis

Der Schweiß rinnt an mir herab. Meine Haare sind feucht, genauso wie mein Rücken. Doch ich kann meine Weste nicht ausziehen, denn mein T-Shirt darunter ist alt, zu klein und hat einen hässlichen Vogel aufgedruckt. Meine Mutter hatte es letztes Jahr gekauft, weil es im Angebot war. Wenn meine neuen Freunde es sehen würden, wäre ich sofort wieder die Uncoole, wie immer. Heute hatte ich sie abschreiben lassen und mit ihnen ein wenig über die Lehrer gelästert, deshalb durfte ich in der Pause auch bei ihnen stehen. „Hallo, gehst du nach der Schule mit Eisessen oder musst du mal wieder lernen?", fragte mich Lisa und holte mich aus meinen Gedanken. „Eisessen? Ja, klar!", sagte ich schnell und tat so, als sei das ganz selbstverständlich.

Jetzt sitze ich in Mathe und überlege, wie ich erklären soll, dass ich nicht mitkommen kann, ohne zugeben zu müssen, dass ich kein Geld dafür habe.

Sagen, dass ich meine Oma besuchen muss? Uncool! Ein Arzttermin? Glauben sie bestimmt nicht. Dass ich lernen muss, kann ich auch nicht sagen, da wäre ich gleich unten durch. Aber was dann? Einfach schnell heim gehen und sagen, ich hätte es vergessen. Ja, das wird wohl das Beste sein. Alles ist besser als zu sagen, dass ich mir die zwei Kugeln Eis nicht leisten kann.

Da klingelt es, die Schule ist zu Ende. Jetzt schnell gehen, aber nicht auffallen! „Nina, wo gehst du denn hin? Zur Eisdiele geht es rechts!", ruft Karin hinter mir. Mist! Was jetzt?

Langsam drehe ich mich um, schlage mir auf die Stirn und sage: „Natürlich, wie konnte ich das vergessen?" Karin lacht, ich lache mit, obwohl ich eigentlich verzweifelt bin. Als wir an der Theke stehen, kommt mir die Idee: Ich tue so, als hätte ich mein Geld vergessen. „Mist, ich habe meinen Geldbeutel vergessen! So ein Mist!", sage ich und versuche überrascht zu wirken. „Ich schenke dir die 1,50 Euro", sagt Lisa und legt dem Eismann das Geld in die Hand. „Danke, das war echt nett!", bedanke ich mich bei Lisa und lächle, diesmal meine ich es ernst. Dann setzen wir uns hin, reden, lachen und essen unser Eis. Mein erstes Eis seit Jahren.

Hannah Baur
Maria-Theresia-Gymnasium, Klasse 7a

Vanilleeis – das Lieblingseis der Augsburger

Interview mit Luca, einem Eisverkäufer in der Eisdiele „Santin"

Schüler: Guten Tag. Wir nehmen an einem Schreibwettbewerb der Augsburger Schulen teil und würden uns freuen, wenn Sie uns ein paar Fragen beantworten könnten.

Luca: Ja, gerne.

Schüler: Wieviele Eissorten haben Sie im Sortiment?

Luca: Für den Straßenverkauf haben wir über 30 verschiedene Eissorten, aber in unserer Eisdiele haben wir über 40 Sorten.

Schüler: Das klingt sehr vielversprechend. Welches Eis lässt sich denn am besten verkaufen?

Luca: Das Lieblingseis der Augsburger ist Vanille, aber auch Schokolade, Erdbeer und Nuss sind sehr gefragt.

Schüler: Haben Sie ein persönliches Lieblingseis?

Luca: Ich mag Eis allgemein sehr gerne, aber wenn ihr mich nach er Sorte fragt … Vanille.

Schüler: Stellen Sie Ihr Eis selbst her oder lassen Sie es liefern?

Luca: Wir stellen das Eis selbst her.

Schüler: Wie lange dauert es, Eis herzustellen?

Luca: Alles in allem dauert es ungefähr einen Tag. Zuerst wird das Eis gekocht, dann wird es für den Rest des Tages gekühlt und am nächsten Tag dauert die weitere Verarbeitung noch einmal eine halbe Stunde.

Schüler: Verkaufen Sie jedes Jahr dieselben Sorten?

Luca: Wir bekommen jedes Jahr zwei oder drei neue Sorten hinzu.

Schüler: Was arbeiten Sie im Winter?

Luca: Die meisten arbeiten den ganzen Sommer über und machen im Winter Urlaub, aber ich helfe im Winter manchmal in einem Restaurant in Italien aus.

Schüler: Wieviel Kilogramm Früchte braucht man für ein Kilo Fruchteis?

Luca: Das weiß ich nicht genau, aber ich kann euch sagen, dass ungefähr 35% des Fruchteises aus Früchten bestehen.

Schüler: Mögen Kinder andere Eissorten als Erwachsene?

Luca: Ja, auf jeden Fall.

Schüler: Und mögen Frauen andere Sorten als Männer?

Luca: Nein, da gibt es keinen Unterschied, denke ich.

Schüler: Wir bedanken uns für die Zeit, die Sie sich für uns genommen haben.

Luca: Kein Problem.

Schüler: Ciao, Luca!

Luca: Ciao, ragazzi!

Antonia Büchler, Nicole Heckler, Katrin Körfer
Maria-Theresia-Gymnasium, Klasse 7c

Eiskalt

ERDBEEREIS
INGWEREIS
SCHOKOLADENEIS

ERFRISCHEND KÜHL; SO SÜSS UND FEIN
SCHIEBT ES SICH JEDER GERN HINEIN.
EIN GAUMENSCHMAUS FÜR GROSS UND KLEIN,
DOCH SCHNELL MUSST DU SEIN,
SONST HOLT ES SICH DER SONNENSCHEIN.

Egoistisch
Intrigant
Schamlos
Viele Falten, starrer Blick,
mit dem Kopf durch die Wand, es gibt kein Zurück.
Das Blut in den Adern ist gefroren,
im Egoismus längst verloren.
Ist es den Menschen angeboren?

Veronika Oswald
Berufsschule VI, Klasse GvM 12

Eis im Sommer ist super!

Im Sommer kann man Eis kaufen.
Im Sommer kann man Eis essen.
Im Sommer kann man Eis schmecken.

Amelie Kastaniotis
Lichtenstein-Rother-Volksschule, Klasse 1

Eiszeit im Sommer

Heute ist ein kalter Tag, aber nicht, weil es schneit. Ganz im Gegenteil, die Sonne scheint und ich gehe mit meiner besten Freundin in die Eisdiele, ein schönes Eis essen. Meine Freundin schaut die ganze Zeit auf den Jungen, der am Tisch nebenan sitzt. Ich glaube, sie ist verliebt. Nun kommt der Kellner mit unserem Eis. „Danke", sage ich. Wir essen das Eis mit Genuss. Jetzt schaut sie wieder zu dem Jungen hinüber. Ich frage sie: „Süß, oder?" Sie antwortet: „Ja, er ist so hübsch!" Ich habe das Eis gemeint.

Nursena Ghoneim
Birkenau-Volksschule, Klasse 3c

Die Eis-Überraschung

Mama verspricht uns eine Überraschung. Sie hat irgendetwas mit Eis zu tun. Ich bin gespannt, welchen Geschmack es wohl gibt. Deshalb frage ich Mama einfach – doch sie verrät mir nichts. „Oh bitte, sag doch was", bettele ich. Doch Mama bleibt bei ihrem „Nein" und geht weg.
Weil ich herausfinden will, welches Eis es geben wird, schleiche ich mich an der Wand entlang in die Küche. Kaum bin ich drin, sehe ich meinen Bruder – er hat einen Pappteller in der Hand und darauf eine vermatschte Eismasse. Und das wirft er mir mitten ins Gesicht. Jetzt weiß ich, welches Eis es gibt – Matsch-Eis!
Ob Mama darüber auch so lachen kann wie mein Bruder Moritz und ich?

Selina Mittelstedt
Friedrich-Ebert Grundschule, Klasse 3 c

Eissorten

Wann wird es endlich wieder heiß?

eiseis   eiseis
eiseiseiseis   eiseiseiseis
eiseis   eiseiseiseis   eiseiseiseis
eiseiseiseis eiseiseiseiseiseis eiseiseiseis
eiseiseiseiseiseiseiseiseiseiseiseiseiseiseiseis
eiseiseiseiseiseiseiseiseiseiseiseiseiseiseiseiseis
eiseiseiseiseiseiseiseiseiseiseiseiseiseiseiseiseis
xxxxxxxxxxxxxxxxxxxxxxxxxxxxxxxxxxxxxxxxxxx
Erdbeereis Schokoladeneis Vanilleeis Kiwieis
Pistazieneis Orangeneis Walnusseis Milcheis
Schlumpfeis Mandarineneis Weintraubeneis
Bananeneis Limetteneis Wassermeloneneis
Waldmeistereis Himbeereis Haselnusseis
Malagaeis Karamelleis After Eight-eis
Nutellaeis Krokanteis Cappuccinoeis
Birneneis Buttermilcheis Exoticeis
Aprikoseneis Colaeis Marzipaneis
Tartufoeis Zimteis Amarettoeis
Wassereis Sahneeis Pfirsicheis
Joghurteis Holunderbeereneis
Nougateis Johannesbeereneis
Amarenaeis Sauerkirscheis
Zitroneneis Waldfruchteis
Kirscheis Kokosnusseis
Mangoeis Maracujaeis
Früchteeis Cassataeis
Apfeleis Ananaseis
Honigmeloneneis
Stracciatellaeis
Und wie heißt

DEIN

Lieblings

EIS

?

Alina Stuck
Maria-Stern-Gymnasium, Klasse 5b

Großes Eis

Die Sonne scheint, mir ist heiß!
Mama, krieg ich jetzt ein großes Eis?
Zitrone wär nicht ohne!
Erdbeer muss her!
Stracciatella,

meine Augen leuchten immer heller!
Eis Eis Eis – mir ist heiß!
Mama sagt: „Ich weiß."

Luis Priller
Grundschule Vor dem Roten Tor, Klasse 2c

Eisgeschichte

Im Sommer ist es oft sehr heiß,
drum schleck ich auch mal gern ein Eis.

Eis gibt es in vielen bunten Sorten,
sogar auch in Form von Torten.

Selbst aus Wasser, eckig oder rund,
auch das verschwindet oft in meinem Mund.

Schnee und Eis gibt's auch im Winter,
darüber freun sich doch alle Kinder.

Drum freu ich mich in jedem Jahr.
Eis schmeckt immer, ist doch klar.

Daniel Bönisch
Kerschensteiner-Volksschule, Klasse 6b

Der Eisregen

An einem schönen Wintertag fing es an, Eis zu regnen: Es regnete Vanilleeis, Erdbeereis und Schokoeis. Alle Leute kamen auf die Straße und wollten das Eis auffangen. Sie hatten kleine Kisten, Töpfe, Tassen und Schüsseln dabei. Sie schimpften sich gegenseitig: „Du sollst abhauen! Lass mich, das ist mein Eis!" Dann wollten Sie wieder nach Hause. Doch die Straßen waren klebrig! Alle Leute fielen in das Eis. Dann standen sie auf und schleckten sich ab: „Mmmm, schmeckt das gut!"

Leon Meyer
Franz-von-Assisi-Schule, Klasse 3 weiß

Eiskalter Mord

Als ich an einem kalten Morgen aus der Gefriertruhe kam, sah ich die lange Schlange, die an diesem Tag vor dem Eisladen war. Ich bin übrigens ein Vanilleeis und heiße Waffel. Vielleicht kennt ihr mich schon. Aber ich muss sagen, dass ich noch nicht sehr alt bin. Und nun lag ich in der Verkaufstheke. Die Kunden standen bis vor dem Geschäft Schlange. Ich hatte nicht viel Hoffnung, dass ich diesen anstrengenden Arbeitstag überleben würde. Aber vielleicht habe ich ein wenig Glück und werde einen Tag älter. Als ich meinen Nachbarn Banane fragte, ob er mit mir spielen wolle, knurrte er mich an und sagte: „Lass mich schlafen! Ich bin schon drei Tage alt und brauche viel Schlaf." Er drehte sich um und schlief weiter. Nun fragte ich Birnenmus, ob er Zeit hätte, doch er zog gerade in eine Waffel eines Kunden um. Als ich wieder über die Theke sah, musste ich feststellen, dass die Schlange länger geworden war. Doch wie durch Zauberei wählten sie immer andere Eissorten. Dann kam ein dicker, alter Mann, der sagte: „Ich möchte gerne 51 Kugeln Pistazieneis in der Waffel haben." „Das kann doch nicht sein. Der nimmt das ganze Pistazieneis mit", rief ich. Ich hatte mich schon auf das Gespräch in der Gefriertruhe gefreut. Aber jetzt? Der Mann bezahlte, nahm das Eis und ging. Er hatte das ganze Pistazieneis gekauft. Ich wollte dem Mörder nachrennen und ihm das Pistazieneis wieder abnehmen, doch dann fiel mir ein, dass ich nur ein Vanilleeis bin. Jetzt war es schon sechs Uhr. Der Laden schloss. Ich legte mich in der Gefriertruhe schlafen. Noch oft dachte ich an den Mörder und an Pistazie. Das war wirklich ein eiskalter Mord.

Felix Besel
Fröbel-Volksschule, Klasse 4b

DER ICECREAMINALFALL

„Zum Auswachsen zum Auswachsen ist das!", wetterte der Boss der Eisdiele, „ständig verschwindet das Erdbeereis!" Susi, die Verkäuferin, schaltete sich ein: „Vielleicht war es ja Ihr Hund Spike, vor dem ist ja nichts sicher." Doch da wurde ihre Unterhaltung gestört, die Mädchen Alina, Lea, Alisia und Selin kamen in die Eisdiele. Die vier bestellten wie üblich einen Mega-Eisbecher und aßen ihn zusammen. Als sie gingen, schloss die Eisdiele, denn es war schon spät. Kurz vor Mitternacht knackte die Hintertür und ein schlafwandelnder Mann lief hindurch. Er spazierte zur Theke und aß das Erdbeereis. Spike bemerkte es und rannte auf ihn zu, doch der Mann kletterte durch einen Luftschacht über der Theke ins Freie. Spike hatte aber dreckige Pfoten und hinterließ Spuren und die wurden am nächsten Tag entdeckt. Der Boss war außer sich, er brüllte: „Spike! Das hätte ich nie von dir erwartet! Ab hinters Haus mit dir! Du wirst jetzt angekettet!" Später kamen die Mädchen wieder und wollten

sich ein Erdbeereis kaufen. „Tut mir leid, Erdbeer ist alle", sagte die Verkäuferin. „Wo ist überhaupt Spike?", fragte Lea. „Der wird gerade angekettet", sagte Susi. „Wieso?", fragte Alina. „Er hat das Erdbeereis aufgegessen",
schimpfte Susi, die Verkäuferin. „Das glauben wir nicht", meinte Alisia.
„Ich lege mich dann eben heute Nacht mit meinem Kollegen auf die
Lauer", versprach Susi, „ich werde es euch beweisen." Sie hielt ihr Versprechen. Mit einem Fischernetz bewaffnet, wartete sie mit ihrem Kollegen gebückt hinter der Theke. Da kam plötzlich jemand rein. Mit einem
lauten Schrei sprangen sie hinter der Theke hervor und wen fingen sie?
Den BOSS! „Darf man hier nicht mal testen, ob die Hintertür geschlossen
ist", rief der Boss empört. „Uppsi! Wir dachten, Sie wären der Eisdieb."
„Ahhh, ich verstehe", sagte der Boss. Am nächsten Tag kamen die Mädchen und wollten wieder Erdbeereis kaufen. Doch es war wieder leer.
Selin sagte: „Heute legen wir uns auf die Lauer." Am Abend versteckten
sie sich mit einem Eimer voller Wasser hinter der Theke. Bald trat jemand
durch die Tür. Die vier sprangen mit einem Schrei hinter der Theke hervor und schütteten das Wasser über den Schlafwandler. Durch den Lärm
aufgeschreckt, stand plötzlich der Chef der Eisdiele im Raum. „Könnt ihr
mir mal erklären, was hier los ist?" „Na klar", meinten die Mädchen stolz.
„Spike ist unschuldig, der Schlafwandler hat das ganze Eis gegessen",
erklärte Selin. „Oh Gott, dann habe ich Spike ja grundlos bestraft, da
muss ich mich gleich bei ihm entschuldigen!!!", rief der Chef erschrocken.
Er rannte hinters Haus, nahm Spike von der Leine und belohnte ihn mit
einer großen Schüssel voll Erdbeereis. Seht ihr, lachten die vier Detekti-
vinnen, mit ein bisschen Mut löst man jeden Fall!

Selin Duran
Luitpold-Volksschule, Klasse 4a

Eis im Sommer ist super!

Sommer macht Spaß!
Ich springe vom Sprungbrett.

Andrew Muertter
Lichtenstein-Rother-Volksschule, Klasse 1

„Mäuseeis"

Heute war der erste Frühlingstag, an dem es warm war. Ich sonnte mich
im Gras. Mein Zweibeiner lag auf seiner Liege und löffelte irgendetwas
weißes, süß duftendes aus einem merkwürdigen, durchsichtigen Napf.
Plötzlich tönte aus dem Haus ein schriller, unangenehmer Ton, der sich in

regelmäßigen Abständen wiederholte. Mein Zweibeiner sprang hektisch auf und lief ins Haus. Da merkte ich, dass er den komischen Napf mit dem Fuß ins Gras abgestellt hatte. Vorsichtig pirschte ich mich näher an ihn heran. Ich hielt mich geduckt, denn das Weiße in dem Napf könnte ja auch eine Maus sein! Die sollte mich nicht gleich sehen! Jetzt war ich ganz nah an dem Napf. Nur noch einen Schritt! Gleich konnte ich zuschnappen! Schon wollte ich reinbeißen. Aber halt! Warum duftete es so unbekannt süß? Ich schnupperte vorsichtig daran und probierte ein bisschen von dem weißen Zeug. Ich zuckte zurück. Das war ja eiskalt!! Aber es hat auch sehr lecker geschmeckt. Da hörte ich die Schritte meines Herrchens, die aus dem Haus kamen. „Jetzt oder nie!", dachte ich und biss ein großes Stück von den weißen Bällen ab. „Was hast du an meinem Vanilleeis zu suchen? Weg da!", schrie mein Mensch. Erschrocken nahm ich Reißaus und verkroch mich hinter einen Busch. Das weiße Zeug – mein Zweibeiner sagte „Eis" dazu – hat genauso gut wie eine Maus geschmeckt.

Paulin Thorwarth
Gymnasium bei St. Stephan, Klasse 5c

Waldi, das Schleckermaul

An einem eisigen Tag, wo einem sogar das Blut in den Adern gefror, saßen mein Bruder, Opa und ich gemütlich im warmen Wohnzimmer. „Ach Opa, erzählst du uns mal wieder eine Geschichte?", fragte ich mit einem hoffnungsvollen Blick. Großvater nickte kurz und begann: „Früher, wie ihr wisst, hatte ich einen Hund, er hieß Waldi und war ein braves Kerlchen. Er konnte „Sitz" und „Platz". Aber leider war mein Hund total verrückt nach Eis." „Genau wie wir!", platzte mein Bruder rein. Mit einem bösen Blick starrte ich ihn an, doch dann erzählte Opa auch schon wieder: „Also, wie ich sagte, er war verrückt nach Eis und von einem solch leckeren Erlebnis möchte ich euch jetzt berichten.

Es war Abend, an einem sonnigen Tag. Meine Eltern und ich aßen gerade. Waldi lag in seiner Hundehütte. Als ich mit Abendessen fertig war, legte ich mich hin und schlief ein", erzählte Opa weiter. „Doch am Morgen war er nicht mehr da!" Die Kinder erschraken. „Sofort machte ich mich auf, um ihn zu suchen! Als Allererstes rannte ich in den Park, in dem wir seit Jahren gespielt hatten. Er war aber nicht da! Dann lief ich ins Dorf. Und welches Fellknäuel stand mit einer Eistüte vor dem Eisladen? Das Knäuel war Waldi! Der Eisverkäufer fragte, ob das mein Hund sei. Ich nickte. „Also, des is dei Hunderl ... der hat a Mülltonnen umgeschmissen und ist dann durchs Luftschächtla in don Laden und hät mein gutes Eis klaut. Und do konnt ich nimmer aschlafer", erzählte der Eisverkäufer. Ich warf Waldi einen ungläubigen Blick zu. Aber Waldi leckte weiter an seiner Eiswaffel. „Da muss ich mich aber für meinen kleinen Vierbeiner entschuldigen", sagte ich mit leiser Stimme. „Im Gegenteil!", sprach der Eisladenbesitzer. „Dei Hunderl hat mein Laden vor dem Ausraub beschützt. Die wollten sich mei Kass holen. Das Hunderl hat aber mit dem Lärm die Räuber erschreckt und dann sind se abkaun. Ich muss mi bei dir bedanken. Und hier bekommst du und des Retterle meins Ladens noch einen Tiegel Eis mit nach Haus. Ih hoff du und dei Hunderl kommt bald weder?" Sprachlos blickte ich den Eismann an, Waldi schaute mich an. „Ab- aber … gern … aber gern", stotterte ich. Ich verabschiedete mich noch und ging stumm heim. In den nächsten Tagen gingen Waldi und ich öfters zum Eisladen und nun durfte Waldi mit in den Laden rein. Und Waldi bekam jedes Mal eine Eiswaffel. „Das ist wohl das Ende deiner Geschichte?", fragte ich. „Nein, sie geht noch bis zu euch." Opa lächelte und wir schauten ihn verdutzt an.

Anna Saal
Maria-Stern-Gymnasium, Klasse 5b

Eis-Elfchen

Eisdiele
Eis essen
Himbeereis oder Erdbeereis
Mmm! Eis ist lecker!
Eiskalt

Matthias Harms
Schiller-Volksschule, Klasse 3b

Stracciatella

Heute ist es heiß und ich hol' mir ein Eis,
50 Cent hab ich schon gespart.
Sehe alle Sorten und ich frage mich,
was ich wohl am liebsten mag.

Pistazie, Banane, Mandel, Kiwi, Schokolade?
Zitrone, Orange, Mokka, Nuss oder Erdbeer?!?

Stracciatella, Stracciatella.

Vor der Theke wird mir angst und bange,
die Entscheidung fällt mir schwer.
Und der Eisverkäufer lacht schon über mich:
Nun meine Kleine, bitte sehr?!?

Brombeer, Spaghetti, Joghurt, Pflaume, Johannisbeer?
Melone, Rhabarber, Mandel, Zimt oder Waldmeister?!?

Stracciatella, Stracciatella!!!!

Marlis Schwarzenbach
Von-Imhof-Schule, Klasse 3a

Liebes Tagebuch ...

Es ist Winter, die Tage sind kurz.
Ich träume schon davon,
dass ich im Sommer auf der Hängematte liege
und die Sonne scheint auf mein Gesicht.
Ich träume, wie das Obst schmeckt,
saftig und kühl.
Aber wovon ich am meisten träume,
ist das EIS!
Man kann es in allen Farben und Formen verzehren:
grün, blau, rot, gelb und weiß,
am Stiel, im Becher oder in der Waffel.
Und wenn es weg ist,
möchte man am liebsten noch ein Eis essen.
Und wenn man die Augen wieder auf macht,
ist der Traum in Erfüllung gegangen.

Sofia Süß
Volksschule Bergen, Klasse 5b

Eiskalte Abkühlung

Seit einer Woche sind Sommerferien. Die Straßen flimmern unter der
Hitze der Sonne. Für die nächsten Tage sind weiterhin Temperaturen bis
zu 32° Grad gemeldet. Das perfekte Wetter zum Baden gehen! Gleich
nach dem Essen mache ich mich auf den Weg ins Freibad. Das gleißende
Licht blendet mich, als ich den Innenhof betrete, und heiße Luft schlägt
mir entgegen, so dass ich kaum atmen kann.

Ich klemme meine Tasche auf den Gepäckträger meines Fahrrads und radle los. Schon nach kurzer Zeit bin ich komplett durchgeschwitzt. Die Sonne brennt wie Feuer auf meiner Haut. Doch der Gedanke an das kühle, eisblaue Nass treibt mich voran. Plötzlich, ein Knall. Was war das? Im ersten Moment begreife ich nicht, woher das Geräusch kam. Als ich aber von meinem Rad absteige stelle ich fest, dass mein Hinterreifen geplatzt ist! So ein Mist!

Ich schiebe das Fahrrad auf den Gehweg und betrachte mein Unglück. War ja klar, dass mir so etwas passiert! Nach kurzem Überlegen beschließe ich, bis zum Freibad zu schieben, denn die Erfrischung würde ich mir nicht entgehen lassen. Besonders nicht an einem Tag wie heute. Leider habe ich zu diesem Zeitpunkt nicht berücksichtigt, dass mir auf meinem Weg noch der Stadtberg bevorsteht. Mit dem Rad war er gut zu bewältigen. Zu Fuß hingegen war er um einiges anstrengender, wie ich schon bald feststellen muss. Die Tatsache, dass ich zudem noch mein Fahrrad zu schieben hatte, machte es nicht leichter. Die Sonne knallt mir mit voller Kraft auf den Rücken und meine Beine werden immer schwerer. Ich fühle mich wie ein Wanderer in der Wüste und mein schrecklicher Durst plagt mich.

Nach einer gefühlten Ewigkeit bin ich oben angekommen und kann von Weitem schon das Wasser glitzern sehen. Augenblicklich kehrt meine Energie zurück! Mit schnellen Schritten stürme ich den Berg hinunter und werfe, dort angekommen, mein Rad achtlos in einen Fahrradständer. Nachdem ich eine Eintrittskarte gelöst habe, betrete ich die Liegewiese. Das kühle Gras kribbelt zwischen meinen Zehen. Zur Erholung von meinen Strapazen gönne ich mir zwei Kugeln von meinem Lieblingseis: Erdbeere, das beste Eis der Welt! Sofort, als ich den süßen Geschmack auf meiner Zunge spüre, habe ich mein Unglück vergessen und freue mich wieder über diesen herrlichen Sommertag! Der anstrengende Weg hat sich auf jeden Fall gelohnt!

Anna Negele
Berufsschule VI, Klasse GVM 10

Der Traum

Es war einmal ein Wissenschaftler. Der hatte sich bei einer Expedition in der Sahara verlaufen.

Als er drei Tage durch die Wüste gelaufen war, ohne Essen, zum Glück mit Wasser, setzte er sich, um eine kleine Pause zu machen.

Plötzlich sah er in der nähe langsam ein Auto auf sich zu fahren. Das Auto kam ihm sehr bekannt vor. Ja! Es war der Wagen von dem Eismann, der früher, als er noch ein Kind war, im Sommer immer in seiner Straße Eis verkauft hatte. Ein, zwei Meter vor ihm hielt der Wagen und der Mann stieg aus. Er brachte ihm einen sehr großen Becher Eis und setzte sich zu ihm. Der Mann sagte: „Iss, es gehört dir!"

Der Professor bekam kein Wort heraus. Er nahm den Löffel, der in dem Eis steckte, und fing an, das Eis auf zu essen.

Es schmeckte köstlich!

Als der Becher leer war, nahm ihm der Mann ihn ab und fuhr wieder fort. Der Professor sah auf den Sand, der vor ihm lag. Da fiel ihm auf, dass hier nirgendwo Reifenspuren im Sand waren und auch nirgendwo der Motor eines Autos zu hören war.

Da wusste der Professor, dass er geträumt hatte. Es war ein Traum. Aber er hatte einen fruchtig, süßen Eisgeschmack in seinem Mund und er hatte keinen Hunger mehr. Am nächsten Tag fand der Professor in ein Dorf und flog zurück nach Hause. Er eröffnete eine Eisdiele und forschte seitdem nur noch über Eis.

Und wenn er nicht gestorben ist, dann liebt und verkauft er heute immer noch sein Eis!

Babett Panitz
Freie Waldorfschule Augsburg, Klasse 7

Jeder kennt es – (fast) jeder liebt es

Es war an einem stürmisch kalten Februarnachmittag, als ich plötzlich diesen Wunsch, dieses Verlangen nach einem Eis verspürte. Ich sagte mir, nein, ich hatte gestern schon eins und vorgestern und vor drei Tagen, außerdem ist es kalt und windig draußen. Doch das Verlangen war stärker, ich wollte, ich musste einfach ein Eis essen. Ich packte mich dick und warm ein, aber wo ist denn mein Schal hin? Egal, lange danach suchen wollte ich nicht, also musste es auch ohne gehen. Dann machte ich mich auf den Weg zum Italiener meines Vertrauens. Der Weg kam mir, nach zwei Minuten, schon wie eine Ewigkeit vor, ich konnte nur noch an dieses leckere, cremige Eis denken. Ich überlegte schon fieberhaft, welche Sorten ich nehmen wollte. Es schmeckten doch alle so gut, das cremige Vanilleeis, das spritzig/saure Zitroneneis, das fruchtige Erdbeereis und all die anderen leckeren Sorten. Da fiel es mir ein, Spaghettieis, das ganz besondere Spaghettieis, das wollte ich haben. Ich konnte es förmlich schon schmecken, wie es mir auf der Zunge zergeht, die Streusel ganz oben, danach die Soße, schon lecker vermischt mit Vanilleeis und ja, ganz unten die Sahne, eben ein ganz besonderes Spaghettieis. Mir lief bereits das Wasser im Munde zusammen, lief immer schneller, ignorierte sogar die Rufe meiner Freundin, die auf der gegenüberliegenden Straßenseite gerade aus dem Haus kam, sie würde mich nur aufhalten. Ich bog um die Ecke, sah mein Eiscafe schon vor mir, und dann, nein, die Ampel schaltete auf rot, ich musste warten … und warten. Endlich, die Ampel sprang auf grün, doch zu früh gefreut, meine Freundin hatte mich eingeholt, sie war genau hinter mir. Was sollte ich nun tun? Sie wieder ignorieren, dann wäre sie sauer, oder sollte ich mich umdrehen, mit ihr reden, mein Eis warten lassen und mir womöglich noch vorwerfen lassen, wie man denn nur bei diesem Wetter ein Eis essen könne. Ich entschied mich dann doch für das Letztere. Lieber wartete ich noch kurz auf mein Eis, als dass meine Freundin sauer ist und ich dann vielleicht noch als eissüchtig gelte, weil ich mich für das Eis entschieden hätte und nicht für sie. Sie schaute mich auch tatsächlich komisch an, als ich sie fragte, ob sie mit ins Eiscafe käme, sie willigte dann aber doch ein. Die Ampel war sogar noch grün und endlich erreichte ich mein Eiscafe. Nur noch schnell bestellen und dann genießen. Und wirklich, ich konnte es kaum glauben, es kam nichts mehr dazwischen, ich hielt wirklich mein Spaghettieis in den Händen. Was für ein Gefühl, meine Augen leuchteten, ich grinste wie ein Honigkuchenpferd und dann, dann war ich den Tränen nahe, mein Eis, mein leckeres Spaghettieis, es lag vor mir auf dem Boden. Die Streusel, die Soße, das Vanilleeis und die Sahne, alles weg. Ich konnte mich nicht mehr zurückhalten, schrie meine Freundin an, was ihr denn einfallen würde, mich zu schubsen. Sie sah mich mit großen Augen an und stammelte, dass es ihr leid täte und sie mir natürlich ein neues Eis kaufen würde. Aber es sei doch eigentlich nur ein Eis. Ich schüttelte verständnislos den Kopf, wie kann sie nur denken, es wäre nur Eis? Es ist eine Offenbarung, die reine Verführung, es gibt fast nichts Besseres als Eis. Aber was soll's, dachte ich mir, alles Banausen, Eisbanausen. Ich hatte mich erst wieder beruhigt, als ich mein neues Spaghettieis aß. Es war noch viel leckerer, als ich es mir je hätte vorstellen können. Glücklich kehrte ich nach Hause zurück.

Angelika Böhm
Bayernkolleg Augsburg, Klasse VK 4

POLAREIS

Das Polarlicht

Die Eskimofamilie schlief in ihrem Iglu. Das Kind wachte mitten in der Nacht auf und weckte die Mutter. „Mutter, was ist das für ein Licht am Himmel?" „Das Licht, das du siehst, ist das Polarlicht." „Und wie entsteht so ein Polarlicht?", wollte das Kind wissen. Die Mutter erklärte: „Das Polarlicht wird durch Teilchenstrahlung von der Sonne verursacht, die die Atome und Moleküle in den oberen Atmosphärenschichten zum Eigenleuchten anregt." „Ja und was sind denn Moleküle?", fragte der Eskimojunge. Die Mutter antwortete: „Das sind Teilchen, aus denen die Luft besteht. Sie sind so klein, dass eine Billion Moleküle in den Raum von einem Stecknadelkopf passen würden." „Aha", meinte das Kind. „Dann bescheint die Sonne also die Moleküle und dadurch fangen sie an, von selber zu leuchten?" „Richtig!", sagte die Mutter. Und am Abend bewunderte die ganze Familie zusammen die Polarlichter.

David Bettac, Johannes Lang
Freie Waldorfschule Augsburg, Klasse 4

Kalter Wind

Ich bin der eisige Wind. Jetzt erzähle ich euch eine Geschichte.
Den ganzen Tag schon treibe ich mich mit einem eisigen Atem am Nordpol herum. Ich blies und blies. Da kam eine riesige Welle aus dem Meer ans Ufer gerollt. Meine ganze Kraft und Eiseskälte legte ich in meinen nächsten Windstoß. In Sekundenschnelle gefror die Welle und ein Forscherschiff blieb im Eis stecken. Die Forscher nahmen ihre Ausrüstung und sahen sich die fantastische Eiswelle, die ich geschaffen hatte, an. Einer kletterte mit Spezialschuhen und Handschuhen mithilfe von Haken an der glatten Welle hoch. Der andere maß den Luftdruck und die Windstärke. Anschließend machte er begeistert Fotos. Mein gefrostetes Kunstwerk funkelte türkis, blau und weiß in der Polarsonne.
Am nächsten Tag legte ich etwas mehr Wärme in meine Luftböen. Dadurch konnte das Forscherschiff sich wieder aus dem Eis befreien und weiterfahren. Ich selbst zog auch weiter und schuf mit meinen Windstößen noch viele Eiskulpturen.

Selina Hepke
Maria-Stern-Gymnasium, Klasse 5°

Ich male ein schönes Bild

Ich male ein schönes Bild.
Ich male mir die Antarktis.

Ich male viel Schnee
und ein Iglu.

Auf dem Bild ist auch
ein Eskimo
mit dicker Jacke und Mütze
und Handschuhen.
Er will Fische angeln gehen
für das Abendessen.

Wer mein Bild anschaut,
der will von dem Eskimo
zum Abendessen
eingeladen werden.

Linda Körner
Friedrich-Ebert Grundschule, Klasse 1b

Tod in der Arktis

Uaargh! Ich kriege dich, ich jage dich, dein Duft liegt in der Luft.
Ich sehe dich in meinen Klauen, sie halten dich fest – nein noch nicht,
noch ist es nicht so weit. Ich genieße die Jagd, fühle den kalten Schauer,
vereint mit dem heißen Verlangen nach dir.
Die eiskalte Luft fährt durch meinen Leib, der Schnee klumpt unter meinen Krallen.
Nein, nicht ablenken lassen, nimm die Witterung auf, jetzt, jetzt sehe ich
dich, ich spüre deinen schwachen Herzschlag, du bist erschöpft, spürst
selbst schon das Ende nahen. Du weißt, ich, der Tod, sitz dir im Nacken.
Deine Beine geben nach, du stürzt, ich springe. Dein Geist erlischt, dein
Körper erkaltet, deine Wärme erfüllt jetzt mich. Eine gute Jagd!

Ulrich Rupp, Emre Tekbiyik
Bebo-Wager-Berufsschule VII, Klasse 10a Fit

Nisâko

Aluma legte Nisâko einen Arm um die Schultern. „Du schaffst das morgen schon. Wenn dein Vater das konnte, ist es für dich ein Spaziergang", meinte sie und lächelte ihren Enkelsohn an. Dieser erwiderte das Lächeln und drückte seine Großmutter. „Danke."

„Für was denn?"

„Dass du an mich glaubst." Das Lächeln von Aluma wurde immer breiter und sie betrachtete Nisâko mit einem weichen Blick. Dann griff sie wieder nach ihrer Holzschale, die mit einem heißen Eintopf gefüllt war, und aß gemütlich vor sich hin. Nisâko beobachtete seine Großmutter eine Zeit lang, ehe er sich wieder seinem Essen widmete.

Es war Abend in einem kleinen Dorf in Alaska. Die Sonne war schon längst untergegangen und der Mond erhellte nun ihr friedliches Beisammensein. Alle Einwohner des Dorfes hatten sich um das große Lagerfeuer gesetzt und aßen die Mahlzeit, die über dem Feuer in einem riesigen Kessel kochte.

Neben dem Jungen saß seine Großmutter Aluma. Sie hatte langes weißes Haar, das sie zu einem Knoten zusammengebunden hatte. Ihr gütiges, freundliches Gesicht zierte immer ein Lächeln und ihren sanften, grünen Augen entging nichts.

Nisâko selbst war ein großer, schlaksiger Junge mit langen, schwarzen Haaren, die er immer in einem geflochtenen Zopf trug. Er besaß laut Aluma die klarsten und schönsten blauen Augen, was er von seiner Mutter geerbt hatte.

Er zog sie Fellhandschuhe aus und schaufelte sich den Eintopf mit einem großen Holzlöffel in den Mund. Aluma schaute ihn an und fing an zu lachen. Die anderen Dorfbewohner bekamen nichts davon mit, denn ihre Gespräche schallten so laut über dem Dorf, dass man nicht einmal seine eigene Stimme genau hören konnte. Nisâko grinste und aß weiter.

Einige Zeit später verabschiedeten sich einige der Dorfbewohner von den anderen und brachten ihre Kinder ins Bett und gingen schlafen. Die Ältesten und wenige Jugendliche in Nisâkos Alter blieben zurück und warteten auf die Geschichten, die immer am Ende des Abendessens beim Lagerfeuer erzählt wurde.

Diesmal war Kusalas an der Reihe. Er war ein sehr alter Mann von über achtzig Jahren. Seine Haut war von Falten durchzogen und sein Gang war auch nicht mehr der schnellste. Jedoch seine Augen waren wachsam und bekamen alles mit. Kusalas legte seine Holzschale beiseite und bedeutete den verbliebenen Leuten, näher heranzurücken.

Aluma neben Nisâko gähnte und sagte leise: „Ich gehe jetzt schlafen. Bleib bitte nicht so lange auf, morgen ist ein wichtiger Tag für dich." Sie drückte ihm einen Kuss auf die Stirn und wandte sich um. Er blickte ihr nach, wie sie in ihr kleines Zelt ging und dort eine Kerze aufflackerte.

Er drehte sich wieder um und schaute gespannt zu Kusalas, der nun tief Luft holte. „Vor vielen tausend Jahren siedelten unsere Vorfahren hier in Alaska. Sie waren Heiden und glaubten an verschiedene Götter. Sie bestanden aus vielen Stämmen, die sich wegen Streits von den anderen abwandten und in die entgegengesetzte Richtung zogen. Hier war eine der ersten Siedlungen unserer Vorfahren. Sie waren die ersten Indianer, die mit den Geistern in Berührung kamen. Als sie nämlich an diesen Ort kamen, erzeugten die Geister ein Licht, das den Menschen befahl, stehen zu bleiben. Die Geister kamen in Form von Tieren zur Erde, sprachen aber die Sprache der Indianer. Sie überzeugten die Menschen von ihrer Existenz und unsere Vorfahren beteten sie an. Seitdem kommen sie über die Aurora borealis zur Erde und zeigen, wie sie leben." Er machte eine kurze Pause und paffte an seiner Pfeife. Dann fuhr er fort: „Es gibt eine Erzählung, dass ein Junge zu den Geistern aufgenommen wurde. Es war ein normaler Tag für ihn. Er lebte in Sehnsucht nach seiner Liebe, die ihm vor vielen Jahren weggenommen wurde. Sein Leben war erfüllt von Schmerz und Leid, doch er betete jeden Abend zu den Geistern, dass sie ihm helfen mögen. Als jedoch nichts geschah, hörte er auf, an sie zu glauben und beging Selbstmord. Die Geister nahmen im Augenblick seines Todes die Gestalt eines Bären an und betteten seinen Leichnam in den kräftigen Pranken des Bärs. Um ihm zu zeigen, dass sie nie aufgehört hatten, an ihn zu glauben, obwohl er es tat, erschufen sie ihn zu einem Geist und seitdem lebt er als Bruder unter ihnen."

Nisâko runzelte die Stirn. Solch eine Geschichte war unmöglich real. Bisher waren ihm die Geister noch nie begegnet, obwohl er jeden Abend an sie betete. Er fühlte sich wie der Junge in der Erzählung. Sein Leben war auch erfüllt von Sehnsucht und Leid. Seine Mutter war bei seiner Geburt gestorben und sein Vater abgehauen. Er hatte nie wirklich die Liebe einer Mutter zu spüren bekommen. Schon oft hatte er sich gewünscht, seine Mutter neben sich zu sehen und zu umarmen.

Kusala paffte an seiner Pfeife und somit war die Geschichte zu Ende. Die Kinder waren ganz aufgeregt und erzählten sich die Geschichte noch einmal, während sie zu ihren Eltern ins Zelt gingen. Nisâko blieb sitzen und starrte ins Feuer.

Kusala kam zu ihm, gab ihm einen leichten Klaps auf die Schulter und sagte: „Geh nun. Deine Prüfung wird nicht einfach. Du musst ausgeschlafen sein."

Nisâko sah dem alten Mann ins Gesicht und nickte. Kusala lächelte und wandte sich dann um. Der Junge jedoch blieb noch eine ganze Weile an seinem Platz und beobachtete, wie das Feuer langsam nieder brannte und schließlich erlosch. Danach stand er auf und begab sich in sein Zelt.

Nisâko lag in seine dicken Decken eingekuschelt da und dachte nach. Morgen würde der wichtigste Tag in seinem Leben werden. Er wälzte sich einige Zeit zwischen den Decken umher, bis er kurz den Kopf schüttelte und auf Geräusche des Dorfes hörte.

Es war tiefste Nacht, das ganze Dorf schlief. Nisâko rappelte sich auf und zog sich seine Jacke mit der fellbesetzten Kapuze über. Seine Fellhandschuhe durften natürlich auch nicht fehlen und so ging er warm eingepackt ins Freie.

Der Himmel war fast schwarz und nur vereinzelt kamen die leuchtenden Sterne hinter den Wolken zum Vorschein, die über das Firmament zogen. Er schlang sich die Arme um den Oberkörper und ging mit gemächlichen Schritten durch das Dorf.

Um vollständig in das Dorf aufgenommen zu werden, musste er die Prüfung zur Mannwerdung bestehen. Morgen war sein sechzehnter Geburtstag und dies sollte der Tag seiner Aufnahme sein.

Nisâkos Mutter starb bei seiner Geburt und er wuchs bei seiner Großmutter auf. Sein Vater war nach dem Tod seiner Frau weggegangen und seitdem hatte Nisâko ihn nicht mehr gesehen. Er wusste nicht einmal, wie seine beiden Eltern aussahen. Im Dorf gab es keine Bilder, doch seine Großmutter Aluma sagte ihm immer, wenn er fragte: „Sie existieren in unseren Erinnerungen." Dann lächelte sie und wandte sich wieder ihrer Näharbeit zu.

Der Indianerjunge hatte sich schon immer nach einem Vater und einer Mutter gesehnt. Seine Wünsche sind leider nie von den Geistern erhört worden und er lebte sein Leben weiter, wie er es vorher auch getan hatte.

Er stapfte durch den hohen Schnee und beobachtete seinen Atem, wie er in den Himmel zu den Geistern zog. Die Nordlichter – oder Aurora borealis, wie sie auch genannt wurden – kamen nicht sehr oft vor und die Mitglieder des Indianerstammes feierten zu diesem Anlass ein ausgelassenes Fest.

Leise ging er an den kleinen Zelten vorbei und schlich sich aus dem Dorf hinaus. Er machte einen großen Bogen um das gelöschte Lagerfeuer und lief zu den großen Wäldern am Fuß der Berge. Nach einiger Zeit taten ihm die Füße weh und er spürte schon, wie sein Körper langsam von der Kälte in Besitz genommen wurde. Hätte ich doch noch etwas über meinen Pullover angezogen, dachte er.

Bald erreichte er den Platz, den er die ganze Zeit über gesucht hatte. Es war eine Höhle, die zwischen den vielen Bäumen kaum entdeckt werden konnte. Wenn man allerdings vor ihr stand und die Bäume die Sicht frei gaben, war sie deutlich sichtbar.

Die Höhle befand sich einige Meter über dem Boden. Sie war nur durch eine Felswand passierbar, an der man heraufsteigen musste.

Schnee lag auf der steinigen Oberfläche über dem Höhleneingang. Nisâko erkannte in der Dunkelheit riesige Eiszapfen, die über dem Eingang hingen. Der Eingang war jedoch so groß, dass Nisâko ohne Probleme darunter hindurch laufen konnte.

Der Junge nahm die Kapuze ab und näherte sich der Höhle. Es war schon sein Lieblingsplatz gewesen, als er noch ein kleines Kind war. Er hatte sie einmal beim Jagen gefunden. Bisher hatte er keinem diesen Platz gezeigt und das sollte seiner Meinung nach auch so bleiben.

Er kletterte die fünf Meter hohe Felswand hinauf und setzte sich oben mit hängenden Beinen hin. Es war ein fantastischer Anblick, der ihn umgab. Unter ihm erstreckten sich die Büsche und gleich darauf die großen Bäume. Dahinter waren große Flächen aus Schnee und viele Seen aus Eis. Am Himmel war der Mond zu erkennen und über seinem Kopf thronten die Berge.

Eine Weile saß er einfach so da und machte gar nichts. Er dachte nicht über die bevorstehende Prüfung nach, sondern bewunderte die Landschaft, die ihm zu Füßen lag. Plötzlich landete eine kleine, weiße Schneeflocke auf seiner Nase und er schaute zum Himmel.

Tatsächlich fing es in diesem Moment an zu schneien. Große Schneeflocken fielen aus der Dunkelheit auf die Erde und gesellten sich zu ihren Brüdern und Schwestern. Der Schneefall war nicht sonderlich stark und es sah aus, als würde alles in Zeitlupe geschehen.

Nun kreisten Gedanken in Nisâkos Kopf, die er eigentlich verdrängen wollte. Was ist, wenn ich die Aufnahmeprüfung nicht bestehe? Kann ich aus dem Stamm verbannt werden? Ich werde mich total blamieren! Eine Zeit lang ließ er seine Panik zu, doch dann besann er sich wieder und verscheuchte sie.

Allmählich verzogen sich die dunklen Wolken wieder und der Schnee versiegte. Zuerst war Nisâko traurig, denn der Schnee gefiel ihm sehr, aber der Anblick, der ihm sich nun bot, war umso atemberaubender. Am dunklen Himmelszelt verschwanden die Wolken mit dem starken Wind, der aufkam, und gaben den Sternen endlich die Möglichkeit, sich in aller Pracht zu zeigen.

Staunend legte er den Kopf in den Nacken und betrachtete die Sterne. Im Osten sah er, wie sich der Himmel am Rand leicht rosa verfärbte. Es war schon früher Morgen. Oh nein, ich muss los. In ein paar Stunden fängt die Prüfung an und ich habe nicht geschlafen!

Hastig sprang er auf und gönnte sich einen letzten Blick auf die Landschaft. Morgen Nacht werde ich wieder hierher kommen und es ist egal, ob ich bestanden habe oder nicht, weil hier solche Gedanken nicht erlaubt sind.

Er streckte sich einmal kurz und merkte, wie ihn die Müdigkeit fast übermannte. Nach einem Gähnen ging er in die Höhle, drückte auf den kalten, finsteren Fels und flüsterte: „Morgen bin ich wieder bei dir, Mutter."

Mit diesen Worten kehrte er um und ging wieder aus der Höhle hinaus, wobei er darauf achtete, nicht mit dem Kopf gegen einen der Eiszapfen zu stoßen. Dabei berücksichtigte er aber nicht den glatten Boden und so fand er sich einen Augenblick später auf dem Rücken liegend wieder. „Na super", meinte er und hätte sich am liebsten selbst geohrfeigt. Für solch eine dumme Unachtsamkeit war für ihn im Moment keine Zeit.

Er rieb sich kurz sein Hinterteil, das bei dem Sturz in Mitleidenschaft gezogen wurde, und stützte sich mit den Ellenbogen ab, um auf dem glatten Eis, das den Höhlenboden bedeckte, aufstehen zu können. Vorsichtig tastete er mit den Händen nach einem größeren Stein, an dem er sich hinaufziehen konnte, er wurde jedoch von einem leichten Klirren abgelenkt.

Was ist das?, dachte er ängstlich. Mit pochendem Herzen blickte er in die Dunkelheit, die in der Höhle herrschte, konnte aber nichts ausmachen, das dieses Klirren verursacht haben könnte. Als ein paar Momente später immer noch nichts zu hören war, setzte er seine Suche nach dem Stein fort, bis er endlich einen fand. Daran zog er sich hinauf und achtete peinlichst genau auf den glatten Boden.

Er fuhr sich mit der Hand über das Gesicht und trat wieder langsam auf den Höhlenausgang zu. Die Finsternis, die ihn umgab, raubte ihm seine Sicht. Kurz darauf fand er sich erneut auf dem Boden wieder. Diesmal lag er direkt am Ausgang, also war es kein Problem, sich hinunterzugleiten zu lassen. Vorsichtig schob er sich immer weiter an das Ende des kleinen Felsplateaus.

Zufrieden spürte er, wie seine Waden im Freien baumelten. Gerade wollte er sich weiter nach unten schieben, als er wieder das Klirren vernahm. Diesmal war es deutlicher, lauter und vor allem sehr nah.

Voller Angst und Panik blickte Nisâko um sich und entdeckte schließlich nach einem erneuten Geräusch die Eiszapfen über ihm. Sie wackelten schon.

Nisâkos Augen weiteten sich vor Schreck, denn er wusste, welcher Gefahr er nun ausgesetzt war. Er war wie versteinert, obwohl sich seine innere Stimme meldete und ihn anschrie, er solle endlich von diesem Ort wegkommen. Doch es gab keinen Ausweg. Geschockt sah er mit an, wie sich der größte und schwerste der Eiszapfen von der Decke löste und auf ihn zu kam.

In diesem Moment schien er aus seiner Versteinerung zu erwachen und er kämpfte sich verbissen zurück. Jedoch das Eis hinderte ihn daran. Nisâko biss die Zähne zusammen und zog sich ein Stück in die Höhle hinein und –

Ein heftiger Schmerz riss ihn aus seinem Kampf. Als er aufschaute, erblickte er den Eiszapfen, der direkt aus seinem Bauch ragte. Der gewaltige, brennende Schmerz zerriss ihn innerlich und er schrie auf. Tränen traten in seine Augen und er ließ sie zu.

Oh nein, nein, nein. NEIN! Seine Gedanken waren aufgewühlt, der Schmerz ergriff Besitz von ihm. Ich könnte hier sterben, wenn mich keiner findet! Das Blut rauschte in seinen Ohren und sein Herz pochte wie wild. Der Schmerz war so grauenvoll, dass Nisâko nur noch schreien konnte. Er wand sich auf dem Eis und wurde etwas ruhiger.

Der Schmerz hielt an, doch Nisâko konzentrierte sich auf eine Stelle hoch am dunklen Himmelszelt. Die Sterne leuchteten und der Mond war im Begriff unterzugehen. Er schloss seine Augen und richtete seine Aufmerksamkeit nicht auf die Schmerzen, sondern auf seine Atmung. Das hatte ihm einst seine Großmutter beigebracht, als er sich das Handgelenk gebrochen hatte.

Nisâko!

Erschrocken riss er die Augen auf. „Was? Wer ist da? Hilfe, ich brauche … oh, ah … ich brauche Hilfe!", rief er. Suchend sah er um sich, konnte jedoch keinen Menschen sehen, der seinen Namen ausgesprochen haben könnte. Die Stimme war so nah gewesen.

„Nisâko!"

Der Junge drehte den Kopf und blickte in alle Richtungen. Die Stimme war weiblich und einfühlsam. „Was … wer ist da?", stöhnte er leise unter dem Schmerz auf. Ein Krampf in der Magengegend lenkte ihn kurze Zeit ab und er schrie sein Leiden in die Welt hinaus.

Tränen verklebten seine Augen, als der Schmerz endlich wieder nach ließ. Die Kälte packte seinen Körper und linderte den Schmerz. Das Blut an der großen Wunde wurde kälter, später war sein gesamter Körper taub.

Er fühlte sich, als könnte er in die Welt hinausfliegen und alles hinter sich lassen. Ein Gefühl von alles überragender Freude ergriff ihn und zauberte ein strahlendes Lächeln auf sein Gesicht. Er ließ sich in seine Traumwelt sinken und genoss die Landschaft zu seinen Füßen.

Er flog weit über dem Tal und sah die vielen Tiere durch den Wald huschen. Der Mond leuchtete hell am Firmament und die Sterne wiesen ihm den Weg. Lächelnd und mit staunenden Augen nahm er die traumhaften Bilder auf.

Plötzlich konnte er unter sich das Dorf erkennen. Die Menschen waren alle noch in ihren Zelten und schliefen. Das Feuer war komplett heruntergebrannt und eine kleine Rauchsäule schlängelte sich zum Himmel hinauf.

Nisâko flog durch den Rauch hindurch und betrachtete das Dorf. Der Schnee glitzerte im Licht des Mondes.

„NISÂKO!!", rief die Stimme erneut.

Nisâko schreckte zusammen und kehrte augenblicklich in seinen Körper zurück. Zischend sog er die Luft ein und setzte sich auf. Gleich darauf merkte er, dass das keine gute Idee gewesen war, denn der Schmerz kam von Neuem. Das Blut sickerte aus der Wunde in den wenigen Schnee und färbte seine Umgebung rot.

„Bitte, lass mich nicht alleine.", flüsterte Nisâko. All seine schmerzlichen Erlebnisse, die er je in seinem Leben erlebt hatte, überrollten ihn.

Auf einmal sah er sich selbst, wie er als kleines Kind von vielleicht sechs Jahren in den Armen seiner Großmutter lag. Er öffnete seine riesigen Augen und blickte zu Aluma. „Schlaf jetzt", sagte sie liebevoll und strich ihm durchs Haar. Er nickte und schloss wieder seine Augen.

Mit einem Ruck landete er in der Realität und dachte an seine Vision zurück. Er konnte sich noch genau an diesen Moment erinnern.

Damals hatte Aluma ihm zum ersten Mal erzählt, dass er keine Mutter und keinen Vater mehr hatte. Nisâko hatte immer beim Morgengrauen darauf gewartet, dass seine Mutter aus den Tiefen des Schnees heraus zu ihm kam und ihn umarmte. Nachdem seine Großmutter jedoch von dem Tod seiner Mutter berichtete, war Nisâko sehr traurig und bis heute war seine Trauer nicht zu beheben gewesen.

Mein armer Junge …

„Mutter?", wisperte Nisâko. Tränen schimmerten in seinen Augen, aber nicht wegen des Schmerzes, der ihn von innen langsam auffraß. Nein, er dachte an seine Mutter.

Seine Sicht verschwamm und hüllte ihn erneut in die offenen Arme der Träume. Er sah vor seinem inneren Auge eine junge Frau. Sie war schweißgebadet, ihre Haare klebten auf ihrer Stirn. Sie wirkte erschöpft und krank, doch ihre Augen strahlten. In ihren Armen lag ein neugeborenes Baby. Hinter ihr saß ein Mann und stützte sie. Er versuchte mit allen Mitteln, ihr das Geradesitzen leichter zu machen. Auch er war glücklich, wobei seine Freude von der Sorge um seine Frau überschattet wurde.

„Wie willst du ihn nennen?", fragte der Mann und schaute seiner Frau in die Augen. Er gab ihr einen kleinen Kuss auf die Wange und schmiegte sich an sie. Die Frau lächelte und legte ihm eine Hand auf die Wange. „Nisâko."

Mit einem Mal zerriss der Schmerz die schöne Fantasie. Er unterdrückte einen Schrei und wand sich auf dem kalten, glatten Eis. Blut rann erneut aus der großen Wunde und der riesige Eiszapfen färbte sich am Ansatz allmählich rot. Das Blut umgab ihn und er fühlte sich mit jedem weiteren Atemzug schwächer. Er spürte, wie das verlorene Blut an seinen Kraftreserven zehrte und er wollte nur, dass sein Leiden ein Ende nahm.

„Was war das? Schon wieder eine Vision? Wenn ja, wieso habe ich dann … meine Mutter und meinen Vater gesehen? Ich war damals ein neugeborenes Baby. Woher sollte ich wissen, wie sie damals ausgesehen hatten?", dachte er. Sein Kopf hatte es schwer. Da kam ihm plötzlich ein Gedanke. Was ist, wenn mein Kopf mir genau das zeigen will, was in meinem Leben gut und schlecht war. Vielleicht will mein Verstand mir auch einfach nur einen Streich spielen.

Nach einem neuerlichen Anfall merkte er, wie sein Atem langsamer wurde. Kurzzeitig hörte er ganz auf zu atmen und gleich darauf fühlte er sich, als würde er gleich ersticken. Die Schmerzen ließen etwas nach, denn die Kälte breitete sich an seiner Wunde aus und stillte dadurch etwas die Blutung. Dennoch war sein Zustand nicht zumutbar. Immer wieder sank er in Visionen, Träume und Zukunftsausblicke. Sein Verstand war nicht mehr der gleiche wie vorher.

„Hilfe!", flüsterte er und hoffte, dass ihn jemand hören konnte. Er war heiser, in seinem Hals kratzte es und er brachte keinen Ton heraus. Die Kälte setzte ihm ziemlich zu.

Er blickte noch einmal auf den großen Eiszapfen, der aus seinem Bauch ragte, und ihm liefen die Tränen über seine Wangen. Wegen der eisigen Temperaturen konnte er das Stechen und Drücken aushalten, aber es trieb ihm immer wieder Tränen in die Augen.

Flehend sah er zum Himmel, der sich mittlerweile schon leicht rosa verfärbt hatte, dass seine Freunde und seine Großmutter ihn suchten und ihn fanden. Länger konnte er das nicht mehr aushalten. Am Himmel glitzerten die Sterne noch etwas und auf einmal überzog ein grüner Schleier den noch dunklen Himmel.

Nisâko vergaß für einen Moment seine Schmerzen und dachte an die Geister, die durch diese Polarlichter Kontakt zu den Menschen aufnahmen. Er hatte in seinem gesamten Leben noch nie ein Polarlicht zu Gesicht bekommen. Als er noch ein kleines Kind war, schlief er, wenn die Lichter am Himmel auftauchten.

Das Grün schimmerte und überdeckte die Sterne. Es schlängelte sich durch die Wolken und sah atemberaubend schön aus. Für den Jungen waren die Lichter die Welt, an die er glaubte, sein Leben nach dem Tod. Irgendwann würde er dort oben bei den Geistern sein und über die Stammesmitglieder wachen. Seine Mutter war bei ihnen und wartete schon lange auf ihn.

Die grüne Wand glitzerte und bewegte sich leicht. Wind kam auf und blies Nisâkos Haare durcheinander. Genüsslich schloss er die Augen und ein kleines Lächeln zauberte sich auf sein vor Schmerz verzerrtes Gesicht.

Mit einem Mal zuckte er zusammen und ein Gefühl, als würde man ihm Tausende von Nadeln in den Körper stechen, überkam ihn. Nach einem letzten unterdrückten Schrei ließ er sich in die Dunkelheit der Bewusstlosigkeit hineinführen.

Ein helles, plötzliches Licht erschreckte Nisâko. Er saß unversehrt auf einem Fels mitten in der Dunkelheit. Nichts war über, unter oder neben ihm. Das Licht war strahlend weiß und kam auf ihn zu. Schützend hob er die Hände vor seine Augen und spähte vorsichtig zwischen den Fingern hindurch.

Eine Gestalt wurde sichtbar. Sie war relativ groß und schlank. Ein weißes Tuch verdeckte ihren Körper und die langen, braunen Locken hingen offen über ihre Schultern. Es war eine Frau. Ihr Gesicht war nicht erkennbar, da das Licht immer noch zu hell für Nisâkos Augen war.

„Nisâko, ich habe auf dich gewartet", meinte die Frau. Ihre Stimme war hell und es klang, als würde sie lächeln. Nisâko ließ langsam seine Hände sinken und blickte zu der Gestalt.

„Was willst du von mir?" Nisâkos Frage überraschte die Frau nicht. Sie legte den Kopf kurz schief und sagte: „Ich will nichts von dir. Es ist allein dein Verdienst, dass du mich heute vor dir stehen siehst. Wenn du bereit bist, kannst du mit mir gehen. Ins Licht."

Die letzten zwei Worte waren für Nisâko die Erleuchtung. Verängstigt schreckte er zurück. „Ins Licht? Wenn ich mit dir mitgehe, werde ich sterben?", fragte er panisch.

Die Frau ging in Zeitlupe auf ihn zu. „Es ist deine Entscheidung."

„Wie kann ich mich denn entscheiden, ob ich sterbe oder nicht? Was ist, wenn ich noch nicht zu den Geistern will? … Vor allem, ich bin noch kein Mann, also können mich die Geister nicht aufnehmen. Ohne das Ritual der Stammesmitglieder werde ich nie ein erfülltes Leben nach dem Tod genießen dürfen!" Völlig verzweifelt legte er sich die Hände an die Wangen und schüttelte den Kopf. „Nein, ich will nicht weg von Aluma und den anderen."

Die Frau, die vorher ihre Hand ausgestreckt hatte, zog sie zurück und faltete sie. „Gut. Wie du willst." Sie schnipste und das Licht verschwand. Und damit auch die Frau. Dunkelheit umgab ihn.

„Nisâko ... NISÂKO!"

Der Junge vernahm eine immer lauter werdende Stimme an seinem Ohr. Er spürte überhaupt nichts. Sein Körper war taub. Kein Schmerz, kein Gefühl.

„Nisâko, kannst du mich hören? Sieh doch, er versucht, die Augen zu öffnen. Nein, Nisâko, wenn du mich hören kannst, lass die Augen zu. Deine Halbohnmacht schützt dich vor den Schmerzen. Nur zu deiner Information: Wir haben den Eiszapfen entfernt."

Sie haben den Eiszapfen entfernt? Diese Worte hallten durch seinen Kopf und raubten ihm jede Kraft. Jedes Mal, wenn er wieder daran dachte, wurde er schwächer, bis er schließlich in das unendliche Nichts zurücksank.

Eine lange Prozession führte durch das kleine Dorf. Vorn lief ein junger Mann, der einen Jungen mit seinen starken Armen trug. Der Junge hatte eine riesige Wunde im Bauch und sein Kopf hing schlaff herunter. Seine Haut war weiß wie der Schnee unter den Füßen des Mannes.

Keiner der Menschen, die hinter dem Mann mit dem Jungen herzogen, sagte etwas. Alle Dorfbewohner hatten sich versammelt und liefen trauernd hinter dem langen Zug her. Eine alte Frau stürzte tränenüberströmt auf den Mann am Anfang des Zuges zu und brach weinend zusammen, als sie den Leichnam des Jungen sah.

Der Mann bekundete ihr sein Beileid und ließ die Tränen zu, die über seine Wangen zogen. Eine Frau half der alten Frau von der Straße und brachte sie schweigend in ein Zelt.

Im dunklen Morgengrauen zückten alle Dorfbewohner eine Laterne. Sie zündeten sie an und setzten ihren Marsch fort, bis sie ans Ende des Dorfes gelangt waren. Dort hielten sie die Laternen hoch zum Himmel und sangen.

Das Lied war langsam und traurig. Viele Frauen und Männer weinten über den plötzlichen Verlust einer ihrer Brüder. Kinder schauten zu Boden und dachten an ihren Freund zurück. Als die alte Frau wieder erschien, stimmten sie die letzte Strophe des Liedes an und danach kehrte Ruhe ein.

„Freunde, ... wir haben heute einen unserer Brüder verloren." Sie unterbrach sich und wischte sich eine Träne von der Wange. Mit zitternder

Stimme sprach sie weiter: „Keiner hätte daran gedacht, dass ein so junger Mensch früher zu den Geistern muss als seine Großmutter." Tränen liefen über ihr Gesicht, füllten ihre Augen und ließen sie glitzern. Das Gesicht war von Trauer und Schmerz überschattet und die Augen eingesunken. Sie wirkte schwach und müde, traurig und gleichzeitig verzweifelt. Bebend brach sie ab, schluchzte kurz auf und fuhr fort: „Selbst wenn Nisâko noch kein Mann ist und damit kein Recht hat, bei den Geistern aufgenommen zu werden, bitte ich den Rat, den Jungen zu den Geistern zu schicken. Seine Asche soll uns als Andenken reichen." Ihre Stimme schwankte. „Dieser Junge hat in seinem Leben nichts anderes als Leid und Tod erfahren. Es wäre nur zu seinen Gunsten, wenn er bei den Geistern verweilen darf … und bei seiner Mutter."

Stille umgab den Platz. Die vielen Menschen schwiegen und blickten gebannt zu der alten Frau. Hinter ihr legten die Männer den Leichnam des Jungen auf den großen Feuerplatz, der für die Einäscherungen gedacht war. Die Alte senkte den Kopf und ging wieder zurück in die Menge. Dort umarmte sie eine junge Frau, die ihr leise Trost zusprach.

Einer der älteren Männer des Stammes – er gehörte dem Rat an – trat aus der Menge und sagte mit lauter Stimme: „Brüder und Schwester, diese Frau muss mehr verkraften als wir alle. Zuerst verlor sie ihre einzige Tochter, dann ihren Mann und schließlich ihren Enkelsohn. Wir sollten ihr diese eine Bitte erfüllen und ihren Enkel zu den Geistern schicken."

„Aber das ist gegen die Tradition", meldete sich ein alter Mann zu Wort. Er humpelte auf seinem Krückstock zu ihnen. Sein weißes Haar wehte im Wind. „Unsere Vorfahren hätten so etwas nicht einmal für möglich gehalten, dass jemand diesen Vorschlag macht. Der Junge hatte seine Mannwerdungsprüfung noch nicht hinter sich, also ist er kein erwachsener Mann, der das Recht auf einen Platz bei den Geistern hat. Nun muss er in der Unterwelt leben, so sagt es die Tradition."

„Aber Kusala, auch du mochtest Nisâko. Für Aluma ist es ein unersetzlicher Verlust, den sie erleiden muss. Außerdem sollte Nisâko heute seine Prüfung machen. Somit ist es für ihn erlaubt, zu den Geistern zu gehen."

Kusala kniff die Augen zusammen und wedelte mit dem Krückstock in der Luft herum. „Ihr verstoßt alle gegen die Gesetze unserer Vorfahren." Murmelnd verließ er den Platz und lief zurück ins Dorf. Die Menge sah ihm nach.

Der Mann richtete wieder das Wort an die Menschen. „Bitte, lasst uns die Zeremonie durchführen."

Eine Zeit lang sagte keiner etwas, der Mann ging wieder zurück und dann gab es eine Abstimmung bei dem Ältestenrat. Die Entscheidung war, das Ritual zu begehen und dem Jungen somit einen Platz bei den

Geistern zu beschaffen. Die alte Frau umklammerte die Hand der jungen Frau und nickte, als die Entscheidung getroffen war.

Sichtlich erleichtert, aber immer noch von Trauer bewegt, sah sie den Männern des Rates zu, wie sie alles für die Zeremonie vorbereiteten.

Die Leiche des Jungen wurde zur Seite getragen. Seine Großmutter begab sich sofort dorthin und trauerte um ihren geliebten Enkel. Währenddessen trugen einige Männer große Holzscheite zu der Feuerstelle und stellten sie auf. Auf die Holzscheite legten sie eine dünne Holztrage. Um den Feuerplatz herum legten alle Dorfbewohner ihre Laternen hin, ließen aber einen kleinen Gang frei, so dass die Männer mit Nisâkos Leichnam hindurchziehen konnten.

Einer der Männer nahm eine Fackel, die mit vielen Schnitzereinen am Griff verziert war. Unter der Anspannung der Menge zündete der Mann die Fackel an und lief damit zu dem Feuer.

Er hob den Arm mit der Fackel und streckte die kleine Flamme dem Himmel entgegen. „Geister, erhört mich!" Alle Männer des Dorfes erhoben ihre rechte Hand und blickten zum Himmel hinauf.

Einige Zeit lang passierte nichts, doch dann entstand plötzlich ein rosafarbenes Polarlicht. Es glitzerte und wand sich unter dem starken Wind. Die Dorfbewohner bekamen strahlende Augen und ihre Erwartungen waren erfüllt worden.

„Voller Leid teilen wir euch mit, dass einer unserer Brüder tödlich verunglückt ist. Mit diesem Fest zu seiner und eurer Ehre möchten wir euch bitten, ihn bei euch aufzunehmen." Ehrfürchtig senkte der Mann den Kopf und zeichnete dabei mit seiner Fackel einen Kreis in den Himmel. Die Menschen, die sich um den Mann herum versammelt hatten, schlossen die Augen und beteten.

Sie verfielen in einen monotonen Singsang. Die alte Frau nahm Nisâkos Hand und sprach unter Tränen das Gebet. Ihre Stimme erfüllte die Menschen mit Trauer und schon bald lagen sich die Menschen in den Armen und weinten.

Als sie ihr Gebet beendet hatten, traten einige Männer heran und wickelten Nisâkos Leiche in ein weißes Leinentuch ein. Zuletzt verdeckten sie sein Gesicht und beteten in einer Sprache, die keiner außer die Männern des Rates verstand, zu den Geistern. Sie endeten mit den Worten: „Mögen die Geister dich in ihren Reihen willkommen heißen."

Sie trugen den Jungen zu der Feuerstelle, achteten besonders auf die vielen Laternen und legten den Leichnam schließlich auf der Holztrage ab. Der Mann mit der Fackel kam zu ihnen und sagte mit leiser Stimme: „Durch dieses Ritual befreien wir Nisâkos Geist vom Tode und lassen ihn zu den Geistern aufsteigen. Möge er in Frieden ruhen." Nach einem kurzen Moment der Stille hielt der Mann die Fackel an die Holzscheite und sah zu, wie sich die Flammen an dem Holz immer weiter nach oben fraßen und schließlich zu dem toten Körper gelangten.

Alumas Tränen glitzerten in der aufgehenden Sonne. Sie beobachtete traurig, wie ihr einziger Enkelsohn in Flammen aufging. Der schwarze Rauch stieg in den Himmel und erreichte das rosafarbene Polarlicht. Die roten Flammen hinterließen von dem Jungen nichts weiter als graue Asche.

Aluma stand lange vor dem lodernden Feuer und betrachtete, wie Nisâkos Geist zu den Geistern aufstieg. Die Dorfbewohner gingen nach und nach wieder in ihre Zelte und redeten leise über den plötzlichen Verlust. Doch die alte Frau konnte sich nicht von der Stelle rühren.

Ich habe Nisâko nie eine Mutter sein können. Wenn seine Mutter oder sein Vater nur hier gewesen wären, hätte er wenigstens ein erfülltes Leben gehabt?, dachte sie und wischte sich die Tränen aus den Augen.

Als das Feuer heruntergebrannt war und nichts als Asche den Feuerplatz füllte, wandte sie sich um und lief durch das Dorf. Ihr Zelt war am anderen Ende des Dorfes und so hatten die anderen Menschen genug Zeit, um Aluma ihre Trauer zu bekunden. Schweigend nahm sie sie an und ging danach in ihr Zelt.

Sie zog ihre Jacke aus und wickelte sich in die warme Decke ein. Es war zwar schon früher Morgen, aber Aluma war es nicht zum Arbeiten. Am liebsten würde sie einschlafen und erwachen, als wäre alles nur ein böser Traum gewesen.

Plötzlich wurde der Vorhang vor Alumas Zelt zur Seite geschoben und ein Mann kam herein. Er war muskulös gebaut und hatte lange, schwarze Haare, die zu einem Zopf gebunden waren. Lächelnd setzte er sich neben Aluma auf den Boden und sagte: „Aluma, es ist wirklich schön, dich nach all den Jahren wieder zu sehen."

Aluma sah man an, dass sie geschockt war. Ihre Augen waren weit aufgerissen und im Moment brachte sie keinen Ton heraus. Schließlich meinte sie: „Mulermo?"

Der Mann strahlte. „Ja, ich bin es. Ich bin gekommen, weil einer meiner Freunde mir erzählt hat, dass Nisâko heute seine Mannwerdungsprüfung machen muss. Etwas Unterstützung aus der Familie kann ihm helfen."

Aluma blickte in seine großen, braunen Augen und sie umarmte wortlos Mulermo. Dieser erwiderte die Geste. „Ich habe dich auch vermisst."

Aluma ließ ihn los. „Nein, es ist etwas …", setzte sie an, wurde jedoch von Mulermo unterbrochen, der auf einmal aufsprang und aufgeregt im Zelt auf und ab lief.

„Ich freue mich schon auf sein Gesicht, wenn ich ihm erzähle, dass ich sein Vater bin. Vielleicht wird er nicht sonderlich glücklich sein, mich zu sehen, vielleicht aber schon …"

„Mulermo!", rief Aluma. Sie stand auf und stellte sich neben ihn. „Hör mir zu! Es ist etwas Schreckliches passiert. Jemand ist gestorben." Ihre Stimme brach ab und ihre Augen füllten sich mit Tränen. Sie wandte sich ab.

Mulermo legte ihr von hinten eine Hand auf die Schulter. Mit sanfter Stimme sagte er: „Wer ist gestorben? Kenne ich denjenigen?"

Aluma drehte sich mit tränenassen Augen zu ihm um. „Nisâko … er ist … tot!" Nach diesen Worten brach sie zusammen. Sie kauerte sich auf den Boden und schluchzte in sich hinein.

Mulermo stand wie vom Donner gerührt da und bewegte sich nicht. Seine Freude und seine Aufregung waren komplett verschwunden, stattdessen legte sich ein dunkler Schleier auf sein Gesicht. Aluma stand wieder auf, als sie sich beruhigt hatte, und nahm Mulermo in den Arm.

Zuerst rührte er sich nicht, doch dann legte er seine Arme um die alte Frau. Tränen rollten still und leise seine Wangen hinunter. „Nein", flüsterte er.

Nisâko war von Grau umgeben. Er konnte nichts erkennen außer den Rauch, der um ihn herum nach oben stieg. Er flog langsam, in den Rauch eingehüllt.

Da lichtete sich der Rauch und Nisâko stockte es den Atem. Vor ihm erstreckte sich das Polarlicht. Es war rosafarben und riesig. Unter ihm lag die Schneelandschaft mit den Bergen und Wäldern. Weiter unten sah er sein Dorf. Die Menschen waren mittlerweile in ihre Zelte verschwunden und das Feuer war heruntergebrannt.

Gebannt von dem Anblick auf das Polarlicht, zauberte sich ein Lächeln auf sein Gesicht. Er fühlte sich unbeschwert. Zum ersten Mal in seinem Leben hatte er kein Leid, keine Sorgen und keinen Druck.

„Nisâko." Er wandte seinen Blick von dem Polarlicht ab und erblickte die Frau, der er in einem seiner Träume begegnet war.

Das grelle Licht, das sie in seinem Traum umgeben hatte, war verschwunden und so betrachtete er die Frau. Sie trug ein langes, weißes Kleid. Ihre langen, braunen Locken wehten leicht im Wind und ihre blauen Augen glitzerten schön im Licht des Nordlichtes.

Sie deutete nach oben und Nisâko folgte ihrem Blick. Voller Verwunderung und von der Schönheit überwältigt, lächelte er. Hinter dem rosafarbenem Licht des Polarlichtes sah er viele Menschen und Tiere. Sie wurden durch das Licht etwas verdeckt, doch Nisâko erkannte deutlich, dass sie zu einer Melodie tanzten, die keiner hören konnte, der nicht genau hinhörte.

Die Frau lenkte seine Aufmerksamkeit wieder auf sich und streckte ihm seine Hand entgegen. Er strahlte. „Mutter." Sie zeigte keinerlei Regung, aber ihre Augen wirkten lebendiger als jemals zuvor.
Endlich hatte Nisâko sein Zuhause gefunden. Er war glücklich.

Sandra Spengler
Ringeisen-Gymnasium Ursberg, Klasse 9d

Eine Fahne unter dem Nordpol

Unter dem Nordpol steht eine russische Fahne. Ihr glaubt jetzt sicher nicht, dass sie aus Stoff ist und das ist sie auch nicht. Im Jahre 2007 wurde die Fahne aus Titan mit einer Kapsel auf dem Grund des Meeres alleine gelassen.
Das Leben als Fahne ist schwer. Oh Verzeihung, dass ich so schimpfe. Vielleicht habt ihr schon in der Einführung gemerkt, dass ich schon seit drei Jahren hier herumstehe. Tja, wie ich schon gesagt habe, es ist nicht immer leicht. Täglich kommen 22 Pottwale. Und jetzt kommt auch noch ein Hai.

Johannes Klaiber
Werner-von-Siemens Grundschule, Klasse 3a

Auf Nimmerwiedersehen

„Auf Nimmerwiedersehen, Mama!",
sagte der kleine Eisberg
zu seiner Mutter.
Es krachte
und er rutschte
mit vergnügtem Jauchzen
in die gewaltigen Wellen
des Polarmeers.

Sophia Sandler
Maria-Stern-Gymnasium, Klasse 10a

Ich zittre

Ich zittre.
Jeder Schritt, den ich mache,
wird von einem knirschenden Geräusch begleitet.
Es schneit.
Die gähnende, weiße Landschaft verläuft in meinen Augen

zu einer einzigen, leuchtenden Decke aus Eis.
Bunte Flocken tanzen aufgeregt um mein Gesicht.
Der Frost schmiegt sich an meine Wangen.
Ich stolpere.
Ich falle.
Der Schnee legt sich auf mich nieder wie ein Tuch.
Es wird warm.
Ich schlafe ein …

Alexandra Lang
Mädchenrealschule St. Ursula, Klasse 10b

Schneeflocke

ist weiß
sie fliegt wie eine Feder
und setzt sich aufs Fenster
ist kalt

Eisbär
ist weiß
seine Schritte sind hart und schwer
dumpf hört man sie im Rauschen der Berge
dumpf und leise
und still

Lara Bohmhammel, Regina Ruppert, Tanja Schoger
Maria-Ward-Realschule, Klasse 9b/c

EISFREUDEN

Eiskalt und grenzenlos

Genuss
Geh Nuss
Geh los und komm bloß nie mehr
Widerrechtlich abgestellte Fahrräder werden kostenpflichtig
Entfernt verwandt
Nimm den Unsinn bei der Handschellen Und lass den Verstand am Rand
links
Lieben &
Leiden schafft Platz für neue Horizonte
Und wenn ich über den Tellerrand hinausgehe
Verstehe ich die Grenzen des Landes Fantasia
Sind unendlich & losgelöst

Caren Stegelmann
Maria-Theresia-Gymnasium, Klasse Q11
Schreibwerkstatt

Drehen und Gleiten

Eisprinzessin
Gefrorenes Wasser
Gleiten auf Schlittschuhen
Sie dreht sich herum
Wunderschön!

Natalie Resler
Volksschule Centerville-Süd, Klasse 1c

Eiswürfel

Eiswürfel
Kühlen ab
Lecker und erfrischend!
Tun gut bei Hitze
Brrr!

Natalie Resler
Volksschule Centerville-Süd, Klasse 1c

Eisvarianten

Eis ist weiß – und meistens auch glatt
Und wenn du hinfällst, bist du platt.
Und wenn du schnell fährst wie der Wind,
dann rutschst du aus geschwind.

Eis ist nicht nur weiß,
sondern auch lecker,
und wenn du nicht aufpasst,
hast du einen anderen „Schlecker".

Eis ist gut und kühl,
wenn es draußen ist schwül.
Eis ist nicht nur gut für dein Bein,
es macht auch einen guten Reim.

Ayse Zerbe
Goethe-Volksschule, Klasse 5c

Geborgenheit

Eis
Gefährlich kalt
Iglus werden gebaut
Innen warm und gemütlich
Geborgenheit
Angela Izöc, Ahmet Özdemir, Tomislav Prusac
Goethe-Volksschule, Klasse 6a

Inneres Eis

Es war ein sonniger Wintertag und wir schrieben eine Matheprobe. Alles lief gut bis zur Nummer 8c. Ich sollte eine Zahl durch acht teilen und dann wäre das Ergebnis 204, Rest 7.
Ich las mir die Aufgabe langsam durch, doch dann verlor ich die Nerven. Zum Glück hatte ich alles andere schon erledigt. In meinem Inneren hatte ich ein Gefühl, das war wie ein kaltes, hartes Eisstück. Es machte sich richtig breit in mir und drückte mich. Glücklicherweise durfte ich hinausgehen, um mich zu beruhigen. Den ganzen Tag belastete mich dieses Eisstück. Als ich nach Hause kam und meine Mama mich tröstete,

erschien eine ganz kleine Sonne und ließ das Eisstück langsam schmelzen. So ist es immer, wenn meine Mama mich tröstet.

Und als ich dann die Probe raus bekam und eine Zwei hatte, glühte das Eisstück auf einmal golden auf und zersplitterte dann wie ein Spiegel in tausend herzförmige Diamanten, die mich den ganzen Tag erfreuten.

Cosima Hartmann
Franz-von-Assisi-Schule, Klasse 4 grün

Schnee (Anfangsbuchstabengedicht)

Schlittenfahren ist schön!
Christian und ich gehen den Berg hinauf.
Huii – fahren wir hinunter.
Noch einmal!
Es macht uns Spaß.
Er lacht mir zu und wir gehen wieder den Berg hinauf.

Nicole Hartmann
Volksschule Centerville-Süd, Klasse 1c

Wintertraum

Es ist unendlich still
Ich höre meinen Atem
Sehe das hell stechende Licht
Zum Teufel mit den trüben Gedanken
Ersehne die wohlig warme Sonne
Innere Freude bringt mich zum
Tanzen im weichen samtigen Schnee

Juliane Meir
Berufsschule VI, Klasse GvM 10

Weihnachtszeit

Das Weihnachtsfest ist da, alle freuen sich, wie wunderbar. Die Gestaltung der sinnlichen Zeit ist nicht so leicht, wenn's dauernd schneit. Ob Ski oder Schlittschuhfahrn, gemeinsame Aktivitäten sind nun dran. Die Zeit des Fastens und Sparens ist vorbei, es wird geshoppt, geschaufelt, heidanei.

Die Kaufhäuser sind gerammelt voll, die Kinder grinsen und finden's toll. Ein Christbaum muss her, einer muss zahlen, aber wer? Der Vater mit gemischter Miene, zahlt und sagt: „Ein schönes Fest wünsch` ich Ihne."

Wieder zu Hause angekommen, sind alle von der Kälte ganz benommen. Pudelwarm ist's in der Stube, das macht das Holz aus der Tube. Auf der Couch herrscht großes Gelümmel, die Sterne funkeln halt am Winterhimmel.

Der Baum wird endlich aufgestellt, so ist es Brauch fast auf der ganzen Welt. Geschmückt mit Vögeln und Lametta, alle sind eingeladen sogar der Vetter. Am Abend dann ist's endlich soweit, zum Geschenke auspacken ist es Zeit. Die Kinder strahlen wie noch nie, heut wird keiner gelegt übers Knie.

So um Mitternacht ist's fast wieder rum und in den Zimmern wird's langsam stumm.

So ist die Weihnachtszeit, jedes Jahr kommt sie wieder und immer ertönen die selben Lieder.

Patrick Baur
Bebo-Wager-Berufsschule VII, Klasse 11e IT

Oh Eis

Oh Eis, du kaltes Element!
Das kalte Herz, das jeder kennt.
Ich lauf Schlittschuh auf dir
als wäre ich leicht wie Papier.
Ich bau Iglus aus dir,
dann ist's mir warm.
Ich gehöre zu dir!

Mike Wiederspan
Kerschensteiner-Volksschule, Klasse 6b

100 Fragen und nur eine Antwort ...

Sag mir doch ...
... Was ist der Frühling ohne seine frischen, bunten Blüten ...?
... Was ist der Sommer ohne seine brennende Sonne ...?
... Was ist der Herbst ohne seinen kräftigen Wind ...?
... Was ist der Winter ohne sein Eis, Schnee und Kälte ...?
... doch sag, was bin ICH ohne DICH ...?

... nichts ...!

Tülin Aksoy
Berufsfachschule für Hauswirtschaft, Klasse HW 10a

Mürrisch ...

Mürrisch öffnete Ben die labile Türe des vierstöckigen Wohnhauses und trat hinaus in die Kälte. Doch nur wenige Augenblicke und ein abweisender Blick die höchst verschneite Straße hinunter ließ ihn zu dem Schluss kommen, seinen Tag in der – seiner Meinung nach – ekelhaft kalten Universität zu verbringen. Er würde wieder ins Haus gehen und erst einmal in der Küche eine Zigarette rauchen. Dann könnte man sich ja weiter überlegen, was man mit so viel gewonnener Zeit anstelle. Viele Menschen wären ohne Umwege wieder ins Bett marschiert, doch Ben war ein starker Verfechter der Theorie, dass, wenn man einmal wach sei, man nicht mehr ins Bett ginge: nicht, weil der Wachheitsgrad zu hoch war, sondern weil man ganz einfach so viel mehr Zeit hatte Dinge zu erledigen beziehungsweise viel mehr Zeit hatte darüber nachzudenken, welche Dinge man erledigen konnte. Und genau Letzteres hatte Ben nun auch vor. Es würde sich schon etwas finden lassen.

Also machte er auf dem Absatz kehrt und schloss die Tür zum Treppenhaus wieder auf. Kaum hatte er einen Schritt hinein gesetzt, glitt sein Fuß aus und er vollführte einen abstrakten, wilden Tanz mit dem Türknauf. Doch einen Preis hätte er sicher nicht für diese Einlage bekommen. Vielleicht beim Ausdruckstanz, aber da hätte der Türknauf sicher mehr Punkte erzielt. Doch das war Ben egal, er machte sich nicht viel aus Tanzen. Er ordnete sich und stieg die Treppe ohne weitere Tanzschritte nach oben vor seine Wohnungstür. Er trat ein und wurde mit einem Schrei und einer knallenden Badezimmertür begrüßt. Seine Mitbewohnerin Elli war heute wieder launisch. Dennoch entgegnete er dem Gruß ein trockenes: „Ich bin zu Hause, Schatz", und bekam ein lautes „Schwein!" aus dem nun geschlossenen Bad zurück.

Seufzend schlenderte er in Richtung Küche und dachte nach, wie oft diese Situation schon eingetreten war, dass er eine halbnackte bis nackte Elli in der Badezimmertür gesehen hatte. Er fand, es war schon oft genug gewesen, dass sie endlich einmal aufhören könnte jedes Mal ein solches Theater zu veranstalten. Immerhin wusste er mittlerweile sehr genau, wie sie nackt aussah, er hatte ja schon oft genug Gelegenheit dazu gehabt sie zu sehen. Natürlich war ihm das anfangs peinlich gewesen, aber inzwischen ließ es ihn kalt. Nicht, dass sie nicht attraktiv wäre, aber Ben war einfach nicht die Sorte Mann, die sich an so was ergötzte.

In der Küche zündete er sich wie geplant eine Zigarette an und ließ sich auf einem knarrenden Stuhl nieder. Was war nun mit der Zeit anzufangen? Er könnte natürlich die Wohnung etwas aufräumen oder wenigstens den Müll nach unten bringen. Aber da er nicht wirklich im Moment an körperlicher Arbeit interessiert war und nach draußen gehen sowieso nicht in Frage kam, verwarf er diese Idee gleich wieder.

Wie wär's mit Frühstücken?

Klar, gerne, aber bloß: Was sollte er frühstücken? War überhaupt etwas zu essen im Haus? Er sollte aufhören die Abende mit Bier zu füllen. Mit der Zigarette im Mund erhob er sich ächzend und öffnete den Kühlschrank. Seine Vorahnung bestätigte sich und er blies augenrollend eine Qualmwolke in den bis auf Ellis Tofu- und Sojanahrung – den Fraß rührte er nicht an – leeren Kühlschrank. Er war froh, dass er mit Elli zusammen wohnte. Mit anderen Menschen würde er es wohl nicht aushalten beziehungsweise diese es nicht mit ihm. Na gut. Der Hauptfaktor war eigentlich eher Ellis Vegetarier-Unsinn. Er konnte das Zeug nicht leiden, was wohl der einzige Grund war, warum sie von ihrer gekauften Nahrung noch etwas übrig hatte.

Er ging in die Hocke, auf Augenhöhe mit dem Gefrierschrank.

„Mal sehen, was wir hier so alles finden", murmelte er durch den Qualm.

Er öffnete die kleine Tür und plötzlich strahlte es ihn wie eine Fernsehwerbung an. Sein Mund klappte nach unten, um ein Haar wäre ihm die Zigarette auf die Hose gefallen, doch im letzten Moment konnte er seinen Mund wieder schließen.

Vor dem Gefrierschrank stand ein kleiner Becher Ben & Jerry-Eis. Das beste Eis des gesamten Planeten, wie ja schließlich jeder wusste! Ben wusste aber im gleichen Moment auch ganz genau, dass dieses Eis Elli gehörte.

Doch zum Glück machte sich Ben nichts aus schlechtem Gewissen und Schuldgefühlen. Er sah vorsichtig und verstohlen in Richtung Badezimmer. Elli würde schon nicht so schnell heraus kommen … Schnell schnappte er sich den Becher und den nächstgelegenen Löffel und machte sich daran den Becher Stück für Stück zu leeren. Es war köstlich, einfach himmlisch. Das war eine Exkursion seiner Geschmacksnerven in ein Schlaraffen-Nirwana der Köstlichkeiten. Verträumt starrte er aus dem Fenster, während er einen Löffel nach dem anderen in seinen Mund schob.

'Sag mal, hast du heute denn nicht deine Klausur?', riss ihn eine dumpfe innere Stimme aus seinen Gedanken.

Klausur? Ben fühlte sich wie aus einem Traum gerissen und musste erst einmal über die Bedeutung des Wortes Klausur nachdenken.

'Klausur …?'

Und plötzlich fiel ihm alles wieder ein. Natürlich – Klausur. Und so eine war heute. Er musste sie schreiben. Ein verzweifelter Blick auf die Uhr.

Dann öffnete sich die Badezimmertür und Elli trat mit einem Handtuch bekleidet aus dem Bad.

„Ja, du hast doch heute eine Klausur, oder …?" Plötzlich erkannte sie ihren Eisbecher in Bens Händen.

„BEN!", brüllte sie ihn an, doch die Worte drangen durch ihn hindurch und er legte einen Blitzstart hin, auf den ein jamaikanischer Sprinter neidisch gewesen wäre. Vorbei an Elli, die erschrocken aufschrie, als er wie ein Orkan an ihr vorüber fegte und zur Tür hinaus.

Er fiel mehr die Treppen hinunter, als dass er lief, aber er bemerkte es nicht einmal. Er riss die Türe nach draußen auf und das Letzte, woran er sich erinnern konnte, war, dass er den Halt unter seinen Füßen verlor und ein harter Schlag auf den Hinterkopf raubte ihm die Sinne.

Bens Meinung nach war dieser Winter einer der schrecklichsten gewesen, den er seit langem erlebt hatte. Nicht nur das natürliche Eis hatte ihn dran gekriegt. Seit diesem Winter hatte er auch nie wieder Ben & Jerry-Eis auch nur angeschaut.

Moritz Steiger
Berufsschule VI, Klasse GvM 10

Eis im Sommer – Eis im Winter

Es ist Sommer. Der Himmel ist blau, die Sonne scheint und ich schlecke gerade ein leckeres Erdbeereis. Es ist schön kühl und schmeckt so gut! Eis ist etwas Wunderbares. Eis erinnert mich an meinen letzten Urlaub am Meer in St. Peter-Ording! Da gab es Eis mit Sandkruste, weil der Wind so stark geweht hat. Die Möwen sind um mich herum geflogen und wollten auch ein Eis haben! Sie waren ganz gierig. Ich habe es aber ganz alleine gegessen. Während ich mein Erdbeereis lutsche, muss ich an das Eis im Winter denken, das man nicht essen kann und trotzdem toll ist. Mir macht es nämlich großen Spaß, im Winter auf dem Eis zu rutschen und auf dem Kuhsee Schlittschuh zu laufen. Ich denke dabei an die Eisbären und Pinguine, ob sie auch einen so großen Spaß haben wie ich! Am liebsten mache ich einen Wettlauf mit meinem Bruder, wer am schnellsten am anderen Ende des Sees ist. Ich frage mich, wie es wohl den Fischen unter dem Eis geht und freue mich, dass ich auf dem Eis bin und nicht unter dem Eis im eiskalten Wasser.

Nach dem Schlittschuhlaufen ist mir heiß und dann brauche ich erst einmal ein dickes Erdbeereis!

Elisabeth Hilgenfeld
Hans-Adlhoch-Volksschule, Klasse 3c

Der Frühling naht

Im Frühling schmilzt das Eis dahin.
Die Kinder finden's gar nicht schön.

Die Kinder sagen: „Oje, nein, da schmilzt er hin,
der schöne Schnee!"

Die Eltern finden's nicht so schlimm;
„Ja, endlich ist der Schnee dahin!"

Die Großeltern freuen sich,
die Kleinen aber tun es nicht.

Helena Miller
Luitpold-Volksschule, Klasse 3c

Winter

Der Winter hat uns was geklaut:
Blumen, Gras und bunte Blätter.
Schnee ist in unseren Träumen.
Aufgewacht
Schneeweiß ist die Welt
und furchtbar kalt.

Die Autos und Dächer sind voller Schnee
doch die Bäume oh je
haben an ihren Ästen
nur Schnee.
Der Philipp schiebt die Straßen frei.

Gianna Yeo
Montessori-Schule Augsburg, Klasse Feuer

Hier

Hier fallen jetzt Schneeflocken von den Bäumen.
Wenigstens fällt mir jetzt etwas zu,
Anders als damals.

Hier hab ich im Frühling etwas verloren,
Verspielt, nein verschenkt für nichts.

Hier möchte ich es wieder finden,
In den Blüten, die damals schon bei uns waren.

Hier fallen sie jetzt von den Bäumen,
Anders als du, denn du kamst nie zu mir.

Hier stehe ich barfuß im Schnee.
Kalt ist es nur in mir.

Aus den Ästen schneit es von gestern.
In ihnen wächst morgen das Neue.

Rebecca Thom
Maria-Theresia-Gymnasium, Klasse 10b
Schreibwerkstatt

Weiß

Weiß
Eis, Schnee
Hart, kalt, Kamin
Ich möchte Schlitten fahren
Toll

Nursesna Arman
Agnes-Bernauer-Realschule, Klasse 5b

Ich liebe dich!

Eis. Oh Eis, ich liebe dich.
Eis, oh Eis, vergiss mich nicht!
Ich liebe dich und du liebst mich.
Liebst du mich, dann lieb ich dich.

Luisa Hummel
Maria-Ward-Realschule, Klasse 6c

Der Blick ins Kalte

Als ich an einem schönen Sonntagmorgen aufwachte, machte ich wie jeden Morgen erst mal die Jalousie hoch. Ich erschrak, als ich aus dem Fenster sah, und schloss sofort wieder meine verschlafenen Augen. Alles weiß, so hell, so grell. Als ich mich an das Helle gewöhnt hatte, öffnete ich meine Augen noch einmal und sah aus dem Fenster. Wow, dieser

Anblick! Der Schnee, der eiskalte Schnee auf dem Boden, auf Bäumen, auf Dächern, einfach überall. Eiszapfen hingen an Fenstern, Türen und Dächern. Wie im Eisparadies! Sind wir hier am Nordpol? Nein! In Deutschland. Es musste eisigkalt draußen sein. Ich sprang auf, ging mich waschen, anziehen – und rein in den Schneeanzug! Ich flitzte nach draußen: Dabei muss ich gestehen, der Boden war glatt, so eisigglatt, dass ich als erstes ausrutschte. Ich stand auf und sprang in den Schnee. Meine Freunde kamen und wir gingen zum Berg, zum großen Berg und rutschten mit unseren Schlitten hinunter. Dies war ein wunderschöner, aber eiskalter Tag.

Nicole Pessinger
Maria-Ward-Realschule, Klasse 9c

Mein Weihnachten auf einer Skihütte

Ich freute mich schon so auf die Weihnachtsferien, denn dieses Jahr wollten meine Familie und ich Weihnachten auf einer Skihütte feiern. Endlich war es so weit: Der letzte Schultag, denn am nächsten Tag fuhren wir schon los.

Am Anfang schliefen meine kleine Schwester und ich. Doch plötzlich wurde ich unsanft geweckt, da das Auto über einen großen Stein fuhr. Meine Schwester störte das jedoch nicht, sie schlief einfach weiter. Ich schaute aus dem Fenster und sah vor uns die hohen Berge, die ganz mit Schnee bedeckt waren. Die Sonne schaute gerade noch hinter den Bergen hervor und der Schnee glitzerte wunderschön im Sonnenlicht. Ich merkte gar nicht, wie das Auto stehen blieb und wir plötzlich vor der Hütte standen, in der wir dieses Jahr Weihnachten feiern würden. Zum Abendessen gab es ein paar belegte Brote und wir gingen alle rasch ins Bett.

Am nächsten Tag standen wir sehr früh auf. Während des Frühstücks schlug mein Vater vor, draußen einen Schneemann zu bauen. Wir zogen unsere Schneehosen und Jacken an, vermummten uns mit Mützen, Schals und Handschuhen und sprangen in den Schnee. Wir rollten drei verschieden große Kugeln, setzten diese so aufeinander, dass die größte ganz unten, die zweitgrößte darauf und die kleinste Kugel ganz oben war. Ich holte aus der Küche eine Rübe als Nase, einen Topf als Hut und drei Kohlstücke, die wir als Knöpfe benutzten. In diesem Moment merkte ich, wie es mir kalt den Nacken herunter lief, meine Mutter hatte mich mit einem Schneeball getroffen. Und schon war eine kleine Schneeballschlacht im Gange. Bei dem ganzen Kichern und Kreischen fiel mir ein, dass wir ja noch gar keinen Baum hatten. Ich ging zu meinem Vater und fragte ihn, ob er noch einen Baum aus dem Dorf holen wird, er nickte.

Als mein Vater dann los fuhr, durfte ich mit. Wir suchten den schönsten Baum aus, stellten ihn in der großen Stube der Schneehütte auf und schmückten ihn mit Lametta, Äpfeln, Engeln, die wir von zu Hause mitgebracht hatten. Am Abend konnte ich nicht so schnell einschlafen, da ich so aufgeregt war. Am nächsten Tag spielte ich erst mit meiner Schwester Memory, ging aber bald alleine nach draußen. Ich setzte mich auf die Bank vor der Hütte und schaute in die Landschaft. Die Bäume waren ganz mit Schnee bedeckt und man sah kein einziges Grashalm. Ich beschloss, mir ein bisschen die Gegend anzuschauen. Beim Gehen sank ich bis zu den Knien in den Schnee, so hoch war er zu Hause noch nie. Auf einmal erschrak ich, denn vor mir hüpfte auf einmal ein Schneehase weg. Ich wollte ihm nachlaufen, doch meine Mutter rief mich: endlich Bescherung!

Ich lief so schnell ich konnte zurück, warf meine Schneesachen auf den Boden und schon saß ich an unserem schönen Weihnachtsbaum. Endlich durften wir unsere Geschenke sehen. Bevor wir sie auspacken durften, sangen wir noch ein paar Lieder. Ich packte meine Geschenke aus und freute mich sehr über ein neues Handy und einen kuscheligen Schal. Aber ich war auch ein wenig traurig, weil wir am nächsten Tag schon wieder nach Hause fahren mussten.

Zu Hause fragte ich meine Eltern, ob wir nächstes Jahr wieder auf der Hütte feiern könnten und ich erzählte ihnen von dem Schneehasen. Meine Eltern versprachen mir, dass wir nächstes Jahr wieder dort hinfahren würden.

Ich hoffe, wir bleiben dann ein paar Tage länger.

Selina Lettner
Freie Waldorfschule Augsburg, Klasse 7

Sturzflug zu dir

Dahin fliegen wir,
ich fühl mich leicht und frei wie ein Tier.
Doch dann fühl ich mich fallen,
und hart auf den Boden knallen.

Dunkel ist es um mich herum,
verstört seh' ich mich um.
Es ist kalt und ich frier.
Ich seh' ein Licht und zweifle geistig an mir.

Kurze Zeit später seh' ich es stehen:
Ein Herz aus Eis, das war mal meins,
vor Schreck will ich gehen.
Doch ich seh' noch mehr,
denn neben dem Herz ist es nicht leer.

Ich erkenne dich,
doch du beachtest mich nicht.
Du gehst entschlossen auf das Eis zu.
Ich frag mich, was ich hier tu.

Deine Hand streckst du aus,
um es zu berühren.
Als deine Hand darauf liegt,
scheint sich was zu rühren.

Ein Licht scheint aus dem Inn'ren,
erst klein, doch schnell wird es hell und größer.
Ich staun. Kann ich dir vertraun?

Bald wird es kleiner das Herz,
in meiner Brust spür ich einen Schmerz.
Ich seh' ein Glitzern, Strahlen im Innern
und plötzlich kann ich mich erinnern.

Nun siehst du mich, dein Spiegelbild
sich im Wasser und Licht bricht.
Das Herz, nun ohne Eis,
ist nicht mehr kalt, sondern heiß.

Es wird wieder schwarz um mich,
ich mach die Augen auf
und die Welt ist wieder licht.
Das erste, was ich seh', ist Schnee.

Und dich über mir mit Sorge im Gesicht.
Ich sage: „Sorgen brauchst du dich nicht."
Sofort ist ein Lächeln auf deinen Lippen
und ich lass mich mit Absicht darauf kippen.

Sebastian Hölzle
Bebo-Wager-Berufsschule VII, Klasse 10a Fit

Winter

Ski fahren
Schlitten fahren
Schlittschuh fahren
Schneemann bauen
Weihnachten feiern

Aber
Eisregen und Glatteis
Frost und Blitzeis
Unfall!

Ludia Bedasso
Schiller-Volksschule, Klasse 2b

Eis-Pyramide

Eis
Eis macht
Eis macht riesigen
Eis macht riesigen Spaß
Eis macht riesigen Spaß beim
Eis macht riesigen Spaß beim Essen
Eis macht riesigen Spaß beim Essen und
Eis macht riesigen Spaß beim Essen und beim
Eis macht riesigen Spaß beim Essen und beim Schlittschuhlaufen
Eis macht riesigen Spaß beim Essen und beim
Eis macht riesigen Spaß beim Essen und
Eis macht riesigen Spaß beim Essen
Eis macht riesigen Spaß beim
Eis macht riesigen Spaß
Eis macht riesigen
Eis macht
Eis

Marco Meyer
Franz-von-Assisi-Schule, Klasse 4 grün

JURYMITGLIEDER

Gertrud Hornung	Projektleitung, Maria-Theresia-Gymnasium
Iris Aigner	Berufsschule IV
Katharina Wieser	Elternvertretung Augsburger Gymnasien
Kirsten Denk	Bleriot-Volksschule
Sieghard Schramm	Stadtrat
Anna Unglert	Schülerin Fachoberschule
Jutta Fiege	Realschule Maria Stern
Udo Legner	Fachstelle für Jugend und Bildung
Harald Horn	Berufsschule IV
Roswitha Schwarz	Gerüstbau Söll
Julia Voit	Voit & Partner
Susanne Kofend	St. Ursula Realschule
Ulrike Stautner	Gemeinsamer Elternbeirat der Augsburger Volksschulen
Ane Regler	Schulreferat
Jutta Ihle	Firma Ihle
Alfred Schmidt	Augsburger Allgemeine
Jürgen Dillmann	Stadtwerke Augsburg, Pressesprecher
Erich Pfefferlen	Schriftsteller, Lehrer Stetten-Institut
Werner Kruse	Reischlesche Wirtschaftsschule
Peter Dempf	Schriftsteller, Lehrer
Tom Schulz	Schriftsteller
Thomas Hausfeld	PSD Bank München eG Vorstand
Helga Treml-Sieder	Stifterin

AUTORINNEN UND AUTOREN

TEILNEHMENDE SCHULKLASSEN